本书的调查研究和出版获2014年度贵州省高等学校人文社会科学重点研究基地招标项目"清水江下游'外三江'碑刻遗产抢救整理与考释"（项目编号：JD2014151）、贵州民族学与人类学高等研究院中国山地民族学学科规划建设项目暨贵州省高等学校人文社会科学重点研究基地贵州师范学院中国山地民族研究中心基地建设特别委托项目"基于历史人类学跨学科方法的贵州天柱山地民族史研究"（项目编号：JD2015-GNC002）、贵州民族学与人类学高等研究院及贵州师范学院中国山地民族研究中心2018-2019年度山地民族学专项建设经费的资助，系中国人类学民族学研究会山地民族研究专业委员会主持开展的中国山地人类学民族学特色分支学科建设计划的系列成果之一。

| 光明社科文库 |

天柱史略
一个文化边陲的内地化发展历程

龙宇晓　秦秀强◎著

光明日报出版社

图书在版编目（CIP）数据

天柱史略：一个文化边陲的内地化发展历程 ／ 龙宇晓，秦秀强著 . -- 北京：光明日报出版社，2022. 5

ISBN 978 - 7 - 5194 - 6629 - 9

Ⅰ.①天… Ⅱ.①龙… ②秦… Ⅲ.①文化史—天柱县 Ⅳ.①K297. 34

中国版本图书馆 CIP 数据核字（2022）第 092609 号

天柱史略：一个文化边陲的内地化发展历程
TIANZHU SHILÜE：YIGE WENHUA BIANCHUI DE NEIDIHUA FAZHAN LICHENG

著　　者：龙宇晓　秦秀强

责任编辑：杜春荣　　　　　　　　　　责任校对：房　蓉　郭嘉欣
封面设计：中联华文　　　　　　　　　责任印制：曹　净

出版发行：光明日报出版社
地　　址：北京市西城区永安路 106 号，100050
电　　话：010-63169890（咨询），010-63131930（邮购）
传　　真：010 - 63131930
网　　址：http：// book. gmw. cn
E - mail：gmrbcbs@ gmw. cn
法律顾问：北京市兰台律师事务所龚柳方律师

印　　刷：三河市华东印刷有限公司
装　　订：三河市华东印刷有限公司
本书如有破损、缺页、装订错误，请与本社联系调换，电话：010 - 63131930

开　　本：170mm×240mm
字　　数：392 千字　　　　　　　　　印　　张：22.5
版　　次：2023 年 10 月第 1 版　　　　印　　次：2023 年 10 月第 1 次印刷
书　　号：ISBN 978 - 7 - 5194 - 6629 - 9
定　　价：99.00 元

内地化·史论关系·地方文史研究的地方和非地方视野

——读《天柱史略：一个文化边陲的内地化发展历程》有感（代序）

顾久

（贵州省人大常委会原副主任、民盟贵州省委原主委、
贵州省文联原主席、贵州省文史研究馆原馆长、贵州师范大学教授）

龙宇晓教授嘱我为他和黔东南文史专家秦秀强同志合著、即将出版的《天柱史略——一个文化边陲的内地化发展历程》一书作序。我曾在黔东南工作生活多年，感激并深爱这片神奇美丽的土地，但真的想要深入系统了解时，却遗憾全面深刻的研究著作不多。用钱理群先生的话来说，感觉该区域长期处于"被描写"的境地，期盼着能看到自觉自信地"自描写"的作品。因此，看到本书打印稿，觉得眼前一亮，便欣然应允了。

通读全稿，本书对黔东南天柱县的研究和介绍可算全面深刻，而且确有不少学术亮点：学术视野开阔，在对地方历史文化的梳理和阐释中，善用跨学科的理论和方法来分析史事，达成"史""论"有机契合，能够发前人之所未发，提出了一系列新观点；此书应可谓为近年来贵州地方史研究成果中具有创新性、前沿性和启示性的学术著作。下面我从内地化作为方法、史论关系创新、地方文史研究应有的双重视野等三个方面，谈谈自己读书的感想。

一、内地化作为方法及其对于地方文史研究的意义

大凡较好的文史专著都有其学术上的主旨，或者一条驾驭相关文史材料的思想主线。《天柱史略》是以内地化发展的历史轨迹为学术思想主线。内地化的概念在贵州地方文史研究中已有人论及，譬如张新民先生就曾发表过相关论文①②。但专门以此为主题或学术主线的贵州地方文史研究著作，《天柱

---

① 张新民."彝制"与"汉制"：水西彝族地方政权的内地化发展 [J].贵州民族研究，2019 (10)：70-82.
② 张新民.清水江流域的内地化开发与民间契约文书的遗存利用——以黔东南天柱县文书为中心 [J].贵州社会科学，2014 (10)：30-38.

史略》或许算得上是第一部。它不仅以"一个文化边陲的内地化发展历程"为书名副题，而且核心章基本上都是紧扣内地化发展轨迹来展开的：如像第三章第一节"王朝拓殖与土著内附：天柱内地化的源起"，第四章"从卫所到县治：近古天柱内地化的定局跃迁"，第五章"族际互嵌与区域融合：清代天柱侗苗社会的内地化发展"，第六章"土著资源的内地化开发——清代天柱人工营林和木材贸易"，都是以内地化作为中心主题。

内地一词，顾名思义，相对边裔而言，很早就出现在史籍中了，《后汉书·南匈奴列传》中就有"还南虏于阴山，归河西于内地"之类的记述。但"内地化"作为学术概念，却是1954年才由我国台湾史学家郭廷以在《台湾史事概说》① 一书中首次提出，20世纪七十年代中晚期经史学家李国祁②进行理论化的诠释后，渐为港台地区史学界广泛接受。虽然港台地区一些人类学者持有不同看法，并提出了与之相对的土著化概念，形成了内地化与土著化的理论之争③，但内地化概念作为一种思考方法或分析范式却一直广为学界所用，甚至逐渐由港台地区延展到了大陆学术界。

21世纪初以来，中国大陆学者对这一概念进行变通、改造后加以运用，使边疆内地化的研究成为一个新兴的前沿学术方向，近年涌现了以内地化为题的两部著作④和数十篇论文。龙宇晓和秦秀强这两位贵州籍学者能够及时把握这一前沿学术动向，撰成首部以内地化分析范式来深研贵州地方文化史的学术著作，难能可贵，可喜可贺，为贵州文史研究在新时期的研究方法与范式创新做出了有益的尝试。

作为方法的内地化分析范式，对于包括贵州在内的西南地区和其他边疆地区文史研究的创新发展具有特别重要的方法论意义，这一点是显而易见的。了解贵州史的人都知道，明永乐十一年（1413年）的贵州建省是一个重大转折点。这方面，其实与台湾建省的重大意义十分类似。用内地化理论的眼光来看，两者都是边陲内地化发展到一定程度之后的必然结果，同时又是内地化发展步入新阶段的开端和标志。我在《从"贵州建省"与"改土归流"看

① 郭廷以. 台湾史事概说 [M]. 台北：正中书局，1954.
② 李国祁. 清季台湾的政治近代化——开山抚番与建省（1875~1894）[J]. 中华文化复兴月刊，1975（12）：4-16. 李国祁. 清代台湾的社会转型 [J]. 中华学报，1978（3）：131-159.
③ 陈其南. 土著化与内地化：论清代台湾汉人发展模式 [A]. 中国海洋发展史论文集编辑委员会. 中国海洋发展史论文集第一辑 [C]. 台北："中央"研究院中山人文社会科学研究所，1990：335-366.
④ 详见书末参考文献目录中郑维宽、陈征平两人各自的著作。

中西叙事、理论、文化与心理的差异》一文中曾对比了贵州史研究的两种理论范式①。西方学者的贵州历史叙事往往倾向于强调"分""冲突"和"争斗",而中华学者则大多倾向于从"合""大一统""和平"的角度看问题。诚然,贵州曾经是相对的边疆,这是不可否认的历史事实,但历史发展的轨迹却从来都不是一成不变的。以英国学者伊懋可(Mark Elvin)、美国学者乔荷曼(John Herman)等为代表的西方学者贵州史叙事,套用美国历史学家特纳等人的美式殖民扩张型"边疆理论",对贵州史所持的是一种机械的或静态的边疆论,把贵州看作是一个固化的边疆和"拓殖"的对象,把贵州世居民族视为中国或"汉族"的"他者",漠视了贵州在历史发展中不断密切融入中华民族命运共同体、从曾经的边陲逐渐变成"内地"或"腹地"的不争史实和动态过程。运用内地化分析范式来研究贵州地方史和民族史,既回应了以"机械边疆论""拓殖论""冲突论"为主导的西方贵州史叙事,又通过梳理各个相关历史主体人群在交往交流交融中使贵州不断"内地化"或"腹地化"的发展轨迹,让贵州史研究的中华大一统与"和合"叙事得以更进一步地具象化,有利于我们讲好贵州高原上中华民族共同体意识如何在地生成的故事,对于建构中华特色的边疆历史发展理论也颇有裨益。

二、史论关系创新:地方文史研究高质量发展的进路之一

中国共产党二十大报告明确指出,"高质量发展是全面建设社会主义现代化国家的首要任务",强调"要坚持以推动高质量发展为主题"。对于文史工作者而言,其研究如何做到高质量发展?或许离不开两个方面:一是文史资料的充分发掘整理和利用,二是对这些资料的理论分析水平的提升。就是说:史料运用与理论分析之间的结合是否珠联璧合、相得益彰,是能否出产高质量学术成果的重要前提。

史与论的关系,是文史研究者必须面对却长期聚讼纷纭的问题。20世纪60年代初年,吴晗先生最先提出"论从史出"之说,旨在对当时流行的"以论带史"等错误观点进行纠偏。他在《如何学习历史》一文中写道:"史和论应该是统一的,论不能代替史,论在史之中,不是在史之外。因此,就要运用正确的方法,掌握大量的、充分的、可信的史料,加以合理的安排,通

---

① 顾久.从"贵州建省"与"改土归流"看中西叙事、理论、文化与心理的差异[J].贵州民族研究,2020(7):49-56.

过对史实的讲述，把观点体现出来。……只有把真正的史实摆清楚了，观点自然就出来了，所以我们说论从史出。"① 胡绳先生在《研究方法和叙述方法》一文中认为，"作为历史的研究方法，'论从史出'的说法看来是适当的。研究一个历史问题，首先必须掌握有关的史料，弄清有关的事实真相，从事实材料出发，进行分析研究，然后才能得出理论性的认识。"而"所谓'史论结合'，指的是叙述方法。……我们当然要用通过研究得出的结论统率这些材料，叙述这段历史。这就叫作观点和材料的结合，以观点统率材料，这也就叫作史论结合。"② 经过半个多世纪特别是近二十年来的深入讨论，"论从史出""史论结合"作为正确的方法已基本上得到了学界的公认。《天柱史略》的写作在这方面做得比较到位。全书以"史"为主，但不拘泥于史料的限制，也没有一味堆砌史料，而是以"论"阐"史"，"论"从"史"出、"史"中有"论"，达成"史""论"平衡。可以说"史"是全书的基础，"论"是其灵魂，两者相得益彰、浑然一体，是此书主要的学术亮点之一。这样的方法取向不仅有助于深化县域历史文化的分析研究，而且也有助于促进史与论关系的理论创新、提升地方文史研究成果的质量。

就"史"而言，《天柱史略》在史料的掌握和运用上有其突出之处。从史料类型看，作者多方博采的材料高度契合当下学界提倡的"四重证据法"③。近百年来，我国文史研究的方法从"二重证据法"演化到了"四重证据法"。1925 年王国维在清华大学国学研究院讲授名为《古史新证》的课程期间，提出"二重证据法"，主张将地下出土史料与传世文献史料相结合④。20 世纪 60 和 70 年代期间，沈从文的物质文化史研究"采用一个以图像为主结合文献的方法"⑤，在王国维"二重证据法"基础上衍生发展出一套以"实物、图像、文献三结合"为特征⑥的"三重证据法"。⑦ 20 世纪 80 年代末 90 年代初，以徐中舒、杨向奎等为代表的一些历史学者又正式倡导另一种"三重证据法"，主张合理利用人类学、民族学、民俗学等学科通过田野调查得到的各种民族志资料（包括口述史、民俗、神话传说等）作为文史研究的第三

---

① 吴晗. 如何学习历史 [N], 光明日报, 1962-01-04.
② 胡绳. 研究方法和叙述方法 [N], 光明日报, 1985-01-16.
③ 杨骊, 叶舒宪. 四重证据法研究 [M]. 上海：复旦大学出版社, 2019.
④ 王国维. 古史新证 [M]. 长沙：湖南人民出版社, 2010：1-33.
⑤ 沈从文. 沈从文全集：第 32 卷 [M]. 太原：北岳文艺出版社, 2002：5.
⑥ 刘中玉. 沈从文与形象史学 [N]. 中国社会科学报, 2013-02-27.
⑦ 张鑫, 李建平. 沈从文物质文化史研究与三重证据法的理论与实践 [J]. 吉首大学学报（社会科学版）, 2012（6）：28-33.

重证据。① 21世纪初年，叶舒宪等学者则在徐、杨等人"三重证据法"论述的基础上，进而明确提出以所谓"比较图像学"（包括出土的、典籍中传载的和现实生活中流传的各种图像材料）为核心的"第四重证据"。② 其实，这个"第四重证据"，从内容上看就是沈从文的"第三重证据"，但它作为"四重证据法"中的最新一员，在理论性和方法论上显得更为系统。

《天柱史略》的"四重证据"，包括了传世文献中的文字记述史料、地下发掘出来的文物考古资料、来自田野调查的民族学资料、作为分析对象和佐证的图像资料。作为"第一重证据"的传世文献史料，在此书所用的资料中分量最重，不仅包括对各种新旧地方志著作和文人论著中相关史料的梳理，而且大量使用了近年来得到学术界越来越多关注的清水江契约文书和碑刻文献。就"第二重证据"——出土实物材料而言，作者很善于利用最新考古发掘的发现，天柱境内发掘的挑水缸、寺坪洲、盘塘、江东、坡脚、鸬鹚、月山背、中团等十多处遗址及其代表性出土文物的考古资料经过梳理，用来论述远古时期天柱境内的旧石器文化、新石器文化、青铜文明、陶瓷文明及其所反映的文化交流和文化共生关系，有力地增强了该书所述天柱历史的纵深感。"第三重证据"资料的把握是作者作为历史人类学工作者的专长，将自己在田野调查中收获的不少口述史料用以论述天柱历史，是该书的学术亮点之一。作为"第四重证据"的图像资料数量虽然不多，但效用显著；多数情况下是利用出土实物照、人物图像和历史场景图片来以"图像证史"③，但也有像第十章第三节这样直接"借图述史"的内容。总体而言，作者对这些史料及其所反映的史实不是进行简单的分类罗列和平铺直叙，而是在以"内地化发展"为主线的框架下，进行层次分明、逻辑清晰的立体叙说；在行文中夹叙夹议，对史实开展剥茧抽丝式的分析和解释，最后自然而然、水到渠成地带出自己的研究结论。这样的写法能给读者带来一种材料丰富、论证严谨、言之凿凿的感觉；作者在"史""论"关系上的这些新尝试，对于我们进一步探寻地方文史研究高质量发展应该也有参考意义。

---

① 彭裕商. 徐中舒："古史三重证"的提出者［N］. 中国社会科学报, 2009-08-27. 杨向奎. 宗周社会与礼乐文明·序言［M］. 北京：人民出版社, 1992：1. 杨向奎. 历史考据学的三重证［J］. 中国社会科学院研究生学院学报, 1994（5）：77-78.

② 叶舒宪. 第四重证据：比较图像学的视觉说服力——以猫头鹰象征的跨文化解读为例［J］. 文学评论, 2006（5）：172-179.

③ ［英］彼得·伯克. 图像证史［M］, 杨豫, 译. 北京：北京大学出版社, 2018.

三、地方与非地方：地方文史深度研究所需的双重视野

习近平总书记指示我们要"树立大历史观"①，这意味着我们应该秉持一种整体化的文明思维与历史意识来研习历史。具体到贵州地方史的语境下，按我的理解，就是要把贵州地方史置于中华民族命运共同体的历史长河中来看一地的演变及其与更大时空的关联；同时也把贵州作为一个认知的视窗，透过贵州地方史上的具体事件和长时段历史规律来看中国和中华民族乃至亚洲与世界的发展。一些地方性的历史时刻和历史事件的意义，只有放置到更大的历史时空语境中才能看得更清楚；而一些全国性的甚至全球性的历史大势，只有透过一个个具体的地方性的历史事件，才得以更清晰地呈现。简而言之，地方文史深度研究需要拥有地方和非地方这双重视野。

《天柱史略》的诸多章节对史实和史事的解释不落俗套，提出的观点比较新颖而独到，体现了作者良好的理论素养，以及透过历史表象看本质和发展规律的学术洞察力。显然，这很可能就是得益于作者能够从"大历史观"出发来研究地方史，既立足于"地方"自身的视角来观照天柱的历史问题，也面向"非地方"的更大时空视域来解释天柱的历史事件。譬如，第十二章第五节"宗祠：'汉姓祖先'情结与中华文化认同"之末提出的观点就十分精彩。作者说：近现代"天柱民间兴起的'寻根热'和兴建'祠堂''神龛'风潮，在我们看来，并不是简单的'认祖归宗'或'攀附'古人，而是一种出于'本体安全'（ontological security）之需建构或重构自我身份认同的社会实践。诚如社会学家吉登斯（Anthony Giddens）等人所论及的，人类个体或群体生存中最为重要的所谓'本体安全'，作为一种以时空连续性和有序性为参照目标的自我定位及感受，主要源于自我身份建构和归类涵括认定的经验与实践。……在此时此地，'汉姓祖先'的归类涵括实践与现属侗苗民族的身份认同竟毫不违和地并置在一起，对于习惯于'非此即彼'的一元化思维的人来说，可能会显得非常不可思议，但这却是天柱等清水江流域地区多民族生活世界里司空见惯的现象。这样的'文化并置'（cultural juxtaposition）'或'身份并置'（identity juxtaposition），非但没有形成人类学家马尔库斯（George E. Marcus）和费彻尔（M. M. J. Fischer）在讨论'文化并置'的认识论问题时所说的那种'变熟为生'的后果，其结果恰恰相反——'化生为熟'才是我

---

① 习近平. 习近平著作选读（第二卷）[M]. 北京：人民出版社，2023：420.

们在这里得到的答案。中华民族多元一体格局的亲和力和中华民族共同体意识的植根性，于此得到又一次生动的体现。"这样的讨论，不仅对西方学者贵州史叙事中的某些观点进行了理论上的颠覆，也给了我们十分新鲜的思考。

又如，在第十二章第三节第二小节"汉夷交流：清水江文书的缘起"中，作者对于"清水江文书"的起源及其意义的历史解释，就体现了一种"大历史观"的精神，不仅揭示了小传统与大传统之间、地方与非地方之间的文明关联，而且也与国际学术界一些著名学者的相关理论观点进行了对话，具备了突出的国际视野。作者指出："这些以汉字为载媒、以契约文书为主核的清水江文书，之所以能在天柱等清水江中下游地方的侗苗社区中大量形成、广泛使用和长期流传，说明当地人群中的识字率或文字读写能力（literacy）已达到了一定的高度，少数民族与汉族之间的文化涵化程度已经较深。换言之，包括'天柱文书'在内的清水江文书，显然是侗苗少数民族与汉族之间长期交往交流交融的文化产物，更是中华民族共同体意识在社会生活实践中的一种具体体现，说它是中华民族共同体多族群之间文化涵化结出的文明之果，当不为过。鉴于清水江文书在特定历史时期的广泛存在和影响，天柱清水江流域的山地民族——侗族和苗族，完全可以称得上是斯托克（Brain Stock）所说的那种'文本共同体'（textual communities）。参考英国人类学大师古迪（Jack Goody）等人对传统社会中'文字的后果'（consequences of literacy）的论述，我们认为，天柱这两个山地民族的传统社区中这种基于文字使用的文明发展，不仅突破了无文字社会通常都有的'内部自我循环平衡'（homeostatic）、依赖面对面的交流、社会历史记忆迭代周期短且遗忘面过大等局限，而且将过去与现在、近地与远方、熟者与生者都频繁地连接起来。有了这'书同文'的纽带及其广泛应用，无论是村寨与村寨之间、地方社会与国家之间，还是族群与族群之间、各族群与整个中华民族共同体之间，都更加有时间连续性地紧密联系到一起，为中华民族共同体意识在乡土社区层面上的植根生成提供了坚实基础。"我在自己的前文中提到，在西方学界有着大量拥趸的詹姆士·斯科特 zomia 学说（国内学者把 zomia 音译为佐米亚或赞米亚）曾被一些历史学者援引过来解释贵州史，将贵州世居民族定位为自我野蛮化的国家文明异类，而我认为"这样的叙述，显然带有西方殖民主义和后现代主义的主观想象。"① 使我感到欣喜和共鸣的是，《天柱史略》透过天柱侗苗民

---

① 顾久. 从"贵州建省"与"改土归流"看中西叙事、理论、文化与心理的差异［J］. 贵州民族研究，2020（7）：52.

族的清水江文书这一文明个案，也有力地批判了斯科特的 zomia 学说，认为：天柱文书的文明史表明"美国政治学家和人类学家斯科特（James C. Scott）关于东南亚和华南山地的'赞米亚'（zomia）学说中所提的'文明不上山'和山地民族主动弃用文字而远遁于国家文明（state civilization）圈外之说并不具备普适性，甚至在某种程度上可以说是一种过于简单的概化（generalization）和偏见。"

此外，对于清水江流域天柱段的考古文化遗存、天柱仁人志士参与北伐战争并立下汗马功劳、苗族作家吴绍文先生在抗日战争时期的贡献等重要史实或史事，《天柱史略》的分析和阐释也不禁让我叫好。在第二章末，作者写道："无论这些远古文化遗物到底遭遇过什么样的历史经历，又是怎样得以残存下来的，它们无一例外地说明了，地处清水江中下游的天柱及其毗邻地区早从远古时期起，就已是苏秉琦先生所说的'满天星斗'式中国远古文明体系中的一部分；同时以其独特的文物'物语'诠释了中华民族多元一体格局的发生学上的根基在一个文化边陲里的具体呈现。"这不仅体现了作者文笔上的灵动，而且是从"非地方"的更广阔视野来看天柱地方的考古新发现及其意义。在第三章末，作者对杨再思史迹做出如是总结："杨再思的史迹及其在后世的影响，反映了天柱及其周边土著民族与国家力量之间互动互构、相互认同的日益内地化的历史过程。即使是天柱这样的偏远一隅，它在中古时期的内地化历史过程也充分体现了中华民族共同体形成机制的重要特点之一：相互承认的认同政治和相生互构的共生关系一直在发挥着十分重要的作用。"对于抗日战争时期的吴绍文，作者在第十章第六节则是这样定位的："吴绍文作为一名天柱籍苗族作家，在抗战时期为捍卫中华民族共同体做出的卓越贡献，具有十分重要的历史意义。作为苗族文化精英代表和社会变革的一名先行者，他的这些文艺思想和实践并不仅仅只是代表他自己，在一定程度上也代表了苗族这个古老的民族和天柱这一隅多民族的古老热土在中华民族命运共同体紧要历史关头上所体现出来的中华共同体集体意识定势及其相应的集体理性选择。"作者提出的以上这些阐释性、结论性的观点，将天柱的历史资料、历史事件和历史人物放置到县、省、国乃至更大的历史时空和知识脉络中来考量其背景和意义，不仅符合"论"从"史"出、"史"为"论"证的史学方法论原则，而且分析研究中融会贯通了从"地方"和"非地方"双重视角出发所获得的历史认知，其理论高度也是显而易见的。这些观点之所以具有一定的前沿性和启发性，在行文上形成画龙点睛的效果，能给读者带来新鲜的思考，主要原因之一就在于作者博采了包括历史学、人类学、民族学、考古学、社会学等在内的一些相关学科经典性或前沿性的理论及概念工具（如"内地化""腹地建构""承认的政治""地方主体性""中华民族共同体意识""共生关系""本体安全""生熟转换""文本共同体""文字后果论""文化并置""涌现性"等），在从"非地方"视域来观察地方史的同时，也显著地拓展了理论上的视野，方能做到在前人的基础上守正出新。宋人陆游在《示子遹》一诗中给后人留下的名句云："汝果欲学诗，工夫在诗外"。同理，地方文史的深度研究需要我们在充分把握地方文史资料、站在地方的立场来看地方史的同时，也应在"树立大历史观"、从"非地方"视域来观照地方史及其意义、提升理论和方法素养等方面多下功夫，推动地方文史研究迈上新台阶，涌现更多更好的高质量研究成果。

总之，《天柱史略》是一部小中见大、以微见著的地方史研究著作，作者以钩稽天柱明清史志文献和文人著述中频繁出现的"峝苗砥柱"这个地方俗语词的历史地理内涵作为切入点，层层递进，深入剖析了曾经的文化边陲天柱如何一步步地实现"内地化"的轨迹及其历史逻辑。诚如该书引论中所言："纵然只是我国的西南'腹地'而非中心，却总有天柱土著在历史的关键时刻走上内地中心舞台彰显才华和大义。因此，天柱一隅的历史，不仅是这个文化边陲不断内地化、成为中国腹地的历史发展轨迹，而且是当地侗苗民族在交流交往交融的历史关系中不断密切地融入中华民族命运共同体的过程，在一定程度上甚至可以说是西南山区中华民族共同体意识形成过程的一个缩影。"作者借鉴费孝通先生的"文化自觉"理论，在结论章的分析中指出："一个地方或民族要想获得可持续的发展，已经再也不能仅仅满足于保持文化自在与认同，必须实现从文化自在到文化自觉的跨越。"我相信《天柱史略》这种"自描写"之作，是有助于天柱等地方实现"文化自觉"的，同时也可为如何深入理解贵州地方史的特质和意义、促进地方文史深度研究的发展提供一些可资参考的新思路。

因此，我愿向各位对贵州地方历史文化感兴趣的读者们特别是有志于这方面研究的同行学者们郑重推荐这本书。

目　录
CONTENTS

引论　天柱：一个文化边陲的内地化轨迹及其历史逻辑 ················ 1

第一章　"峝苗砥柱"：一个地方俗语词的历史地理内涵 ············· 8
　　第一节　建制沿革历史钩稽 ································· 8
　　第二节　"峝苗"由来考辩 ······························· 13
　　第三节　湘西黔东结合部 ······························· 27
　　第四节　黔东第一关 ································· 31

第二章　远古神韵：从考古遗存看史前至秦汉的天柱早期文明 ········· 33
　　第一节　石器时代的人类文化遗址 ······················· 33
　　第二节　商周秦汉时期的考古发现及其遗存 ················· 40

第三章　土著与王朝之间：中古天柱史迹及其后世影响 ············· 45
　　第一节　王朝拓殖与土著内附：天柱内地化的源起 ············· 45
　　第二节　侗族先民"仡伶"的崛起 ······················· 58
　　第三节　"侗款"：血缘兼地缘关系的侗族社会组织 ··········· 63
　　第四节　飞山公和飞山庙：安边保民的英雄祖先隐喻 ··········· 71

第四章　从卫所到县治：近古天柱内地化的定局跃迁 ············· 85
　　第一节　元、明、清在天柱及其周边设置的土司与流官 ··········· 85
　　第二节　"反苗"与"平苗"：建县的前奏和协奏 ············· 92
　　第三节　官方就"纳粮向化"问题与苗民互动对话 ············· 102
　　第四节　"侗乡四里"与"三苗里"的由来 ················· 108
　　第五节　置县到治县：天柱县域内地化的治理及其成效 ········· 113

第五章　族际互嵌与区域融合：清代天柱侗苗社会的内地化发展 ……… **120**

　　第一节　南明小朝廷的盘踞及其影响 ……… 120

　　第二节　地方经济社会发展的新高峰 ……… 122

　　第三节　中国近代教育家曾廉与天柱县最后一所儒学堂 ……… 130

第六章　土著资源的内地化开发

　　　　　——清代天柱人工营林和木材贸易 ……… **132**

　　第一节　"外三江"木行及其木材交易 ……… 132

　　第二节　人工造林前所未有的鼎盛时期 ……… 135

　　第三节　木材采运及其管理 ……… 139

　　第四节　近代天柱木材产业工人大罢工 ……… 142

　　第五节　驰名全国的"皇木"采办基地 ……… 146

　　第六节　林权纠纷：惊动嘉庆皇帝的"木头官司" ……… 149

第七章　土著之身的中华认同：清代天柱的精英阶层与家国意识 ……… **154**

　　第一节　正统科举教育的进一步发展 ……… 154

　　第二节　乾隆时期侗族诗人欧阳仕琦千里迢迢赶考路 ……… 158

　　第三节　被尊称为"宋青天"的苗族翰林宋仁溥 ……… 162

　　第四节　满腔热血：参加"公车上书"的天柱籍四举人 ……… 166

第八章　抗粮与起义：咸同年间的土著化与内地化混奏插曲 ……… **170**

　　第一节　揭竿而起：贫苦农民抗粮 ……… 170

　　第二节　织云举义：姜应芳的起义斗争及其历史意义 ……… 172

　　第三节　左右为难：文武全才杨昌江"便水斩曹" ……… 178

第九章　边缘走入中心：辛亥革命和北伐战争中的天柱义士群 ……… **181**

　　第一节　李世荣："断指一挥书血泪，赢得三军战袍红" ……… 181

　　第二节　在武昌起义中荣获"开国纪念手枪"的王天培 ……… 184

　　第三节　"千古功名未足夸"——天柱辛亥革命志士龙昭灵 ……… 186

　　第四节　辛亥革命对天柱社会政治和文化教育的影响 ……… 188

　　第五节　北伐先锋王天培与"将军门第"三英杰 ……… 194

　　第六节　赤子热血：轰轰烈烈的北伐军天柱子弟兵 ……… 202

第十章　民族大义：天柱人民对抗日战争的卓越贡献　…………………… **207**

第一节　请缨抗战：功勋卓著的吴绍周将军　………………… 207

第二节　赴汤蹈火的天柱籍抗日将士　………………… 214

第三节　刘耀斌的抗战笔记和他缴获的日军地图　………… 221

第四节　南北转战的新四军老战士龙贤昭　………………… 223

第五节　天柱后方人民支前抗战永垂青史　………………… 226

第六节　积极宣传动员群众的天柱抗战文艺　……………… 233

第十一章　沧海桑田：新中国成立以来天柱的翻天覆地变迁　……… **239**

第一节　红色记忆：在飘香热土播下的革命火种　………… 239

第二节　凤城黎明：西南地区第一个获得解放的县城　…… 243

第三节　清匪反霸：用鲜血和生命保卫新生的人民政权　… 245

第四节　龙均爵：共和国"救火英雄"　…………………… 249

第五节　艺苑繁花：当代天柱籍作家群、艺术家群的崛起　… 251

第六节　天堑通途：通高速公路飞越擎天石柱　…………… 272

第七节　同步小康：美丽的凤城旧貌换新颜　……………… 282

第十二章　多元一体的中华之隅：天柱民族文化特色与格局　…… **289**

第一节　多元包容的天柱清水江木商文化　………………… 290

第二节　多元合流、异彩纷呈的婚姻习俗　………………… 299

第三节　天柱文书：文化涵化的文明之果　………………… 305

第四节　碑刻：镌嵌在石头上的历史记忆　………………… 310

第五节　宗祠："汉姓祖先"情结与中华文化认同　……… 316

第六节　"四十八寨歌场"：跨越多重边界的民族文化呈现　………… 321

结　语　…………………………………………………………… **329**

参考文献　………………………………………………………… **333**

跋　………………………………………………………………… **340**

天柱：一个文化边陲的内地化轨迹
及其历史逻辑

一、作为文化边陲的天柱

王铭铭先生在《说"边疆"》一文中指出，所谓"传统社会"与"现代社会"，均属于以地缘关系为基础的国家，而所谓"边疆/前沿"与"国界/边境"，正是这两种以地缘关系为基础的国家的"边缘/边界"①。他在回顾20世纪上半叶中国史学界关于"边疆"问题的论述时，针对当时提出的"政治上的边疆"和"文化上的边疆"两种观点所展开的论战及其影响进行了阐释，提出"边疆"的历史进程依然是在封闭与交流两种势力的交互推动下展开的。"政治上的边疆"是指有清晰政治地理界定的国界，包含陆界和海界，实质上等同于国与国之间标志和捍卫其领土主权之区别的"国防线"。以吴文藻为首提出的"文化上的边疆"②，是指中国与外国毗邻之地区里与"中华民族"的"我群"文化上有差异的"他群"。不过，王铭铭似乎更推崇弗里德里希·拉策尔（Friedrich Ratzel，1844—1904）倡导的"三圈说"之中的"中间圈"理论观点，试图以"中间圈"界定包括政治实体在内的社会共同体之间的边界，并以之形容作为内外关系纽带的边疆的地域化情景。他认为，"在边疆或中间地带，区分无法阻止接触，接触不会消减区分，相反，它含有制造区分的机制：一方面，来自不同文化的人之间的互动，引发符码与价值的叠合，但另一方面，由这一叠合而引发的文化相似或共通，同时为文化区分的留存提供了基础。"③ 即"中间圈"的客观存在，常是文化接触最为集中的地带。

---

① 王铭铭．说"边疆"［J］．西北民族研究，2016（2）：86.
② 吴文藻．论社会学中国化［M］．北京：商务印书馆，2010：547.
③ 王铭铭．说"边疆"［J］．西北民族研究，2016（2）：93.

　　本书要研究探讨的贵州省天柱县，在历史上就曾是这样一种发展轨迹比较特殊的"文化接触最为集中的地带"，最初只是"化外"而不是边疆，后来虽是文化上的"边陲"却并不是任何意义上的边界；纵然只是我国的西南"腹地"而非中心，却总有天柱土著在历史的关键时刻走上内地中心舞台彰显才华和大义。因此，天柱一隅的历史，不仅是这个文化边陲不断内地化、成为中国腹地的历史发展轨迹，而且是当地侗苗民族在交流、交往、交融的历史关系中不断密切地融入中华民族命运共同体的过程，在一定程度上甚至可以说是西南山区中华民族共同体意识形成过程的一个缩影。

　　我国是一个历史悠久、文化源远流长的多民族国家，从古至今，各民族之间相互错居杂处，历史上分分合合、你来我往，最终无一例外都是以化干戈为玉帛的大一统为结局，融合而成"你中有我、我中有你"的多元一体化格局。千百年来，各民族之间从未有过真正严格意义上的彼疆我界，在历史长河中各民族间此消彼长，最终在交流、互动和融合中，形成了以中原为辐轴的向心力和内聚力国家。处于弱势的族群一方，通过逐渐濡染华风，倾心向化，使自己由边陲之地和"化外之域"转变为"王朝腹地"，与此同时，土著居民由之前的所谓"化外蛮夷"变成了"王朝子民"，纳入国家行政区划并进行编户纳粮管理，在内地化的过程中实现个人和族群身份的转换。明朝万历二十五年（1597年）天柱置县，是西南少数民族地区实现内地化最为典型的历史事例。

　　关于建县的缘起，《贵州通志·前事志》载：（万历二十五年）"三月升天柱千户所为县。"该志引述《明史》云："天柱本天柱守御千户所，洪武十五年五月置，万历二十五年改县，析绥宁、会同二县地益之。"[①] 天柱各族民众要求建县之事，连时任贵州巡抚的封疆大吏江东之都感到惊讶和不可思议，当时，湖南省会同知县陆可行向他汇报："自万历十一年守备周弘谟奉檄征坌处之乱，令苗输鸡粮，许遵旧议帮建县治。一年之后，盟渝法弛，苗因复叛。惟建县一事可使诸苗帖服，劫杀潜消。"江东之曾反驳道："以苗性犬羊，何乐于县官之拘系也！"（《瑞阳阿集》卷三《黔中疏草》）事实上，早在万历十一年（1583年）坌处侗民刘堂艮就以实际行动归顺了大明王朝，《万历武功录》卷二《湖广》记载："刘堂艮，岑（坌）处诸寨苗也，……环四面五百里皆苗寨，苗凡六千有奇，寨凡一百五十有奇"，在朝廷的招抚下，"刘堂艮等六千人，皆衿甲面缚请降，愿归土六百里，待附编氓后输赋"。只因当权

① 任可澄，等.贵州通志·前事志：卷十二［M］.贵阳：文通书局，1948.

者议而不决，建县之事才拖延下来。

天柱县乃弹丸之地，虽然建县，但是仅有九里一厢，而且当中的口乡一里还是首任知县朱梓为了鼓励并带动新建的天柱县发展文化教育而特意请求上峰从会同县划拨过来的。当时，县域情况非常复杂，内有刚刚解甲归田的卫所屯军，在原有镇远巡检司与江东巡检司的基础上，又在境内各险要之地新设哨堡、塘汛，有新近归附的苗民、侗民，苗中又有生苗、熟苗，民中既有招生徕之汉族移民，又有本土世居的所谓"熟苗"；外有远近十多个卫所数万大军镇守拱卫，周边还有大大小小的各种土司，如长官司、土官、土舍、土弁等等。因此，爱必达《黔南识略》载："清水江在县南六十里，发源都匀，历系生苗盘踞，雍正八年贵东道方显招抚开通，舟楫可行。自清江厅东北，至天柱之瓮东（洞），始入湖南黔阳县（现指洪江市）界，镇远江自东北来会之，盖自源至此已千一百余里矣。"① 在朱梓招抚的归化乡三苗里当中，虽然政府对当地人口暂时进行了户籍登记，但是并未强迫这些居民上粮纳赋，而是准许他们自愿输纳鸡折银。关于"鸡折银"，康熙《靖州志》卷二《食货·户口》解释说：天柱"归化三里苗丁，四千四十一丁（每丁步纳鸡一只，折银三分，共鸡折银一百二十一两二钱三分）"。又载税粮："归化三里，原额无亩，本色苗粮一千三百五十石五斗。"

针对当地属于多民族杂居地区的实际情况，"天柱县编户汉民六里，苗民三里"（康熙《靖州志·沿革》）。位于清水江畔的文斗寨（今属锦屏县）即在其中。康熙三十三年（1694年）八月，由于清水江韩世儒、米元魁等"作乱，官兵往戡之，贼遁走"。入冬，"知府宋敏学、副将罗淇请巡边以弭奸匪，于是平鳌、文斗、苗光、苗馁等寨生苗皆纳粮附籍"（光绪《黎平府志·武备志·师旅》）。其中，文斗因上下两寨有隙，到镇远府天柱县纳粮附籍。

关于生苗、熟苗和峒蛮的识别，开泰人刘钦在《边防议》中考证："按渠阳沿境诸夷，种落大概有三，曰生苗、曰熟苗、曰峒蛮。生苗者自古不顺王化，熟苗者则或梗或附，向背无常，此皆有苗遗种之滋蔓者也。其曰峒蛮者，……间有姓氏同华人者则省地郡县历代逃窜之余孽耳。"（乾隆《开泰县志·冬卷·文》）然而，直至清代雍正年间设立"新疆六厅"前，尽管清水江"缘江两岸，寨分稠繁，人丁众多"，天柱周边仍然分布有许多"化外"生苗，那里几乎没有国家货币流通，没有固定市场，尚处于以物易物完成交

---

① 爱必达，罗绕典. 黔南识略·黔南职方纪略 [M]. 杜文铎，等点校. 贵阳：贵州人民出版社，1992：130.

换的实物经济社会。天柱西面有赤溪湳洞长官司，为黎平府属；西北面有镇远府属的邛水蛮夷正、副长官司，为镇远县邛水县丞分驻之地，官系县属，地归府辖。据《明史》记载：宣德初，镇远邛水奥洞蛮苗章奴劫掠清浪道中，为思州都坪峨异溪长官司所获。其父苗银总劫取之，聚兵欲攻思州。因令赤溪湳洞长官杨通谅往抚，银总伏兵杀谅，又掠埂洞。命总兵官萧授调辰、沅诸卫兵万四千人剿之，会于清浪卫，指挥张名讨银总，克奥洞，尽杀其党，银总遁。正统十二年（1447年），巡按御史虞祯奏："贵州蛮贼出没，抚之不从，捕之不得，若非设策，难以控制。臣观清水江等处，峭壁层崖，仅通一径出入，彼得恃险为恶。若将江外山口尽行闭塞，江内山口并津渡俱设关堡，屯兵守御，又择寨长有才干者为办事官，庶毋疏虞。"（《明史·列传二四〇》）朝廷采纳了他的建议。

与天柱为邻的清江厅（今剑河县），"明以前俱为化外生苗"，台拱厅（今台江县）"明以前俱为九股化外生苗"（《镇远府志》卷四《沿革》），天柱南部黎平、锦屏一带"自洪武后，终明之世，惟外古州设潭溪、龙里、洪州、八舟、欧阳、新化、亮寨、钟灵、曹滴、西山、湖耳、赤溪、古州、永从等十四司，而里古州弃之化外""诸苗日相劫杀，官弗能禁"（光绪《古州厅志》卷七《武备志》），"黎郡（黎平）孤悬江表，来牛、定旦未通以前，绕道天柱、镇远始达省城"。延至乾隆元年（1736年），"痛加惩创，各寨凶苗芟夷殆尽，建屯设卫，始有安居"（《黔南职方纪略》）。为了对千里苗疆用兵，云贵总督高其倬疏言：贵州形势，都匀以东，黎平以西，中夹生苗一区，名曰古州八万，地大苗众，正须料理。雍正五年（1727年），遂以五开卫改为开泰县，又以湖广之铜鼓卫改为锦屏县，并以隶属湖广靖州之天柱县划归贵州黎平府。雍正十一年（1733年），开辟苗疆功竣，才将天柱改属镇远府。

现天柱县坪地镇，历史上有"小青溪"之称，原属清浪卫，雍正五年改卫设青溪县，隶思州府。抗日战争时期撤销镇远县青溪分县，一部并入镇远县，一部划归天柱县。至此，天柱县的行政区域基本固定下来，后来一直没有太大的改变。

二、从"内地化"视角重观天柱地方史

"内地化"的概念和理论最早由我国台湾史学家郭廷以①、李国祁提出②，后人用来指将中央集权直接控制的地区所实施的政治、经济（包括生产力水平和生产方式）、文化及社会生活的发展模式推行于边陲或边远民族地区，以改变民族地区的政治、经济发展模式和发展方向③。

纵观我国古代史，中央王朝往往以中原为核心，用"一点四方"的宇宙观来分析、谋划天下大势，《史记·夏本纪》中记载："九州攸同，四奥既居……中国赐土姓。"其疆域逐渐由最早的黄河流域向四面八方扩张开来，由黄河向长江拓殖，再由长江继而向珠江流域席卷五湖四海，不断发展壮大为强盛的皇权帝国。《尔雅》写道："九夷、八狄、七戎、六蛮，谓之四海。"注曰："九夷在东，八狄在北，七戎在西，六蛮在南，次四荒者。"所以我国古代的民族地理分布常用"化内"与"化外"来表达，即古籍所说的"邦内"与"邦外"之别。《国语·周语》载："夫先王之制，邦内甸服，邦外侯服，侯卫宾服，蛮夷要服，戎狄荒服。"周代以王都为中心，每隔五百里（周代一里约554米）为一区划。《尚书·禹贡》将全国划分为九州，方圆约为五千里。绥服以外，距离王畿越远就越偏僻荒凉，因未开发而被视为"蛮荒"地带，是王朝流放罪人和重点防守的边地。这就注定了几千年来中原王朝与周边族群的微妙关系，居中原者唯我独尊，高高在上，远者诸侯，更远者皆为夷狄。《尚书·牧誓》中参加周武王东征商纣誓师大会的各路诸侯，庸、蜀、羌、髳、微、卢、彭、濮等，他们之中大多数为西南夷，说明那个时候西南夷的上层人物就参加了逐鹿中原的战争，可视作内地化的远古肇端。

所谓"化内"，就是指纳税的、文明的、户口载于国家版图的区域和人群；而所谓"化外"，主要是指还没有纳入国家直接统治势力范围的地方。清统治者在苗疆地区的改土归流，目的是将"化外"的"生苗"转变为"化内"的"熟苗"，即魏源所说的"生苗可化为熟苗，熟苗可化为良善，而悉

---

① 郭廷以. 台湾史事概说 [M]. 台北：正中书局，1954.

② 李国祁. 清季台湾的政治近代化——开山抚番与建省（1875-1894）[J]. 中华文化复兴月刊，1975（12）. 李国祁. 清代台湾的社会转型 [J]. 中华学报，1978（3）.

③ 周琼. 清代云南内地化后果初探——以水利工程为中心的考察 [J]. 江汉论坛，2008（3）：75-82.

为衣冠礼仪，户口供赋之区"①。

揆诸天柱县建县原因，贵州巡抚江东之在《定县名靖边方疏》中已有详尽记载（民国《贵州通志·前事志》卷十二）。概括而言，因为卫所贪官以民族冲突为利，苗民由于受到盘剥压榨，生活困苦不堪而主动请求设县。鉴于"苗裔归心已久"且建县所需费用民众自行解决，公署也由民众自行投工投劳修建完竣，建县条件已经成熟，水到渠成，故江东之上疏请求建县。

从明初至终明一代，中央政府在平定播州和改土归流的过程中，在贵州共设立二十县，其中遵义、桐梓、绥阳、仁怀四县隶遵义军民府，明代尚属四川布政司，天柱县属湖广布政司。元朝在贵州虽然建立了都司、宣慰司等军事和土司管理机构，但未设立府、州、县等各级政权，仅初步搭成省级军政机构的架子而已，至此，贵州布政司从上到下的行政管理机制才算基本建成。

天柱建县之前，将近一半的土地和人口属于会同县管辖，会同县的前身是三江县，宋崇宁二年（1103年）改三江为会同（光绪《会同县志·方舆志》）。再往前追溯，为郎溪县，五代时附于马殷。后周杨正岩以十洞称徽、诚二州。宋太平兴国四年（979年），诚州长杨通蕴附款，五年（980年）杨通宝入贡，命为诚州刺史。崇宁二年，杨晟臻纳土贡，赐名靖州，属荆湖北路，领永平、会同、通道三县。会同县内地化迄今已有910多年的历史。

宋代以前，史籍未见天柱与中原地区相互接触交流的记载，但并不是说没有文字记载就等于彼此没有往来和交流。翦伯赞认为，"秦代吞巴并蜀灭楚，于是，川湘鄂的诸苗，遂相率避入深山穷谷之中，与鸟兽处，而不肯投降。但他们仍然在艰苦的环境中，继续其族内的繁殖""当西汉之初，今日川黔湘鄂一带的山溪谷间，已经布满了南蛮之族"②。秦灭楚后，"荆蛮"中的一部分融入华夏族，一部分涉澧水、溯沅江，进入武陵、五溪地区。譬如秦始皇发兵50万征南越，其中一支驻镡城之岭即在今之会同县境，马援征五溪，作战区域位于湖南辰州，辰州是唐宋之时侗族、苗族的聚居地区，可以肯定地说，上述战争都与当地土著民族脱不了干系，要么迫使他们向更边远山区迁徙，要么接受他们内附归顺朝廷。

《汉书·叙传》说："西南外夷，别种殊域"，正因为统治者视西南边疆为"殊域"，所以把"攘夷狄"作为发动征伐的思想逻辑，今天看来简直荒

---

① 魏源. 魏源全集·兵政（第17册）[M]. 长沙：岳麓书社，2004：695.
② 翦伯赞. 中国史纲：卷二·秦汉史 [M]. 北京：商务印书馆，2017：162，164-165.

谬至极，历史上却是统治者文治武功的出发点与落脚点。军事实力雄厚时则
采取强行同化的策略，国力衰微或鞭长莫及时，中央王朝则采用怀柔政策，
设置羁縻州、县，表示彼此联系不断。唐贞观八年（634年），中央王朝在天
柱的北部析龙标县置夜郎县（今新晃侗族自治县），贞观十五年（641年）改
设晃州羁縻州，属黔中都督府管辖，宋仍为晃州羁縻州。元至元十三年
（1276年）置沅州安抚司，翌年改为沅州路，其地归卢阳县属之。

　　总而言之，自宋迄明清，中央王朝对西南边疆社会的内地化经略，使天
柱世居民族由"蛮夷"实现了向"国民"的转化，摆脱了游离于中华文明外
圈的边缘处境，走进了前文所述及的"中间圈"，天柱的经济社会和人文精神
发生了前所未有的变化，主要表现在当地人民对国家的认同意识和对中华文
化的认同意识不断增强。与此同时，民族关系日益融洽和睦。至清代，镇远
府属"其地有汉民变苗者，大约多江楚之人，愍迁熟习，渐结亲串，日久相
沿浸成异俗，清江南北岸皆有之，所称熟苗半多此类"①。清朝道光年间，罗
绕典在《黔南职方纪略》中记载：天柱"薙发峒苗"，其"言语、服饰与汉
族无异"，并"耻居苗类"。万历二十五年（1597年）在"生界"多而"熟
界"少的天柱建县，成为地方社会国家化发展变迁进程的一大标志性事件。
同时使天柱社会风气焕然一新，如王复宗所云："易刀剑而牛犊，易左衽而冠
裳，好勇习战之风，日益丕变。"（康熙《天柱县志·风俗》）这表明地方礼
俗风规已沿着内地化的方向演变和转化，而国家化的发展与内地化的进程同
步一体，更进一步强化了基于良性互动和整合的社会变迁。

---

① 徐家干. 苗疆闻见录 [M]. 吴一文，校注. 贵阳：贵州人民出版社，1997：163.

第一章

"峝苗砥柱"：一个地方俗语词的历史地理内涵

天柱县位于贵州省东部，东邻湖南会同、芷江县，南连贵州锦屏和湖南靖州县，西接贵州三穗、剑河县，北抵湖南新晃县。《镇远府志》载："天柱县控茨岭，临鉴江，山川险阻，地势纡萦。""上控黔东，下襟沅芷，囊百蛮而通食货。顺江流而达辰常，山川耸峻，横水漪涟，界黔楚之交，为峝苗柱石焉。"（乾隆《镇远府志》卷五《山川》）

天柱建县于明朝万历二十五年（1597年），因县城北边蔚为壮观的"石柱擎天"景观而得名。该县原属湖南靖州，清雍正五年（1727年）改隶贵州黎平府，雍正十二年（1734年）改隶镇远府。流经天柱境内的清水江从古至今是出黔入湘的黄金水道，具有上控黔东、下襟沅芷的区位优势和交通枢纽作用，故素有"黔东第一关""峝苗砥柱"之称。

第一节 建制沿革历史钩稽

自秦汉历唐宋迄明初，天柱一直是中国帝制王朝的边疆"化外"之地。明朝定鼎南京后，朱元璋派重兵镇守云贵高原，明洪武三年（1370年）设天柱卫，未几旋撤，洪武二十五年（1392年）撤靖州卫左千户所建天柱守御千户所，天柱始正式纳入王朝的统治范围。然而这仅仅是军事上的弹压与管制，真正的统治是从万历二十五年（1597年）成立天柱县后才正式开始的，在此之前天柱的行政区划隶属关系可大致梳理如下。

一、先秦政区历史地理归属

夏、商之时天柱为荆州之"界僻"，即距离荆州最遥远偏僻的边境，周属楚之黔中地。荆州为我国古代的九州之一，辖境约在今之湖北、湖南两省及贵州、河南、广东、广西的一部分。春秋战国时期，西南各地部落林立，互争雄长，天柱一带，属于楚国的黔中地，生活在这里的人民泛称"南蛮"或"荆蛮"。《史记·货殖列传》卷一二九载："楚灭越兼有吴越之地。"楚与越的地缘关系，如《汉书·地理志》卷二十八所指出的："本吴粤与楚接比，数相并兼，故民俗略同。"楚王熊渠毫不掩饰地以蛮夷自称："我蛮夷也，不与中国之号谥。"① 楚威王遣将庄豪，从沅水伐夜郎，军至且兰，橡船于岸而战，遂灭夜郎，因留王滇中。周赧王三十五年（公元前 280 年），秦昭王使白起伐楚，略取蛮夷始置黔中郡。

二、秦汉魏晋南北朝时期沿革

秦灭六国，统一中国，实行郡县制，将全国分为 36 郡。秦始皇二十九年（公元前 218 年），秦王朝派尉屠睢南攻越人，发兵五十万，分为五军，其中一军进驻湘西南的镡城之岭，即原黔阳县今洪江市西南一带，这是历史上中原王朝对居住在天柱一带土著居民最早的一次用兵。三十三年（公元前 214 年），秦国攻取南越王统治地盘，设置桂林、南海、象郡，委派官吏治理，天柱属象郡之镡成县（治所一说湖南会同，一说贵州黎平）。西汉改属武陵郡，武帝平西南夷，改属益州牂牁郡镡成县。武陵郡治所在义陵（今湖南溆浦南），辖境相当今湖北长阳、五峰、鹤峰、来凤等县，湖南沅江流域以西、贵州东部及广西三江、龙胜等地。东汉移治临沅（今湖南常德市西），后辖境逐渐缩小。西汉政权对西南少数民族地区多次用兵，并推行所谓"附则受，而逆叛则弃而不追"的羁縻政策。后汉建武年间，光武帝刘秀派刘尚征五溪，屯兵辰溪县东南，筑城戍守，遭到当地居民的反抗。建武十八年（42 年），又派马援率兵四万余人南征，马援不仅不能统治五溪，还病死军中。三国时隶蜀汉，晋属武陵郡镡成县。"蜀汉建兴三年，丞相诸葛亮南征，以牂牁长济济火为先锋，所至皆捷。"（乾隆《开泰县志·秋部·武略》）晋义熙中期，改镡成县为无阳县，南北朝时期宋分荆州之地为郢、武、沅三州，天柱之地先后属武陵郡无阳县。

---

① 司马迁．史记：卷四十 [M]．上海：上海古籍出版社，1986：203.

三、隋唐至宋元时期沿革

隋代因袭晋制，先隶无阳县，后来设置沅陵郡之后，天柱改隶龙标县。

唐贞观四年（630年），置思州宁夷郡，天柱西部属之。贞观八年（634年）将黔中道分设彝、播、叙三州，天柱属叙州之潭阳郡郎溪县（治今湖南洪江市与会同县交界的朗江）。长安四年（704年），在天柱东北及北部以沅州的夜郎（今新晃）、渭溪二县置舞州（后改名业州）。大历五年（770年）业州更名为奖州龙溪郡，领峨山、渭溪、梓姜（今芷江）三县，也就是说天柱周边的新晃、芷江在唐代即已建立基层政权。唐末，杨承磊依托靖州飞山，割据叙州西南，号称"十峒首领"。其族人杨再思则据有叙州南部，实力雄厚，自称诚州牧。杨再思祖上世代为唐朝官吏，不服后梁，也不附楚，为示忠诚于唐，将叙州改名诚州，"奉唐正朔"，使用唐昭宣帝（哀帝李祝）天佑年号。后梁开平元年（907年），楚王马殷遣吕周师攻"飞山洞"（位于靖州西南十里），杨承磊战死，杨再思以其地附楚。梁王朝授杨再思为诚州刺史，子孙世袭其位。后周广顺二年（952年），马氏覆亡，楚地动乱，武冈西南境（今绥宁及城步大部和新宁小部）"苗蛮"投靠诚州，乃置徽州（今湖南绥宁），史称"诚徽州"。杨正岩自署刺史，乃将十峒地域划为徽、诚二州，天柱归诚州（今湖南靖州）所辖。宋太平兴国五年（980年），土人杨通宝入贡，被命名为诚州刺史，天柱属之。元丰三年（1080年）沅州之贯堡寨设为渠阳县，隶诚州，元祐二年（1087年）改渠阳军。

宋沿唐制在天柱之北设晃州（羁縻州）。淳化二年（991年）知晃州田汉权献古晃州印一枚，乃命为刺史。熙宁六年（1073年），并晃州入沅州卢阳县，同时在天柱西北置邛水县（今三穗）。熙宁七年（1074年）置沅州（今湖南芷江），辖地含今天柱县东部。政和七年（1117年），思州首领田氏内附，命为刺史，仍令世守其地。是时，天柱东部归郎溪县（治今会同县朗江镇），西部属思州。北宋建中靖国元年（1101年），分诚州渠阳县北部建三江县（崇宁二年改为会同县），崇宁元年（1102年）建会同县，天柱东部（后来天柱建县时划归天柱的"侗乡四里"）属会同县，西部仍属思州。崇宁二年（1103年），侗族首领杨晟臻纳土贡，宋徽宗赐名靖州，于是改诚州为靖州，以永平（明初省永平县入靖州）为治邑，改其南部的罗蒙砦为通道县，隶靖州。天柱属荆湖北路靖州会同县所辖。

元至元年间（1264—1294年），改靖州为靖州路总管府，辖永平（今靖州）、通道、会同等县，隶湖广行省。天柱地境分属靖州会同县和武岗路绥宁县。元朝设沅州路，治卢阳（今芷江县地），领卢阳、芷江、黔阳、麻阳、晃县（今新晃）、怀化等地，分布在天柱之北部及东北。元顺帝至正二十三年（1363 年），朱元璋打败陈友谅后，即从江西"略地湖南"，势如破竹，取沅州，定靖州，改元置沅州路为沅州府，至正二十五年（1365 年），改靖州为靖州军民安抚司，天柱属之。

四、明清时期沿革

明初采取"移民实边"举措，从内地及人多地少的地区大量移民开发边疆。天柱县成为移民的重点区域，被安插了数以千计的屯军和屯民。洪武三年（1370 年），设沅州卫、靖州卫、天柱卫（旋撤），隶湖广都司指挥。每卫编制额定 5600 人，因官兵都带家属，实为 5600 户。二十四年（1391 年），清水江沿岸苗民起义，楚王朱桢率官军进征大坪（今会同县廉山乡所辖）、小坪（今会同县广坪）等处，事平，为了确保明王朝的边境长治久安，于洪武二十五年（1392 年）撤靖州卫左千户所设立天柱守御千户所，驻军 1200 余人镇守，首任所官千户范仲和。洪武三十年（1397 年），又调靖州卫后所移置天柱汶溪寨，设汶溪守御千户所。天柱、汶溪二所共有官兵 2400 名，这是插入天柱境内的两个军事据点，也是明王朝统治势力渗透到天柱境内的两个前进基地。卫所官兵和随军家属一边戍守，一边占地屯田，军政合一。与天柱、汶溪两个千户所并列的准军事机构还有镇远巡检司（驻今远口镇鸬鹚村）和江东巡检司（今江东镇境内）。所以，天柱知县王复宗纂修的康熙《天柱县志》中称："遍邑皆山也，尺幅中城郭、堡、哨、司、社，充塞无余矣。"说明天柱县从明代到清初境内驻军和军屯的规模相当可观。这一时期，天柱县之西与西北尽皆土司，其中赤溪湳洞蛮夷军民长官司（治今剑河县南明镇南明村）、邛水十五洞长官司（治今三穗县长吉镇司前村）离天柱县最近。明洪武初改赤溪湳洞蛮夷军民长官司为赤溪湳洞长官司。建县之前，天柱与上述土司的中间地段属于无官管辖的"化外"行政真空地带。

崇祯十年（1637 年），迷信风水的天柱县知事石之鼎迁县治于龙塘（今社学街道田心寨），更名龙塘县。顺治四年（1647 年）初，赖洞民众攻入龙塘县城，杀死知县何化龙。吏员俞廷荐迁县治于凤城雷寨。是年六月十三日，苗民攻破雷寨县城，烧毁房屋数百间，杀死 70 余人。顺治十一年（1654 年），龙塘知县黄开运将县治由雷寨迁回天柱，复名天柱县。雍正三年（1725

年），"诏贵州划清地界"，清理"插花地"，与邻省地界有不清者，委官员勘定。雍正五年（1727年）闰三月，天柱县由湖南靖州府改隶贵州黎平府。雍正十年（1732年）四月二十八日，添设天柱县丞一员，分驻柳霁（今属剑河县南明镇境地），称柳霁县丞，为天柱之分县。是年，设镇远司巡检一员（驻远口）。雍正十二年（1734年），天柱县改隶贵州镇远府。同治三年（1864年）五月二十八日，张秀眉、陈大禄义军攻占天柱城，击毙知县方时乾。代理知县毛骞迁县治于远口。

康熙年间，清浪、坌处、三门塘请求开行"当江"的合理要求长期被官府压制，得不到准许经营。在与"内三江"（锦屏县茅坪、王寨、卦治）争夺清水江木材采运和市场贸易特权的过程中，清浪、坌处、三门塘一直属于被告方和败诉者。光绪十二年（1886年），吴鹤书试图利用贵州当局清理各府县之间"插花地"的时机扭转这一被动局面，于是提出将天柱县属"瓯脱"于锦屏的文斗、平金等6寨划归锦屏，把茅坪、王寨、卦治划归天柱管辖。天柱知县廖镜伊转呈贵州布政使曾纪凤，曾纪凤将这个问题批转黎平府有关人员讨论"有无滞疑"。锦屏县虽然承认天柱的平金、银洞、文斗三寨插入黎境，但是指出天柱欲夺取清水江水上航运和木材贸易权的目的，以地理位置和老百姓不愿意为借口，提出了"五不可"划拨的理由。黎平知府郭怀礼经过实地勘界，认为府属亲辖之地并不脱离外属，并且牵扯到汉族和苗族风俗习惯、学额以及丁粮等方面的问题。最后曾纪凤批示，将天柱县"瓯脱"于锦屏的文斗拨归了锦屏县。文斗寨自康熙三十八年（1699年）赴天柱附籍，至此已历180余年。

雍正四年（1726年），县内重新调整行政区划，新编户口，全县划为9里1排。原汶溪守御千户所辖区之民因操"军话"，人们难以听懂，故将其单列为"军三排"。中华人民共和国成立后，"军三排"各寨群众自愿选择苗族为族籍。宣统三年（1911年）10月10日，武昌起义爆发，天柱人李世荣、王天培参加起义。11月，贵州省成立大汉贵州军政府。天柱县成立军政分府，直隶贵州军政府。清朝最后一任知县李保和携带眷属和财物出逃，至邦洞镇织云被当地绅民杨梅初发觉拘禁，没收其所有赃款及马匹，准其离开县境。11月30日，远口绅民吴展培、吴展城驱逐远口巡检司司官郑元吉，设立团防局，吴展培任局长。

五、民国至今的沿革

1912 年 1 月 1 日，"中华民国"成立，天柱县归镇远道管辖。民国三年（1914 年）3 月，巡检驻地改设分县，设远口分县隶天柱县。柳霁分县改隶剑河县，设黔东道治镇远，天柱县属黔东道。民国四年（1915 年），天柱县属地茅坪、亮江、平金、银洞、乌坡、合冲、令冲拨归锦屏县。1935 年以前，天柱县属第十行政督察区（驻黎平），1936 年以后改属第一行政督察区所辖（驻镇远）。

1941 年，镇远县青溪分县所属的坪地、八阳，因田课差役不均而发生武装冲突。3 月 6 日，贵州省主席吴鼎昌将两地划归天柱县。6 月 27 日，裁青溪县，其行政区域分隶镇远、天柱县。1943 年，湖南、贵州两省联合勘界，原天柱县所辖的下金紫、镰刀溪、岩寨溪、中河拨归会同县，会同所辖之金紫、候录坡及老团、半溪一带拨归天柱县。至此，天柱行政区划基本定型。

1949 年 11 月 3 日，中国人民解放军第二野战军第五兵团第十六军四十六师一三八团由湖南黔阳进入天柱瓮洞，4 日，解放天柱县城。1950 年 1 月 21 日成立天柱县人民政府，隶属镇远专区。下设一、二、三、四、五区 1 镇 16 乡，五区即城关区、邦洞区、蓝田区、远口区、高酿区。1951 年 7 月增设第六区（白市区），由白市乡和兴隆乡组成。1956 年 4 月 18 日，国务院以国设司字〔1956〕第 30 号文件批复，撤销镇远专区，建立黔东南苗族侗族自治州，天柱县隶属其管辖。1958 年 12 月，天柱县并入锦屏县，1961 年恢复天柱县。1982 年 9 月，全县共有 6 个区，2 个镇，36 个人民公社，313 个大队，4424 个生产队。1992 年撤销原 6 区 1 镇和 29 乡 10 镇建制，新建 10 个镇 6 个乡，辖 315 个行政村，11 个居委会。2016 年调整为 11 镇 3 街道 2 乡 117 个行政村，11 个居委会（社区）。2019 年 11 月，从凤城街道析出联山街道。行政区划上，全县现有 11 个镇、4 个街道、2 个乡，共 117 个行政村、16 个社区（居委会）。

第二节 "崉苗"由来考辨

康熙《天柱县志》云："天柱踞楚上游，毗连黔粤，扼要害而控苗蛮"；又说，"天柱县上控黔东，下襟沅芷，囊百蛮而通食货，顺江流而达辰常。山川耸峻，横水东流，界在黔楚之交，尤为峒苗砥柱"（康熙《天柱县志》卷上《形胜》）。这里同时提到"苗蛮""百蛮""峒苗"三种称谓，由此可见，"峒苗"并非今之苗族，而是"百蛮"之一，专指侗人。明人田汝成在《炎徼纪闻》亦说："峒人，一曰峒蛮，散处于牂牁舞溪之界，在辰、沅者尤多。"《湖南通志》引《辨苗纪略》云："苗有倮、瑶、僮、仡、佬、伶、僚之分，……处靖州、天柱等处，与黔接壤及环黔而处者，为仡佬、伶僚，皆苗也。"（光绪《湖南通志·武备志·苗防一》）上述所说的"伶僚"即侗族，官方将其划归苗类，而苗这一名词在当时无疑是对当地土著民族的统称。

天柱在建县之前、建县之后以及当代，民族结构与人口比例变化很大。建县之前，有一半的土地和人民即峒乡四里、口乡一里归会同县管辖；另有一半，即天柱守御千户所及其所管的三苗里、汶溪守御千户所、清水江十八寨，隶湖广都指挥使司所属的靖州卫，卫所的军官主管军屯，兼管辖区内的社会治安和行政事务。根据明朝官方统计，万历二十五年（1597年）建县时，经过编民清赋，全县男丁总数为9523丁，其中，载有峒乡汉夷人丁5490丁（含新招592丁在内，即由会同县拨入的口乡一里人口），"三里苗丁"（实为侗丁，只含少数苗民）有4041丁。在"汉夷人丁"中，外来的军籍汉丁占有2658丁，剩余的2824丁主要是零星迁入天柱的汉人和本地会讲汉语的苗民。按当时的人口比例，汉族约占天柱县总人口的三分之一，由此可见，天柱县人口主要是由侗、苗、汉三个主体民族构成。据1990年全国第四次人口普查数据显示，天柱县共有人口352523人，其中侗族236538人，占全县总人口的67.1%；苗族108968人，占全县总人口的30.91%。

一、天柱侗族

天柱建县前夕，吏目朱梓"任所幕六年，熟知峒苗情状，唯建县可使帖服"（王复宗纂修《天柱县志》，康熙二十二年刻本）。"峒苗"，根据其语言、服饰、饮食及风俗习惯考察，实为现在的侗族。

（一）天柱侗族人口变迁

1950年以前，天柱县侗族人口没有专项记载。光绪二十五年（1899年）全县编制保甲，共有5674户，男19653人，女18598人，合计38251人。民国二十二年（1933年）进行人口调查，全县有17070户，73594人。民国三十七年（1948年），全县有25007户，129543人，均无侗族人口的专项记录数据。

1953 年中华人民共和国第一次人口普查, 天柱县共有人口 178048 人, 其中侗族有 117317 人, 占全县总人口的 65.89%。1964 年全国第二次人口普查, 天柱县共有人口 194497 人, 其中侗族有 128761 人, 占全县总人口的 66.2%。1982 年全国第三次人口普查, 天柱县共有人口 308216 人, 其中侗族有 204320 人, 占全县总人口的 66.29%。天柱县侗族主要聚居于凤城、社学、渡马、邦洞、坪地、蓝田、注溪、高酿、石洞等乡镇 (街道), 在白市、竹林、坌处三镇和县城侗族与苗族相互杂居。

(二) 侗族族称与族源

天柱侗族自称"干" (侗语为 gaeml) 或"金" (jeml), 是古代百越族群中骆越支系的遗裔。龙耀宏先生指出, 侗族族称 gaeml 一词, 在语义上与"遮蔽""棘闱"等词义存在渊源关系①。这就说明侗族在集体潜意识上自身认同为一群隐居于偏僻山林之隅的共同体。据《侗族简史》等著作的考析, 他们的远祖有一支居住在洞庭湖周围地区, 濡染楚国文化甚深; 春秋战国时期, 吴起相楚悼王平南越, 占领了洞庭、苍梧之后, 这支侗族先民迁徙到今之湖南西部、贵州东部和广西北部一带定居。关于古代侗族的形成背景, 从《淮南子·人间训》中的记载也可间接略见一斑。该书提到在今天的湘江上游与漓江的毗邻地带, 秦朝的军队修筑了灵渠以通粮道, 攻占了古百越民族居住地, 于是"越人皆入薄丛中, 与禽兽处, 莫肯为秦虏"。这段文字最值得注意的地方是提到了这支古百越族转入山林地区, 这与侗族长期隐居于边远山区林海的生存生境中形成一个相对独立的民族文化群体的历史背景何其相似, 对于理解侗族形成的历史背景和特点 (特别是早期的"逃遁""隐蔽""棘闱"居处形态) 有着重要的参考意义。

天柱境内的侗族, 在各个历史时期称呼不一。秦为"黔中蛮", 汉称"武陵蛮"或"五溪蛮", 唐代称"僚""乌浒"或"峒蛮"。宋史称沅州、靖州一带居民为"仡伶", 当时, 天柱境属诚州、靖州。陆游在《老学庵笔记》卷四中称: "辰、沅、靖诸蛮, 有仡伶、有仡僚、有山傜, 俗称土著。""仡伶"是官府用汉字双音反切对侗族的族称记音, 与侗族自称"干" (gaeml) 或"金" (jeml) 读音相同或相近, 说明侗族先民在宋代以前就在沅州、靖州、天柱一带定居。唐宋时已用单一族称将其在政治、经济、军事方面的活动载入史册。《唐书》载, 唐元和六年 (811 年) "黔州大水, 坏城郭, 观察

---

① 龙耀宏. 侗族族称考释 [J]. 贵州民族研究, 1993 (2): 89.

使窦群发峒蛮治城，督促太急，于是辰叙二州蛮张伯靖等反，群讨之不能定"。《宋史·西南溪峒诸蛮》中载：南宋乾道七年（1171年），靖州有"仡伶"杨姓，沅州生界有"仡伶"副峒官吴自由。《广西通志》载，宋高宗绍兴时（1131—1162年），安抚使吕愿中"诱降诸蛮伶、览、僚、侗之属三十一种"。又载"侗人居溪峒之中，又谓之峒人"。《融县志》确证"侗即伶，背江一隅间有之"。

元明之际，称天柱一带居民为"峒（洞）""峒蛮"或苗。清代称为"洞苗""侗民""洞家"，或泛称为苗。清人李宗昉在《黔记》中说："洞苗，在天柱、锦屏二属，择平坦近水地居之，种棉花为业。男子衣与汉同，多与汉人佣工，女人戴蓝布角巾，穿花边衣裙，所织洞帕颇精。"民国时期，汉人称为"峒家"。高酿、石洞、润松、社学、渡马、邦洞、坪地、八阳、远口、坌处一带侗族自称为"干"（gaeml），蓝田、注溪、碧雅、大段、三团等地侗族自称为"金"（jeml）。中华人民共和国成立后，经过民族识别，定为侗族。

（三）天柱侗族的来源

天柱侗族主要由三个部分组成：一是由宋元以来世居当地的"伶人""峒人"和迁入天柱定居的汉族移民融合而来；二是由宋元明时期到湖南西部"征蛮""抚苗"的军人及其家属土著化而来，他们长期生活在侗族地区，与侗族通婚，语言与习俗已经"侗化"，完全融入了侗族社会；三是天柱建县后，天柱、汶溪千户所的屯军、屯民解甲归田，落户侗寨，他们的后裔成为语言、服饰、生活习俗与侗族基本一致而"籍贯天柱，原籍外省"的特殊族群，民谚所谓"吃了三年岩浆水，不变侗家也变苗"。有的姓氏人群本是同一宗族，由于居住在不同地区不同环境而属于不同的民族，所以在天柱县境内，有很多同一姓氏和同一祖先的族人相隔十几代人之后他们的族籍各不相同的事例。

1. 土著"仡伶"和"峒民"

杨姓是天柱的侗族大姓之一，唐末及五代时期，他们的祖先杨再思就占据了以靖州飞山为中心的湘西大部分地盘，成为湘西的早期开发者——"仡伶"杨姓。杨再思是湖南靖州望族，时人尊之为"飞山公"。其后代杨承都于元顺帝时期徙居三楚会同县之口乡七里（今天柱远口镇东门头）。凡天柱这支杨姓居住的村寨过去往往修建"飞山庙"，四时八节烧香祭祀。

天柱龙姓历史上也是湘西土著居民，并且是天柱境内有名的侗族大姓。

天柱龙氏家族分为三个支派，皆来源于湘西，而且据称都是由宋仁宗时期湖广安抚招讨使龙禹官这个家族发展而来的。龙禹官子孙繁衍，遍布湘西黔东各州县，其子龙宗麻，人称"麻公"，后裔徙居天柱润松、高酿、邦寨；龙宗廷人称"廷公"，后人聚居石洞镇坝坪、高酿镇地良、甘洞、白市镇地样；龙宗旺人称"旺公"，后人居石洞镇水洞、皮厦、冲敏及高酿镇富荣等广大村寨。

2. 宋、元、明时期到湖南西部"征蛮""抚苗"的军人及其家属

南宋孝宗年间龙存锦从湖南芷江大龙迁居天柱凤城。同一时期，有指挥使杨洪由江西征进贵州黎平潭溪，迁居远口老寨和渡马大坝头，稍后又有杨大朝于南宋度宗咸淳元年（1265 年）迁入渡马野田定居。龙存锦、杨洪均为宋代奉命到湘西"平蛮"的军官，他们的子孙以靖州、沅州、会同为前进基地，溯清水江流域次第移居天柱。杨洪长子杨万朝"随父平蛮"，由黎平潭溪移镇"八蛮九洞溪口（今天柱渡马）"，其后裔除居白市镇坪内、兴隆、新舟、江东镇金鸡等十多个村寨为苗族之外，分布在其他乡镇者绝大多数是侗族。天柱杨姓主要由杨洪、杨再思这两大支系繁衍而来。杨洪后裔中杨大朝这一支发展最快，几乎遍及渡马镇的大部，白市镇也有不少。《杨氏族谱》云："杨大朝于宋度宗咸淳元年，年登二十八岁时，由会同东城始迁贵州天柱渡马野田，后裔移居渭水溪（今渡马河）、杨军关（今杨柳村背黄军关）。"

至元十六年（1279 年），元朝对西南少数民族地区各部首领，一方面继续军事征服，一方面加以招谕，"能率所部归附者，官不失职，民不失业"。元世祖中统四年（1263 年），南蛮作乱，伍四郎奉命征剿，留守靖州。明正统四年（1439 年），其后代伍公旺从靖州太阳坪迁居天柱县城东伍家桥。《镇远府志》引《通志》载："元世祖至元十四年（1277 年），思州田景贤来附，授安抚司。十六年（1279 年）九月，招谕西南诸蛮部酋长能率所部归附者，官不失职，民不失业。二十年（1283 年）讨平九溪十八洞，定其地之可以设官者大处为州，小处为县，并立总管府听元路宣慰司节制。贵州等处长官司领于顺元路安抚司，此贵州之名所自始也。"（乾隆《镇远府志》卷二十八）

"九溪十八洞"地区覆盖今湘西、湘西南、黔东、黔东南一带。《黔记·土司土官世传》载：黎平府属曹滴、古州、中林、湖耳、龙里、欧阳、赤溪等长官司皆杨姓，再思裔孙也。朱梁时，再思据有徽、诚州，称刺史。孙通蕴、通宝、通榅当宋盛时相继入款，始授官，"杨姓之盛此始"。此外，元顺帝末年有刘文贵、袁通全等人移民天柱。邦洞《刘氏家谱》载，始祖刘文贵率邦周同聚于贵州天柱安乐乡四图（今邦洞街道）岩脚寨溪坎上，以姓而取

名刘家寨。蓝田《袁氏家谱》载，元顺帝年间，始祖袁通全由靖州甘棠坳徙迁黔地天柱汶溪。也有为逃避战乱和躲避徭役而迁居天柱的后人成为侗族的姓氏，如江姓，原居河南、山东交界地区，元末明初"奉命征蛮"，落籍贵州铜仁、玉屏一带，时有"江半城，夏半街"之说。后因战乱，四处"避乱逃生"，乾隆年间，江仁祯从大簸迁居靖州卫西偶双溪口翁道寨（今天柱蓝田镇公闪村）。所以康熙《天柱县志》有"籍苗庄为户口，经侵地为正供"的记载。所谓的"苗庄"，很可能就是宋之前的土著侗寨、苗寨或宋元时期奉命先期到达的军籍移民。

3. 解甲归田的屯军、屯民落户侗寨

追溯侗族各个姓氏落籍天柱的先祖，几乎都是明初屯守天柱，万历年间落户天柱的军籍汉人，这个时期进入天柱的移民有40多个姓氏。如姜、秦、孙、谌、石、龚、梁、罗、欧、欧阳、陶、刘、龙、王、肖、杨、袁诸姓氏的家谱，无不记载是明代的屯军和移民，由于长期居住在侗族地区，后人均成了侗族。龚姓于洪武三年（1370年）由靖州迁居天柱，万历年间天柱县建县后，族人由县城散居高酿、石洞、坪地。罗姓除迁居远口中团、夏寨罗应祥一支为苗族，余者分布在蓝田、渡马、高酿、石洞，均为侗族。陶姓于明宣德二年（1427年）来自湖南绥宁苗族地区，到天柱后主要分布在侗族聚居区。刘姓从元顺帝末年（1370年）、明洪武十年（1377年）直到嘉靖，先后有五批族人分别从靖州、会同、贵州锦屏迁入天柱定居，住坌处中寨、瓮洞巨潭者为苗族，而居住在邦洞刘家寨和地豆、渡马杨柳、石洞汉寨、高酿章寨和木杉、社学茶溪等地者都是侗族。王姓族人主要来源于湖南黔阳、会同，到天柱的第一个落脚地是社学田心寨，然后向坌处、石洞等地发展，多数人是侗族。三门塘王政一支虽未说明迁出地，只说他操舟渔业于江上，远离故土，谋食黔境三门塘，娶妇成家，于明弘治十六年（1503年）九月初四"正式办照入籍"。说明王政先前很可能是长江流域或沅江一带的流动人口。

渡马乡龙盘村创始人周万四、周万六、周万八兄弟三人于明洪武元年（1368年）"由江西赴黔楚平蛮"，后来定居度暮。明洪武二十四年（1391年）张文鳌由会同皂旗搬迁到天柱度暮，其孙于明宣德六年（1431年）迁居邦洞赖洞。明永乐二年（1404年），杨宗统自靖州迁居凤城雷寨，为该寨杨姓开基始祖。同年，陈秀二、陈秀三兄弟和族人由江西丰城徙居天柱白市汶溪，并与唐、徐、韩、董、张、衡等姓人当粮，"共为一丁"。明成化十四年（1478年），三门塘刘姓开基始祖刘节，从锦屏铜鼓卫移居坌处三门塘，《刘氏族谱》所载其先祖世系，与"中央"研究院历史语言研究所藏明清史料

《铜鼓卫选簿》备载之铜鼓卫指挥使刘旺的世袭世系完全对应吻合。明正德四年（1509年），杨秀都由湖南贡溪迁天柱注溪半江。明万历初，杨秀礼由湖南芷江大龙迁天柱织云中街落业。明朝末年，潘晚由湖南黔阳土街徙居天柱远口北码头街，后裔聚居竹林、高酿章保寨（今丰保村）、邦洞三团和鱼塘、社学摆溪等寨开基。明朝中叶，屯扎黔阳的王延纯始迁天柱白市牛场（今兴隆），继迁三门塘。社学田心寨王姓开基者为王景瑞，明嘉靖年间，他与朋友何宗宪、蒋道尊由湖南会同迁天柱龙塘县（今社学田心寨）定居，世代不婚，后来何宗宪徙居伍家桥，蒋道尊徙居社学白旄寨。邦洞三团李姓开基始祖李志珂，随军由江西入湘，至宝庆府（今湖南邵阳市）徐家店，有幸与从贵州天柱龙家坪来的龙志海及粟志福相遇，三人在沅州府陂陵寨、天柱邦洞高野与岳寨及观州龙头寨（陂头寨）辗转多年，于明正统九年（1444年）九月十八日在三团定居。

梁氏始祖落籍靖州的故事颇为凄婉动人，始祖梁伯深，讳文玉，家饶裕，读书明经，尤谙刑名，掌案六房，公文俱由其改正。洪武时，因同情一名遭部下接连叛变的军官，代作申状，被株连处罚，贬谪靖州卫充军，尚未启程而殁于江南石灰山。由于案情重大，上峰督察甚严，复取长子梁子载代谪。洪武三十一年（1398年），梁子载刚上十八岁，被迫代父充军，背井离乡，从江右（今江西）豫章南塘来到靖州，并落籍城东，居住在现今梁氏宗祠所在地。梁姓从会同搬迁到天柱渡马杨柳，又进行第二次搬迁，由渡马杨柳搬迁到高酿界牌、白市阳山、邦洞织云、社学平甫，基本上是从侗寨迁入侗寨，所以现在都是侗族。

明清移民的后人成为侗族的，除了"征蛮"的驻屯军人及其家属，还有商人和手工艺人，如谌姓先祖之谌以西、谌以运商游至黔地天柱乐寨，"事业经营称心如意，不数年，名震柱邑"。甘姓清初从衡阳经商移居天柱，族人多为商人，其中甘宗梓富甲一方。直至清朝末年，仍有移民源源不断落户天柱，如蒲姓，清同治至光绪元年陆续由湖南晃县米贝徙居天柱渡马湾场落业。据坌处镇湖广山《五姓亭碑序》记载，同治十年（1871年），万、喻、黄、彭、徐五姓因谋生计，商贾至坌处，共买王姓之山，取名"湖广山"，捐资在山下修建"五姓亭"。

屯军和屯民以及落户天柱的流动人口成为明清时期开发天柱经济文化的生力军。康熙《天柱县志》统计的"汉夷人丁"5482丁中，屯军占了2658名。在人丁不到一万的新建小县，屯军每年都有六至八顷的垦田数据上报。所以天柱建县后，实在原熟并逐年开垦共成熟原额田地塘，共计781顷74亩8

分7厘9毫，其中包括归并天柱所原额中则屯田32顷40亩、汶溪所原额中则屯田11顷6亩，两处累计达43顷46亩，占全县水田总面积781顷的5.5%。

二、天柱苗族

（一）苗族起源

苗族是中华民族大家庭中历史悠久的一员。根据史籍记载、考古发现以及苗族古歌考证，苗族最早发祥于我国黄河及长江流域下游地区，5000多年前，由以蚩尤为首的"九黎"部落集团发展演变而来。由于历史原因，苗族经历了无数次大迁徙，大约于秦汉时期陆续到达湖南西部及云贵高原定居下来，融入当地的"武陵蛮"和"五溪蛮"两大族群之中，至唐宋时期逐渐形成专有族称"苗"。曾国荃所修《湖南通志》引《续文献通考》云："苗，古三苗之裔也，自长沙、沅、辰以南，尽夜郎之境多有之。与民夷混杂，通曰南蛮。"（光绪《湖南通志·武备志·苗防一》）该志又指出，"潭州，上古三苗国之地""长沙府，禹贡荆州之域，古三苗国地""岳州，巴陵下本巴邱地，古三苗国也"（光绪《湖南通志·地理志·郡县沿革考二》）。按《史记》所载："三苗之国，左洞庭，右彭蠡。"根据古代汉文典籍的只言片语记载，在中华文明序列中，苗族首领蚩尤率先发明了刑法、武器和宗教。《尚书》云："苗民弗用灵，制以刑，惟作五虐曰法……"《周书·吕刑》曰："蚩尤对苗民制以刑。"《管子·地数篇》言称"蚩尤受金作兵""蚩尤受葛庐之金而作剑铠矛戟"。《龙鱼河图》亦载："蚩尤兄弟八十一人……造五兵杖刀戟大弩，威震天下。"

（二）苗族族称

清初《天柱县志》记载："天柱为苗民杂处地，苗性直而悍，且好勇轻生，虽武侯五月渡泸，凡擒纵者七，而终不改其狡黠，格斗之习性使然也。"（康熙《天柱县志》）天柱苗族主要分布在清水江沿岸各个乡镇，以村寨为聚落，居住环境或靠近江河，或依山傍水，坐落在高山低谷和山间坝子之间。苗族有自称和他称两种族称。天柱县苗胞自称为"mob"（苗文），已通用汉语的苗胞自称为"苗"。就他称而言，夏商时期，中原人称苗族先民为"三苗""有苗""苗民"；周王朝称苗族为"茅"或"髦"；秦汉时期，中原王朝将包括苗族在内的我国南方和西南少数民族统称为"南蛮""武陵蛮"和

"五溪蛮"。到了唐代，由于苗族的崛起发展，不仅分布区域广大，而且人口众多，所以唐人樊卓著的《蛮书》卷十中有"黔、泾、巴、夏，四邑苗众"的记载。宋代朱辅的《溪蛮丛笑》亦载，"五溪之蛮，今有五：曰苗、曰徭、曰僚、曰仡伶、曰仡佬"。这说明在唐宋时期已有部分苗族定居于作为五溪中之沅水上游的清水江流域。元、明、清以及"中华民国"时期皆沿袭"苗"的称谓。中华人民共和国成立以后，中央人民政府根据苗族人民的意愿，将苗族的族称统一为"苗族"。

（三）苗族人口

在1950年以前，天柱境内苗族人口没有专项记载。1953年全国第一次人口普查，天柱县共有苗族人口54485人，占全县总人口178048人的30.6%。1964年全国第二次人口普查，天柱县共有苗族人口55935人，占全县总人口194497人的28.76%。1982年全国第三次人口普查，天柱县共有苗族人口94057人，占全县总人口308216人的30.52%。1990年全国第四次人口普查，全县共有苗族人口108968人，占总人口352523人的30.91%。现有12.57万人，占全县总人口的29.92%，主要聚居在白市、远口、瓮洞、竹林、江东、坌处等乡镇。使用苗语的苗胞集中分布在竹林镇与坌处镇中寨、偏坡一带，有2万多人。

（四）天柱苗族的来源

在官方话语和文献记录中，不同历史时期对天柱苗族的称呼不尽相同，从另一个侧面反映出苗族的发展脉络。康熙《天柱县志·疆域》载："楚南之天柱，届在边隅，三苗西接，六诏南连。"该志《形胜》篇强调："天柱……尤为峝苗砥柱。"充分说明天柱自古就是一个以侗族和苗族为主的多民族聚居区域，"苗"从古至今都与天柱的历史紧密联系在一起。

据笔者推考，天柱苗族的来源主要有四种途径。一是由"九黎"集团分化迁徙而来的"三苗"的后裔；二是宋元以来的汉族移民与久居湘西苗地的苗人西迁而来；三是解甲归田的明初屯军、屯民以及长期生活在苗族地区的汉族移民；四是明清汉族移民中的相当一部分，世世代代与苗族通婚，其后代融入苗族社会而演变为苗族者为数不少。

1. 最早迁徙而来的"三苗"后裔

夹在湘西和黔东之间的天柱，就历史地理沿革而言，夏、商为荆州之"界僻"，周属楚之西，秦为黔中地，汉属牂牁郡，唐宋为诚州（后改名靖州）所辖，元明属于靖州会同县。建县之前，自秦汉迄唐宋，天柱全境长期为中原王朝统治势力鞭长莫及的"化外"荒服，加之地广人稀、交通闭塞，对逃避战争长途迁徙而来的苗民休养生息和民族繁衍非常有利。

《史记·五帝本纪》载："蚩尤作乱不用帝命，于是黄帝乃征师诸侯，与蚩尤作战于涿鹿之野。"被苗族尊奉为祖先的九黎部落首领蚩尤战败，流徙于长江中下游地区，形成"三苗"部落集团。"三苗"后期又被夏禹部落联盟打败，"放驩兜于崇山"，大部被驱逐到洞庭、鄱阳两湖以南的江西、湖南的崇山峻岭中，形成历史上的"南蛮"集团。一部被"投三苗于三危"，向川、黔、滇边境迁徙。战国时，吴起辅楚悼王实行变法，用武力征服"南蛮"，占有洞庭、苍梧等"蛮"地，苗族先民再次被迫向西迁入武陵山区。从东汉开始，王朝多次对武陵地区采取大规模军事行动。建武二十四年（48年），东汉光武帝遣大将军刘尚率兵征"武陵蛮"，全军覆没，举朝无措。建武二十五年（49年），光武帝令伏波将军马援率兵四万征"武陵蛮"，困死于湖南沅阳县境的"壶头山"。至此，东汉王朝对苗族用兵才告一段落。由于中原王朝连续不断的军事进剿征战，迫使苗族一次又一次地进行大规模迁徙，其中一部进入湖南西部的怀化、芷江、城步、麻阳、靖州、绥宁等地。宋元以来，尤其是明初对湘西的大规模屯军，对苗区的严重侵占挤压，迫使苗民继续西迁，进入贵州东部的天柱、锦屏、剑河等县及黔东南地区。这便是第一批到达天柱定居的苗族先民。

2. 宋元汉族移民与久居湘西的苗人西迁而来

在天柱的苗胞中，迁徙路径清楚、发展史迹确凿，比较有代表性的姓氏有吴、潘、杜、粟诸姓。根据天柱陈、蒋、吴三姓族谱记载，最早进入天柱的移民是陈启万，他于北宋末年由江西德安迁到天柱远口新团定居。南宋高宗绍兴年间有陈裕乾由江西迁居白市等口，南宋理宗宝祐五年（1257年）蒋朝祥"徙居湖南会邑远洞（属天柱远口镇）蒋思寨开基创业"。明弘治《吴氏族谱》记载，远口吴姓始祖、南宋理宗大理寺丞吴盛，为权贵所不容，遂与妻子彭氏携子吴八郎举家西迁，避居天柱远口，开基创业。吴姓后裔人口众多，为天柱大姓之一，会同、靖州、黎平均有分布，人称"吴半州"，形容他的子孙后代占靖州人口之半，今之远口镇黄田、远洞、新市、鸬鹚、广溪、中团、元田、会田等吴姓聚居的村寨均为吴盛后裔。收藏在竹林镇苗语核心区湳头、新寨一带的《潘氏族谱》记载，潘氏源流当中，从潘美之孙潘明周至明宪宗时的潘忠登（字再雄）为止，共25世，由山东青州徙居湖南；从潘忠登之子潘朝美（字通良）起由楚迁黔至今，先由湖南黔阳迁徙天柱九甲高驿、三门溪二处暂住，明世宗嘉靖三十年（1551年）定居浦头。

　　道光七年辑录的《潘氏族谱源流序》称，潘姓祖籍荥阳中牟（今属河南），大宋神宗初年（约1068—1070年），入楚鼻祖潘明周携兄弟贞周、能周三人"播迁此境，至熙宁七年（1074年）始受土纳"。开始只有潘美的第四孙潘明周来到湖南并且落户在黔阳，过了五六代人，潘美另外几个孙子的后代才陆续迁来。关于潘明周入楚的原因，潘尔秀在道光七年（1827年）作的《督修家谱序》称："因宋神宗初年被谗入楚，署于黔阳县（今洪江市）。"其后人居住在黔阳县（现洪江市）王蒲村。明宪宗成化二年（1466年）秋月，后裔再雄、再黄迁居会同县木舟村居住六年。孝宗弘治八年（1495年），潘再雄迁天柱九甲高驿，孝宗弘治十三年（1500年）迁由义里三门溪。明世宗嘉靖三十年（1551年），潘朝美与通朝、通胜兄弟三人在三门溪以猴岩为据，各奔一方，潘朝美迁浦头寨定居落业。在《潘氏族谱》中，潘明周后裔的居住地点和祖坟山，经常出现九甲长滩、顺二里九甲长滩、王甫村、黄寿陇、胡家园、庙头园等地名，主要分布在黔阳县（现洪江市）和中方县境内。到潘明周的第六代潘荣贵始出现功名，说明北宋之时湘西地区文化教育还相当落后，尚无人求取功名，直至南宋才有参加科举的读书人。潘氏搬迁到天柱境内后，因交通闭塞、文化落后，与科举功名无缘。

　　根据我们的田野调查，天柱境内的粟姓苗胞，原为元代落户湖南的军人。《粟氏族谱》（靖字号）所言其始祖粟顺朝元初到湖南"安抚蛮峒"的史实，与《元史》的记载完全对应吻合。当时，元王朝在楚、黔边界置戍三十八所，分屯将士以靖边疆。辰、澧地接溪洞，粟顺朝奉命镇抚文坡（湖南通道县境内）等处，在牛石横岭战死，殁于王事。其后人散居湖南通道、靖州、会同等地，居住十四代人之后，粟子能、粟子江、粟子琦三公徙黔东天柱。《续修族谱序》关于粟子江一支由楚入黔叙述得非常清楚："先住抱塘，廷乔公徙住甘溪（渡马镇甘溪）、盛昌公择居土塘，遽至荣寅公出谷迁乔卜鸿图于由义里兴家创业，遗骏泽于鸡婆田。"现在分布在坌处抱塘、白市镇土塘、竹林镇龙塘的族人为苗族，而分布在高酿镇木杉、邦洞林海和巧溪、石洞镇汉寨者为侗族。《粟氏族谱》的原序有"时朝廷用平章刘国杰议，置戍屯兵湖广之辰、澧，贵州之黎、镇等处，复设隘丁、寨兵，制御蛮峒"。历任广东高州府茂名知县、广州粮捕分府知府的乾隆丙辰科进士粟荣训考证，粟顺朝镇抚文坡的年代为元贞元年（1295年），乃元成宗铁穆耳年号。按《元史·刘国杰传》记载，这一年刘国杰"即军中加荣禄大夫、湖广行省平章政事。初，宋设民屯以防蛮寇，在澧州者曰隘丁，在辰州者曰寨兵。宋亡，屯悉废。国杰复之。

又经划衡、郴、道、茶陵、桂阳诸州，置戍三十有八，分屯南北要隘，控制诸蛮，盗贼遂息"。

天柱杜姓苗胞的祖先最初移民天柱时，既有军籍，也有民籍。据《杜氏家谱》辑录 1989 年牛田口谱馆撰写的《迁徙记》记载，杜姓是明朝嘉靖十五年（1536 年）由湖南黔阳、会同一带迁居天柱县的。杜氏以唐朝宰相杜如晦为一世祖，到第五十三世杜昌希自江南和州府含山县徙湖南辰州麻普市，在靖州、沅州移居二十年，复迁黔阳黄陵坳，后来子孙打破"洋盘"（瓷盘）为记，散居湘西各地。杜政麒住会同县连山，至嘉靖十五年丙寅岁，杜政虎从黄林坳来到天柱坌处镇三门溪居住，其后人杜平福、杜平万又从三门溪迁到竹林镇杨家村马鞍山（今双溪）落担为家，不久，杜平福又由双溪迁竹林棉花坪定居，后裔分布在牛田口、新寨、浦头等村寨。谱载他们祖籍江南常州府江阴县（今江阴市），到湖南来的两支族人当中：杜绳壁、杜绳榜一支是"因遭兵乱入湖广之南"；而杜海一支则是"自洪武年间奉领十八指挥征长沙府浏阳县（今浏阳市）万寨，剿除匪类"，凯旋回朝，因功获方阁老题奏，让杜海领兵屯戍靖州，胞弟杜舟随军落户靖州。

明初的"拨军下屯"与征战，给各族人民的生命财产造成巨大的损失，伤亡不计其数，迫使数以万计的湘西人民流离失所，而苗民的遭遇最为凄惨。据《沅州府志》记载，湖南麻阳县"明初编户三十九里，后因苗人侵扰，居民荡析，永乐元年以绝户土田割付平、清、偏、镇、辰、沅六卫屯田，麻阳仅存七里"。人民惨遭杀戮，统治阶级却掩耳盗铃，把滔天罪恶嫁祸于民："夫当明初，苗祸最酷，故割绝户之田以为屯，而民产移于军食矣。"甚至军民俱损，《开泰县志》载："前五开卫系五溪十洞之一，自有明征其地而屯守之，反复不常，军务叠起，诸苗与军籍迭为消长，今存竟无几。"天柱靠近主战场，并多次在境内发生农民战争，受创伤的情形比黎平、麻阳好不了多少。

3. 解甲归田的明初屯军及屯民

白市镇大沟溪姚氏族人称，南宋末年，先祖姚兆大"奉旨抚疆辟靖"，由江西吉安府泰和县水巷口迁湖南靖州，屯镇安乐门，携子择址卜居于水屯，为靖州始祖。明永乐二年（1404 年），黔地杨异生叛，姚定发"奉旨拨屯镇汶溪所城"，并世居于此，为汶溪第一世祖。重孙姚瑾移居白市镇北岭，姚琼迁小沟溪之赵家榜、白市地样、北岭，姚琚分居白市镇盘塘，后裔迁小沟溪、石洞镇高渺、圭庵、锦屏县新化、铜仁市陈旗屯。光绪辛卯年姚锦堂撰的《定发公传》称：姚定发，字伯庄，号万倾，官一千二百军长。明永乐二年，杨异生伪叛，奉拨汶溪所城镇守，故为汶溪始祖也。旋奉旨拨归汶水，威服苗民。该传从王朝正统的角度，对苗民大肆污蔑："况此偏僻汶江，顽梗苗贼，礼义未习，引当差事而不知；固陋无闻，训以诗书而未晓。"上述文字同时说明，明初屯军与苗民一边建设开垦田园，一边"胼手而胝足"，和睦共处。延至万历年间（1573—1620年），裁所建县，纳赋废屯，至此姚姓族人全部脱下军装，落户为民，几百年后他们由讲"军话"的汉人变成了说"酸汤话"的苗族。

《乐氏族谱》引北平朝阳大学法科毕业生乐光前在民国三十三年（1944年）写的《三修谱序》说，开基之祖乐书溪"奉命征平叛逆，居汶溪所"。后人创家立业，好善崇儒，尊师重道，食饩内贡者十余人。不惟财雄一乡，而彬彬儒雅，人文蔚起，称盛一时。晚清庠生乐章德在《三修总纂序》进一步说明乐书溪的军职是武骑尉忠义郎，奉命由靖州来此征剿叛逆，遂安插汶溪所北厢。

清咸丰十年（1860）杜贤臣在其所撰的《白市海公迁徙记》称，永乐二年（1404年），"干戈难息，边患又生，有弄寨匪杨易生率地锁即黄屯并江东头寇杨正朝、杨朝饮在靖界猖狂，实为封疆之患"。杜海于六月十五日从统领五千七百余名战兵中挑选出一千二百余名精兵，祈福靖州飞山寨，点将开兵，势如破竹，擎斩三寇，悬头示众，晓谕安民。杜海死于弄寨军营，其子杜春袭职，将弄寨更名汶溪，立所安屯，养兵蓄卒，地方宁静。杜贤臣在文中还写道："苗民乐业，诵诗书习礼。"杜春终老，子孙世袭。天柱奉命改所建县后，杜氏族人解甲归田，落户天柱，现为苗族。

康熙《天柱县志》也有证实天柱千户所屯军落籍为民的文字："明洪武二十五年（1392年）置，旧世袭千百，镇抚十七员，额军一千二百名，万历二十五年（1597年）改所为县，止存二百二十员名，至康熙元年废绝，逃亡军不满百，归并县治。"

4. 明清汉族移民演变为苗族

邓、宋、林、彭、舒、唐、游诸姓，原先就居住在天柱周边靖州、会同等苗族聚居区，迁居天柱后又分布在苗寨或邻近苗寨，族籍为苗族。如明洪武和嘉靖年间，分别来自靖州和会同的彭姓始祖彭寿、彭特生，他们的落脚点都选择清水江畔的菜溪，而后向竹林乡地垄、双溪、尧田等苗族聚居地搬迁，后来都成了苗族。唐姓来自湖南黔阳、会同等地，居住在竹林杨家、秀田，为苗族。游姓于明代来自黔阳托口，主要居住在瓮洞镇大段、白市镇汶溪。以上各姓族人所居之地，建县时统称为"苗里"，居民称"苗民"。分布在远口、地湖的苗族，平时操"酸汤话"，通晓汉语，在官方史志和文人著述中，将其地称"汉里"，其民称"汉民"。

长期以来，天柱侗族和苗族呈现大杂居、小聚居的格局，导致同一姓氏有的人是侗族，有的人是苗族。伍姓于明正统年间由靖州太阳坪迁居社学伍家桥，后裔由伍家桥分居各地，居远口鸡鸭田、江东金鸡口者为苗族，居高酿镇地良、优洞，邦洞镇西安哨、石洞镇高渗村者为侗族。明嘉靖年间迁入天柱的两支黄姓族人，居住在社学烹寨的"江夏堂"为侗族，而居住在瓮洞聚溪的"颖川堂"则为苗族。陈姓有来自北宋、南宋和明初等不同时期，居远口、白市者为苗族，而居邦洞镇织云、渡马镇度暮者为侗族。胡姓亦如此，居瓮洞镇者为苗族，居县城和邦洞镇者为侗族。蒋姓居远口、瓮洞者为苗族，居县城和社学者为侗族。李姓居邦洞三团者是侗族，居竹林镇地垄、双溪为苗族。粟姓于明正德、嘉靖间先后有四批族人迁入天柱，居竹林、垄处者为苗族，居邦洞、高酿者为侗族。姚姓明永乐年间从靖州迁入汶溪者为苗族，而清朝顺治、康熙间由晃县扶罗迁入注溪乡者为侗族。以上姓氏到天柱县之后，在发展的过程中因居住地与生活环境和文化生态不同而族籍各异。

有时还出现侗族与苗族族籍相互转换的现象，由苗转为侗、再由侗转为苗者的事例也有不少，如张姓从靖州搬到白市汶溪为苗族，从汶溪搬到邦洞镇赖洞则为侗族，由赖洞搬至垄处镇偏坡者则又变成了苗族。郑姓明永乐二年从靖州搬到蓝田镇地锁者为苗族，到清朝光绪时由地锁搬到邦洞转水则成了侗族。诸如此类的例子很多，不胜枚举。

天柱苗族以稻作文化为核心的物质文化形态完整，内容丰富，特点鲜明，不论是直接以物质形态出现的梯田、水利设施、民居建筑、劳动工具、服饰、银饰、食品等生产资料、生活资料，还是以宗教信仰、文化艺术、伦理道德等非物质文化形态出现的歌舞、民间文学、民族节日以及服饰文化和饮食文化，都是苗族人民智慧的结晶，既有区域性的共同或相似之处，也有鲜明的苗族特色，被贴上苗族文化的标签可谓实至名归，同时折射了苗族历史发展进程中文化融合、异同相承的多元一体主流趋势。

三、汉族

清代县志中常提到天柱县历史上是"苗"多"民"少的人口格局，官方所称之"民"实际上指的是汉族人口，而汉族从古到今都是天柱的外来移民，主要包括历朝躲避战乱和逃荒到天柱谋生的人、明初屯军和屯民、商人与手工艺者。这些先期抵达的汉族移民与当地的少数民族经过几百年的相互通婚以及密切的经济文化交流，相互往来，和睦相处，到中华人民共和国成立后绝大多数分别融合成了侗族和苗族。

从明洪武二十五年（1392年）开始，天柱出现了两个规模较大的移民据点，即天柱、汶溪两个守御千户所，共驻军2400员，实行垦荒屯田，起初他们是正规编制的军人，天柱建县后他们奉命落籍为民，而且是典型的汉族移民，如安置在白市镇汶溪附近村寨的居民，因操"军话"，人们很难听懂，故雍正四年（1726年）编制保甲时将其单列为"军三排"。清代，随着清水江木材贸易的兴起，有许多来自长江中下游地区的商人落户天柱，人称为"下江人"，他们在天柱居住的时间长了，日久渐成土著，中华人民共和国成立后，自愿选择苗族或侗族作为族籍。

目前天柱的汉族人口中，还有相当一部分是所谓的"新"汉人，基本上是抗战时期和解放大西南、支援三线建设而落户天柱的移民，他们戏称自己是"真正的汉族"，因为他们从汉族聚居的地方迁入当地时间不长，还较多地保留着外地汉人的生活习惯和语言方音。

第三节　湘西黔东结合部

纂修于康熙年间的《天柱县志》在记载天柱《形胜》时是这样描写的："上控黔东，下襟沅芷……界在黔楚之交。"正因其"界在黔楚之交"，上通黔东、川、滇，下达洞庭、长江，有黄金水道连接千里苗疆，天柱若归湖南则为湘西门户，辖归贵州则为黔东出口。明末清初，"陷于苗境，舟楫不通"。雍正七年（1729年）总督鄂尔泰、巡抚张广泗奉旨开浚，"自都匀府至湖广黔阳县（今洪江市）总一千二十余里遄行无阻"（乾隆《镇远府志·山川》）。从湖南洪江以上，"为往黔大河，可通麻阳船，托口以上仅可驾瓮洞小船，逆水牵挽迟而缓，顺疾而险，行者以费俭于陆，故取道恒多焉"（光绪《会同县志·方舆志》）。清水江下游作为湘西黔东门户的特殊地位主要表现在："囊百蛮而通食货，顺江流而达辰常。"（康熙《天柱县志卷上·形胜》）诚如《苗疆闻见录》所云："清水江盘折苗疆，源出都匀马尾河，经凯里西北会于重安江，径施洞口过清江厅，出远口而入湖南，清深可通舟，实沅水之上流。"[1] 清朝在开辟"苗疆"的过程中，位居清水江中下游的天柱及其周边

---

① 徐家干.苗疆闻见录［M］.吴一文，校注.贵阳：贵州人民出版社，1997：143.

均深受兵戈之害，尸横遍野，十室九空，就是因为它作为连接湘西和黔东的水运门户关口，总是兵家必争之地，难避战事。

况且，从瓮洞上岸，经蓝田、邦洞、款场，是抵达镇远府的捷径，又处在楚滇古驿道湖南至贵州段的南侧，牵一发而动全身，不能顾此失彼，必须彼此兼顾，相互照应。爱必达《黔南识略》曰："自宛溪以下，所谓镇远九溪也，皆入镇阳江。宋咸平中，以田承宝为九溪十洞抚谕都监即此。"① 明初，天柱境内的水陆通道被统治阶级利用，作为明军进剿黎平、古州侗族农民起义的军事要道。明洪武三十年（1397 年），"古州蛮"林宽率领少数民族起义，朱元璋派三十万大军前往锦屏镇压，明军主力从沅州（今湖南芷江侗族自治县）向天柱迂回进攻，进抵天柱边境，遍地是茫茫林海，无路可通，部队不得不伐木开道二百余里直抵天柱。明军的分兵合击行动及伐木之事，清朝初年顾祖禹在其所著的《读史方舆纪要》卷八十二《湖广八》中曾有确凿记载："古州蛮作乱，杨文讨之，由沅州伐山开道抵天柱，遂涉苗境，营县西之小坪，而以偏师别由渠阳、零溪、西山径衔枚夜发，犄角以进，分道夹攻，直抵洪州泊里、福禄、永从诸洞，大破之。"由余泽春修、余嵩庆等纂的光绪《古州厅志》云："楚王桢帅师，湘王柏为副，以左都督杨文充总兵官，都督同知韩观充副总兵，简徒三十万进讨，复命都督顾成率贵州兵策应，十月师由沅州伐木开道二百余里抵天柱。"（光绪《古州厅志·武备志·纪兵》）乾隆《开泰县志》亦载："以左都督杨文充总兵官，佩征蛮前将军印，简徒二十万由沅州伐山开路二百余里，营天柱县。"（乾隆《开泰县志·秋卷·名宦》）天柱的政治军事地位由此可见一斑。当然，天柱及其所在的清水江下游在经济方面的区位利用价值亦不可低估，因为天柱与洪江之间的水运物流通道，是清代湘西与黔东之间的经济贸易生命线。原黔阳县之"洪江镇，县东一百二十里，……上通滇黔粤蜀，下达荆扬，舟楫往来，商贾辐辏，百物共集，洵边邑之货薮，四达之通衢也"（光绪《会同县志·建置志·市镇》）。

纵观我国西南发展史，其实自秦汉以来，这一区域就已经与中原密切联系起来了。秦始皇在此设置黔中郡，辖地甚广，包括今湖南西部、贵州东北部、湖北西南部及川东一部。西汉改黔中郡为武陵郡，南朝陈及隋改武陵郡为沅陵郡，其统治范围就是五溪蛮居住地区。清代水运梗阻，雍正年间清水江航道遂凭借国家力量彻底浚通，苗疆亦经过武力开辟而纳入了王朝行政管

① 爱必达，罗绕典. 黔南识略·黔南职方纪略［M］. 杜文铎，等点校. 贵阳：贵州人民出版社，1992：112.

理体系，原先"梗隔三省，遂成化外"① 的局面完全改变。当地的内地化发展进程从此明显加快，民间社会经济文化的交往活动也日趋频繁，清水江作为苗疆地区的重要文化走廊，也从"民道"一跃而具有了"官道"的战略意义，更多地发挥了极为重要的联结汉文化与非汉文化区域，促进中原、江南与西南腹地往来交流的重要作用。研究表明，不仅外地汉族移民迁徙进入的规模速度明显增大加快，当地世居民族也发生了由"生苗"到"熟苗"再到"民人"的身份转换。②

对于天柱建县前所属的靖州府会同县，县志在其沿革方面表述得非常明了："会隶靖州，为禹贡荆州之域。商周因之，成王封熊绎于楚，为黔中地。春秋战国隶楚，秦改黔中郡，汉为武陵郡，寻改牂牁郡属益州，三国隶蜀，晋复武陵郡，南北朝分荆州之地为四州，靖为郢州界沅陵、舞阳二县之交，历齐、梁、陈如故。隋置沅陵郡舞阳，更龙标改属扬州之域。唐为黔中道彝、播、叙三州之境，旋为郎溪县，五代时附于马殷。后周末杨正岩以十洞称徽、诚二州。""万历二十五年（1597年），靖增设天柱县，领县四。""国朝因之，分隶湖南承宣布政使司，雍正八年拨天柱附黔省。"（光绪《湖南省会同县志》卷一《沿革》）

关于该地区的开发年代与内地化的时间，《镇远府志》载："贵州自宋元以前，胥属化外生苗，礼乐声教未及，土著皆苗人，不通言语。一二杰出者乃他乡寄籍。故明永乐年间革宣慰而郡县之，蛮境一新，然习俗未移，叛服不常。"该志强调："届镇郡东楚西蜀，壤地交错，习尚无异，教化立，万民正。"（乾隆《镇远府志·风俗志》）

靖州沿革与会同县大同小异，禹贡为荆州之域，五代间，湖南马希范有其地，后周杨正岩以十洞称徽、诚二州。宋太平兴国四年，诚州长杨通蕴附款，五年杨通宝入贡，命为诚州刺史。诏作城于武冈之西，渠河之阳，领渠阳县。元祐二年，改渠阳军，三年废为寨，隶沅州，寻复诚州。崇宁二年，杨晟臻纳土贡，赐名靖州，属荆湖北路，领县三：永平、会同、通道，永平为附郭。至此，靖州由羁縻州改为经制州。《靖州志》云："万历二十五年，增设天柱县，领县四。清因之，康熙三年，分隶湖广湖南承宣布政使司，仍领县四。"（康熙《靖州志·沿革》）以拓殖与反抗到互相承认及嵌入等为表

---

① 赵尔巽. 清史稿（第47册）：卷520·土司传一 [M]. 北京：中华书局，1977：14205.

② 张新民. 在苗疆发现历史——《改土归流与苗疆再造》序 [J]. 原生态民族文化学刊，2011，3（1）：27-34.

现形式的内地化早在唐末五代就已在包括天柱在内的古靖州地区频繁发生，并载入史册。李贤等修撰的《明一统志》卷六十六"靖州"条载：马王城，在州西一十里。楚马氏时，飞山洞酋潘全盛，遣其党杨承磊略武冈，马氏命吕师周讨之，援萝蹑石，直抵飞山，缚降者为向导，袭飞山，擒全盛斩之，尽平巢穴。今环山壕堑，遗址犹存。宋人路振《九国志》云：五代南楚名将"吕师周乾化中破飞山蛮"，宋人陶岳《湖湘故事》则更明确地说：吕师周斩潘全盛于武冈，辰州宋邺，叙州昌师益一时投归马氏。后周节度周行逢死，叙州刺史钟存志奔武阳，杨氏乃以十洞称诚、徽二州。为了笼络人心，宋王朝还追赠少数民族崇祀的首领杨再思。《靖州乡土志》卷一《政绩》载："唐五代，杨再思唐昭宗朝由淮南丞迁辰州长史，结营靖州飞山，与李克用同受昭宗绢诏征兵，道长梗阻，众奉为诚州刺史，威名日著，称令公焉。奉唐正朔，卒于后周显德四年，宋开宝中追封英惠侯，子十二受土分镇滇黔。"从中可见，当代社会思想家查尔斯·泰勒（Charles Taylor）①、阿克塞尔·霍耐特（Axel Honneth）② 所倡论的所谓"承认政治"（the politics of recognition），早在我国唐宋时代的边陲内地化历史发展进程中就已演绎得淋漓尽致了。

明因袭元朝的土司制度，洪武二年（1369年），思州田仁厚死，其子弘正袭。"帝以思南土官世居荒服，未尝诣阙，诏令率其部长入朝。九年（1376年），仁智入觐，加赐织金文绮，并谕以敬上爱下保守爵禄之道。仁智辞归，至九江龙城驿病卒。有司以闻，遣官致祭，并敕送枢归思南。"同时，命思南收集各洞弩手两千人，备征调。"十八年（1385年），思州诸洞蛮作乱，命信国公汤和等讨之。时寇出没不常，闻师至，辄窜山谷间，退则复出剽掠。和等师抵其地，恐蛮人惊溃，乃令军士于诸洞分屯立栅，与蛮人杂耕，使不复疑。久之，以计擒其魁，余党悉定，留兵镇之。二十年（1387年），移思南宣慰于镇远。"（《明史》卷三一六《列传》二四○）

总之，以天柱县为中心的黔东湘西接合部民情、社情复杂，侗苗杂居，土司林立，中央王朝为了弹压土著居民的反抗，确保湘黔通间驿道的畅通，不得不在驿道两侧安置重兵屯田镇守，北侧有平溪、清浪、偏桥、镇远、辰州、沅州六卫，南侧有靖州、铜鼓、五开诸卫，一有风吹草动，即以"苗人侵扰"为由，大肆出兵镇压，造成居民荡析，田园荒芜，连御用文人也不得

① ［加拿大］查尔斯·泰勒. 承认的政治［A］. 汪晖，陈燕谷. 文化与公共性［C］. 北京：生活·读书·新知三联书店，2005.
② ［德］阿克塞尔·霍耐特. 为承认而斗争［M］. 胡继华，译. 上海：上海人民出版社，2005.

不发出感叹："夫当明初，苗祸最酷，故割绝户之田以为屯，而民产移于军食矣。"（乾隆《沅州府志·乡都》）然而明代天柱在政治上虽然实现了内地化，但是传统文化和风俗习惯并非一朝一夕就能脱胎换骨，直到清朝末年，居住在天柱县城西门外朗江沿岸的"西溪苗"（实为侗族）仍然罔顾王朝正统文人所强调的"男妇大防"，在山野对歌谈情说爱，保留着浓郁的民族风情。旅黔文人墨客辑成的《黔省诸苗全图》有诗讽曰：

> 西溪旷野舞歌声，苟合淫奔苗性情。
> 男子携笙女提饁，春朝戏耍遍山行。

第四节　黔东第一关

巍巍江关，千年古镇。说起赫赫有名的黔东第一关，湘黔边界无不家喻户晓。

黔东第一关，位于天柱县瓮洞镇清水江畔的关上村，江水滔滔，惊涛卷浪，史籍方志言及清水江无不提到瓮洞，这是古往今来天柱县内外耳熟能详的古老地名，因为雄踞瓮洞的黔东第一关不仅扼控着清水江险隘，而且是西南地区遐迩闻名的地理标签。

乾隆《镇远府志·山川》云：清水江"发源于都匀之东山，经麻哈州之瓮城，历凯里岩门司下施秉入境东柳罗山，又东过黎平之黄寨（今锦屏县三江镇），又东至天柱之瓮洞，入湖南黔阳合于沅水"[1]。沅水，又称沅江，上连清水江、潕阳河两条干流，下通洞庭湖，汇入长江，在古代是我国西南重要的水路交通线。由于清水江具有的特殊区位优势，它是中原联系西南的交通枢纽。也是中原与西南各民族友好往来的桥梁纽带。清水江与潕阳河、渠水一道并驾齐驱，为当地少数民族与中央王朝的双向互动提供了极大的便利，在天柱等地的内地化发展进程中发挥了至关重要的作用。

清水江下游汇入沅江后，有托口、安江、洪江等湘西著名商埠。明末兵燹之前，"黔邑旧有托市，烟火千余家，安江控制子弟、石太，十里屹为巨镇"。尤其是托口，据《宋史·地理志》记载，元丰三年置托口寨，八年罢。《读史方舆纪要》说得更为具体："托口当九牙诸蛮之冲，宋置寨于此，今亦为戍守处。"明代木材贸易曾经盛极一时，并向贵州天柱远口辐射，"上通天

---

① 蔡宗建. 镇远府志：卷五·山川［M］. 龚传坤，等纂. 刻本.［出版地不详］：［出版者不详］，1793（乾隆五十八年）.

柱，为湖木所必出，明时木商皆聚于此以与苗买，兵燹后市移天柱之远口司，托市之名尚仍其旧"（同治《黔阳县志·市镇》）。

至于湘西古商城洪江，更是舟楫往来，百货俱集，商贾南来北往，昼夜热闹非凡，繁华无比。史志记载："洪江镇，县（会同）东一百二十里，其水源出楚粤界佛子岭，历渠阳纳清水、芷水、若水合流于此，上通滇黔粤蜀，下达荆扬，舟楫往来，商贾辐辏，百物共集，洵边邑之货薮，四达之通衢也。"（光绪《会同县志·建置志·市镇》）然而一度因为苗民起义而造成航道梗阻，故雍正年间清水江航道遂凭借国家力量彻底浚通，苗疆亦经过武力开辟而纳入了王朝行政管理体系，原先"梗隔三省，遂成化外"的局面得以完全改变。①

清水江流经瓮洞渡头坡这段河道，从上到下有四个险滩，依次为小富贵、大富贵、小雷打、大雷打。在大富贵和小雷打之间，有一段长约二里长的河域，水道平直，水流平缓，名为渡家塘，正好位于渡头坡下，为停排泊船的最佳之所。上游来的船只，把产于贵州的桐油、生漆、牛皮、烟叶、生猪、药材等土特产运往湖南长沙，远销武汉、上海，须由此关。商人从长江中下游及湖南输入布匹、食盐、日用品，亦得由此进关。

从乾隆三年（1738年）建关，设立炮台、常年驻军，至1937年撤关，历时近200年。李世荣被孙中山任命为建国联军第十一军军长，曾在这里扯旗招兵买马。国民革命军十二兵团中将副司令兼八十五军军长吴绍周童年在关上小学启蒙。1922年，贵州军阀袁祖铭由京南下"定黔"，假道关上借钱回筑。1926年北伐将军王天培率部从这里挺进湘西，挥师北伐，不忘派心腹镇守此关，抽税养兵。民国时期，天柱的几个大户，如杨耀庭、胡子才、杨德淳，便是在此关任上发迹的。解放战争时期，中国人民解放军二野五兵团杨勇司令员从这里叩关进军贵州，解放大西南。

黔东第一关，民国时期改称"贵州省瓮洞厘金局"，厘金局的第一任总办史无记载，无从稽考，最后一任总办是浙江奉化的胡为乎，他1935年千里赴任，1937年抗战全面爆发后离任。离任之前，胡为乎立有一通石碑，高2.2米，宽1米，厚0.13米，正面刻"黔东第一关"五个大字，右刻"民国二十六年（1937年）春"，左刻"奉化胡为乎题卯"。

古往今来，江关虎踞龙盘，东屏黔东门户，西扼湘西锁钥；逝水流年，洗尽铅华，阻不断滚滚清江流水，隔不开绵绵中华民族深情。

---

① 赵尔巽. 清史稿（第47册）：卷五二零·土司传一 [M]. 北京：中华书局，1977：14205.

第二章

远古神韵：从考古遗存看史前至秦汉的天柱早期文明

考古工作者从 2004 年 9 月进行文物田野调查开始，到 2010 年 12 月底结束，在贵州省清水江下游天柱县境内展开了首次大规模的田野考古发掘。这一期的整体发掘工作出土石制品 9500 余件，完整或可复原瓷器 3600 多件。从考古发掘涉及的年代时段来看，既有可追溯到 7500 年前的新石器遗址，也有商周、战国秦汉、宋元明等不同时期的文化遗存①，为揭开天柱乃至整个清水江流域源远流长的古代历史文化形态提供了重要的实物佐证。这些遗址文化与国内考古发掘的同一时期文化具有十分密切的联系，"为探讨贵州东部与长江中游地区古文化及至岭南地区古文化之间的交流与传播提供了重要线索。"②

第一节　石器时代的人类文化遗址

据文物考古专家在田野考察中发现，早在旧石器时代即有人类在天柱境内活动的遗迹，先后对十多处遗址展开发掘后，出土了大量旧石器及新石器文物。这表明在很早以前人类便凭借极其简陋的生产工具，在靠近清水江及其支流鉴江较为开阔空旷的台地上，手握笨拙的石器，艰难地利用自然资源，生存并繁衍后代。

---

① 贵州省文物考古研究所，四川大学考古学系. 贵州天柱史前遗址群［A］. 中国文物报社. 中国考古新发现：年度记录 2009［C］. 北京：中国文物报社，2010：337-338. 清水江考古队. 贵州清水江流域遗址群［A］. 中国文物报社. 中国考古新发现：年度记录 2010［C］. 北京：中国文物报社，2011：572-575.
② 王新金，张合荣. 黔东南清水江流域坡脚遗址新发现的白陶［A］. 厦门大学人文学院历史系考古教研室，香港中文大学中国考古艺术研究中心. 东南考古研究（第四辑）［C］. 厦门：厦门大学出版社，2010：244.

一、旧石器遗址的发现与出土

位于凤城街道的挑水缸遗址，是天柱县境内最早发现的人类文化遗址。1987 年 10 月 29 日，文物考古工作者在挑水缸（今凤城中学操场附近）瓦窑边发现了旧石器时代晚期人类文化遗址。这里位于朗江与鉴江交汇处的河床第一级台地向第二级台地过渡地段，共发掘出土打制石器 8 件，其中，刮削器 3 件、砍砸器 2 件、单面煅打石器 2 件、双面煅打石器 1 件。它们的加工制作特点，几乎都是打击石头的一端而产生刃部，刃部上的打击点与崩裂方向清晰可见。这些文化遗存和实物表明，在旧石器时代晚期人类就开始出现在天柱这片土地上了。可惜挑水缸遗址的文化土层被瓦窑工人取土烧砖瓦而毁坏，未能科学测定该遗址的具体时期。经考古发掘的辞兵洲遗址，以第六文化层（属第四纪网纹红土层）为代表的旧石器时代晚期的大型石器传统，是贵州省经科学发掘的一批旧石器时代阶地遗址的重要材料，丰富了贵州旧石器时代文化的内涵，反映了距今 7500 年前或更早期的天柱地区人类文化面貌。天柱县与锦屏县交界阳溪旧石器时代遗址的发掘，则将清水江流域文明提早到一万年前①。

二、新石器遗址的发掘出土

随着白市水电站、托口水电站被国家正式列入清水江梯级开发的议事日程，贵州省文物考古研究所对库区地下文物开展调查勘探工作，接着进行了大规模的考古发掘，终于揭开了天柱的历史面纱。

清水江是贵州省的第二大河流，发源于贵州省都匀市斗篷山北麓，流经丹寨、麻江、凯里、台江、剑河、锦屏，到天柱县瓮洞镇"黔东第一关"之下的金紫村出贵州流入湖南境内，于黔阳县（现洪江市）汇入沅江，全长一千多里。白市水电站、托口水电站建设项目前期工作全面启动后，为配合电站建设，抢救地下文物，2004 年 9 月，贵州省文物考古研究所派出专业人员组成考古工作队，由时任副所长李飞带队，对清水江沿岸天柱县淹没区的历史文物展开调查。

---

① 张兴龙，等．贵州锦屏阳溪旧石器时代遗址［A］．中国文物报社．中国考古新发现：年度记录 2010［C］．北京：中国文物报社，2011：568-570.

通过初步调查勘探，考古队在托口电站天柱库区发现白市盘塘（烂草坪）遗址、窑址，白市仙人洞遗址，白市辞兵洲遗址，江东镇溪口遗址等 5 处文物点。白市电站共发现古代遗存 156 处，其中，史前遗址 7 处（含锦屏库区 3 处，即茅坪阳溪遗址、潘寨遗址、亮江遗址），战国秦汉遗址 1 处，宋元遗址 1 处，明清遗址 1 处，宋墓 1 座。在调查期间，贵州省文物考古研究所张合荣主任在坡脚遗址大坪头试掘 4 米×4 米探坑一个，出土石凿、石斧各一件，陶片上百件，打制石器、削刮石片和磨制石器数十件。贵州省文物考古研究所时任所长王宁，四川大学教授、博士生导师罗二虎，贵州省民族博物馆席克定教授等考古专家亲临坡脚遗址指导发掘工作。专家们认为"贵州清水江流域坡脚等遗址的发现，为探讨贵州东部与长江中游地区古文化及至岭南地区古文化之间的交流与传播提供了重要线索"。

2009 年 9 月，贵州省文物考古研究所联合四川大学考古系师生 32 人，由白斌教授领队，对坡脚遗址、月山背遗址、中团（瓦罐滩窑址、塝头窑址）遗址正式进行大规模考古发掘。在发掘过程中，钻探面积共 45000 平方米，新发现和发掘了坪上（坡脚村）、学堂背和中坪（中团村）3 个遗址，出土新旧石器时代砍砸器、削刮器、石片、石核及磨制石器 9500 余件，其中完整或可复原器 3600 多件。坡脚遗址地层堆积可分新石器、战国、唐宋、明清四个大的时段，月山背遗址和中团学堂背遗址年代为稍晚于坡脚遗址的新石器时期，鸬鹚遗址的时代为新石器及明清两个时期，坡脚坪上遗址为唐宋时期，中团瓦罐滩遗址为宋元时期，中团塝头窑址为明清时期。

2010 年 9 月—12 月，考古队对白市盘塘（烂草坪）、白市仙人洞、白市辞兵洲、江东溪口等遗址进行了挖掘。9 月 13 日，第一批考古发掘队员进驻烂草坪遗址和辞兵洲遗址发掘现场，开始了挖掘前的钻探工作。9 月 16 日，中国社会科学院考古研究所第一研究室主任付宪国及其队员四人进驻仙人洞遗址挖掘现场。截至当年 12 月中旬，发掘面积 2000 多平方米，除白市仙人洞遗址没有出土文物，其他遗址都有收获。辞兵洲遗址跨越旧石器时代晚期，历新石器、商周、战国、秦汉、唐宋至元明等不同时期，盘塘（烂草坪）遗址为新石器时代遗存，溪口遗址为商周至战国文化遗存①。

---

① 清水江考古队．贵州清水江流域遗址群［A］；杨仁炯．贵州天柱烂草坪遗址［A］；吴小华．贵州天柱江东溪口遗址［A］．中国文物报社．中国考古新发现：年度记录 2010［C］．北京：中国文物报社，2011：572–575，579，579–582.

（一）辞兵洲遗址

辞兵洲（又称自坪洲、寺坪洲）遗址，位于辞兵洲东面清水江边一级台地的漆树脚，总面积近 6000 平方米。2004 年考古调查时采集到磨制石器 1 件，如图 2-1-1 所示。2010 年 9 月对该区域进行普通钻探时发现，钻探面积 10 万平方米，10 月初开始发掘，发现灰坑 10 个、灰沟 1 条、墓葬 4 座、石器加工厂 1 处，出土各类文物万余件。辞兵洲遗址以第六文化层（属第四纪网纹红土层）为代表的旧石器时代晚期的大型石器传统，有一批旧石器文物出土。辞兵洲遗址第三、第四文化层为代表的新石器时代文化遗存，则表明先民们从山林洞穴里走出来，选择靠近江边的丘陵、台地向阳缓坡建房居住，那十多个灰坑是他们取暖和烧烤食物的地方。该遗址出土的大量石器中，有一枚磨制精美的石镞。《托口水电站库区（贵州境）文物考古发掘期中总结》指出：辞兵洲遗址厘清了清水江流域自旧石器时代晚期历新石器时代、商周、战国、秦汉至宋明时期的古代文化脉络。

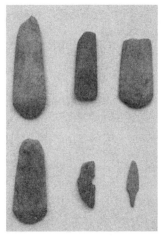

图 2-1-1　自坪洲（辞兵洲）出土的打制石器（右）与磨制石器（左）①

（二）坡脚遗址

坡脚遗址位于天柱县远口镇坡脚村清水江西岸一级阶地上，面积约 4000 平方米。2009 年 9 月 23 日—10 月 30 日展开发掘，发掘面积 1050 平方米，清

① 本书插图得到县文物局、苗学研究会等部门或团体支持与提供，版权归原作者所有。

理灰坑 42 个、灰沟 5 条、墓葬 2 座，出土石制品、陶瓷器 4500 余件。新石器时代遗存是坡脚遗址的主体堆积，包含物多为石制品，少数为陶片。

石制品多由锐棱砸击法打制而成，有砍砸器、刮削器、尖状器、石球、石锤，以及石片、石核、石料、断片、断块等。磨制石器不多，种类有钺、斧、锛、凿（图 2-1-2）。湖南省文物考古研究所研究员贺刚应邀到远口镇坡脚遗址现场作指导发掘，据他对该地点出土陶片标本的仔细观察，可辨器型为釜、罐和钵，其中大部分陶片饰有戳印小方格篦点纹样，于是他得出"无论陶质、器形与纹饰风格，均与高庙文化的中晚期遗存完全一致"[1] 的结论。

图 2-1-2　坡脚遗址出土的磨制石斧

陶片主要为夹砂陶，泥质陶很少（图 2-1-3）。陶色有红、红褐、黑、灰黑、褐等多种，可辨器形有钵、罐、釜等，纹饰以绳纹最常见，器物颈肩部饰有弦纹、划纹、戳印纹、篦点纹、鸟纹、兽面纹和波折纹等，与距今 6000~7000 年的湖南高庙文化有密切的关系。

图 2-1-3　陶片

① 贺刚，陈利文 . 高庙文化及其对外传播与影响［J］. 南方文物，2007（2）：54.

（三）月山背遗址

月山背遗址位于鸬鹚村清水江西岸一级阶地上，北距远口镇 2.5 千米，面积约 500 平方米。2004 年调查时发现，发掘面积 158 平方米，遗物为大量打制石器，时代与坡脚遗址接近。

（四）学堂背遗址

学堂背遗址位于中团村清水江东岸一级阶地上，南距中团小学 5 米，西距坡脚遗址 2 千米，面积约 1000 平方米。2009 年 10 月发现，发掘面积 475 平方米，遗物有陶片、打制石器（图 2-1-4），其时代较坡脚遗址稍晚。

图 2-1-4　学堂背遗址出土的石锛（左）与石器（右）

（五）盘塘（烂草坪）遗址

盘塘（烂草坪）遗址位于白市镇白市村盘塘组清水江西岸一级阶地上，分布面积 10000 平方米。遗物多为石制品，陶片次之。2010 年 9 月 13 日开始对 I 区鱼头地、IV 区大江坡进行发掘，发现灰坑 24 个、灰沟 3 条、古墓葬 5 座，见呈排柱洞，未见础石，考古专家推测人类当时的居住形式为排架式木构地面建筑。

陶器特征：陶片主要为夹砂陶，泥质陶极少。陶色有红褐、褐、灰褐、黄褐、灰黑、灰白、青灰、灰黄等；纹饰以素面为主（占 83.2%），压印和戳印次之（占 9.8%），包括平行带状纹、连续波折纹、戳印篦点纹、圈点纹，绳纹（占 6.2%），极少量划纹图（2-1-5）。压印和戳印纹施于口沿外侧至颈肩部，绳纹常见于腹部。器类有平底、圜底、圈足器，可辨器形有釜、罐、钵、支脚、圈足，以釜罐为主。陶器是人类社会的伟大发明，为先民们提供了当时最先进、最实用、最重要的生活用具。

图 2-1-5　盘塘遗址陶纹

石器特征：原料多灰色、灰黄色、条带状变质砂岩，属于就地取材。加工工艺常见锤击法、单面加工，间有碰砧法。器类有石核、石片、石器和碎片。以石片为主，有少量石锤、断块、砍砸器、石片类刮削器，不见尖状器。磨制石器有斧、凿、钺。有2件磨制石钺不仅加工精细，而且上部穿孔，便于人们携带（图2-1-6）。该遗址还发现石锤、砍砸器、磨石等石器加工工具（图2-1-7）。

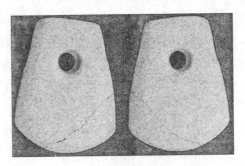

图 2-1-6　盘塘发掘的穿孔石钺

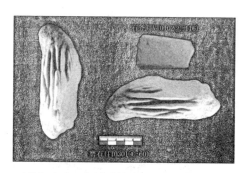

图 2-1-7　盘塘遗址出土的石斧和磨石

第二节　商周秦汉时期的考古发现及其遗存

商周、战国、秦汉时期的遗址中，除了上述的辞兵洲遗址有实物出土，坡脚遗址和溪口遗址也出土了大量文物，而且这些文物的时代特征相当突出。

一、坡脚遗址出土的玉器

坡脚遗址发掘战国墓葬 2 座，1 号墓长 3.2 米、宽 2.3 米，2 号墓长 2.8 米、宽 2 米，均为长方形竖穴土坑墓，墓底涂抹一层青黄色膏泥，墓头与墓脚垫有枕木，枕痕清晰可辨。两处战国楚墓葬各出土陪葬的滑石璧 1 件，玉璧均置于墓主胸前的位置。一件重 420 克，内孔直径 2.45 厘米，外径 16 厘米，厚 0.93 厘米，有残缺；另一件重 405 克，内孔直径 3.45 厘米，外径 18 厘米，厚 0.6 厘米，有破损，璧体基本完整（图 2-2-1）。玉璧既是给墓主避邪的神物、沟通神灵的神器，也是一种奢侈的艺术装饰品，是死者生前社会地位的象征，承载了人类的精神寄托和文化理念。

图 2-2-1　坡脚遗址出土的滑石玉璧

二、溪口遗址出土的青铜器

溪口遗址位于天柱县江东乡江东村清水江东岸一、二级阶地。2010 年 10 月开始发掘，发现房址 8 座、灰坑 7 个、灰沟 2 条、墓葬 3 座、窑址 2 个。主要遗物有石器 1000 余件（其中有磨制的 4 孔石钺 1 件），陶片、瓷器 2000 余件（可修复）。溪口遗址主体文化层堆积的年代与湖南省永顺不二门遗址的年代相当，处于商周至战国时期，距今约 2700 年。

图 2-2-2　江东溪口青铜镞（左）和青铜钺（右）

该遗址出土青铜器 3 件（青铜钺 1 件、箭镞 2 枚，图 2-2-2），不同形状的石（陶）网坠多个，生产工具有垫托、匣钵、垫饼等遗物。

三、王者至尊：夜郎王佩剑及青铜兵器

自从 20 世纪 80 年代以来，陆续在清水江下游天柱江段发现一些零星的出土文物。1990 年在白市镇簸箕塘（今白市水电站大坝坝址附近）出土青铜

箭镞 10 余枚、青铜钺 2 件、青铜戈 5 件、铁锐 1 件。1993 年，群众在白市老渡口河湾淘金时出土束腰形铜钞一锭，正面为"贰拾两"，背面铸"三司玖币"。据考证，此乃北宋时期的压库钱。同年，又在白市镇上游的兴隆滩出土元大德元年（1297 年）铜权 1 个。1993 年冬天，时值江水下落，淘金船在江东乡金鸡村竹树脚掘得青铜剑 3 件、单耳青铜矛 1 件、青铜钺 3 件（同一地点先后出土 7 件）、箭镞数十枚、白银 30 多锭，有碎银、碗底银和马鞍桥（银锭），其中最大的一锭马鞍桥有 2400 克。3 把青铜剑中，最长的一把约有二尺，能弯曲，被掘得者折断后以五元钱卖给湖南文物走私犯；最短的那把青铜剑，文物专家认为，此剑很可能是夜郎国王随身佩剑，其上有卷云纹、波浪纹、米字纹、重圈纹等多种纹饰（图 2-2-3）。1994 年，白市镇坪内村野猪岩江底出土青铜剑 1 件、青铜矛 1 件，铜制钓鱼钩多件。1996 年，在鸬鹚滩出土铜铃 1 件、龙头铜带钩 1 件。龙头铜带钩应是古代清水江流域少数民族先民的装饰物。1998 年，江东乡金鸡口河滩出土汉朝铜印 1 颗，印主赵姓。值得人们关注的是，发掘文物的地方大多数是在险滩下面的深潭。竹树脚上为险滩、下为巨潭，深十多米，因水深流急，历史上经常发生翻船和沉船事故。

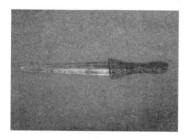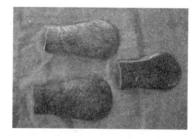

图 2-2-3　清水江河床出土的青铜夜郎王剑（左）与青铜钺（右）

弓箭、戈、矛、剑、钺均为古代兵器图（2-2-4），传说这几种兵器都是原始社会晚期我国南方部落联盟首领蚩尤发明的。矛和钺是格斗兵器，弓箭为远射兵器，清水江流域出土的青铜箭镞，镞体扁平，有三角形、三棱形和双刃双翼镞，长短不一，形状各异，多达十多种型号，前为尖锋，尾部有一根长约 1 厘米用来插接箭杆的铤，具有较强的杀伤力（图 2-2-5）。此间的青铜矛有单耳、双耳、三耳、小耳和无耳五种，尾部中空，留作装柄之用。清水江出土的青铜钺数量较多，其形如斧，重 30~50 克，体薄而有弧刃，刃的两角微上翘，有的对称，有的不对称。戈，古代被称为"勾兵"，其主要功能是勾、斫和啄击。青铜戈在清水江流域出土的数量也不少。

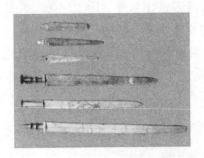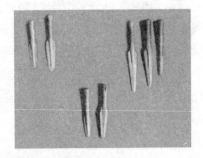

图 2-2-4　清水江出土的青铜剑（左）和青铜矛（右）

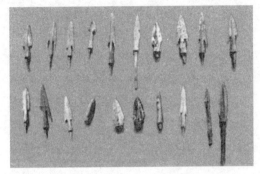

图 2-2-5　清水江出土的青铜箭镞

　　青铜器在清水江中上游的支流亮江亦有重大发现。据吴恒武先生在《锦屏亮江河青铜器出土记》（姚炽昌整理）一文中介绍，1989 年 11 月，他和本村村民吴位金、吴育标等人在亮江河牛圈洞滩淘金时，从水底掘出 8 件文物，经贵州省博物馆考古队队长熊水富鉴定，这 8 件青铜器（含剑 3 件、矛 1 件、镞 1 件、钺 1 件、锄 1 件）是战国中期的文物。熊先生认为："这类器物在贵州东部出土特别是在沅水上游三江交汇地带发现尚属首次，时代较早，形制风格更为引人瞩目。"①

　　北京大学考古文博学院孙华教授对清水江出土青铜器的来源，作出如下判断：第一，某次或某几次运输事故的结果；第二，某次或某几次战争的结果；第三，某种祭祀活动的遗留；第四，被冲刷入河床的两岸台地上的古代遗存。其中，以第四种可能性最大。②

---

①　《侗族百年实录》编委会．侗族百年实录［C］．北京：中国文史出版社，2000：306.

②　清水江考古队．贵州清水江流域遗址群［A］．中国文物报社．中国考古新发现：年度记录 2010［C］．北京：中国文物报社，2011：557.

　　但是，无论这些远古文化遗物到底遭遇过什么样的历史经历，又是怎样得以残存下来的，它们无一例外地说明了地处清水江中下游的天柱及其毗邻地区早从远古时期起，就已是苏秉琦先生所说的"满天星斗"式中国远古文明体系①中的一部分；同时以其独特的文物"物语"诠释了中华民族多元一体格局的发生学上的根基在一个文化边陲里的具体呈现。

---

　　① 苏秉琦．满天星斗：苏秉琦论远古中国［M］．北京：中信出版社，2016.

第三章

土著与王朝之间：中古天柱史迹
及其后世影响

前述清水江流域（中下游）天柱段不仅蕴藏着丰富的史前文化和古代文物，从各处遗址出土的各类石器、瓷器和陶器，均足以说明清水江文明不仅起源甚早，长期绵延不断，也揭示了清水江流域是多种文化汇聚碰撞的核心地带，代表了跨族群交流的一大典型多元文化区域。秦汉以降，因其具有突出的战略地位，逐渐引起中央王朝的重视，自唐宋以后开发的力度越来越强大。

第一节　王朝拓殖与土著内附：天柱内地化的源起

一、先秦迄南北朝对西南夷的政策

战国时期秦国名将司马错看重南郡经济富裕、物产丰饶，欲夺取南郡的战略物资，于是提出攻楚策略，他鼓动秦惠王时说："其国富饶，得其布帛金银，足给军用。"秦惠文王九年（公元前 316 年），秦灭巴，置巴郡。秦昭襄王二十七年（公元前 280 年），司马错率巴蜀十万之众、大舶船万艘、米六百万斛，渡江伐楚，迫使楚国献出汉水以北和上庸（今湖北西北部）之地。秦夺取商于（今湘西、黔东及临近的川鄂二省长江以南地区）之地为黔中郡（《华阳国志·蜀志》）。秦国占有南郡、武陵、黔中诸地后，采取任用土人为君长、汉夷相互通婚等羁縻政策加以笼络和控制，开始了西南边陲地区内地化的肇端。

《镇远府志》载："楚自辰（湖南辰州府）、宝（宝庆府）以上皆古蛮夷所居。汉命马援征之，设武陵郡（常德府武陵县）以统其地。"《镇远县志·沿革》，又云"汉置南蛮校尉治南郡，唐属黔中大都督，开元末置五溪诸州经略使，天宝中增设守提使。"而该志《沿革》篇中的《溪洞归款考》点明了举土内属这一内地化发展的特质："汉永和元年，夜郎蛮夷举土内属，开境千八百四十里。"（乾隆《镇远府志·沿革·溪洞归款考》）

因为武陵及五溪地区偏僻落后，所以《史记·货殖列传》有"西楚俗剽，……地薄，寡于积聚"的记载。《汉书·地理志》也说："故呰窳偷生而亡积聚，亦亡（无）千金之家。"农耕收入不足，则靠渔猎补充。中原王朝甚至把武陵、五溪地区作为惩罚罪人和流放囚犯的地方。汉建武十八年（42年），蜀郡守将史歆在成都反叛，朝廷派大司马吴汉率兵讨伐，包围成都。当年七月，吴汉攻下成都，诛杀史歆等头目二百余人，徙其叛党与数百家于南郡、长沙。然而，武陵地区的军事地位相当重要，是联系我国中部和西部的咽喉要道，自古以来都是兵家的必争之地。三国时，川鄂湘边成为蜀、吴、魏争夺的前沿阵区。《华阳国志·刘先主志》载：蜀汉章武二年（222年），刘备"军次秭归，武陵五溪蛮夷遣使请兵"。《资治通鉴》载：魏文帝黄初二年（222年），"汉人自佷山（今长阳）通武陵。使待中马良以金、帛赐五溪诸蛮夷，授以官爵"。诸葛亮南征，"皆即其渠率而用之"，南中民众出其金、银、丹、漆、耕牛、战马，支援蜀国。这时候纺织工艺开始传入武陵地区，传说诸葛亮征"铜仁蛮"时亲自向当地老百姓传授先进的纺织工艺，用木棉纱染成五色"武侯锦"，作为居民的卧具。直至清代，湘西、黔东各地到处有崇祀诸葛孔明的遗迹，乾隆《黔阳县志·古迹》载，"诸葛营，《大清一统志》有四：俱在黔阳县。一在东南安江；一在县南渡名瓮城；一在县西原神乡；一在县西南托口。相传俱诸葛武侯屯兵处"。光绪《古州厅志·地理志·古迹》记载："诸葛城在城内，相传诸葛武侯征蛮故垒，方二里八分。"古州同知毛振翧《诸葛台记》云："署之外罗旧城名曰诸葛城，署之旁耸方台，名曰诸葛台，乃备询耆老，咸曰高僧相传诸葛南征屯兵于此。"至今，贵州省榕江县境内有诸葛营、诸葛台、诸葛塘和诸葛洞等古迹和地名。诸葛亮南征七擒孟获，台江县有孟获庙，清人徐家干在其所撰的《苗疆闻见录》说："苗人崇祀孟获，台属黄茅岭有孟获庙，向日香火极盛。孟获为永昌蒲蛮苗何报赛之虔毋亦以类相感欤。"胡朝云《济火祠记》云："济火者，乃牂牁蛮长，姓韦，名阿里黑，三国时武侯南征向风慕义，引导先行，所至悉克，侯缘炎汉之义，更名济火，先主勅（敕）封罗甸蛮王，辞不肯受，愿终身随武侯。"（光绪《古州厅志·艺文志》）上述孔明崇拜遗迹和牂蛮长济火随武侯南征故事，是包括天柱土著居民在内的西南夷内地化的又一有力史证。

至南北朝时，五溪垦殖面积开始扩大。刘宋元嘉二十七年（450年），荆

州刺史沈庆之进攻五溪时，发现"蛮田大稔，积谷重崖，未有饥弊"。宋军自
头年冬天至第二年春天，所用军粮均为五溪蛮提供的稻谷，而且数额巨大，
获蛮民"米粟八万余斛"。《资治通鉴》卷一一九列举了南朝宋元徽二年
（474年），荆州刺史沈攸之"重赋敛以缮器甲，仓廪府库，莫不充实"。不
过，五溪地区的农业生产并不稳定，《周书·郭彦传》载：孝闵帝宇文觉时
（557年），出为澧州刺史时，蛮左（少数民族土官）"聚散无恒，不营农业，
彦劝以耕稼，禁其游猎，民皆务本，家有余粮"。尽管粮食生产不稳定，官吏
仍然变本加厉地对老百姓残酷剥削压榨。据《周书·李迁哲传》所载，当时
与天柱邻近的黔阳蛮人田乌度、田都唐等人常常劫掠江中，成为百姓的祸患。
周将李迁哲伺机征讨，斩杀、俘虏甚多，讨平"黔阳蛮"，从此，各地蛮人被
他的威名所震慑，不得不争先恐后送粮食给他。居住在五溪地区的民族畜牧
业和手工业也有所发展，牧马数量有一定的规模，织布的技术也有所提高，
出现质地鲜净的"细布"。据《周书·史宁传》，"值荆州蛮骚动，三鸦路绝，
宁先驱平之。因抚慰蛮左，翕然款服，遂税得马一千五百匹供军"。此时，荆
蛮之地，"务广耕桑"，民安其业。其民"能为细布，邑至鲜净"（《周书·长
孙俭传》）。此外，蛮民与汉民的经济交往、商品交换也比较频繁，百姓多以
货物输官，还可以拿财物赎罪。当时沈攸之负责输财赎罪的工作，征伐荆州
境内的各蛮部落，波及五溪，把渔业盐业都给禁止了。群蛮愤怒，西溪蛮王
田头拟杀了沈攸之派来的使者，沈攸之要他拿出千万钱来赎罪，田头拟才交
缴了五百万就气发而死。他的弟弟娄侯篡立为王，田头拟的儿子田都逃入獠
部落里，于是蛮部大乱，抄掠平民，一直袭扰到郡城附近。萧嶷派遣军队主
将张莫儿率将吏击破了蛮部。田都在獠中请求立自己为王，娄侯恐惧亦来归
附。萧嶷把娄侯关进郡狱中并杀之。随后，任命田都继承其父王位，蛮部群
众才归于安宁。天柱侗族先民应属"獠人"之一，《豫章文献王传》书中所
说的田都逃入獠部落，也就是说他逃入包括侗族先民在内的獠人地区。

二、唐代对沅江流域民族地区的经略

　　从天柱县现存的"飞山神"崇拜残余习俗观察，天柱至少有杨、潘、吴、
宋、王、刘诸姓信奉"飞山公"，"飞山公"族群为西南地区沅江流域早期的
开拓者。从唐代开始，中央王朝与天柱周边的少数民族"飞山蛮"的接触日
渐增多。虽然迄今未查阅到史籍中有关王朝与天柱直接交流往来的记载，但
间接相关的历史记录也不少。

《旧唐书·南蛮西南夷传》载："东谢蛮，其地在黔州之西数百里，南接守宫獠，西连夷子，北至白蛮，土宜五谷，不以牛耕，但为畬田，每岁易。俗无文字，刻木为契。散在山洞间，依树为层巢而居，汲流以饮。皆自营生业，无赋税之事。谒见贵人，皆执鞭而拜。有功劳者，以牛马铜鼓赏之。有犯罪者，小事杖罚之，大事杀之，盗物倍还其赃。婚姻之礼，以牛酒为聘。女归夫家，皆母自送之。女夫惭，逃避经旬方出。燕聚则击铜鼓，吹大角，歌舞以为乐。好带刀剑，未尝舍离。丈夫衣服，有衫袄大口袴，以绵绸及布为主……坐皆蹲踞。男女椎髻，以绯束之，后垂向下。其首领谢元深，既世为酋长，其部落皆尊畏之……贞观元年（627 年），元深入朝，……以其地为应州……隶黔州都督府。"

《资治通鉴》称，唐昭宗乾宁二年（895 年）……蒋勋与邓继崇起兵，连飞山蛮、梅山蛮寇湘潭，据邵州。这是我国历史上著名的"飞山蛮"在汉文史籍中最早的记载。王昌龄谪贬龙标，对当地土著文化的内地化发展起到了很好的推动作用，如道光《晃州厅志·流寓》所言："王昌龄，字少伯，贬龙标尉，往反惟琴书一肩，令苍头拾败叶自焚，溪蛮慕其名，时有长跪乞诗者，其赠崔参军诗'龙溪只在龙标上'是晃固公所咏游地也。"

《新唐书·地理志》提到位于天柱新晃边区的龙溪口场集，唐时曾是郡县治所，已初具城镇规模。但唐朝地方统治者对峒蛮的剥削，引起了反抗斗争。据乾隆《芷江县志·武备》记载："唐元和六年（811 年）黔州大水，坏城廓，观察使窦群发溪峒蛮以治之。督役太急，于是辰、叙二州蛮反。"按《资治通鉴》胡三省注，黔中观察使领辰、锦、施、叙、奖、夷、播、思、费、南、溪、溱等州，又有羁縻州五十，大率皆溪峒蛮也。今之天柱，就在当时的辰、锦等州地域范围中。

三、宋代经制荆湖南北两路的影响

两宋时期，朝廷以辰州（今沅陵）、沅州（今芷江）为据点，开展对湘西、黔东地区的经营，继续推行"树其酋长，使自镇抚，始终蛮夷适之"的羁縻政策。同时，企图"创立城寨，使之比内地为王民"（《文献通考·四裔考》）。宋初即成功任用辰州土人秦再雄为官，而且取得了意想不到的互动效果。乾隆《镇远府志·沿革》引《宋史》云："宋太祖既下荆湖，思得通蛮情，习险陀（厄）、勇智可任者以镇抚之。有辰州猛人秦再雄者，长七尺，武健多谋，屡立战功，为诸蛮报伏，太祖擢为辰州刺史官，其子为殿直，赐予甚厚，仍使自辟吏属，予一州租税。再雄感激，誓死报效，至州训练士兵，得三千人，皆能披甲渡水，历山飞堑，捷如猿猱，又选亲校二十人分使九溪十八洞及巫溆诚奖诸蛮，传朝廷怀远之意，莫不从风而靡，各得降表以闻，太祖大喜，复召至阙庭面加奖赏，改辰州团练使，又以门客王尤成为辰州推官。再雄尽瘁，边围五州连亘数千里不增一兵，不费一镪，终太祖之世，边境无患。"

据《宋史·蛮夷传一》记载，在湘西黔东区域的"南江诸蛮"虽有十六州之地，然富、峡、叙仅有千户，余不满百。宋人江少虞撰写的《宋朝事实类苑》言及辰州之江南古锦州地（今湘西和黔东），有良田数千万顷，前代已略有开垦。熙宁五年（1072年），辰州人张翘等联名向朝廷上书说，五溪地区辰、锦、溪、富等州"有良田数千万顷"，土地平旷，适宜耕作，建议大力开发。绍兴十二年（1142年）吕稽仲在奏折中仍然指出湖南、广西闲田甚多，若能"轻租招佃""可宽州县"财源（《文献通考·田赋考》）。在发展农业与垦辟荒地上，宋王朝采取了一系列措施。

（一）实行军屯、民屯

北宋在湘西和湘西南"且守且耕，耕必给费"。宋王朝的土地，一部分用于招募"峒丁""弓弩手"，并按人口"授田"，规定"一夫岁输租三斗，无他徭役"。一旦边陲有警，他们须"负弩前驱"。刀弩手"分处要害，量给土地，训练以时，耕战合度，庶可备御"。另一部分则兵屯以大使臣主之，民屯以县令主之。农民迁徙外乡而田野荒秽者，则交当地大姓经营。《宋史·蛮夷传二》卷四九四："元丰三年（1080年），知邵州关杞请于徽、诚州融岭镇择要害地筑城砦，以绝边患。……乃议诚州以沅州贯保砦为渠阳县隶之，以徽州为莳竹县隶邵州。""砦"是宋朝在边区设置的军事行政单位，属于州县，有"砦县"之称。砦与寨相通，过去侗族地区以寨为行政单位，设置栅栏、寨墙和寨门，与宋代的砦功能、形制基本相似。

（二）招募农民佃耕

绍兴六年（1136年），辰、沅、靖、澧四州，以闲田募刀弩手，以"三千五百人为额"（《宋史·高宗五本纪》）。为了巩固边防，增加政府的财税收入，达到长治久安之目的，北宋王朝"以所余闲田募人耕作，岁收其租"（《宋史·蛮夷传三》）。乾道七年（1171年），沅陵浦口（今湖南辰溪县西南）老百姓抛荒的大片田地，均交给靖州杨氏大姓"俾佃作而课其租"，后来杨姓控制其地将近二十年。

（三）减免租税

宋朝规定每招士兵一名，给官田百亩，使之"足以充一岁之用，使之或耕或佃，各从其便，仍尽蠲其租税"。对种田的农民每人"授田百亩"，由官府编制保甲进行管理，按照五人为一甲，另外给疏地五亩为庐舍场圃（《宋会要辑稿》第173册）。太平兴国八年（983年），溪、锦、叙、富四州蛮民向辰州府衙提出，愿意和内地郡民一样输租纳税，被朝廷阻止。咸平六年（1003年），荆湖转运使王赞上书建议：接近溪洞（少数民族地区）之田，先前以蛮人侵扰，禁其垦殖，现在边境安静，老百姓恢复耕种，已遣官检拨置籍，请令依旧输租，"诏蠲常赋之半"。熙宁五年（1072年），彭师晏归宋，提出"出租赋如汉民""比内地为王民"，朝廷下诏不许。南宋还免征靖州人民的赋税和差役征。乾道八年（1172年）知州陈义上疏言："臣前知靖州时，居蛮夷腹心，民不服役，田不输赋，其地似若可弃。"由于免去或减去丁口赋以外的一切赋税，溪洞之民皆"乐为之用"。此时，天柱东部远口、白市、大样一带为靖州会同县所辖，其社会经济情形大致如此。

（四）奖励农耕

在辰、澧、归、峡等州，鼓励农民垦田。凡民水田赋粳米一斗，陆田豆、麦夏秋各五升。只要老百姓按时纳税满两年，其地"给为永业"（《宋史·食货志》）。天禧二年（1018年）五月，诏高州等处诸族蛮人，"如挈家属来降，愿给田耕凿，或却还溪洞，皆听从便"。

（五）禁止汉民买占溪洞（蛮夷）田地

嘉泰二年（1202年）诏令："禁民无质傜人田，以夺其业，俾能自养，以息边衅。"并规定边民冒法买夷人田，依法尽拘入官。如果官吏不能禁止汉民贸易山林陇亩，则处"除籍为民之罪"。嘉定七年（1214年），臣僚言："辰、沅、靖三州之地，多接溪洞，其居内地者谓之省民，熟户、山傜、峒丁乃居外为捍蔽。峒丁等皆计口给田，多寡阔狭，疆畔井井，擅鬻者有禁，私易者有罚。"谓之"省民"者实为汉人，说明当时溪洞地区多是"计口给田"，峒丁只有土地使用权，不能典卖，从而使溪洞之民能有自养之业。

（六）开禁耕牛交易

宋初，中原王朝禁止牛市交易，尤其严禁牛耕技术传入蛮夷地区，此事《宋会要辑稿》和《续资治通鉴长编》均有记载："咸平六年（1003 年）四月，诏禁蛮人市牛入溪洞。"造成牛耕技术在少数民族地区得不到推广应用，后来才有一些地方官员放开牛市之禁。据《宋史·李周传》陈述，当时李周在鄂西任施州通判，见到"州介群僚，不习服牛之利，为辟田数千亩，选谪戍知田者，市牛使耕，军食赖以足"。在湘西，神宗熙宁年间（1068—1077 年），章惇开梅山，建立新化、安化等县时，"给牛货种使开垦"。牛耕的推广，促进了湘西农业发展进程。

（七）推动互市，调动农民的生产积极性

《宋史·蛮夷传三》说："被边十余郡，绵亘数千里，大抵皆通互市。"特别是在楚、蜀、南粤之地，与蛮僚溪洞相接者，以及西州沿边羌戎，"皆听与民通市"（《宋史·食货志下》）。

北宋诏准荆湖等诸路"各置铸钱监"自铸钱币，规定湖南等路铸钱定额为十五万缗，数量冠各路（十万缗）。咸平元年（998 年），富州刺史向通汉请定租赋，真宗以荒服不征，不允许。值得一提的是，咸平五年（1002 年），蛮人数扰边境，宋真宗召问巡检使侯廷赏是什么原因。侯廷赏如实回答："蛮无他求，唯欲盐耳。"宋真宗说："此常人所欲，何不与之？"乃诏谕夔州路转运使丁谓，丁谓即传告陬落，群蛮感悦，因相与盟约，不为寇钞，负约者，众杀之。朝廷通过以食盐向五溪蛮人交换粮食，使戍边军粮有"三年之积"。

宋朝嘉祐三年（1058 年），"淮盐开始由清水江输入，供应湘黔边境"。熙宁六年（1073 年），湖北路及沅、锦、黔江口，蜀之黎、雅州皆置博易场。据《续资治通鉴》卷二七零载：北宋熙宁年间（1068—1077 年），沅州已置商业税收机构。之后，税收机构还延伸到州县和乡镇，当时，沅州龙溪口、黔阳托口等皆驻有税务机构。苏辙在《论唐义问处置渠阳事垂方剳》中说：元祐时期（1086—1094 年），渠阳已是"兵民屯聚，商贾出入之地""金钱盐币，贸易不绝"，呈现一派繁荣兴旺景象。乾道年间（1165—1173 年），居住在沅州和靖州边界仡伶副峒官吴自由等人从事商业，多次到麻阳贩卖丹砂。淳熙二年（1175 年），臣僚言："溪洞缘边州县博易场，官主之。"即使是对边缘溪峒举行武装起义的少数民族头领杨晟台、姚民敦及其随从人员，朝廷也采取"绥边"政策：一是对杨晟台免予军事征讨；二是既往不咎。姚民敦

伏诛，余党震恐就抚，朝议"能复业者，罪一切置不问，互市如故，悉听其便"，让他们安心继续农耕和贸易。

北宋政府对耕地和农民的管制是比较得力的，其募耕、给田、授田和禁止私人易田都得到了较好的执行。到南宋时由于官员管控不力，土地私人买卖开始泛滥。淳熙八年（1181年），溪洞之民，往往于峒外买省地之田以为己业，役省地之民以为耕夫，而岁以租赋输之于官。"官吏虑其生事，而幸其输租于我，则因循而不敢问，遂致其田多为溪洞所有，其民多为溪洞所役。"（《宋会要辑稿》）少数民族头人大量购买汉人的土地而成为地主阶级，个别经济发达地方的土官开始由领主向地主过渡。与此同时，有汉族地主兼并"峒丁"的土地，使之成为地主的佃户。嘉定七年（1214年）臣僚复言："比年防禁日驰，山傜、峒丁得私售田，田之归于民者，常赋外复输税，公家因资之以为利，故漫不加省。而山傜、峒丁之常租仍虚挂版籍，责其偿益急，往往不能聊生。"这充分说明了南宋时期在天柱周边州县，地主经济较以前各个时期得到了较快地发展。

嘉定年间（1208—1224年），政府不得不允许"峒丁""弓弩手"出卖或转让田土。兼并大量土地的土酋，由领主摇身变成地主，而"峒丁"成为被统治阶级。《岭外代答》卷三说："峒丁日各以职，供水陆之产，为之力作，终岁而不得一饱。为之效死战争，而复加科敛。一有微过，遣所亲军斩之上流，而自于下流阅其尸也。日晡，酋醉酣，杖剑散步，峒丁避不及者，手刃焉。"宝祐六年（1258年），针对"民惧增赋不耕"的情况，朝廷采取减轻赋税、鼓励耕垦的措施，"后两年减其租之半……垦辟多者赏之"（《宋史·理宗本纪》），以之激励农业生产发展。

宋朝时期天柱的手工业、采矿业也得到一定的发展，尤其是瓷器生产工艺相当精湛。2009年至今，考古工作者先后在天柱县境内的清水江沿岸发现并发掘了江东溪口遗址和中团遗址，这两处都是宋元时期的窑址，遗存着大量的成品和半成品。远口中团瓦罐滩遗址被考古界称为"贵州第一窑"，属民窑中的龙窑类型，出土的瓷器，绝大多数是大小不一、形制各异的碗、杯、盘、小盘、盏、钵、罐、壶、研磨器、盏托、提梁壶等生活用器，也有垫圈、垫柱等生产工具。器物釉色除了少量的酱色、黑色，绝大多数是清新明丽的青色。瓦罐滩窑址与江东溪口窑址相距不过20千米，在同一水域、同一时代分布着两处生产规模较大且生产工艺较为精湛的瓷窑，一方面说明了当时社会需求量之大，另一方面从一个侧面证实了天柱境内已经具有一定的人口规模，瓷器市场销售不成问题。另外，盘塘遗址第3号墓、辞兵洲第1和第4号墓、江东溪口遗址 1 号和 3 号墓等均有文物出土，例如银簪、宋代钱币及青瓷堆塑魂瓶、青白瓷碗、酱釉瓷罐（谷仓罐）等。其中，2010 年 10 月 9 日考古队在盘塘遗址发掘的第 3 号宋代墓葬最有代表性，所出土的两件青瓷堆塑魂瓶中，装有宋代钱币等遗物。一件顶部为屋顶形，另一件顶部为葫芦形，整个魂瓶由盖和瓶体两部分构成，瓶体分上、中、下三层，中层和上层堆塑人物、乐俑、动物等图像，分别置于墓主的头部和脚边位置。葫芦形魂瓶里面盛有半瓶液体，疑为酒或防腐药水。屋顶形瓶内装有 14 枚北宋铜钱，可辨的有"皇宋通宝""至平元宝"等数枚。货币流通已经成为天柱民众对宋王朝中央集权政治经济认同的一种重要表现形式，从另一个侧面说明了清水江航道是中原与西南少数民族进行经济文化交流的重要通道。

史料记载五溪出产金、铜、朱砂；辰、沅、靖溪洞产金。天柱今盛产黄金，但开采情况直到明代未见有关史志记载。宋代的畜牧业从史料看是以牛、马为主。宋人洪迈在《渠阳蛮俗》中说，当地人杀牛祭鬼，"多至十百头"。有的大姓首领还将马匹作为贡品献给朝廷，咸平元年（998 年），古州（内古州，今新晃和玉屏县属）刺史向通展进贡芙蓉朱砂二器、马十匹、水银千两。同年，高州刺史田彦伊之子田承宝带领一百二十二人的朝贡队伍进京献特产，朝廷赐巾服、器币，任命田承宝为山河使、九溪十峒抚谕都监。"九溪十峒"包括湖南靖州、贵州黎平、锦屏及天柱一带。各地土司将搜刮剥削人民得来的土特产，以进贡和"回赐"的方式，换回食盐、丝绸品、服饰以及金银钞币等，通过各民族间的经济文化交流方式，对促进天柱社会经济发展具有积极的历史意义。

然而，宋代的天柱与周边地区经济社会发展极不平衡。宋人陆游《老学庵笔记》记载：在辰、沅、靖等州的边远山区，人们"皆焚山而耕，所种粟豆而已。食不足，则猎野兽……啖之"。宋人袁申儒的《蜀道征讨比事》也说："沅湘间多山，农家唯种粟，且多在冈阜。每欲播种时，则先伐其林木，纵火焚之，俟其灰冷即播种于其间。如是则所必信，盖史所谓刀耕火种也。"那时的渠阳、莳竹，"虽名州县，而夷人住坐一皆如故"。天柱除其西部边境地带还属土司管辖之外，其余东、南、北三面基本上建立了中原王朝的州县级地方政权，但是"入版图者存虚名，充府库者亡（无）实利"（《宋史·西南溪峒诸蛮上》）。由此可见天柱当时经济仍然比较落后。

四、宋朝的羁縻统治及其影响

宋朝沿袭唐制，在西南少数民族地区设置羁縻州、县、峒。据史家对宋代西南边疆研究统计，共计设置羁縻州263个、县22个、峒11个。朝廷任命其酋长为刺史、蕃落使或知州、知县、知峒，谓之"树其酋长，使自镇抚"，即通过少数民族首领进行间接控制，并以派驻的军事性据点"寨"进行监视和管制，形成了土司制度的雏形。①

宋初，分布在天柱周边的行政机构都是羁縻州县，东边及东南部为羁縻辰州、诚州、徽州，北边为沅州、晃州，西部及西北部为思州、奖州。凡有蛮酋内附，宋王朝均授之以刺史、知州等土官。《宋史》载："太祖既下荆、湖，思得通蛮情、习险厄、勇智可任者以镇抚之。有辰州傀人秦再雄者，长七尺，武健多谋，在行逢时，屡以战斗立功，蛮党伏之。太祖召至阙下，察其可用，擢辰州刺史，官其子为殿直，赐予甚厚，仍使自辟吏属，予一州租赋。"宋王朝对溪洞蛮夷的统治，主要表现在接受蛮夷酋长的朝贡，不委派流官，也不征收赋税。据史书记载，开宝九年（976年），"奖州（今贵州镇远县）刺史田处达以丹砂、石英来贡""太平兴国二年（977年），懿州（今湖南芷江县）刺史、五溪都团练使田汉琼以其子、弟、女夫、大将、五溪统军都指挥使田汉度而下十二人来贡，诏并加检校官以奖之"。淳化二年（991年），"知晃州田汉权言，本管砂井步夷人粟忠获古晃州印一钮来献。因请命以汉权为晃州刺史"。又"三年，晃州刺史田汉权、锦州刺史田保全遣使来贡。五年，以舒德言为元州刺史。奖、晃、叙、懿、元、锦、费、福等州皆来贡，上亲视器币以赐之"。咸平五年（1002年）七月，高州刺史田彦伊子承宝等百二十二人到京朝贡，以承宝为"山河使、九溪十峒抚谕都监"。（《宋史》卷四九三《蛮夷传一》）朝廷根据各地"内地化"的层次和程度采取不同的政策，在汉化程度较深、史称"熟苗""熟蛮"的地区，实行编户齐民，同汉族一样设置经制府州县，即正府、正州、正县；在"生苗"聚集的"生蛮"地区，设置羁縻州、县、洞。即使边陲官员和蛮酋要求给蛮民编户，向朝廷输纳租赋，中央政府也不同意，最高统治者的态度十分审慎。太平兴国八年（983年），"锦、溪、叙、富四州蛮相率诣辰州，言愿比内郡输租税。诏长吏察其谣俗情伪，并按视山川地形图画来上，卒不许"。特别是对

---

① 龚荫. 中国土司制度史（上编）[M]. 成都：四川人民出版社，2012：99.

少数民族独特的风俗习惯，宋朝政府基本上是放任不管，甚至给予一些特殊的照顾政策，如雍熙元年（984 年），黔南言溪峒夷獠疾病，击铜鼓、沙锣以祀神鬼，"诏释其铜禁"。又如淳化二年（991 年），荆湖转运使言："富州向万通杀皮师胜父子七人，取五藏及首以祀魔鬼。朝廷以其远俗，令勿问。"

各羁縻州人口规模大小不一，《宋史》引辰州布衣张翘言："南江诸蛮虽有十六州之地，惟富、峡、叙仅有千户，余不满百，土广无兵"，表明羁縻州普遍存在地广人稀的问题。不仅湖南、贵州羁縻州县规模不大，广西左右江溪洞诸蛮羁縻州县人口地盘也同样是小规模，宋仁宗皇祐年间（1049—1054 年），范成大出任广西经略安抚使，在其所撰的《桂海虞衡志》载："羁縻州峒，隶邕州左右江者为多。……自唐以来内附。分析其种落，大者为州，小者为县，又小者为洞。国朝开拓寝广，州、县、峒五十余所。"① 当时，羁縻州的户口，多的为几百户，少的为几十户不等，宋人乐史在《太平寰宇记》卷一六八中列举了若干事例予以记载说明，如思顺州"管主客户三百五"，芝忻州"管户六百五十二"，文州"管户主五十二"，镇宁州"管户五十一"，智州"管户三十七"，蕃州"管户三十七"。而且羁縻州、县治所简陋到无署办公的地步，如文州、兰州、抚水州等，"州县并无廨署"。

宋熙宁年间（1068—1077 年），朝廷采取"拓边"政策，以章惇察访湖北，经制蛮事，对南方溪洞蛮夷用兵。南江诸蛮自辰州达于长沙、邵阳，各有溪峒：叙、峡、中胜、元，则舒氏居之；奖、锦、懿、晃，则田氏居之；富、鹤、保顺、天赐、古，则向氏居之。舒氏则德郛、德言、君疆、光银，田氏则处达、汉琼、汉希、汉能、汉权、保金，向氏则通汉、光普、行猛、永丰、永晤，"皆受朝命"。《宋史·西南溪峒诸蛮上》记载，"而南江之舒氏、北江之彭氏、梅山之苏氏、诚州之杨氏相继纳土，创立城砦，使之比内地为王民"。

章惇进兵破懿州，南江州峒悉平，遂置沅州（今芷江县），以懿州新城为治所，寻又置诚州。迫于宋王朝的军事压力，溪洞诸蛮不得不暂时屈服，"皆受朝命"，但是并非真正"比内地为王民"，而是随即掀起轰轰烈烈的农民起义，以武装斗争的方式来反抗宋王朝的压迫剥削。元祐初，"诸蛮复叛"，朝野怨声载道："沅、诚州创建以来，设官屯兵，布列砦县，募役人，调戍兵，费钜万，公私骚然，荆湖两路为之空竭。"诏谕湖南、北及广西路曰："国家

---

① 范成大. 桂海虞衡志辑佚校注 [M]. 胡起望，覃光广，校注. 成都：四川民族出版社，1986：179.

疆理四海，务在柔远。……其叛酋杨晟台等并免追讨，诸路所开道路、创置堡砦并废。"自后，宋王朝对"五溪郡县弃而不问"。朝廷以沅州建置至是十五年，"蛮情安习已久"，于是废诚州为渠阳军，沅州作为宋代天柱周边唯一的经制州得以保留下来。据《宋史·地理志四》记载，宋时的沅州领卢阳、黔阳、麻阳三县，均为下县；靖州领永平、会同、通道三县，全系下县。是时，天柱有将近一半的区域及人口为会同县所辖。

天柱的西、西南及西北各方全部是时建时废的羁縻州县，宋王朝对其控制更为松散无序，几乎不承担中央赋税，只向中央王朝进行朝贡即表示已经纳入"王化"。这些羁縻州的设置从龚荫在《中国土司制度史》关于绍庆府所辖的羁縻州情形即可略见一斑。

绍庆府（改黔州置，治所在彭水县，今重庆市彭水县），领羁縻州四十九。即南宁州、远州、犍州、清州、蒋州、知州、蛮州、袭州、峨州、邦州、鹤州、劳州、义州、福州、儒州、令州、郝州、普宁州、缘州、那州、鸢州、丝州、邛州、敷州、晃州、侯州、棼州、添州、瑶州、双城州、训州、乡州、茂龙州、整州、乐善州、抚水州、思元州、逸州、思州、南平州、勋州、姜州、棱州、鸿州、和武州、晖州、亳州、鼓州、悬州。南宋时，增至五十六州。

龚荫认为，"上述州，即今四川黔江地区和贵州铜仁地区及黔东南苗族侗族自治州地区，宋时这一带地域主要是居住的仡佬、苗、布依等族"[1]。《镇远通史》论证，"其地约铜仁地区及镇远、三穗、施秉、台拱、清江、岑巩等地"[2]。

宋室南渡后，领重庆、咸淳、绍庆三府并夔、达、涪、万、开、施、播、思八州，其中改黔州为绍庆府，置思、播二州。晃州、思州归绍庆府所辖，晃州的管辖范围相当狭小，思州管辖地域要大得多，是晃州的好几倍。思州之设可溯至唐初，唐太宗贞观四年（630年）以原务川改置思州，唐末以来为土酋田氏所据。宋政和八年（1118年）置思州，领务川（今务川县）、邛水（今三穗县）、安夷（今镇远县）三县。宣和四年（1122年），废思州，以务川县为城，邛水、安夷二县改为堡（镇远金堡老城为安夷县治所），隶黔

① 龚荫.中国土司制度史（上编）[M].成都：四川人民出版社，2011：96.
② 黄保勤，黄贵武.镇远通史[M].北京：方志出版社，2006：37.

州，宋高宗绍兴元年（1131年），复置思州，仍领务川、邛水、安夷三县。正因为这些羁縻州县的建制极不稳定，时建时撤，时兴时废，故《镇远府志》卷四《建置沿革》载："镇远自宋、元以前，虽有州、县之更设，而地属蕃部，仅以名号相羁縻。"

镇远在唐末至五代期间，因社会动乱而脱离王权辖制，宋初号称"竖眼大田溪洞"，由田氏掌管，下辖九溪十八洞，自成建制。大观元年（1107年）田祐恭上表朝廷"愿为王民"，授镇远军民招讨使，杨氏为节度同知，加强对苗民的征讨和安抚。当时，镇远所在地为奖州，归荆湖北路。宋宝祐五年（1257年）二月壬戌，田氏奉诏筑思州三隘，修城池于屏山之上。六年（1258年）十一月甲寅，赐名"镇远州"。同年四月，田应已奉诏往播州筑黄平城，防御元宣武将军朱国宝入侵。有宋一代，杨文奎、杨士铺、杨光圭、杨昌岳、杨从礼、杨再经先后被朝廷司州沿边溪洞正、副长官等职。宋景定四年（1263年）授杨从礼司州沿边溪洞长官、镇远州节度同知，归顺元朝后加授镇远沿边溪洞招讨使。

宋朝在西南民族地区推行的"树其酋长，使自镇抚"羁縻的政策，进一步注意到了对少数民族首领的任用，即不仅是视其部落大小、人口多少而设置，而且要选择其首领是否"通蛮情、习险阨、勇智可任"（《宋史·西南溪峒诸蛮上》）。所授予官爵，有刺史、知州、知县，有将军或大夫，最低一级为"知峒"，并允许子孙世袭，使其世代沐浴恩泽，誓死报效，从客观上加强了少数民族头领和中央王朝的政治联系。淳化二年（991年），诚州刺史杨政岩卒，"以其子通盈继知州事"（《宋史》）。朝廷还建立了羁縻州、县、峒土官入朝进贡制度，限制土官入贡的年限、人数，宋朝根据不同情况规定"三年"或"五年"一贡，如归顺等州蛮"首领听三年一至"，熙宁六年（1073年）"诏五姓蕃五岁听一贡"，辰州诸蛮，"其蛮酋岁贡溪布"（《宋史》）。为加强保境和社会控制，还允许土酋领有并训练士兵，战时为朝廷征战出力，辰州刺史秦再雄，训练士兵，"得三千人，皆能被甲渡水，历山飞堑，捷如猿猱"。秦再雄对下属土官享有人事任命权，对地方管控取得一定的效果，如其"选亲校二十人分使诸蛮，以传朝廷怀来之意，莫不从风而靡，各得降表以闻"（《宋史》）。

总之，宋王朝对西南地区少数民族采取"树其酋长，使自镇抚"的政策，使那些归顺的民族酋领成为宋王朝统治该地区的代理人，这种羁縻政策及其土官制度，为元明时期的西南地区土司制度的建立奠定了基础。

第二节 侗族先民"仡伶"的崛起

宋代是侗族社会的重大转型期,"仡伶"族群先民从秦汉时期的"黔中蛮""武陵蛮""五溪蛮"演变成隋唐五代的"蛮僚""僚人"和"溪峒蛮",并从中分化出来,逐渐崛起而形成单一的侗族族称。

一、官方话语中的"仡伶"

在北宋时期,"仡伶"始作为侗族族称载入史册。《宋史·西南溪洞诸蛮》载:"乾道七年(1171年),卢溪诸蛮以靖康多故,县无守御,仡伶乘隙焚劫。""沅陵之浦口,地平衍膏腴,多水田,顷为傜蛮侵掠,民皆转徙而田野荒秽。乃以其田给靖州仡伶杨姓者,俾佃作而课其租。"沅州生界副峒官吴自由、峒官杨友禄是最早载入史册的"仡伶"姓氏。

侗学专家们一致认为,"仡伶"者,乃侗族自称之谓。侗族自称"干"(gaeml,侗文),亦称"更"(geml),或"金"(jeml)。全称 nyenc gaeml,或 nyenc geml,或 nyenc jeml,翻译成汉语是侗人或侗族。侗语 jeml,本意是指有溪河的山谷、山冲,或山间溪洞,四周有山,山有盆地、田坝,其形如洞天。由于方言、土语不同,也有些地方称为"金佬"(jeml laox)、"金绞"(jeml jaox)、"金坦"(jeml tanx)。学术界一致认为,汉语"仡伶"一词,"其急读声与侗族自称音近,或者相同,乃是汉人用汉字双声音切记载侗族的译音"[1]。宋人朱辅的《溪蛮丛笑》载:"仡伶连九衙生界之类,缓急为援,名门款"。《说郛》引《溪蛮丛笑》曰,"五溪之蛮……沅其故壤,环四封而居者,今有五:曰苗、曰瑶、曰僚、曰仡伶、曰仡佬"(《说郛》卷五)。陆游《老学庵笔记》卷四称:"辰、沅、靖州蛮,有仡伶、有仡僚、有仡览、有仡偻、有山瑶。"

---

① 张民,向零,吴永清.关于辰、沅、靖州仡伶杨和仡伶吴二姓族属问题的浅见[J].
贵州民族研究,1985(1):20.

二、"仡伶"的分布及其历史活动

据史籍及有关文献记载，宋代侗族分布甚广，而且存在"伶"与"侗"并存并同时载入史志的现象。《广西通志·粤西诸蛮图记》说：高宗绍兴时（1131—1162 年），"安抚使吕愿中诱降诸蛮狑（伶）、狼（俍）、獠（僚）、狪（侗）之属三十一种，得州二十七、县一百二十五、砦四十、峒一百七十九"。又说："梧（州）浔（州）多狑（伶）狪（侗）蜑。"是时，仡伶势力较大，不断向"省地"（宋朝政府正式辖区）扩张侵扰，曾引起官方的关注，陆游说：在"诸蛮"中，"惟仡伶颇强，习战斗，他时或能为边患"（陆游《老学庵笔记》卷四）。

田汝成《行边纪闻·蛮夷》说："峒人，一曰峒蛮，散处于祥牁、舞溪之界，在辰、沅者尤多。"辰、沅、靖等地，即今之新晃、芷江、怀化、溆浦、玉屏、三穗、天柱、靖县、会同、通道等县，迄今这一带乃是侗族聚居之地。

上述地区，大部分属于唐末五代的诚州所辖，杨再思雄踞靖州飞山，"号十峒首领"，自称刺史，"以其族姓散掌州峒"（《宋史·西南溪峒诸蛮下》）。据清道光三十年（1850 年）所刻的《杨显夫妇合葬墓志》及靖县安村杨氏族谱（1924 年版）记载，杨再思之子政隆、政滔、政修等十二人，皆分别驻守武冈、罗蒙（通道）、真良（绥宇）、辰州（沅陵）、罗岩、东山（绥宁属）、湖耳（锦屏）、渠江（靖县）、黄疆、潭溪（黎平属）、乐土（靖县属）、澧州（澧县）等地，遍布今之湘西南地区。宋代靖州的仡伶杨姓，理所当然包括了杨再思的后裔。

宋代的"仡伶"与今之侗族，无论在分布地域、语言、习俗、民居建筑及生态环境等方面，均一脉相承，所以学术界形成了"古之仡伶，即今之侗族"[①] 的共识。

三、从"仡伶"史迹看天柱的早期内地化

宋代"仡伶"的崛起及其与中原王朝的互动，主要表现在以下三个方面。第一，侗族社会产生了土地私有制。随着宋朝在一些已经征服占领的侗

---

① 张民，向零，吴永清. 关于辰、沅、靖州仡伶杨和仡伶吴二姓族属问题的浅见 [J]. 贵州民族研究，1985（1）：21.

族地区建立地方政权，原为氏族公社集体所有的土地，逐步转化为氏族酋长占有，豪强大姓霸占大片土地、山林，开始形成领主经济，从而使侗族地区步入以劳役地租为标志的社会经济形态，形成了剥削和被剥削两大对立的阶级。进入宋王朝统治区的这一部分侗族，由氏族农村公社过渡到领主制阶级社会。土地私有制的确立为以后的明清时期侗族林权私有制奠定了社会基础。例如沅陵之浦口，"其地当沅、靖二州水陆之冲""杨氏专其地将二十年"（《宋史·西南溪峒诸蛮下》）。

由于中央王朝势力的不断深入，在其强大的政治、经济、文化影响下，侗族地区的社会发生了急剧变化，唐时称为"蛮夷腹心"的靖州等地，开始出现了"男丁受田于酋长，不输租而服其役"（洪迈《渠阳蛮俗》）的状况。

北宋末期，侗族地区的生产关系再度发生变化，在其直接统治的辰州等地，因中央王朝派驻的官员权力的日益加强，氏族酋长的权力日趋衰弱，土地为氏族酋长所有又随之转化为王朝政府所有。为王朝政府所有的土地，一部分用于招募"峒丁""弓弩手"，并按人口"授田"，规定"一夫岁输租三斗，无他徭役"和"擅鬻有禁，私易者有罚""边陲有警"，须"负弩前驱"；另一部分"余田"，则"募民耕种，岁收其租"。从此，劳役地租转化为实物地租，地主经济形态生产关系进一步向前迈进。

南宋初年，由于地方官吏对原有土地关系的"立法""定制""防禁"与管控日渐松弛，"峒丁""弓弩手"私鬻、私易土地事件不断发生，而且日趋严重，因而乾道七年（1171年），宋王朝"申严边民售田之禁""守令不能奉法者除名"，并令州刺史"常加纠察"，但最终无济于事。至嘉定年间（1208—1224年），不得不又明令认可，允许"峒丁""弓弩手"出卖或转让田土。自此，土地关系再次发生变化，原为官府所有逐渐转为少数富户和权贵者所有，新兴的地主经济随之形成和发展。氏族公社时期的山林，除村寨共有的风水林、风水树、禁山、放牛坡之外，大多数被豪强地主霸占为私有财产了。

第二，侗族特权阶层的形成。他们不仅在政治上据有"峒官"地位，而且在经济上拥有大片田土，掌握经营"丹砂"等特权。与地主经济形态生产关系相适应的阶级等级制，在这一时期，也发生了明显的变化。据宋人洪迈《渠阳蛮俗》记载，北宋时期，渠水流域的诚州，已有了两大对立阶级，即"酋长""自称曰官"，其所部之长曰"都幞"邦人称之曰"土官"，居于统治地位；而所谓"椎髻"之民，包括"男丁""田丁""峒丁"等居于被统治地位。"酋长"和"都幞"不仅在经济上占有大量土地，对"男丁"等进行劳役或实物地租剥削，而且在政治上拥有种种特权和特殊身份。这些人皆统有部属，"入郭"晋见官府时，则"加冠巾"以区别于普通的"椎髻"之民。

　　乾道十一年（1175）年，居住在沅州（今芷江侗族自治县）"生界"（未归化纳粮或未纳入统治范围的区域）仡伶副峒官吴自由之子三人到麻阳县贩卖特许经营的矿产品"丹砂"，被该县负责捕盗缉私的巡检官员唐人杰诬为盗贼，捉拿送狱。吴自由联合峒官杨友禄等起兵反宋，荆湖南路安抚司调"神劲军"三百名和沅州地方乡兵准备征讨，先派遣归附朝廷的土官田思忠前往招安议和，后以孔目为人质，与杨友禄等订立盟约，吴之三子获释，事态方才平息。《宋史·西南溪洞诸蛮下》载："沅州生界仡伶副峒官吴自由子三人，货丹砂麻阳县，巡检唐人杰诬为盗，执之送狱，自由率峒官杨友禄等谋为乱。"

　　第三，侗族的民族凝聚力日益增强。在反抗宋朝统治过程中，爆发了三次大规模的侗族农民起义。北宋熙宁年间（1068—1077年），荆湖北路察访使章惇经制"蛮疆""进兵破懿州（今湖南芷江侗族自治县），南江州峒悉平，遂置沅州，以懿州新城为治所，寻又置诚州"（《宋史·西南溪洞诸蛮上》）。江南州峒（沅、诚、徽等州包括在内）各大姓首领皆归附宋王朝之后，为加强对侗族地区的统治，又于州、县之下建砦置堡，或升砦为县。元丰三年（1080年），以沅州贯堡砦（今靖州苗族侗族自治县境内）置渠阳县，招抚上江、多星、铜鼓、羊镇、潭溪、上后、上诚、天村、大田诸团，设罗蒙砦，隶属诚州，同年徽州改为莳竹县，隶邵州。元祐二年（1087年），改诚州为渠阳军，并在这一带地区"设官屯兵""募役人"，开辟道路直达融州，并苛派侗民沿路植树。繁重的劳役引起杨晟台、粟仁催等聚众反抗，攻文村堡（今广西三江侗族自治县境内），"知渠阳军胡田措置亡（无）术"，声势震动朝廷，"调兵屯渠阳至万人，湖南亦增兵应援，三路俱惊"，终无法平定。朝廷"议废砦堡，撤戍守，而以其地予蛮"，但考虑诚州"为重湖二广保障，实南服之要区"，是"金钱盐币，贸易不绝"的经济中心，在政治、经济、军事上都具有重要地位，迫于形势的需要，不得不向侗族农民起义军妥协，采取怀柔政策，派湖北转运副使李茂直前往招抚。又遣唐义问措置边事讨之。事平，废渠阳军，仍复诚州。诏谕湖南、北及广西路曰："边臣邀功献议，创通融州道路，侵逼峒穴，致生疑惧。朝廷知其无用，旋即废罢；边吏失于抚遇，遂尔扇摇。其叛酋杨晟台等并免追讨，诸路所开道路、创置堡砦并废。"（《宋史·西南溪峒诸蛮下·蛮夷一》）自后，五溪郡县弃而不问，继续由土司土官维持羁縻制度。"命光僭之子供备库使，昌达供备库副使，杨昌等同知州事，而贯保、丰山、若水等砦皆罢戍，择授土官。"（《宋史·西南溪峒诸蛮下·蛮夷二》）崇宁二年（1103 年），杨氏大姓的最后一个首领杨晟臻归附，于是改诚州为靖州，并于北部置三江县（后改为会同县），改南部的罗蒙砦为通道县，均隶靖州。这是宋代声势浩大的侗族农民起义所取得的胜利成果。

据《宋史·张整传》记载，章惇调荆湖将领进军黔阳之初，"猺犵万众乘舟屯托口，迫黔江城，时守兵才五百，人情大恐"。王安石但令"告慰"而已。宋将张整将所部一半兵力埋伏在托口附近，戒曰"须吾旦度金斗崖，举帜，则噪而前"。及旦，率其半，缚艨艟，建旗鼓，溯流急趋。猺犵军由于骄傲轻敌，望见大笑。宋军"帜举伏发，前后合击，人人殊死斗，蛮腾践投江中，杀获不可计"，猺犵以失败而告终。张整因功升任广西，后与融州温嵩"坐擅杀蛮人，皆置之罪"，责监江州酒税。

总结黔阳之战，"猺犵"（仡伶）失败的原因，共有以下几点：第一，"猺犵"（仡伶）以平时打鱼、摆渡和生产劳动的小舟与宋军艨艟大船对抗，装备处于劣势。艨艟为我国古代水军的主力船，是一种具有良好防护性能的进攻型快艇，船形狭而长，以生牛皮蒙船覆背以防矢石攻击，两厢开掣棹孔，左右前后有弩窗矛穴，航速快，专用以突击敌方船只。宋军装备比猺犵先进，是获胜的原因之一。第二，宋军训练有素，战斗力强，"猺犵"（仡伶）未经训练，缺乏作战经验。第三，宋军指挥有方，采用伏击和奇袭战术，"猺犵"（仡伶）缺乏统一指挥，因此一触即溃。然而，在宋军占据黔阳城时，该城滨江布建，易守难攻，大有一夫当关、万夫莫开之势，"猺犵"（仡伶）虽乃手无寸铁的普通民众却仍能够在极短的时间内迅速集结，并"万众乘舟屯托口"，足见其团结一致、勇往直前的抗争精神。这种招之即来、奋勇当先的勇气，与侗族民间"款"组织强大的号召力和严格的约束力具有不可分割的联系。"猺犵"（仡伶）所乘之舟，数量之多，从一个侧面反映了宋代侗族工匠的造船工艺已经相当普及。彼时之舟，很有可能是后代沅江流域盛行一时的"麻阳船"或"跨子"。据同治九年（1870 年）由渊雅堂梓行、滇南麻崇煊著述之《云程万里》记载，从龙溪口去常德"船有二种：一名跨子；一名麻阳船，即毛篷船。跨子较稳，麻阳船较快。行者多雇麻阳，带家口者多用跨子。若遇河水涨泛，五六日可抵常德，若河水归漕则需八九日亦可抵常。五六人同行可雇跨子或大毛篷。"① 按照航行速度，"猞狳"（仡伶）乘坐麻阳船作战的可能性更大。

在经济文化方面，宋代"仡伶"内地化的成效也十分显著，苏辙在《论唐义问处置渠阳事乖方剳》称：元祐时期（1086—1094 年），渠阳已是"兵民屯聚，商贾出入"之地，"金钱盐币，贸易不绝"，呈现一派繁荣兴旺景象。土著大姓头人对发展民族教育尤为重视，宋熙宁（1068—1077 年）末，诚州大姓首领杨光僭父子"请于其侧建学舍，求名士教子孙"，朝廷准其所请，派"潭州长史朴成为诚、徽等州教授"执掌教育，开办学校（《宋史·西南溪峒诸蛮下》）。庆宝元年（1225 年），权尚书工部侍郎魏了翁被贬到靖州后，"著九经要义百卷"，创办鹤山书院，"招生讲学，甚至有数十里负笈相从者，于是风气大开"。后来，又有侍郎程悼厚被贬到靖州，在这里"养晦读书，化及地方"（光绪《湖南通志·艺文志》）。宋"仁宗始诏藩镇立学，继而诏天下郡县皆立学"。绍兴年间（1131—1162 年），靖州"依旧制设置新民学，教育溪峒归民子弟，以三千人为额"。可知当时兴学之盛。

综上所述，包括湘西黔东一带的今之天柱侗族先民"仡伶"，不仅在政治、军事方面与王朝互动比以往有所加强，在经济、文化交流方面也比以往更加密切了。

第三节 "侗款"：血缘兼地缘关系的侗族社会组织

侗族民间奉行"乡有条，峒有款"。从秦朝至南宋，侗族人民所生活的地域，虽然已有将近一半的土地和人口陆续纳入了中央王朝的版图，但是多数交通阻塞的村寨仍然处于"有款无官"的无政府状态，从古代传承下来的款组织仍在实际生活中发挥主要作用。

一、侗族"合款"：土著自我治理的艺术

侗族的款组织是一种带有军事联盟性质的民间自卫组织，所制定的款约就是本土习惯法。宋代官方史籍和文人笔记对款组织的特征与活动形式多有

---

① 政协新晃侗族自治县委员会．龙溪口史话［M］．新晃：政协新晃侗族自治县委员会，2017：51-52．

著述，宋人洪迈著《渠阳蛮俗》载："靖州之地……借牛彩于邻洞者，谓之拽门款。"① 门款，又称合款。这里的"门"，即方言"盟誓"；"拽"者，拉也，就是拉帮结派的意思。款，即乃条款或"约法"之义。关于"款"的起源及其流行背景，刘钦撰《渠阳边防考》作了说明，"古无大豪长""千人团哗，百人合款，纷纷藉藉不相兼统，徒以盟诅要约，终无法制相縻"。宋人朱辅在其所著《溪蛮丛笑》亦载：当地蛮夷"彼此相结，歃血叫誓，如兰地伦伶结连九衙生界之类，缓急为援，名门款"。由此可见，在宋代及其以前各朝侗族社会虽然没有建立统一的政权，但是以地缘为纽带的洞与洞之间的联款活动已相当盛行。乾道三年（1167 年），中洞（今靖州苗族侗族自治县新厂镇下戈村）侗族首领姚民敖，为反抗服劳役、输田赋，集款反抗宋朝统治者，率众起义，杀了靖州屯戍官员田琪；"攻烧来威（今通道侗族自治县境内）、零溪（今广西三江侗族自治县境内）两寨。环地百里合为一款，抗敌官军，侵攘官军"（光绪《靖州直隶州志·武备》）。同一时期，李诵撰《受降台记》也说靖州中洞"环地百里合为一款，抗敌官军"。

侗款对后世的影响十分深远，明清时期制定的各种保护森林的禁碑、封山育林的禁约，民国以及当代关于社会治理的乡规民约，大多受款词的影响。南宋淳熙中（1180 年前后）任桂林通判的周去非在其所著《岭外代答》中载说："款者，誓也，今人谓中心之事为款，狱事以情实为款。蛮夷效顺，以其中心情实，发其誓词，故曰款也。"清乾隆二十九年（1764 年）编纂的《柳州府志》卷十一载：怀远（今广西三江侗族自治县）"民间遇有偷盗，即鸣众集款，不与出，故里中鲜有敢为盗者"。清《靖州乡土志》称："其款禁甚严，峒无偷盗，秉性朴直，皇古之良民也。"民国年间所修《三江县志》卷二《民间规约》载："民间设立条约甚严，遇有偷盗，不论大小，鸣众集款杀之，不报官司。"这些论述都反映了款在侗族传统社会中的强大约束力。

侗族的款对于村寨社区公共财物和私有财产都有着一整套细致的规定，尤其重视对于家庭私有财产权利的维护。侗族叙事大歌《侗款》所说周夫、六郎订立二十一条习惯法规的故事，为款规的形成做出了历史合法性的浪漫解释。马克思说："私法和私有制是从自然形成的共同体形式的解体过程中同

---

① 洪迈. 容斋随笔：四笔·渠阳蛮俗［M］. 刻本. 苏州：扫叶山房，1794（清乾隆五十九年）.

时发展起来的。"① 这些款约当然不是自古以来就天然存在的，而是侗族社会发展到一定阶段，有了约翰·洛克（John Locke）"property"（所有物）意义上的物权或产权意识之后，而形成的财产治理机制。最初款词是不成文的，传承方式主要靠口传心授，或者在特定的时间地点由款首召集全体款民进行宣讲，所以史籍文献很少看见其保护山林方面的内容和条款，倒是合款御敌、起义、自卫或防盗的内容，由于被历代统治阶级利用作为镇压和剥削劳动人民的工具而被记载下来。款有小款、大款或扩大款之别。民国《三江县志》记载："浔江之九合局，及河里等村之联团，或曰大款，或曰扩大款。"

这种以军事防御和武装保卫共同利益为目的的部落联盟，内容包括家庭、婚姻、土地、房屋、财产、森林、治安以及男女青年社交活动等条规。违者，轻则批评教育、罚款，不许进入鼓楼和参加族内或寨内活动，或开除于族姓或村寨之外；重者，处以吊打、勒头、火烧、沉塘，直到死刑，并由其亲属执行。

自明朝以来，侗族"约法款"通过口头传诵、书本记录、碑刻（多为汉字译文）等三种方式，在侗族广大地区传承。各个村寨都有各自推选的款首、款师和讲款人，因此款词也因人而异，民间流传许许多多不同的版本，但内容基本上大同小异。虽然经常受到火灾洗劫，被烧毁的款书不计其数，但至今在湘、黔、桂毗邻地区，有不少手抄本得以珍藏下来。记载最完整的本子，首推广西三江程阳马安寨的老款师陈永彰保存的款书，迄今将近 180 年的历史，共记有 18 条约法，总共 756 句，分为"六面阴""六面阳""六面威"三大部分。"六面阴"者，处以各种极刑，包括活埋、杀头、淹死等；"六面阳"者，除死刑外的各种惩罚，有罚款、坐吃、喊寨、驱逐出村；"六面威"者，指警告及有关道德规范之约法。

最早的款碑，是无字款碑。因侗族在历史上没有本民族的文字，当汉字尚未传入侗族地区时，款组织盟约立法，是在款坪上先立一块高大、坚实的石头，并在此石头前设讲款台，以示所立之约法像石头一样坚实、永存，既不可触犯，也不能朝令夕改。所以古人称为"勒石盟款"，并把款约称为"石头法"。现将邓敏文、吴浩在他们合著的《没有国王的王国：侗款研究》录载的"三江本"款书中涉及的护林款约摘要罗列如下。

---

① ［德］马克思．费尔巴哈［A］．马克思，恩格斯．马克思恩格斯选集：第 1 卷［C］．北京：人民出版社，1995：70.

"六面阳规"中之四层四部

讲到坡上树木，讲到山中竹子。白石为界，隔开山梁。不许越过界石，不许乱移界标。田有埂，地有边。金树顶，银树梢。你的归你管，我的归我营。如若哪家孩子，品行不正，心肠不好。他用大斧劈山，他用大刀砍树（喻毁坏山林）。他上坡偷柴，进山偷笋。偷干的，砍生的；偷直的，砍弯的。咱们抓到柴挑，捉住扁担，要他的父亲种树，要他的母亲赔罪。随从的人罚六钱，带头的人罚一两二钱。①

《六面威规》中之"三层三部"

讲到家中弟兄，说到弟兄分家。分到梳中棉纱，分到园中竹子。分到锅、鼎、箱、架，分到碗、盏、瓢、盆。竹园随竹林，禾仓随住房。不许越过界石，不许移动界碑。清石正，白石清。田有埂为界，山有石为碑。不许哪家孩子，把上边的界石移到下边，把右边的界碑移到左边。家中兄弟，千年磐石压不垮，万年砥柱冲不塌。

《六面威规》中之"六层六部"

如若哪家孩子，鼓不听捶，耳不听劝，不依古理，不怕铜锣（喻目无法纪）。他毁山毁冲，毁河毁溪，毁了十二个山头的桐油树，毁了十二个山头的杉木林。寨脚有人责怪，寨头有人追查，寨中有人告发（喻民愤很大）。我们就跟他当面说理，我们就给他当面定罪。是真就是真，是假就是假。是真就共同查办，是假就共同改正。哪怕他告到龙王殿上，哪怕他告到州府县衙，哪怕他骨硬如钢，哪怕他骨韧如铜，我们也要把他敲碎，我们也要把他捶熔（喻官府不能干涉款组织的内部事务，表现了款的自治职能）。

由通道侗族自治县陇城路塘村石万顺口述，杨锡光、杨锡记录整理的款

① 邓敏文，吴浩.没有国王的王国：侗款研究［M］.北京：中国社会科学出版社，1995：75.

约"第二层二步"①，揭示了保护家庭畜牧业财产的内容。

第二层二步

……

捅猪圈、拱牛栏，盗走牛、偷走羊；

偷了圆角黄牯，盗走扁角水牛。

……

今天，把犯者三个一处葬、五个一坑埋。

拿他父去杀，埋进烂泥坑；

拿他母去卖，卖过青云边。

……

山界纠纷最容易引发山林权属纠纷，为此，侗款"第十成十步"② 规定：

屋架都有梁柱，楼上各有川枋，

地面各有宅场。

田塘土地，有青石作界线，白岩作界桩。

山间的界石，插正不许搬移；

林中的界槽，挖好不能乱刨。

不许任何人，推界石往东，移界线偏西。

这正是，让得三杯酒，让不得一寸土。

山坡树林，按界管理，

不许过界挖土，越界砍树。

不许种上截，占下截，买坡脚土，谋山头草。

你的是你的，由你作主；

别人的是别人的，不能夺取。

屋场、园地、田塘、禾晾，

家家都有，各管各业，各用各的。

---

① 湖南少数民族古籍办公室．侗款［M］．杨锡光，杨锡，吴治德，整理译释．长沙：岳
　麓书社，1988：85.

② 湖南少数民族古籍办公室．侗款［M］．杨锡光，杨锡，吴治德，整理译释．长沙：岳
　麓书社，1988：89.

讲完十乘十步。

侗款"第十二层十二步",既强调遵守山界管理规则,又严禁盗伐森林,其款约如下:

说到山头坡岭,田土相连,牛马相聚,
山林地界,彼此相依。
山场有界石,款区有界碑。
山脚留火路,村村守界规。
不许任何人,砍别人的树木,谋别人的财物。
路上捡得失物,挂榜找寻原主;
要有高尚道德,莫做贪财小丑。
哪家有难大家帮,哪寨有苦寨寨助,
哪村有外人侵侮,击鼓召众去卫护。
和睦相处,同甘共苦;
互相友好,村寨安乐无忧愁。
讲完十二层十二步。

《款条款》如同侗款的总则,对林木、山界、灌溉水源均有约束规范。

《款条款》第九款

向来山林树木有界碑,
田土塘园有界基;
不许谁人,强谋强占,
强争强夺。
上丘有水,不许下丘捅,
上丘无泥,不许钩下丘。
若还捉到,款条就会显灵。
我们十村九头目,讲完第九款。

《款条款》第十款

向来不许谁人，争抢地产。

园土宅场，菜圃鱼圹。

田地山场，各有各的。

别人祖遗田产，世传屋场。

不许谁人，坏心肠，死赖痞，强抢侵占。

哪人不听，当众提到，铜锣传村，

罚他龙角一对，马尾一双。

我们十村九头目，讲完第十款。

《款条款》第十三款

向来山林禁山，

各有各的，山冲大梁为界。

瓜茄小菜，也有下种之人。

莫贪心不足，过界砍树，

莫顺手牵羊，乱拿东西，

谁人不听，当众提到，

铜锣传村，听众人发落。

我们十村九头目，讲完第十三款。

侗族由跨血缘与地缘社会组织制定的《九十九公合款》之第四、第五和第六层，也有涉及林木方面的禁约。除此之外，由款约演变而成的一种侗族民间文学"垒诘"也记录许多关于封山育林的内容，如民间流传的《侗垒》载："树木、竹，廿年木长成林。打个草标，封山蓄禁。大树发小树，老竹生嫩笋。若是有人月头不封手，进山动刀动斧，砍掉一根罚十根。"①

天柱现虽已无合款的活动，但有侗族垒词（古代款词的变体）长期流传，县边境附近即有"款场"等地名遗存，议事在俗语中称为"款事"；这些文

---

① 湖南省少数民族古籍办公室．侗垒［M］．杨锡光，张家祯，整理注校．长沙：岳麓书
社，1988：89.

化事象表明，"款"也应是天柱侗族曾经拥有过，而今已经失落了的历史。

二、"款"外之款：土著化与内地化的双重变奏

在侗族传统社会中，款首多由社会经验丰富、享有威信、熟悉法规的"乡老"充任。平时处理寨内事务，代表本寨出席商讨有关款内事宜和执行"款约"，贯彻决议；外敌入侵时，则指挥款内成员抵抗。凡参与"联款"者，都有互相支援的义务和监督执行"款约"的权利。

自宋代开始，由于王朝法制和社会管理观念不断向侗族地区嵌入，侗族逐渐利用王朝权威对乡村社会加强管理，如采用宋朝关于保护农业、林业以及私有财产的法律等，这一时期制定的款规款约曾对后世产生过深远的影响。

宋朝有关林业的法律极严厉，如规定："各路系官山林辄采伐者杖八十，许人告，如有告者给赏钱二十贯。"宋哲宗元祐六年（1091 年）法令规定："墓田及田内林木、土石不许典卖及非理毁伐。违者，杖一百，不以荫论仍改正。"《庆元条法事类》规定："诸因烧田野致延烧系官山林者，杖一百。"很可能侗族款约采借了中央王朝的一些规制，从宋代开始将村寨周围的风景林、护寨林纳入侗款予以保护。一经竖碑或打上"山标"和"树标"，即视为神圣不可侵犯，人们把村寨附近的山林奉为"神山"，把村寨旁边的古树奉为"神树"，一并列入保护范畴，从而使"靠山吃山，靠山养山"的爱林护林传统世代相传下来。

侗款常常被侗族农民起义领袖用来组织发动农民反抗皇权专制统治者的残酷剥削。同时，统治阶级利用款组织及其制定的款规款约镇压人民群众。侗族人民对宋王朝的剥削和压迫难以忍受，于是集款反抗。光绪《靖州直隶州志》载，宋乾道三年"靖州中洞（今湖南靖州苗族侗族自治县境内）姚民敖等叛，攻烧来威（今通道侗族自治县境内）、零溪（广西三江侗族自治县境内）两寨。环地百里合为一款，抗敌官军，侵攘官军"。

明洪武十一年（1378 年），五开兰洞（今贵州省黎平县兰洞村）人吴勉，史籍称"吴面儿"，领导侗族农民举行武装起义，反抗朝廷在侗族地区推行"拨军下屯，拨民下寨"的屯田制度，吴勉组织六洞大款力量，直捣靖州、零溪，击败靖州卫守兵，在零溪、九里岗交战中，击毙靖州卫指挥使过兴父子。几年间，起义军发展到"二十万众""古州十二长官悉应之"，吴勉称"划平王"。起义队伍遍及湘、黔、桂毗连地区，其声势震撼湖广。洪武十八年（1385 年），明王朝命汤和任总兵官，江夏候周德兴、都督同知汤礼充副将

军，随同楚王朱桢率领的大军前来"进剿""号三十万众"。上黄一战，由于孤军无援，官兵纵火烧寨，吴勉及其子吴禄被俘，解送京师就义。至此，侗族历史上规模最大的一次农民起义，坚持八年，终告失败。《明太祖实录》卷十一载："五开洞蛮吴面儿（吴勉）作乱，靖州卫金事过兴死之。初，面儿以邪法惑众，因聚众作乱，兴以兵三百往捕之，众寡不敌，兴父子为贼所执，俱被害。洞蛮吴面儿等寇古州。命楚王桢同征虏将军信国公等进兵剿捕。"

明朝万历三年（1575 年），明廷在湘西南苗族和侗族地区发布《赏民册示》，其中写道："赏恩苗头盔衣甲，倒牛合款，三年一小赏，五年一大赏，花红牛酒，要恩苗紧把隘路，不许蛮苗入境。乡村互相守望，听从款令调唤，大小事听洞长乡约公道排解。要安分，男耕女织，不许争占欺弊。四洞各村不许汉人坐住苗疆，百计盘剥扰害之弊。四洞每岁立冬同会四安坪合款，约禁各条各款，不得违令。"《册示》还要求务期做到："缉捕有偿，疏纵有罚，讳奸有禁，违限有责。"这个《赏民册示》，并非民间自己拟订，而是官府利用民间组织推行"以夷治夷"的统治政策。他们将当地的少数民族分为所谓"恩苗"和"蛮苗"，其目的就是笼络一部分人，从而制服另外一部分人，以巩固其在"苗疆"的统治地位。为了避免民族矛盾激化，他们还采用了"不许汉人坐住苗疆"的隔离政策。需要说明的是，这里所说的"恩苗"和"蛮苗"，其中也包括当地的侗族人民，因为那时还没有进行严格的民族识别。直至 20 世纪 50 年代，还有人将侗族称为"侗苗"。所以《册示》中所说的款，实际就是指的侗款，也就是传统的侗族民间自治和民间自卫组织。①

直至清咸丰（1851—1861 年）、同治年间（1862—1874 年），湘军统领席宝田率部到天柱县镇压姜应芳领导的侗族农民起义军，清军和劣绅创办的民团仍然以侗族款约的形式，镌刻成"反治锦囊"碑立于天柱县注溪乡与蓝田镇交界的禾翠亭内。

第四节　飞山公和飞山庙：安边保民的英雄祖先隐喻

迄今为止，天柱清水江下游沿岸各村寨普遍流传着"杨公老爷""杨令公"或"飞山公"的故事，也广泛存在着许多旨在崇祀这一历史人物的"飞

---

① 邓敏文，吴浩. 没有国王的王国：侗款研究 [M] . 北京：中国社会科学出版社，1995：135.

山庙""飞山宫""杨公庙"等历史文化遗迹。这些故事和崇拜，都可以追溯到中古时期唐末宋初发生在天柱及其周边地区的一段备受后人关注的历史，即屡屡被宋元王朝追封爵位的杨再思史迹。

一、从飞山蛮酋到"十洞首领"：杨再思史迹择要

据历届编修的《杨氏族谱》和当代编辑的《杨再思氏族通志》等相关资料记载，杨再思是唐末五代靖州飞山峒蛮酋长，号称"十峒首领"，时人称之"飞山太公"。杨再思据传生于唐咸通十年（869 年），卒于五代后周显德四年（957 年），享年 88 岁。关于杨再思的生平，道光三年（1823 年）时任湖南提督的果勇侯杨芳在"自叙家谱"称："杨氏系出汉太尉伯起公震，世居关西。""再思公以唐懿宗咸通十年己丑岁生……卒于后周世宗显德四年丁巳，寿八十九，葬今黎平府长岭岗亥山已向。"① 另据《杨氏族谱》记载，杨再思是淮南北沙县杨盛帐之曾孙，杨盛帐之子杨林牒生杨居本，杨居本生杨再思。再往上追溯，明永乐十八年（1420 年）邛水（现三穗县）《杨氏族谱》载："杨氏乃汉杨宝（杨震之父）之后，至再思，于先代奉命征伐古州八万，收复彝人，树功受爵，世守古州之地。"② 据杨氏族人讲述，"历五代，天下多遭涂炭，独公（杨再思）奉唐正朔，保障滇黔，民赖以安。民思其德，为之立庙曰'飞山宫'祀之"（《杨再思氏族通志》）。

杨再思之事迹，清光绪五年（1879 年）黎平府黎阳书院山长胡长新撰写的《宋追封英惠侯唐末诚州刺史杨公再思墓表》云："公（再思）先由淮南丞迁辰州长史，结营靖州飞山，扼要拒之，屡战屡捷，……威名日著。"唐末帝加封其为"银青光禄大夫""尚书左仆射"等职。

五代十国，藩镇割据，战乱频仍，是一个社会大动荡、大分化、大瓦解的历史时代。后唐天成元年（926 年），后梁以武安节度使马殷为楚王，马殷据潭州（今长沙），尽有湖南之地，虎视滇黔。当时以靖州飞山为中心的"飞山蛮"日益崛起，杨再思管辖北部的叙州地区，潘金盛管辖以飞山为腹地的靖州，其地域大致包括现在湖南靖州、会同、通道、黔阳、怀化、溆浦、麻阳、芷江、新晃、新化、新宁、武冈、城步、绥宁，贵州锦屏、黎平、天柱、从江、榕江、玉屏及广西三江、龙胜等县。飞山蛮最早出现于唐末，司马光

---

① 《杨再思氏族通志》编写组．杨再思氏族通志［M］．内部编印本，2002：34．
② 杨维森．弘农杨氏族史［M］．西安：三秦出版社，2013：220．

《资治通鉴》云："唐昭宗乾宁二年（895 年）……蒋勋与邓继崇起兵，连飞山蛮、梅山蛮寇湘潭，据邵州。"① 此乃我国历史上"飞山蛮"在汉文史籍中的最早记载。天柱的杨姓人群，无论苗族还是侗族，无一例外地认定自己是飞山蛮首领杨再思之后。飞山蛮及其首领杨再思的史迹，正是天柱及其周边地区内地化发展的重要阶段性历史记忆。后梁开平四年（910 年）十二月，辰州蛮酋宋邺、叙州蛮酋潘金盛恃其所居深险，数扰楚边。"至是，邺寇湘乡，金盛寇武冈，楚王殷遣昭（邵）州刺史吕师周将衡山兵五千讨之。"

杨再思在其领地"奉唐正朔"，使用唐昭宣帝（哀帝李祝）天佑年号，各峒苗蛮尊其为"十峒首领"，奉为诚州刺史，他既不称王，也不称霸，只求在乱世中保境安民。然而，"飞山之战"失败，使得"飞山蛮"元气大伤，乾化元年（911 年）正月，"吕师周扳藤缘崖入飞山洞（峒）袭金盛。师周得平地数处趣（趋）军入，布立栅一日而毕。金盛大骇曰：'此兵从天而降也。'命杨承磊率兵千人出战，师周为散星炮破其军，缚降者为乡（向）导，直至洞（峒）前，杀承磊……擒金盛，送武冈斩之。并斩三千人，尽毁其巢穴。承磊族人杨再兴（杨再思之误）以其地附于楚"（《资治通鉴》）。在"飞山蛮"损兵折将、首领潘金盛被杀、家园被毁的危急关头，杨再思审时度势，以其地附于楚，使"飞山蛮"免遭战争涂炭，至此，"（地）属马氏者半，属杨氏者亦半"。

飞山的地理位置，顾祖禹在《读史方舆纪要》中记载："飞山，靖州西十五里，俗称胜山，比诸山特高，突出双峰，四面陡绝，十有余仞，其上平广，蛮人保险于此，曰飞山蛮。"光绪《黎平府志》载，后梁初年"杨承磊据十峒……楚王剿灭之。其族人杨再思据潭阳、郎溪，自称诚州牧，附于楚王马殷。历后唐、晋、汉皆楚马氏地，再思子孙相继焉"。查阅史料，各种记载与《黎平府志》相差无几，均说杨再思"自称诚州牧"，表明他当时没有得到楚王的正式任命。而且战后，马殷对辰州、叙州的人事安排，《资治通鉴》有专门记载：后梁乾化二年（912 年）二月，辰溪蛮酋宋邺、昌师益率众降楚，楚王殷以邺为辰州刺史，师益为叙州刺史。莫非杨再思"自署诚州牧"事先已得楚王的默许？

杨再思的功勋在地方士绅和文化精英中广为称颂。清同治三年（1864年），锦屏举人龙昭讷编辑《龙氏族谱》在手稿《遗文卷》中载有《威远侯传》称："……时朱氏篡唐，天下无主。马殷据长沙，称楚王，虎视滇黔。众

① 司马光. 资治通鉴：卷二六〇·唐纪七十六 ［M］. 北京：中华书局，1956.

举公（再思）为诚州刺史，称令公，公奉唐正朔，结营飞山寨拒之，保固滇黔，滇黔之民，得以安居乐业六十余载。"杨再思死后，基于他在"飞山蛮"族群中的崇高威望，宋王朝为羁縻杨氏，安定人心，除给他子孙授官外，北宋开宝八年（975 年）追封其为威远侯。历南宋、元、明均有追封，建庙以祀，称威远侯庙或英惠侯祠。从此，杨再思成了王朝正统文化的真正代言人，对"飞山蛮"区域迈向"国家化"产生了极为深远的影响。太平兴国四年（979 年），首领杨蕴（又名杨通蕴）内附。五年（980 年），杨通宝入贡，命为诚州刺史。淳化二年（991 年），刺史杨正岩复来贡。到熙宁年间（1068—1077 年），杨氏纷纷内附，《宋史·诚徽州传》记载：

熙宁八年（1075 年），有杨光富者，率其族姓二十三州峒归附，诏以光富为右班殿直，昌运五人补三班奉职，晟臻等十六人补三司军将。……独光僭颇负，固不从命，诏湖南转运使朱初平羁縻之，未几亦降，乃与其子日俨请于其侧建学舍，求名士教子孙。诏潭州长史朴成为徽、诚等州教授；光僭皇城使、诚州刺史致仕，官为建宅；置飞山一带道路巡检。光僭未及拜而卒，遂以赠之，录其子六人。

后人在编修族谱时，为美化祖先而虚构杨再思"与李克用同受昭宗绢诏征兵，道长梗阻"的故事，甚至将其子孙的功绩附加在他的身上，尽管漏洞百出，各种叙述自相矛盾，然而，杨再思及其子孙对开发湘黔界邻地区的经济文化、加强民族团结的历史功绩不可磨灭。杨再思被推为"十峒首领"，积极推行民族和睦政策，"以部属吴、石、龙、潘各大姓为僚属峒官"，因此得到当地侗、苗、瑶、土家、水、布依等族人民的真诚拥护。明弘治《贵州图经新志·名宦》云："五代梁杨再思，以左仆射为诚州刺史，有遗爱，及卒民庙祀之。"

二、迟来的王侯名号：宋元朝廷对杨再思的认可与追封

杨再思之所以能够成为朝野都能认可接受并被崇拜的人物与神灵，与宋王朝对他的追封有很大的关联。据专家考证，飞山公从杨氏祖先到地方神明，再到侗、苗、瑶、水等多族群共同信奉的区域性神明，是湘黔桂界邻区域地方官员与士绅精英群体及杨氏宗族、地方民众与国家长期互动的必然结果。罗兆均认为，"飞山公就是中央王朝基于湘黔桂界邻地区侗苗社会族群多样

性、文化多元性及人口流动性等特征，按照此类模式建构神明的典型代表"①。地方官员与士绅精英群体借助战乱等灾难性事件创生飞山公"灵应"神迹，配合国家敕封，将飞山公塑造成忠于朝廷、保境安民的神明形象，不断助推其信仰的"标准化""正统化"。杨再思封爵的基本概况，湖南会同县沙溪乡《杨氏族谱》载："公卒立祠于靖州飞山寨，民间岁时祭之，感皇恩诏赐谥灵侯，大宗遇灾渡江，以阴功助国，诏赐谥阴护侯。宋绍兴三年（1133年）赐谥威远侯，元文帝赐谥宣明顺助王，明世宗嘉靖八年（1529年）诏赐飞山土主阴济广惠侯王。"

按当下行政区域划分，"飞山蛮"活动的诚、徽州主要是指贵州黎平、天柱、锦屏、铜仁，湖南靖州、会同、绥宁、通道、城步、新晃及广西三江北部等地区。自太平兴国四年（979年）诚、徽州最大的姓氏杨氏开始陆续内附，西南边境从此太平了一百余年的时间，其间，宋朝对该地域社会管控全赖杨氏之力。谭其骧先生在《近代湖南人中之蛮族血统》一文中认为，杨氏族群在该区域是无可争议的豪强大族：

辰、沅蛮族不一，而仡伶最著，杨氏实其渠帅也。明以后木杨氏为苗，洪武三十年（1397年），有芦溪县苗长杨二赴京师奏准轻赋，至今湘西苗中犹有杨氏，所以杨氏族类至繁，杨氏尤为贵州苗巨姓……杨氏历仕官者不绝于途，靖州四属，杨氏并为甲族，族望之盛，湘西南无出其右者。②

熙宁年间（1068—1077年），诚、徽州杨氏闻风归附，熙宁八年（1075年），"有杨光富者，率其族姓二十三州峒归附，诏以光富为右班殿直"（《宋史·诚徽州传》）。与此同时，徽州杨氏与中央王朝之间建立了密切的互动关系。杨通汉及其子孙等陆续入贡，被任命为知州、内殿崇班等。③ 由于杨氏的族群势力在当地煊赫一时，宋王朝不得不借助杨氏的威望及其族群势力来管控新开拓的边陲地区。最有效的办法当然是敕封杨氏祖先，提高其政治地位，利诱其后人沐浴皇恩而为朝廷效命。首选之人，自然而然非从无犯边乱上之过的"模范官僚"峒酋杨再思莫属，一是他率领"飞山蛮"归附中央王朝，对守土靖边有功；二是他具有忠君爱民、御灾捍患的勤政形象，民众口碑相

① 罗兆均. 宗教文化与宋至清末侗苗聚居地区社会治理研究——以湘黔桂界邻侗苗地区为个案［J］. 重庆工商大学学报（社会科学版），2017（4）：93.

② 谭其骧. 近代湖南人中之蛮族血统［J］. 史学年报，1939，2（5）：231-254.

③ 马力. 羁縻诚、徽州考［J］. 民族研究，1991（6）：89-97.

当好；三是他生前文武全才，在溪洞诸蛮之中具有强大的号召力，而且已经作古，对宋王朝的最高权力没有潜在威胁；四是他的族人目前"散掌州峒"，拥有实权，只有对他们实行笼络怀柔，边陲之地才能长治久安。芮乐伟·韩森（Valerie Hansen）在其论著中指出了北宋时期中央王朝就开始大量敕封地方神明以加强地方控制。为管理民间信仰，从南宋开始，朝廷便制定了认定地方神祇的标准，凡未达到认定标准之神祇视为"淫祀"，遭到禁止。① 由于飞山公具有诸多"灵应"神迹，于是被地方官员、士绅精英等群体炮制出来，将飞山公塑造成忠于朝廷、保境安民的神明形象，配合国家的敕封。

　　杨再思封爵始于宋开宝（968—976 年）中，"继宋太祖追封'英惠侯'之后，续有仁宗皇祐六年（1054 年），诰封诚州飞山'威远广惠王'"②。宋淳熙年间（1174—1189 年）担任靖州录事等职的谢繇在《飞山神祠碑记》中，阐述了淳熙三年（1176 年）朝廷调发江陵驻扎统制率逢源平来威中洞姚民敔起兵，因飞山神显灵助战而获捷。"率乃答神之赐，增修行祠，易以竹瓦。"这是官方与地方精英叙事中有关飞山神最早的传说，也是建造飞山庙的根源。清道光《靖州直隶州志·艺文志》称："宋绍兴三十年（1160 年），封威远侯，宋淳祐年间（1241—1252 年），已成为英惠公；此祀作于前，故只称侯。"明洪武年间（1368—1398 年）唐宗元所修《靖州志》亦载："绍兴三十年（1160 年），封威远侯，淳熙十五年（1188 年）加号英济，嘉定十一年（1218 年）加广惠为六字侯，淳祐九年（1249 年），加英惠公。"元代，中央王朝又有两次敕封，一是至元十九年（1282 年），元世祖诏封飞山公为宣明助顺王；二是延祐六年（1319 年），元仁宗诏封飞山威远广惠王。其诏封"诚州威远广惠王"敕云：

　　敇王所忱，世选尔劳，有功于民，死当庙食。以尔西秦望族，当代元勋，率子姓以辅朝廷，纠家众而鼓忠勇。偏州坐镇，五省蒙休；屡世宣猷，百年不坠，自非素以忠义固结民心者不能。及身既殁矣，犹思造神于民。故祷雨祈晴，御灾捍患，默佑一方，叩之无不响应。虽前赐尔侯，封谥尔广惠，仅足酬广石柳庆、比沙渠之功也。今部者以缺典，请加尔王号，可特封飞山威

---

① ［美］韩森 . 变迁之神：南宋时期的民间信仰［M］. 包伟民，译 . 杭州：浙江人民出版社，1999：1-26.

② 《杨再思氏族通志》编辑部 . 杨再思氏族通志：第 4 卷［M］. 香港：中国图书文献出版社，2012：93.

远广惠王，汝其益赫厥灵，勿昧尊主庇民之志，钦哉。①

祭祀杨再思的庙宇，不仅诚、徽州辖区及其附近的靖州、黎平、思州、镇远、沅州、思南、武冈等府州县所在地建有，就连远离诚、徽州腹地的溆浦、凤凰和四川秀山县以及贵州省城贵阳都有。《大明一统志》卷八八载：靖州"威远侯庙，在州城西，侯名再思，诚州刺史，杨氏之祖，宋绍兴间，封威远侯，立庙祀之；淳熙间，加号英济，后庙毁，本朝正统十一年（1446年）重建。飞山庙有二，一在绥宁县治西，一在通道县东"。继而又云：黎平府"飞山庙，在府治东，五代梁时，靖州杨再思刺史诚州，死而有灵，土人祀之，宋封英惠公，庙旧在靖州飞山，洪武十九年（1386年），建于此。"清祝钟贤纂康熙《靖州志》详载："飞山庙，城西开外作新书院左，祀宋诚州刺史杨通宝之祖再思者，尝有功于郡，宋绍兴三十年（1160年）封威远侯，淳熙十五年（1188年）号英济侯，嘉定十一年（1218年）加广惠侯，淳祐九年（1249年）仍加英惠侯。正统十年（1445年）郡守苏恧重建，正德戊辰年（1508年）参将黄公涛竖石坊于庙前，岁时旱潦及疫，历祷之辄应。"知州祝钟贤称："每六月初六日侯生辰，十月廿六日侯忌辰，有司具太牢祀之。"（康熙《靖州志》卷三）四川秀山县信仰飞山神的族群为当地四洞土司，清嘉庆《大清一统志》卷四一七云："飞山庙，在秀山县西，祀唐诚州刺史杨再思，四洞长官之祖也，屡著灵异。"清道光时萧琯纂《贵阳府志》称："飞山庙，在贵阳府城内西隅，奉关帝炎帝马王右。建乾隆中复修飞山庙，在府城西，祀英惠侯杨再思。"（《贵阳府志》卷四十一）

三、飞山庙与杨公传说：连接边陲与国家的象征符号

历史上杨再思兼具的祖先、酋长、神明等多重身份与区域、族群、边疆管理、经济发展等地域社会关系交织在一起，从而更加凸显"英雄神祖"的地域特色和神秘色彩。现存于靖州飞山庙的明代倪镇所镌《重修飞山神祠碑记》载：

按礼有功勤民御灾捍患者，祀之。不然为淫祠也。吾郡之飞山神生以威

---

① 靖州杨氏.靖州杨氏总谱［M］.内部编印本，1987：25-27；杨维森.弘农杨氏族史［M］.西安：三秦出版社，2013：253.

德服溪峒苗夷而民受其福。终则精夹不昧民立祠以祀。凡水旱灾，历有祷，克应。虽深山穷谷中，莫不有庙，事皆载古志及谢籲碑文中……

人们正是围绕杨再思"有功、勤民、御灾、捍患"神格来构造他的种种"神应"故事，并通过官方编纂的史志、文人著述、民间谱牒文书的形式传播扩散，不断吸引增加信众，将区域历史人物塑造成大众化的神明信仰。当代民族学者罗兆均认为，"飞山公杨再思为杨氏祖先，殁后为神，同时超越了其他地方神明，成为继观音、土地神之后该区域信众最多、香火最为旺盛的区域性神明"①。清代"西南巨儒"郑珍评价杨再思时充满崇敬之情地说："侯之功德赫烽，在乎保境卫国，盖非保境则民之涂炭者无所归，而保境以为国，则固其忠贞自矢者也。"（胡长新《宋追封英惠侯唐末诚州刺史杨公再思墓表》引语）"保境卫国"的最终目的就是希望"民赖以安"，如明万历四十年（1612 年），铜仁知府陈以跃于东山飞山庙诏告，借缙绅父老之言云："飞山神在先朝有功德于兹土甚巨，无不血食之。"又言飞山神"专力庇佑护，永绝苗患，如内境水良等山，苗之有敢蠢动，亟其枭魄，夺其逆志，动辄失利。如外境细苗或欲入犯，更祈遏绝其路径，縻挚其手足，小劫则小败，大劫则大败"（《杨再思氏族通志》第四卷）。以上叙述与光绪《黎平府志·坛庙》之记载能够相互印证：铜仁飞山庙，古为苗地，自宋代杨家军征服铜仁，苗、汉方始共居，皆为巫而迷信鬼神，传言令公一度显灵，庇佑社稷，故清嘉庆二年（1797 年）八月，奉旨赐"宣威顺助匾额"一张，悬于庙内。同治七年（1868 年），"又因飞山公自咸丰以来，屡著显灵，迭保危城，所以巡抚刘奏请，奉旨列入祀典至今，春秋二届及六月六日神诞，州牧咸致祭焉"（光绪《靖州直隶州志》卷七《坛庙》）。修于光绪三十年（1904 年）的会同县沙溪乡《杨氏族谱·威远侯再思公传》称："威远侯，……当唐季值黄巢之乱，奉命出叙州。中和四年（884 年），剿灭，入朝称贺，敕授江淮湖广铃辖。"②

综合各种民间传说，飞山公主要有四种神职：一、"河神"，负责放排、行船等水运安全；二、"款王"，制定款约，维护社会公平、公正；三、军神，助阵杀敌，卫国护民，保村寨平安；四、傩神，驱邪祛病，逢凶化吉。

杨氏族人是飞山神信仰的主要构建者和传播者，使飞山神信仰与传说得

---

① 罗兆均. 人神之间：湘黔桂界邻地区飞山公信仰研究［M］. 北京：社会科学文献出版社，2019：2.

② 会同县沙溪乡沙溪村杨氏. 杨氏族谱［M］. 刻本. ［出版地不详］：［出版者不详］，1904（光绪三十年）.

以广泛播布扩展最关键的原因是杨氏人多势众，分布区域广阔。明朝贵州巡抚郭子章《黔记》云：黎平府属"曹滴、古州、中林、湖耳、龙里、欧阳、赤溪"等长官司"皆杨姓，再思裔孙也。朱梁时，再思据有徽、诚州，称刺史。孙通蕴、通宝、通榀当宋盛时相继入款，始授官，杨氏之盛此始"（《黔记·土司土官世传》）。天柱既是古诚州杨氏辖地，也是杨再思裔孙集中分布繁衍之地，历史上得过杨再思的佑护恩惠实多，是以境内遍布各种飞山庙宇。田野调查发现，县内飞山神信仰者，有"再、正、通、光、昌、胜、秀"为字派的杨姓，大多视杨再思为祖宗，其余姓氏则视其为神灵，如吴、潘、邹、谢、邓、舒、石、龙、张、姚、李、田等姓氏居住的村寨，都有飞山崇拜遗迹，民间故事《杨太公救飞山》在天柱、新晃、玉屏、三穗县周围广为流传，故事梗概为：

传说古代诚州（包括天柱县在内）地界，有杨太公、潘大虎、杨神雷、姜士奇四个豪杰，他们个个武艺高强，通过比武推举杨太公为大哥，杀鸡喝血酒，结拜为兄弟。他们各居一方，创家立业，很快成了地方上的首领。由于潘大虎居住的飞山洞粮食歉收，老百姓闹饥荒。潘大虎便率兵攻打武冈，想夺取财宝，赈济百姓。不料，久攻不克，朝廷得到告急文书，命吕细鸠（吕师周）领兵进剿，血洗飞山洞，潘大虎和杨神雷战死。杨太公闻讯，飞兵营救，吓跑了吕师周，杨太公从此成为十洞首领，人称"飞山公"。飞山洞老百姓在杨太公的保护下，从此安居乐业。①

天柱县民间信仰"飞山神"由来已久，清知县王复宗在康熙二十三年（1684 年）主修的《天柱县志》记载："飞山庙，在县治西门外，设自有明初，后遇回禄，顺治十八年（1661 年）更立之。各里崇祀者不一。"乾隆《镇远府志》记载，当时天柱县共有 13 座"飞山庙"，即天柱县城西门外飞山庙、居仁里执云（今邦洞街道织云村）一甲界飞山宫、由义里五甲界（在今坌处镇中寨或鲍塘之间）飞山庙、一图里上半里裸寨（今凤城街道乐寨村）飞山庙、二图里（该里辖区大体包括现社学街道、渡马镇一带）四甲飞山庙、兴文里（今远口镇）一甲地湖飞山庙、二甲飞山庙、六甲潘寨飞山庙、七甲飞山庙、新兴里（今瓮洞镇境内）七甲飞山庙、新增里（杂处在全县各乡镇

---

① 秦秀强. 金山夜话：天柱民间故事选编［C］. 政协天柱县第十二届委员会内部编印本，2010：7.

之间）一甲飞山庙、坊厢里（县城附近）七甲飞山会、飞山庙。从以上分布格局看出，位于清水江下游滨江而居的兴文里（今远口镇）群众比较信奉飞山神，共有4座飞山庙，居全县之首。光绪二十九年（1903年）续修的《天柱县志》，关于"飞山庙"的描述仍沿袭康熙县志"各里崇祀不一"之记载，但对"杨公庙"发展情形则有新的描述："杨公庙，城南七十里垒处，沿河俱建不一。"（光绪《天柱县志·学校志·庙制》）

各地杨公祠与"飞山宫"所祀之神名不同，但是基本事迹均指向杨再思。光绪《靖州乡土志》明确记载，"杨公祠在江东浮桥头，《会同县志》云：公讳漱，黔阳托口人，兄弟三人平苗有功，殁后敕封为神，辰沅靖皆立祠祀之，又封镇江王，不知所据。"又说靖州有镇江王庙，"镇江王庙在大南门外正街江边"；还有"飞山宫，即威远侯庙，在州治西里许，祀唐杨再思"。乾隆《镇远府志·名宦传》将杨再思列为名宦，志载："再思，正堂之父，镇远土通判杨氏之远祖。在宋授进义校尉，封惠远侯，抚黔苗有功，惠爱于民，为立飞仙庙以祀之，今天府治之平冒团居民尚有祠祀。又镇远府东关有飞山庙，亦民立祀再思者，今废。"杨正堂何许人也？志曰："宋熙宁间授进义校尉，平蛮有功，留守横坡。"

清初至嘉庆朝，是中原文化与黔东湘西边区民族文化交融最密切、最频繁的时期，因此建立的飞山庙及其碑刻数量最多，天柱县现存杨公庙碑5通（乾隆1通，嘉庆3通，清末1通），飞山庙碑9通（清代6通，民国3通）。嘉庆十年（1805年），会同县漠滨乡金子村邹姓群众捐银立在天柱县瓮洞镇金紫村境内的《庙貌重新》，追溯杨公兄弟"著功于唐，成神于宋，阴灵数显，叠次加封"，碑云：

庙貌重新

且帝王定鼎以来，治中生变，御悍顽，击寇匪，赖智勇兼全者，能攘之以安社稷，保万民而精真贯日也。我楚有兄武弟文著功于唐，成神于宋，阴灵数显，叠次加封，是不独威名远震于万世，而且正气流通于四方，洞庭彭蠡，蜀河楚江无不设庙雕象（像），奉烟承祀，临危叩感，千载如新。忆自我朝乾隆庚午岁创建庙宇，刻神像以奉祭典，迄今年久，庙貌金装未免摧残。首人邹必旺、必杰、必禄、必崑、仲仁、佐守约族捐资，庙重修整，象（像）再饰金，微效汉意，复修五帝庙，仰翼精灵上佑国家，下济生民也乎！（捐资姓名及金额从略。）

80

职员邹仲桢谨撰

嘉庆拾年乙丑岁仲春月谷旦立　石匠龙均泰①

同村在同一时间立的《重修庙碑》，讲的故事则为杨公兄弟三人"盛于唐，显于宋"，当时土寇猖獗，公以一身从容捍卫其间，"死为正神"，保佑楚地沿河上下舟船行人生命财产安全。坌处镇乌岩溪嘉庆二年（1797年）杨公庙《永远碑记》，称赞托人杨公有恤灾救厄之能，"任唐为将"，生忠君爱国，死为捍患之主，乾隆三十一年（1766年），众人各凑资财，建祠塑像，进谒陈牲。

坌处粮站杨公庙《重修碑记》叙之更详，言杨公为"沅之托人也。父老传颂，受爵于南唐，德被于民，至宋乃显而为神。盖其生有捍灾御患，救济生灵之功，故能享血食于千秋百世"。该碑立于乾隆二十九年（1764年），碑序作者袁庆翔在碑上赋诗志感：

> 江水碧翻涌庙门，炉烟浮动衮龙身。
>
> 千古英雄今安在，年年陈设礼至尊。

从字里行间可以看出人们对飞山神的神威崇敬有加，虔诚之情溢于言表。天柱县竹林镇竹寨飞山庙遗址外侧立于清朝乾隆四十年（1775年）的《福国重新》碑，记载了当地搬迁重建飞山庙的经过。碑云："飞山神王，自昔为昭，功扶社稷，泽沛苍生，固宇内所共钦尊也。"另一块立于"民国"三十六年（1947年）的《重修碑记》说："村东之隅，有灵神为威远侯王也。是王也，抚镇是邑，保荫黎庶，珍除灾否，人民赖之以安，团里妥之以居也。""民国"十九年（1930年）立在天柱县远口镇黄田村《重修庵宇》碑，记载了扩建飞山庙的盛况，高度评价飞山土主"生则尽忠报国，无殊岳飞。没则捍祸御灾，俨同活佛"之神格。因庙"奈窄狭不堪，兼之年烟世远，风雨飘零，不胜颓靡之叹"，发起倡议重修，以吴姓为主，吴、唐、李等11姓共180人参与捐资，金额达铜钱88.1万余文（《重修庵宇》碑）。碑云：

---

① 政协天柱县第十三届委员会. 清水江文书·天柱古碑刻考释（下）［M］. 贵阳：贵州大学出版社，2016：172.

重修庵宇

《礼》云："有功德于民则祀之。"若飞山土主，生则尽忠报国，无殊岳飞；没则捍祸御灾，俨同活佛。诚古今之保障，万世之神麻也。在前原有庵宇墙垣以奉祭祀，奈窄侠不堪，兼之年烟世远，风雨飘零，不胜颓靡之叹。承蒙吴运明倡作领袖，与地方谪可量力捐资。蒙吴会银捐地数尺，复行修整，其规模广大，前迥不相同。其出费人名开列于后，以垂不朽云。

文庠吴玉堂撰

"中华民国"十九年岁次庚午十月吉日①

有的碑文除记载飞山庙的来历，还公布庙田、庙产所在位置及产量，如清朝乾隆五十四年（1789 年）竖立竹林镇地坌村的《庙田碑记》、浦头村《重修碑记》、高酿镇木杉村《流芳百世碑》等。乾隆三十七年（1772 年）立在天柱县竹林镇地坌村寨门门楼里《永垂千古碑》，也记载地坌一带唐、杜、蒋、刘四姓 102 人参与捐资共建飞山庙、净神庙并制订"捐锱作会"之规章会约诸事宜。白市镇新舟村舒家井《常留百世碑》，立于乾隆四十五年（1780 年），称"飞山，有宋名将也，姓杨，……官威远侯，历朝封谥，尝显灵于靖州之飞山寨，故庙曰飞山，由来久矣"。

上述碑刻文献足以佐证天柱实乃古诚州腹地，表达了人们缅怀英雄祖先、歌颂民族英雄的族群记忆。直至民国初年，飞山神在当地人们心目中的地位仍然是无比的神圣崇高，人们甚至把庄严肃穆的庙堂作为议事与调解纠纷的公共场所。

"民国"五年（1916 年），天柱与锦屏两县知事为平息清水江木材商场与泊簰成簰等争端，以及规制内外"三江"客商和木行老板在清水江如何进行木材交易等相关事宜，呈请贵州当局批示，经贵州省督军刘显世和民政厅厅长批转两县商会立案，两县商会会长和地方绅士共同议定十三条规章，镌刻成碑竖在坌处杨公庙门首，碑上涉及杨公庙的内容有两条：

——商场码头屡肇祸端，均由排伕购衅，嗣后茅坪杨公庙馆首及头夫，

---

① 政协天柱县第十三届委员会. 清水江文书·天柱古碑刻考释（下）［M］. 贵阳：贵州大学出版社，2016：84.

应由天柱商会公举公正殷实者，呈请天柱县署委任充当，咨由锦屏县统征局暨江防局一律保护以维护商场秩序而协商情。如有不正当行为，得商请更换。

——茅坪杨公庙五勷馆向由三江行户于兑账单内亮挂每根抽钱一文半，每堆挂抽钱贰十四文缴作五勷馆杨公庙香灯费及天柱宾兴费，今仍一律由杨公庙馆首照旧办理。除酌香灯各费外，余提作天柱县中学校常年经费。

担任过天柱县坌处镇人大常委会主任的王佳荣先生，曾亲眼看见坌处杨公庙的建筑形状，其包括两间厢房和三间正屋。正房四周，筑以高墙相围护，庙宇结构宏伟，气势磅礴。屋里建有神座，上供神像，中间一座专供杨公神像，神像高三米，腰围一米多，身披战袍铠甲。乾隆五十年（1785 年）仲夏，由当地士绅木商及群众等捐地捐资，遂在杨公庙前之坎上，建筑戏台一座，外部砖砌牌坊，上书"青木宫"三个楷书字，苍劲有力，颇具神功。明清时期，朝廷派采木大员入黔采办"皇木"（宫廷建材），全靠清水江水运出境，沿江以扒排维持生计的排伕，为祈祷航运安全，遂在坌处建立杨公庙，放排开船必祀之。在清朝内外三江长达 230 多年的"争江"过程中，杨公庙为"外三江"聚集议事之处。1938 年至 1940 年，本地父老利用杨公庙开办学校，20 世纪 50 年代，政府把杨公庙改建成仓库，储存公粮。20 世纪 90 年代末期，杨公庙因墙裂欲坠，为安全起见，以旧材卖给木商，所得资金用于建设原坌处小学操场及粮站围墙，并将记载杨公庙、戏台、江规、内外三江结案碑等六块古碑镶在墙上。

从古至今，当地士绅、乡贤文人对飞山公信仰的传播和扩散起到了推动作用。如乾隆四十五年（1780 年）重修新舟飞山庙时，计有庠生 5 人、恩贡生 1 人、国学（国子监）1 人、吏员 1 名，慷慨捐银，恩贡生杨展缣时年 88 岁，捐银六两。本村时任河南卫辉府淇县知县的乾隆丙戌科（1766 年）进士、钦点翰林庶吉士宋仁溥捐银五两。

总而言之，清水江下游天柱段民众崇信的飞山庙与杨公传说，是在历史上民众企盼王朝权威保护和族群自我保护意识双重作用下形成的产物。诚如天柱竹林镇地坌《庙田碑记》所云："飞山者，渠阳之土神也。……柱邑原属靖州，……今弗衰隆祀典者，固所在皆然矣。"飞山信仰文化建筑，是历史上土著民族与皇权帝制国家政权共同追求"安边保民"理念的物化形态，在很大程度上乃是连接土著与国家的象征符号；飞山崇拜的世代传承和祭祀操演不断延续并强化了这样的思想理念，使之内化到各族的心灵深处，使内地化的进程从物质深化到了精神层面。唐宋之际杨再思的史迹及其在后世的影响，反映了天柱及其周边土著民族与国家力量之间互动互构、相互认同的日益内地化的历史过程。即使是天柱这样的偏远一隅，它在中古时期的内地化历史过程也充分体现了中华民族共同体形成机制的重要特点之一：相互承认的认同政治和相生互构的共生关系一直在发挥着十分重要的作用。

第四章

从卫所到县治：近古天柱内地化的定局跃迁

史家一般将元、明、清三个朝代称为中国历史的近古时期。这一时期天柱及其周边地区的土司统治也与整个中国土司制度一道经历了建立、鼎盛，到改土归流走向衰微，最后过渡为流官，实现了“内地化”的过程。

第一节　元、明、清在天柱及其周边设置的土司与流官

至元八年（1271 年），元世祖忽必烈建立元朝。元军自四川而下，占领大理，以云南为军事基地，向东推进，贵州成为宋元激烈争夺之地，战火烽起，南宋政权岌岌可危，遂利用西南少数民族地方势力抵抗元军做最后的垂死挣扎。据《宋史》载，宝祐四年（1256 年）“甲辰，罗氏鬼国谴报思、播言：大元兵屯大理国，取道西南，将大入边。诏以银万两，使思、播结约罗鬼为援。”宝祐五年，又命“黄平、清浪、溮溪三处，当审度缓急，分置大小屯”（《续资治通鉴》）。景定五年（1264 年）宋朝以杨文为播州沿边安抚使，咸淳二年（1266 年）给罗氏鬼国化州印。思、播土兵曾多次击溃元军，当时“四川宣抚使李曾伯来播州征师，播州土官杨文遣其弟出征，大小九战皆捷”①。

（一）元朝土司制度的初步形成及其表现形式

至元十一年（1274 年）元军攻克云南全境，设置云南等处行中书省，大举进攻四川，分军五路围攻重庆，遇到合州宋朝守将张珏的坚决抵抗而受挫。至元十二年（1275 年）取潭州（今长沙），建立潭州行省。次年，元军一举

① 何仁仲．贵州通史：卷一·远古至元代的贵州［M］．北京：当代中国出版社，2003：432.

攻下南宋都城临安，南宋政权灭亡。元军又集中力量回过头来重点经营西南地区，采取东西夹击战略，扫荡南宋残余势力，咸淳九年（1273年），乌撒附元。德祐元年（1275年）六月，元兵入珍州，绍庆府、施州、南平及吕告、乌蛮、阿永等皆附元，十二月元金书四川行枢密院事咎顺招谕思、播，至元十四年（1277年），播州安抚使杨邦宪、思州安抚使田景贤降元。至元十六年（1279年），潭州行省遣两淮招讨司经历刘继昌招降西南诸番。《元史·地理志》载："至元二十年（1283年），四川行省讨平九溪十八洞，以其酋长赴阙，定其地之可以设官者与其人之可以入官者，大处为州，小处为县，并立总管府，听顺元路宣慰司节制。"近代著名史学家柯劭忞所撰《新元史·地理志》更为明确地说，当时朝廷将平定的九溪十八洞"立为一府九州，镇远府置于此时"。据地方史志专家考证，这就是民间常说的镇远"一府管九州"的来历①。贵州各土官见大势已定，纷纷归附，"西南八蕃、罗氏鬼国皆降，贵州为元军所据，结束了南宋在贵州的统治"②。

至元十八年（1281年），潭州行省还治鄂州，改为湖广行省。元代在今贵州境内分治于湖广等处行中书省的地区包括八番顺元宣慰司都元帅府，领九安抚司及定远府、管番民总管、乖西军民府、顺元等路军民安抚司、思州军民安抚司；沿边溪洞宣慰司领播州军民安抚司、新添葛蛮安抚司（《元史·地理志·湖广等处行中书省》）。顺元城（今贵阳）乃楚滇驿道、川黔驿道和黔桂驿道的交会之地，元朝在此设八番顺元等处宣慰司都元帅府，又设宣慰司、宣抚司、安抚司及三百余处蛮夷长官司，开创了贵州"府州县与土司并存"的局面。专家认为，八番顺元宣慰司都元帅府，在元代事实上已成为三省毗连之地的政治军事中心，其辖地甚为辽阔，思、播、亦溪不薛一度受其节制，逐渐形成了贵州省的雏形③。

虽然元朝中央政府把贵州一分为三，分辖于湖广、四川、云南三行省，但事实上三省的设置把西南地区纳入了元朝的统治，结束了自秦汉以来西南的割据状况，并把西南溪洞一概纳入行省的管辖范围，对于国家的统一、边疆的巩固，具有深远的意义。

1. 元代土司制度的初步建立

元土司制度是在宋羁縻制度的基础上建立起来的。元初，大军压境，西

---

① 黄保勤，黄贵武. 镇远通史［M］. 北京：方志出版社，2006：46.
② 侯绍庄，史继忠，翁家烈. 贵州古代民族关系史［M］. 贵阳：贵州民族出版社，1991：157.
③ 何仁仲. 贵州通史［M］. 北京：当代中国出版社，2003：451.

南诸蛮争相纳土归附，从此天柱周边地区土司林立，思州所辖之曹滴、古州、中林、湖耳、龙里、欧阳、赤溪等长官司"皆杨姓，再思裔孙也。朱梁时，再思据有徽、诚州，称刺史。孙通蕴、通宝、通盈当宋盛时相继入款，始授官，杨姓之盛此始"（《黔记·土司土官世传》）。

至元十四年（1277 年）春，思州酋长田景贤降元，授沿边溪洞宣抚使。继置思州安抚司，治所德江（今德江县），隶于湖广行省，后迁司治于龙泉坪（今凤冈县），不久因司署毁于火而移治清江（今岑巩县），史称清江为思州，而称故思州为思南。至元十八年（1281 年），改思州安抚司为宣慰司，领镇远府及 52 个蛮夷长官司，其地东至湘黔边境，南至黔桂边境。至元二十一年（1284 年），令思州宣慰司受八番顺元等处宣慰司都元帅府节制，复降为思州军民安抚司。田景贤死后由长子田惟墉、长孙田茂烈、重孙田仁厚世袭宣抚使。思州军民安抚司共领一府、十四州、一县、五十二长官司。一府即镇远府。镇远沿边溪洞招讨使田景贤率何氏、杨氏、安氏、周氏、袁氏、吴氏、王氏等镇压九溪十八洞苗民，改招讨司为镇远蛮夷总管府，后为镇远军民总管府，田茂烈为总管，治中河山。总管府下辖若干蛮夷长官司，如镇远金容金达长官司、高丹洞长官司、都坪峨异溪长官司、蕉溪笃住长官司、偏桥中寨长官司、溱溪涪洞长官司、施秉前江长官司、台蓬若洞住溪长官司、都素长官司、大小田陂地长官司、晓爱泸洞赤溪长官司、德明洞长官司、秃（团）罗长官司、楠木洞长官司等，正副长官由镇压苗民的将领和有功人员担任[①]。《元史·地理志六·湖广行省》将思州军民安抚司属下各处蛮夷官名称记载如下：

楠木洞。古州八万洞。偏桥中寨。野鸡平。德胜寨偏桥四甲等处。思印江等处。石千等处。晓爱泸洞赤溪等处。阜带洞大小田等处。黄道溪。省溪坝场等处。金容金迭（达）等处。台蓬若洞住溪等处。洪安等处。葛章葛商等处。平头著可通达等处。溶江芝子平茶等处。亮寨。沿河。龙泉平"思州旧治龙泉，及火其城，即移治清江。至元十七年（1280 年），敕徙安抚司还旧治"。佑溪。水特姜。杨溪公俄等处。麻勇洞。恩勒洞。大万山苏葛办等处。五寨铜人等处。铜人大小江等处。德明洞。乌罗龙干等处。西山大洞等处。秃罗。浦口。高丹。福州。永州。乃州。銮州。程州。三旺州。地州。忠州。天州。文州。合凤州。芝山州。安习州。茆悖等团。荔枝。安化上中

---

① 黄保勤，黄贵武. 镇远通史［M］. 北京：方志出版社，2006：2.

下蛮。曹滴等洞。洛卜寨。麦着土村。衙迪洞。会溪施容等处。感化州等处。契锄洞。腊葱洞。劳岩洞。驴迟洞。来化州。客团等处。中古州乐墩洞。上里坪。洪州泊李等洞。张家洞。

　　思州安抚司升为宣慰司，兼管内安抚使，治镇远城。设宣慰二员，杨载华授军民宣慰使，杨绍先、杨从礼授同知，还设有副使、经历、都事各一员。镇远沿边溪洞招讨司、安抚司及宣抚司，各设达鲁花赤、宣抚使或安抚使、招讨使、同知、副使、金事、经历、知事各一员①。降元的宋朝土酋不仅官不失职，而且有所升迁，播州、思州、镇远的杨氏、田氏、何氏等土官皆得以"世袭其职，世守其土，世长其民"，如播州安抚使杨邦宪，"在宋为牙牌节度使、正任安远军承宣使、左金吾卫上将军知播州事、御前雄威将军教统制、绍庆珍州南平安抚使，节制屯驻镇戍军马，元朝授以龙虎卫上将军、侍卫亲军指挥使、绍庆珍州南平等处沿边宣抚使兼播州管内安抚使，佩虎符"（《遵义府志·纪事二》）。

　　行省之下置路、府、州、县。散府，秩正四品，达鲁花赤一员，知府或府尹一员，领劝农奥鲁与路同；同知一员，判官一员，推官一员，知事一员，提控案牍一员。所在有隶诸路及宣慰司、行省者，有直隶省部者，有统州县者，有不统县者，其制各有差等。"西南夷诸溪洞各置长官司，秩如下州，达鲁花赤、长官、副长官，参用其土人为之。"（《元史·百官志七》）蛮夷长官司之正副长官由参加镇压苗民的将领和有功人员担任。长官下辖各溪洞，溪洞辖各寨土民，由是从行省到溪洞的土司统治体系基本建成。

　　张亚英在《元代贵州地方行政机构考》一文中指出：湖广等地处行中书省"大致辖有今贵州省地区的八番顺元等处宣慰司都元帅府、思州军民安抚司、播州军民安抚司，还有庆远南丹安抚司的荔波州等地"②。至元三十年（1293年），"又以新附洞蛮吴勋鳌为潭溪洞军民官，佩金符"（《元史·世祖本纪》）。至治二年（1322年），废古州八万军民总管府，置上黎平长官司，以其余地分属思州、都云定云、新添三个安抚司。并在今黎平、锦屏、剑河境内设置福禄永从、潭溪、洪州泊里、铜鼓、湖耳、亮寨、欧阳、新化、赤溪浦洞、中林验洞、龙里、八舟、曹滴、古州八万洞及诚州富盈等处一十五个长官司，其中名为"蛮夷军民长官司"十一个；"军民长官司""长官司"

---

①　黄保勤，黄贵武．镇远通史［M］．北京：方志出版社，2006：47.

②　张亚英．元代贵州地方行政机构考［J］．贵州民族研究，1982（4）：137.

四个，均为世袭。元代设置的赤溪湳洞蛮夷军民长官司（治今剑河县南明镇南明村）、邛水十五洞长官司（治今三穗县长吉镇司前村）与天柱接壤，皆来源于宋代土酋内附。距离天柱稍远的土司有古州八万洞军民总管府，爱必达《黔南识略》载："唐古州兴乐郡，贞观十二年（638 年）开夷僚，置属岭南道。宋置古州刺史。元至元中设古州八万洞军民总管府，属思州安抚司，隶湖广行省。"① 而与天柱东部相隔十几千米的黔阳县（今洪江市），宋元之时也有土司，《黔阳县志》卷三《市镇》确凿记载："安江镇、子弟镇旧设巡检司，今仍旧，居民数千家，旧为土司，今废。"总之，终元一代，土司制度在天柱及其周边极为盛行。

元代，在我国的西南部少数民族地区，已普遍设置了各级土官土司官职。罗绕典在《黔南职方纪略》卷七《土司·序》称："元代土官有总管、宣抚司、安抚司、长官司、土府、土州、土县凡七等。其在顺元宣慰司者，有总管一、安抚使十三、土府六、土州三十七、土县十二、长官二百七十二；又有乌撒乌蒙宣慰及播州沿边溪洞宣慰，皆在今贵州境。"上述记载清楚表明，元代土官土司主要官职均已具备，所以龚荫先生得出"这说明元代'土司制度'之治确已形成"② 之结论。

2. 元代土司制度的主要表现形式

（1）土流共治。元王朝施行土官土司制度，在西南少数民族聚居地区设置的各级地方政权，实行"参用其土人"（《元史·百官志七》）为官的原则。或以流官掌印而土官佐贰，或以土官掌印而流官佐贰，或者土流参半，或者尽用土人。

（2）履行朝贡义务。据《元史》所载，至元十八年（1281 年）"命播州每岁亲贡方物"（《元史》卷十一《世祖本纪八》），至大四年（1311 年），"思州军民宣抚司招谕官唐铨以洞蛮杨正思等五人来朝，赐金帛有差"（《元史》卷二十四《仁宗本纪》）。

（3）征收赋税。元朝在土司地区按国家制度征收赋税"比周内地"。《元史》编撰者毫不避讳地说："四川、云南、湖广之边，唐所谓羁縻之州，往往在是，今皆赋役之，比于内地。"（《元史》卷五八《地理志一》）

（4）统一任免。元王朝中央权力进一步向地方渗透，所有土官皆置于行

---

① 爱必达，罗绕典. 黔南识略·黔南职方纪略［M］. 杜文铎，等点校. 贵阳：贵州人民出版社，1992：180.

② 龚荫. 中国土司制度简史［M］. 成都：四川人民出版社，2014：208.

省的管辖之下，其进京朝觐、进贡，承袭须得中央认可，并授予信符号纸、敕谕，任免程序逐步向流官过渡。

（5）服从征调。据《镇远通史》，至元十九年（1282年），"诏签亦溪不薛及播、思、叙三州军征缅国"；二十一年（1284年）"敕发思、播田、杨二军二千从征缅"；三十年（1293年），"遣使督思、播二州及镇远、黄平……八千人，从征安南"。镇远自古为仡佬族、苗族聚居区，所征调士兵主要由仡佬、苗民组成。当时，按规定是一人"从征"，全家跟随。于是，镇远仡佬族、苗族大量流落云南及交界的东南亚各国①。至大三年（1310年），为了镇压风起云涌的农民起义，枢密院臣言"湖广省乖西带蛮阿马等连结万人入寇，已遣万户移剌四奴领军千人，及调思、播士兵并力讨捕"（《元史》卷二十三《武宗本纪》）。

（二）明初土司的兴盛与改土归流

明承元制，凡归顺的土官均保留原职，甚至明代土司在元代的基础上得到了空前发展。《明史·贵州土司传》说："明踵元故事，大为恢拓。"又说："陈友谅据湖、湘间，啖以利，资其兵为用。诸苗亦为尽力，有乞兵旁寨为之驱使者，友谅以此益肆。及太祖歼友谅于鄱阳，进克武昌，湖南诸郡望风归附，元时所置宣慰、安抚、长官司之属，皆先后迎降。太祖以原官授之，已而梗化。"

1. 明代土司的高度发展

《贵州通志·土司志四》载："黎平，元潭溪地也。洪武初，仍容长官司。"又载："洪武三年（1370年），辰州卫指挥刘宣武，率兵招降潭溪、新化、万平江、欧阳诸洞，于是诸洞长官皆来朝，纳元所授印敕。帝命皆仍其原官以辖洞民，隶辰州卫。"同年正月，湖广省臣言：土司"乞仍其旧制，诏从之。于是复立湖耳、潭溪、新化、欧阳、古州及八万、亮寨六处蛮夷军民长官司，秩正五品，隶辰州卫，仍以（杨）秀荣等为长官"。《大明太祖高皇帝实录》卷之三十九云：洪武二年，"诏以沅州土官万户李德玙为高丹洞军民长官，何梦章为镇远溪洞金容、金达等处军民长官"。《明史·贵州土司传》载："洪武初，西南夷来归者，即用原官授之。其官衔曰宣慰司，曰宣抚司，曰招讨司，曰安抚司，曰长官司。"明代沈德符《万历野获编》卷三十《土官职名》亦称："本朝土官之名，多仍元旧。"

---

① 黄保勤，黄贵武. 镇远通史 ［M］. 北京：方志出版社，2006：50.

明代的土司及土府土官数量远远超过元代。洪武初，置思州宣慰司，治所在今岑巩，领都坪峨异溪、施溪、黄道溪、都素、新化、湖耳、亮寨、欧阳、新化、中林验洞、龙里、潭溪、曹滴洞、古州、八舟、福禄永从、洪州泊里、西山阳洞、石阡、苗民、龙泉坪、葛彰葛商22个长官司，其地包括今黎平、锦屏、从江、榕江、岑巩、石阡等地。又置思南宣慰司于思南，领水德江、思印江、沿河祐溪、蛮夷、乌罗、答意、治古、平头著可、铜仁、省溪、提溪、大万山、镇远、溪洞、金容金达、邛水15洞，施秉、偏桥等17长官司，其地包括今思南、沿河、印江、德江、铜仁、松桃、镇远、三穗、江口、万山等地。自永乐以来，思州、思南、播州3个宣慰司先后改流，明末安邦彦事件平息后，贵州宣慰司也一蹶不振①。

2. 明代改土归流的社会影响

明初，中央王朝在镇压此起彼伏的农民起义过程中，一边消灭削弱元朝遗留的旧土司，一边扶持、改造并成立支持拥护明廷的新土司。归顺明朝的元末潭溪长官司长官吴金叛，石平和随江阴侯吴良从征，平定了"九溪十洞白崖塘"之叛，论功行赏，明朝敕授石平和潭溪长官司长官。洪武十八年（1385年）六月，侗民吴勉在里古州（今从江、榕江、黎平西北部一带）发动起义，境内土司纷纷参加，"古州十二司悉应之"，号称二十万众，自称"铲平王"，朝廷派楚王朱桢亲征，战后，黎平"府境置土司二十八家。计：土长官一十四、副长官六，土千总七，土把总一"②。

洪武初，赤溪湳洞蛮夷军民长官司改为赤溪湳洞长官司。永乐五年（1407年），寨长韦万木来朝，自陈所统四十七寨乞设官。因设西山阳洞长官司，以万木为屯长（《贵州通志·土司志四》）。宣德六年（1431年），改永从蛮夷长官司为永从县，置流官以土官李瑛绝故也。又割思州、新溪等十一寨隶黎平赤溪湳洞长官司③。据《镇远府志》："邛水司，十五洞蛮彝长官司，古思州地，唐以前无考。……明洪武初归附，五年，置团罗、得民、晓隘、陂带、邛水五长官司分治，隶思州宣慰司。"

永乐十一年（1413年）废思南、思州二宣慰司土官，于其原领地内改设思州（驻今岑巩）、思南（驻今思南）、镇远、铜仁、石阡、黎平、乌罗（驻

① 侯绍庄，史继忠，翁家烈．贵州古代民族关系史［M］．贵阳：贵州民族出版社，1991：243-244．

② 龚荫．中国土司制度史（下编）［M］．成都：四川人民出版社，2011：728．

③ 刘显世，等．贵州通志·土司土民志［M］．任可澄，等纂．贵州省文史研究馆，点校．贵阳：贵州人民出版社，2008：46．

今松桃县西部之乌罗)、新化(驻今锦屏县东南部与黎平县交界处之新化)等八个流官府。但各流官府辖境内仍然存在数量不等的长官司一级土官。思州、思南二土司改流之后,明朝从云南、四川辖境内划拨出一些地方,与新设的八个流官府成立贵州省。从此以后,贵州境内的大土司基本被消灭干净,只剩下一些难成气候缺乏势力的弱小土司,而且不断实施改土归流,逐渐削弱土司的地盘和实权。

宣德十年(1435年)省新化府入黎平府,至正统三年(1438年)省乌罗府入铜仁府。据《明史·地理志七》记载,黎平府"领县一,长官司十三",即永从县,潭溪蛮夷长官司、八舟蛮夷长官司、洪舟泊里蛮夷长官司、曹滴洞蛮夷长官司、古州蛮夷长官司、西山阳洞蛮夷长官司、新化蛮夷长官司、湖耳蛮夷长官司、亮寨蛮夷长官司、欧阳蛮夷长官司、中林验洞蛮夷长官司、赤溪湳洞蛮夷长官司、龙里蛮夷长官司。镇远府"领县二,长官司三",即镇远、施秉二县,偏桥长官司、邛水十五洞蛮夷长官司、臻剖六洞横坡等处长官司。

明朝巩固贵州统治后,为了控制土官,还健全了土司机构设置、承袭、朝贡和废弃等措施。对土官逐步削权,使之有名无实,失去政权职能。《明史·贵州土司传·金筑安抚司》载:"授金大章土知州,予四品服色,不许管事,子孙世袭"。明人田汝成慨叹:"贵州虽绝远,给繇入税,与内地无异,青褐之使交毂而驰,非荒要之服也。"(田汝成《上巡抚陈公书》)

至清朝雍正年间(1723—1735年),张广泗在贵州推行"改土归流",设置"新疆六厅",土官的命运从此江河日下,名存实亡。至此,土司设立与土官废除完全根据中央需要,中央政府直接统治人民,中央政令畅行无阻。贵州土司地区的户籍、丁粮管理与中原地区几无差异,天柱及其周边地区的"内地化"条件也由此而水到渠成。

第二节 "反苗"与"平苗":建县的前奏和协奏

天柱民间至今流传一个吓唬小孩的侗语词汇"weent miiul",表面意思是苗人造反,当地方言常译作"反苗",近似于官方话语中镇压苗民起义的书面语"征苗"或"平苗",实际它表达的词义与此相去甚远,与"暴乱""动乱"和"混乱无序"更为相近,其语境与苗(侗)起义有直接的联系。

一、天柱边陲"化外之地"的大规模起义

明初在天柱周边设置卫所，安置大量屯军，挤占土著居民的地盘和土地资源，导致矛盾日益激化，原来"暂顺"的土著居民迫于生计，终于揭竿而起，清水江流域农民起义风起云涌，席卷湘黔边界。

（一）天柱守御千户所的来历

由于地处湘黔边界，扼控清水江咽喉要道，自古就是出入苗疆的门户，明朝定鼎南京后，朱元璋即把天柱作为军事要点派重兵镇守。《明实录·洪武实录》记载："洪武三年（1370 年）设天柱卫。"旋即宣布撤销，因时间太短，没来得及建立具备防御功能的坚固卫城。明洪武二十四年（1391 年）土人倡乱，楚王朱桢率官军进征大坪、小坪（今会同县境内）等处，第二年撤靖州卫左千户所而建天柱守御千户所，并建立所城。康熙《天柱县志·城池》载："天柱旧为土城，洪武二十五年（1392 年）苗叛，城遂圮无完堵，复筑以严保障，额二里七分。宣德二年（1427 年），为虫虾苗所围，几陷。"天柱所城既是明王朝赫赫权威的重要标志，也是明军楔入天柱的两个军事据点之一。另一据点是汶溪守御千户所。当时，靖州卫下置千户 5 所，分防哨所 5 处，兵额 13627 名，天柱所乃其中之一，兵额 1200 名，隶靖州卫统领。

（二）汶溪守御千户所的变迁

汶溪守御千户所古城遗址，是天柱县著名的名胜古迹。苗族作家田尚培游览后，感慨题联："接天翠色掩芳村，昔时治所，草底城垣昭旧貌；绕地清波滋沃野，近日汶溪，枝头翠鸟颂新颜。"①

县志载："汶溪所，明洪武三十年（1397 年），调靖州卫后所移置汶溪寨，因名焉。在县东北五十里，官军与天柱同。至康熙元年（1662 年）废绝，逃亡所存无几，归并县治。"（康熙《天柱县志·兵防》）万历二十五年（1597 年）天柱建县后，撤销汶溪所，所有官兵就地落籍为民，后裔有姚、乐、董、杜诸姓族人，他们说军话，分布在史称"军三排"一带，即白市镇汶溪、大小沟溪、北岭等十余个寨子。

白市镇大沟溪姚氏族人称，南宋末年，先祖姚兆大"奉旨抚疆辟靖"，由

---

① 田尚培，杨祖恒. 联墨同韵·天柱风物［M］. 北京：现代出版社，2014：7.

江西吉安府泰和县水巷口迁湖南靖州，屯镇安乐门，偕子择址卜居于水屯，为靖州姚姓始祖。明永乐二年（1404 年），黔地杨异生叛，姚定发"奉旨拨屯镇汶溪所城"，并世居于此，为汶溪第一世祖。重孙姚瑾移居白市镇北岭村，姚琼后人迁小沟溪之赵家榜、白市地样和北岭，姚琚分居白市镇盘塘，后裔迁小沟溪、石洞镇高渺和圭庵、锦屏县新化、铜仁市陈旗屯。光绪辛卯年（1891 年）姚锦堂撰的《定发公传》称：姚定发，字伯庄，号万顷，官一千二百军长。明永乐二年（1404 年），杨异生伪叛，奉拨汶溪所城镇守，故为汶溪始祖也。旋奉旨拨归汶水，威服苗民。延至万历年间（1573—1620 年），裁所建县，纳赋废屯，至此姚姓族人全部脱下军装，落户为民，几百年后他们竟然由讲"军话"的汉人变成了说"酸汤话"的苗族。

北林冰壶堂《乐氏族谱》引北平朝阳大学法科毕业生乐光前在"民国"三十三年（1944 年）写的《三修谱序》说，开基之祖乐书溪"奉命征平叛逆，居汶溪所"。后人创家立业，好善崇儒，尊师重道，食饩内贡者十余人。不惟财雄一乡，而彬彬儒雅，人文蔚起，称盛一时。晚清庠生乐章德在《三修总纂序》进一步说明乐书溪的军职是武骑尉忠义郎，奉命由靖州来此征剿叛逆，遂安插于汶溪所北厢。天柱乐氏现多为苗族；历史上的"平苗"者，其后代成了苗族，耐人寻味。

清咸丰十年（1860 年），杜贤臣在其所撰的《白市海公迁徙记》称：永乐二年（1404 年），"干戈难息，边患又生，有弄寨匪杨易生率地锁即黄屯并江东头寇杨正朝、杨朝饮在靖界猖狂，实为封疆之患"。杜海于六月十五日从统领五千七百余名战兵中挑选一千二百余名精兵，祈福靖州飞山寨，点将开兵，势如破竹，擎斩三寇，悬头示众，晓谕安民。杜海死于弄寨军营，其子杜春袭职，将弄寨更名汶溪，立所安屯，养兵蓄卒，地方宁静。杜贤臣在文中还写道："苗民乐业，诵诗书习礼。"杜春终老，子孙世袭。天柱奉命改所建县后，杜氏族人解甲归田，落户天柱，现为苗族。

传说在平定杨易生的过程中，先后在汶溪、渡马、邦洞开战，屡战屡胜，杨易生等倒戈投降，战事平息。一说在渡马交战，时值年关，杨易生的人马正在埋锅造饭，准备饭后与官军决一雌雄，不料被明军偷袭，大败而逃。战场至今留下"败阵坡"之名，而得胜的官军后裔则称为"得胜坡"，因环境优美，后来被开辟成侗族"七月二十坪"传统歌场。

二、明代天柱境内二百多年的"平苗"战争

明洪武年间（1368—1398 年），清水江流域影响到天柱的大规模侗族农民起义有三次。第一次，洪武五年（1372 年），古州八万诸洞蛮乱，吴良以江阴侯充总兵佩征南副将军印率师讨之，次零溪，进攻铜鼓、五开、潭溪，克之。"既而攘地青，开隆里，通洪州，所向皆捷，独秦洞岩山苗据险，久不下，良以计袭破之，歼其众，于是古州八万皆降，收抚洞苗二百余所，籍其民，以其地隶思州宣慰司。"

第二次，洪武十八年（1385 年）五月，"上黄蛮吴面儿倡乱，称剗（铲）平王，各洞蛮应之，号二十万众，寇古州（即外古州），旋偪（逼）靖州，指挥过兴御之，九里岗败绩及其子忠皆死之。八月，楚王桢亲讨，上以信国公汤和充总兵官，江夏侯周德兴、都督同知汤礼偕往，楚王帅护卫兵校六千五百人合信国公所统军士号三十万，九月，师次靖州，筑台阅兵于州城之南，遣使谕理面儿使降，不听，十月至铜鼓分四道夹击，捣其巢，歼四千余人，执面儿及其子禄送京师伏诛"（光绪《古州厅志·武备志·纪兵》）。

第三次，洪武三十年（1397 年）古州蛮林宽起义，"命楚王帅师，湘王副之，以左都督杨文充总兵官，佩征蛮前将军印，简徒二十万由沅州伐山开路二百余里，营天柱县。文等率偏师直抵洪州泊里、永从诸洞寨，分道夹攻，大破之擒获二万余人"（乾隆《开泰县志·秋卷·名宦》）。事毕，分别设置五开卫、铜鼓卫及黄团等八驿隶靖州。洪武二十四年（1391 年），左都督杨文同茆成"征嫩草坪各峒苗，设天柱守御千户所。三十年（1397 年）同韩观、宁忠擒获古州林小厮，设铜鼓卫所"（光绪《靖州直隶州志·秩官》）。

五开卫与铜鼓卫的兵力，据光绪《黎平府志》卷五上《武备志·兵制》记载："明洪武十八年（1385 年）设五开卫隶湖广靖州，领内外屯所八驿，有卫守备、指挥等官，有屯军、旗军者，官兵也。原额三万三千四百六十名。……三十年设铜鼓卫隶湖广靖州，领内外屯所，有卫守备、指挥等官，额设卫军一万。"

战争残酷无情，对社会生产力的发展造成严重影响，卫所官兵和土著居民锐减，据载："前五开卫系五溪十洞之一，自有明征其地而屯守之，反复不常，军务叠起，诸苗与军籍迭为消长，今存竟无几。"时光流逝，百年之后，随着卫所官兵纪律日渐松弛，常常滥杀无辜、草营人命，老百姓对屯军失去信任，他们之间的仇恨不断加深，成化二年（1466 年），巡边都督李昌奏准

定例"军命三百三十两，民命三十三两三钱，杀人照例出银完结"。这种赔偿方式极不公平，显然是"以重压轻，实非止杀之道"，时人哀道："同天所生，何至苗民百命始当军人一命之理？"（光绪《重修会同县志·建置志·城垣》）农民起义因而此伏彼起，连年战祸不休。正统十四年（1449年），洞苗傅良起义，"会同宋崇宁年间（1102—1106年）始筑土城，明洪武初虽修筑亦未完固……洞苗傅良作乱，攻陷无完堵，景泰元年（1450年）秋经王师扑灭，二年（1451年）春始获宁息，黎庶稍安"（乾隆《开泰县志·夏卷·户口》）。

景泰二年（1451年），"天柱远口清水江苗叛"，明将陈友领汉达官兵镇压。"四年，隆里婆洞苗从石猛山出掠古城，继公（陈友）同参将甄完，靖州知州谌济统兵擒斩无算。九虎塘等峒苗聚众攻地湖民寨，将出攻武冈。"（康熙《靖州志》）九虎塘在今天柱坌处镇境内，地湖今属天柱县地湖乡。景泰五年（1454年），"巡抚王永寿以苗贼蒙能攻围龙里、新化、铜鼓诸城，乞调兵剿之。时贼欲取龙里为巢穴，攻破亮寨、铜鼓、罗团堡诸城，都指挥汪迪为贼所杀"（《明史》卷三一六《列传》二四〇）。景泰七年（1456年），明将方瑛进剿沅州，连破鬼板（今芷江境内）等一百六十余寨。天顺元年（1457年），与尚书石璞移兵天柱，率陈友等分击天堂（位于天柱与新晃交界）诸寨，复大破之。克寨二百七十，擒伪侯伯以下一百又二人。

天顺七年（1463年）冬，苗民占据赤溪湳洞长官司（治今贵州锦屏）。"……镇守湖广太监郭闵奏：洪江南洞贼苗虫虾复纠合谢用良、陈三清等二千余人据赤溪湳洞，伪称王，攻劫镇远囤寨，杀掠人民，抚谕不听，诚恐滋蔓，当合兵进攻。爰命总兵官李震、李安讨之。十月，震率参将高端与安分道夹击，贼退守平坤寨，追至清水江，获用良、三清并斩飞天侯苗老底额头等六百四十余名，赤溪湳洞遂平。独虫虾逸去，至成化元年（1465年）为庄荣擒获伏诛。"李震攻克苗寨两百座，收复赤溪湳洞长官司。虫虾，乃地名，位于天柱县远口镇万一村。

成化二年（1466年），右都督李震"讨靖州苗，破之，又督诸军由铜鼓、天柱入破八百余寨，又大破僮僚于桂阳州，威名冠西南，苗瑶畏惧，皆呼为金牌李"。靖州卫总旗戈淹，"从总兵李震征贵州白岩塘、清水江茅坪八寨及平略杨岗，各有斩获"。正德年间（1506—1521年），参将史春"建浪江堡城，天柱所蓄积充盈及城桥渡多所创建"。嘉靖二十九年（1550年），靖州卫守备何清，"计擒甘眛山蛮，又攻瞿廷相等，擒搜略尽，地方赖之以安"。甘眛，乃天柱县邦洞街道与新晃贡溪乡交界之地，山蛮属邦洞街道山蛮村。万历间（1573—1620 年），"麻阳金道侣等反""又五开卫卒胡若卢等烧监司行署，打逐守备及黎平守，靖州、铜鼓、龙里诸苗皆响应为乱"（光绪《靖州直隶州志·秩官》）。上述史料表明，清水江各族人民反抗明朝统治的斗争从未间断。

三、青蛙精偷"楚王营"军粮的传说

楚王朱桢带兵前往锦屏镇压林宽起义时，途经天柱，设立营盘，名曰"楚王营"。康熙《天柱县志·古迹》载："楚王营，在县南十五里，昔日征苗，驻跸于此，其址尚存。"

楚王者，乃明太祖朱元璋第六子朱桢。朱元璋夺取天下，定都南京后，分封诸子，各据津要，藩卫中央。洪武三年（1370 年），封朱桢为楚王，藩治在今湖北武汉。历史上朱桢率大军到贵州镇压侗族农民起义期间，修建规模庞大的营垒，史称楚王营。任过国子监助教，因支持义和团运动获罪而逃亡贵州创建天柱县黄哨山白云书院的清末名儒曾廉，在其所撰的《游铜鼓楚王营》诗中写道："楚王营畔斜阳暮，红卷千山万山树。当时铜鼓始筑城，至今荒寒无一成。"

流传于天柱民间的传说故事《神蛙偷军粮》，讲的是明朝洪武年间，天柱地方出了"反王"，皇帝朱元璋派楚王朱桢统领兵将进剿，在天柱城南面的高山上伐木作栅，垒石为壕，扎了一座大营，在营中屯集粮草，营内的官兵经常出来骚扰百姓，滥杀无辜。附近山中有一个大岩石，其形极似青蛙，因在山中修炼多年成精，已得仙气，目睹官军暴行，常愤恨不平，暗中庇护四周民众。楚王率兵征伐民众时，神蛙乘其不备，将营中军粮悉数偷吃殆净，官兵由于营中无粮，军无斗志，最后大败而退。因为神蛙相助，老百姓保全了性命。

据《明史》记载，楚王先后两次奉命率兵镇压贵州侗族农民起义。洪武十八年（1385 年）五月，因明朝"拨军下屯，拨民下寨"，到处插标占地，使广大失地的侗族、苗族农民流离失所，无家可归，在侗族首领吴勉的领导下奋起武装反抗，一时风起云涌，"古州十二长官悉应之"。在此之前，吴勉在洪武十一年（1378 年）六月就举行了一次起义。《明实录·太祖洪武实录》卷一一九录载，"五开洞蛮吴面儿等作乱，靖州卫指挥佥事过兴死之"。明军组织反扑，吴勉潜入深山重整旗鼓，五年后率起义军复出，声势浩大，占据了湘黔桂毗连地区，进攻古州。明王朝命信国公汤和为征虏将军，江夏侯周

德兴、都督同知汤礼充副将军，随同楚王朱桢率领大军进剿。中途，由于楚王尚幼，未能练达军务，朱元璋不放心，敕谕汤和："军旅之事，卿自裁决，然后启王知之。"明军从靖州抵达铜鼓（今贵州锦屏县境内），然后"分屯立栅"，四面夹击，上黄一战，起义军失利，4000多人惨遭杀害，吴勉及其子吴禄被俘，解送京师就义。

楚王第二次征进贵州是洪武三十年（1397年）三月，因铜鼓卫屯军疯狂圈占农民的土地，古州上婆洞（今锦屏县启蒙）侗族农民林宽（又名林小师）领导农民起来反抗，义军攻破龙里千户所，杀死千户吴得，歼灭守军800余人。继占新化，进攻平茶，明廷震撼，派湖广都指挥齐让充总兵官，率明军五万前来镇压。潮门桥之战，击毙官兵千余人，官军溃败，退守卫城。朱元璋大为震怒，复命楚王朱桢率师，湘王朱柏［朱元璋第十二子，洪武十一年（1378年）年仅八岁时封为湘王，藩治在今湖北江陵］为副，都督杨文充总兵官，左都督同知韩观充副总兵官，率领三十万大军征剿。因战前准备不充分，遂将进军日期由七月二十改为十月二十三日。这时，靖州洞蛮杨高率部攻打五开，增援林宽起义军。明军指挥同知方忠率兵拦截，被义军击溃。黔阳、辰溪等处农民军不断袭扰明军粮道，明廷复命征南将军右军都督佥事顾成率贵州兵增援策应，并发援兵二万四千余人作为楚王后卫，驻守黔阳、辰溪以掩护大军粮道。部队迟滞不前，楚王却派人催要三十万石军饷，被朱元璋大加训斥，命将进兵日期提前到九月二十六日。

明军由于战线过长，地域广阔，持续时间长，明廷因此多次往湘黔一线战地增兵。明军主力欲从沅州（今湖南芷江）经天柱长驱直入锦屏，直捣义军后方，因沿途山高林密，到处都是茂密的原始森林，道路崎岖，后勤保障困难，只好停止前进，"由沅州伐木开道二百余里抵天柱"，步步为营，向侗族农民起义军进逼。

战事旷日持久，楚王所统领的几十万大军"未能剿除蛮寇"，朱元璋不得不派别的总兵官发京师大军进讨。他一边以平羌将军都指挥齐让逗留不进兵，平蛮无功，命左军都督杨文佩征虏前将军印为总兵官，右军都督同知韩观副之，锦衣卫指挥使何清、凤阳卫指挥使宋忠为参将，统京卫及湖广、江西等都司军往代之。另一边将派驻黔阳、辰溪担任楚王后卫的都督汤醴、宁忠调往前线征战，以偏师从渠阳零溪西南山径间衔枚犄角以进，直抵洪州、泊里、永从诸洞寨，因腹背受敌，农民军战败，林宽被俘牺牲，惨遭杀戮者21500余人。

传说天柱楚王营遗址在南康村王包组，文物部门的同志到实地查看后，认为那里可能只是楚王的一个兵站而已。就目前所掌握的史料推断，真正的楚王营指的应是铜鼓卫城。鉴于对林宽用兵即将结束，朱元璋对"既不亲临战阵建立功勋"的楚王朱桢、湘王朱柏兄弟二人，敕谕他们各以护军一万、铜鼓卫新军一万、靖州民夫三万余筑修铜鼓城。该城每面三里，城高池深，坊巷宽正，营房行列整齐，于洪武三十年（1397年）十一月竣工。楚王奉命绘制铜鼓卫城防图，留下一千军士守卫，然后班师回朝奏凯。《黔南识略》称："楚营山在城（铜鼓卫城）东五里，明初，楚王桢征蛮驻兵处也。"

四、明将李震"平苗"传奇故事

李震是明朝中期非常具有传奇色彩的将领，打仗很有一套谋略，屡立功勋，人称"金牌李"。声称贵州难以遥制，请求仍专镇湖广。明成化年间（1465—1487年），李震率官军自铜鼓、天柱二地分兵四路，屡败苗军，直抵清水江，据潘凤菊收集整理的民间故事《金锁银锁护抱塘》讲述，李震在天柱抱塘曾经和当地苗民打了一仗。

在"春来江水绿如蓝"的清水江畔，有一个堪称"小桥流水人家"的自然村寨——抱塘。抱塘村人美、山秀、崖峭、水蓝，古往今来的文人墨客书之不尽、颂之不绝。抱塘村不仅自然风光美丽，它的民间故事更是绚丽迷人。

话说明成化年间（1465—1487年），抱塘村有个吴师博，孤身一人，身无牵挂，常年游走在清水江下游的湖南洪江、常德等地，学得一手奇门异术，武功也十分高强。明成化十一年（1475年），他参加了清水江沿岸苗民起义，明朝统治者派李震、刘敷等湘军前往镇压，乡勇头目龙永福助纣为虐，甘当急先锋，率先攻破瓮洞关，然后朔江而上，侵犯白岩塘（今白市镇）。义军痛恨龙永福这个败类，决定先除掉他，经商议，由吴师博执行锄奸计划。

吴师博和龙永福本在洪江就相识，而且关系不错，常有往来，知道龙永福嗜马如命，当龙永福随刘敷进驻白岩塘时，吴师博就找到龙永福，谎称牛场（今白市兴隆）有一匹好马，就是要价太高，叫其去看。龙永福听后，非常高兴，随身只带一名亲兵就匆匆忙忙跟吴师博赶往牛场，一到牛场，就被预先埋伏的义军当街杀死。随从逃回白岩塘，向刘敷报告龙永福的死讯，刘敷和龙永福是结拜兄弟，闻讯后气急败坏，亲自率队直扑抱塘找吴师傅复仇，并丧心病狂下令对沿途的村寨全部烧杀抢光，一时间，清水江沿岸百姓惨遭涂炭，血流成河。

吴师傅为了保护抱塘，孤身一人急往家赶，可湘军占据了江边唯一的道路，他无法通过，只得杀死一个因解便而掉队的湘兵，然后穿上湘兵的军装混入湘军中。刘敷报仇心切，一直走在队伍的最前头，吴师傅万般无奈只得随后跟进，幸好湘军一路急行军，待赶到金泰桥时，人困马倒，刘敷不得不下令休息片刻。吴师傅趁人不注意脱下脚上草鞋，悄悄丢入桥旁田边，一双草鞋立即变成两头水公牛，在田中激烈角斗起来。湘军一时顾不得疲劳，一下都围拢观斗，吴师博趁机往家飞奔。吴师博一口气跑到家中，迅速找出一把金锁和一把银锁，把银锁挂在抱塘通往柏扬坳的溪边崖壁上，把金锁挂在抱塘通往大坳头的溪边崖壁上，然后返回家中用海碗盛满一碗水，放在堂屋八仙桌上，桌下烧香烧纸，办完这一切，就带上一把斧子、一把铁尺，盘腿坐在村口木桥上施起法来。

那时住户家中都紧靠溪边，没现在那么高。再说刘敷一伙湘军，在金泰桥观牛角斗正津津有味，突然激战正酣的两头水公牛瞬间变成一对烂草鞋，一个个既惊愕又败兴，只得继续往抱塘赶，待到进村转弯处时，忽被一堵静止的水墙挡住了去路。刘敷登高一望，整个抱塘村不见了，只见村寨汪洋一片，刘敷知道是吴师傅施了法术，用水把整个抱塘保护起来了，他只得找放水的玄机。虽然找到了金锁，但是无法把金锁打开，就连锤砸斧劈也无济于事，金锁始终把水墙锁得滴水不漏，正在无计可施时，忽见一牧童赶着牛从水墙中走了出来，而且人和牛滴水未沾。刘敷见状，亲自带头往水墙里闯，可自己的人马一进去，就真真切切走进了水的世界，不得不落汤鸡似的退了出来。刘敷忙唤住牧童，问他知道吴师傅家住哪里，牧童答就在其隔壁。刘敷叫牧童到吴师傅家中去看一看吴师傅在做什么，然后赶快回来告诉他。牧童一会儿回报说，吴师傅不在家，家中堂屋八仙桌有一碗水，刘敷叫牧童把碗里的水倒了，牧童正要站到条凳上去倒水，其母见他跑进隔壁吴师傅家，就喊："宝崽，你不看牛，跑去吴师傅家干什么？"牧童忽听母亲一喊，倒水的动作停止了，经母亲一问，就把村外边有人叫他倒水的事说了，母亲一看，幸好整碗水只倒了一半，还有一半在碗里，就把牧童抱下来，训斥道："吴师傅的东西千万别乱动，否则要痛肚皮。"就牵着孩儿的手站在吴师傅家门口，盯着那碗水，免得另有人来倒。

刘敷站在半山腰上，忽见一片汪洋渐渐退去，已隐约看见一幢房子的屋顶，可刚看到一幢屋顶，退下去的水就不再退了。刘敷暗想，坏了，必是牧童没有把水倒完，于是他也在山上施起法来。不一会儿，狂风大作，一股劲风直扑吴师傅家，把堂屋八仙桌上的水碗吹得摇摇欲倒，站在吴师傅家门口的牧童母亲见状，忙叫牧童爬上桌子把碗抱住，牧童由于年幼力小，几乎护不住水碗，大叫："娘，我抱不住，你快来抱。"母亲急忙说："宝崽，娘是女的，不能碰吴师傅的东西，碰了就不灵了，你千万别松手，死也要抱住碗。"刘敫在山上施法，施了一次又一次，始终不能把水碗吹翻，可怜那年幼的牧童，竟长眠在八仙桌上，可他那稚嫩的小手依然死死抱住那水碗不放。

刘敫破抱塘受挫，就转向自认为容易突破的银锁处，经过一翻侦察，发现银锁处上游不远的地方，就是现在抱塘村水坝的地方，有一个硕大的大水塘，他决定以毒攻毒，将大水塘的水引向抱塘，把整个抱塘冲毁。吴师傅知道后，急忙施法应对，他要把塘中的水先放掉，让刘敫无水可用，就不停地用斧劈，用铁尺凿，硬生生在塘的左下边青石丛中劈出一个泄水道，由于施法时心过急，不慎伤了五脏六腑，一时吐血不止，幸好刘敫施法晚了，见塘中大部分水已流走，也就不再施法。

刘敫破塘无计，只得站在山上苦想，正在饥肠辘辘时，木桥上不断吐血的吴师傅从衣兜中抓出一把南瓜子，撒入桥下溪水中。吴师傅在常德时就知道刘敫嗜食鲍鱼，爱之如命，顿时，落入溪水中的南瓜子就变成了无数条鲍鱼。刘敫站在山腰上，见又肥又美的无数鲍鱼在水中优哉游哉，再加上饥饿难耐，无处寻食，也就顾不了许多，下令士卒下水捞鲍鱼，在山上取火烧食，吃了不一会儿，人人心痛如绞，上吐下泻，不得不撤离抱塘，返回鸬鹚坡脚营地。

吴师傅由于吐血不止，壮烈牺牲在木桥上，化作一缕青烟飘走了，而他的鲜血把整个木桥染红了。在他临终时，牧童的母亲赶来看他，语无伦次地说道："吴师傅，抱住了，……碗……抱住了。"吴师傅张着满口是血的嘴巴，露出一脸的轻松，喃喃说道："不是抱碗，是抱塘，是把塘抱住了。"

后人为了纪念吴师傅和牧童护寨的功绩，就在抱塘溪上建了三座风雨桥，抱塘通往大坳头的风雨桥称为金锁桥，村口的风雨桥称为红桥头，传说那是吴师傅的血染红的，抱塘通往柏杨坳的风雨桥称为银锁桥。后来，人们把寨名由原来的枫木寨改为抱塘寨。由于后来抱塘经济文化相当发达，长江中下游商贾云集于此，一些外来墨客和寨中文人，觉得鲍鱼是深海之物，却在抱塘一时出现，实为奇迹，况且鲍鱼是鱼中极品，希望寨中子民也像鲍鱼一样，成为人中极品，就把"抱塘"改名为"鲍塘"。因而在官方文献中出现的地名都为"鲍塘"，在平民百姓中看到的却是靠双手去劳动而获得幸福的"抱塘"。老百姓之所以热衷后者，是因为抱塘必定是吴师傅和牧童两代人、两条生命换来的，他们更值得纪念和留恋。

《金锁银锁护抱塘》虽属民间故事，作为一种口述史，它的一些情节与方志记载可相印证，是县志的有益补充。光绪《黔阳县志》卷三《古大政纪》引《通志》说："成化十二年（1476年）丙申，菜溪清水江诸峒苗犯靖州、武冈、黔阳，总兵李震与巡抚刘敷分道破之。"菜溪今属天柱县竹林镇菜溪村，位于清水江畔，2012年因建设白市水电站而整体搬迁后靠安置。

第三节　官方就"纳粮向化"问题与苗民互动对话

如前所述，天柱人民在明朝的高压统治之下，生活在水深火热之中，纷纷揭竿而起，举行了一次又一次武装起义，最后都以失败而告终，唯有龙傅良起义通过官民和平对话，使当地老百姓实现了纳粮建县的斗争目的。

一、抚苗向化：会同知县陆可行对话招安义军首领龙傅良

明初，每次农民起义都对卫所官兵造成严重的伤亡减员，但是军事实力不但不因此而削弱，反而不断得到补充加强，卫所和屯堡据点更加稳固。明永乐二年（1404年），有黔地天柱二图里弄寨（今汶溪）杨易生、江东杨政朝、蓝田地锁杨朝清三处合兵在汶溪、邦洞等处作叛。时有方阁老保举杜海率兵五千余人，六月十五日在靖州飞山庙祭旗，点兵出将，到达汶溪、邦洞开战，屡战屡胜，杨易生等倒戈投降，战事平息。方阁老奏请朝廷，加封杜海世袭镇守该地。同年，武骑尉忠义郎乐书溪"督兵征平叛逆杨易生，安插于汶溪所"。

驻屯天柱境内的卫所官兵，凡掌印所官、千户、镇抚、百户等军官多为世袭，如洪武十年（1377年）六月，钦赐肖性忻世袭天柱千户所军政掌印镇抚，洪武二十年（1387年）升任天柱千户所正千户龚旺，其子孙承袭达十代之久，直至明末崇祯五年（1632年）。其承袭顺序为龚旺、龚琛、龚敬、龚勋、龚雄、龚绥（良佐、良佑）、良仁、胜聘、龚恒。明永乐四年（1406年）董才同分军下屯，迁居黔地天柱，其子董子成、董铨分别为天柱、汶溪千户所吏目，世袭八代。此外，还有原籍江西瑞州高安县的徐昂，武职入湘，任渠阳（今靖州）指挥，明嘉靖年间（1522—1566年）以指挥之职，留守贵州天柱千户所，居家于城南荷花池畔，世袭三世，为徐氏迁黔入柱始祖。

迫于明朝的军事进剿和武力威慑，明初大规模的侗族农民起义虽然被残酷镇压下去了，但是中小规模的起义连续不断。其中影响较大的起义，有宣

德二年（1427年）远口虫虾寨苗民起义，围攻天柱所城，几乎攻陷。有景泰三年（1452年）垒处九佛塘苗民起义，还有成化十一年（1475年）清水江沿岸农民起义。清人金蓉镜在其纂辑的《靖州乡土志·兵事》详载："洪武二十四年（1391年）嫩草坪各峒苗叛。""永乐九年（1411年），各处亡命纠合小坪、天台等苗普亮、王忠乱，遣顾成……征之，生擒苗银万等。""景泰二年（1451年），天柱远口清水江苗叛，陈友领汉达官军据险置伏，擒斩无算。三年，同都指挥江迪捕贼于武冈，灭之。……九虎塘等洞苗聚众攻地湖民寨，将出攻武冈，陈友率都指挥白贵、刘信、吴征及舍人陈瑄驰入贼阵追斩，全胜而还。""天顺元年（1457年），方瑛与尚书石璞移兵天柱，率陈友等分击天堂、小坪、墨溪二百余寨，擒伪侯伯以下百余人。""嘉靖二十九年（1550年），计擒甘眛山蛮，又攻翟廷相等。""隆庆三年（1569年），擒赖洞（今天柱县邦洞街道赖洞村）苗首诛之。"（光绪《靖州乡土志》卷一《兵事》）

农民战争给社会生产力造成了极大的破坏，使侗族地区长期动荡不安，在很大程度上沉重地打击了明朝的统治势力，使明朝政府消耗了大量的人力、物力、财力等国力资源，统治者不得不通过调整政策来缓和阶级矛盾和民族矛盾，对当地少数民族采取怀柔政策，由军事征服改为招抚怀柔政策，沿袭元代的土司制度——对参与"平蛮"的"熟苗"及有功人员大肆封赏，让其充任"土同知""土通判""土推官""长官司""土千总"等土官，参与地方军政事务的管理。自洪武之后，终明之世，先后在天柱之南、西南部及西北方设立"潭溪、龙里、洪州、八舟、欧阳、新化、亮寨、中林、曹滴、西山、湖耳、赤溪、古州、永从十四个长官司"和"邛水蛮彝长官司"。与此同时，天柱的各族人民开始改变策略，由武装反抗转变为主动接受王朝统治。从明朝中后期开始，天柱侗族、苗族寨老和头人多次与明朝地方军政官员进行谈判对话，积极主动接受王朝制度和中原的皇权帝制正统礼教及思想文化。

明初发动的所谓"征蛮""平苗"军事进攻，对那些已经屈服的村寨一般只作占领，不建立地方政权和管理机构，随着部队撤退，便将这些村寨弃之"化外"——王朝势力范围之外，或者交给土司管理。洪武之时，吴良攻占古州八万，收抚洞苗二百余所，"籍其民，以其地隶思州宣慰司"。迄万历朝，天柱垒处及其周边的村寨，在相关官员的招抚下归附了朝廷，但是未正式给当地编户纳税，如垒处的刘堂良等六千人，"皆衿甲面缚请降，愿归土六百里，待附编氓后输赋"。

随着时代的变迁，天柱、汶溪守御千户所前后兵力配置出现由盛转衰的局面，康熙《天柱县志·兵防》云："天邑杂处苗巢，而所治之设，大都为御苗计。……厥后武备废弛。"万历年间（1573—1620年），事态发展到"丈铤日生，抗粮不输，杀人载道"的地步，天柱千户所长官无可奈何，会同县官疲于奔命，下层军官纷纷逃避。其尴尬和凄凉景象，诚如该志所言："所官制之弗戢，会令付之无何，授是募者辄弃去。"

从明初"置所弹压"，到明末兵力不足、武备渐弛，二百余年间农民起义时有发生，社会动荡不安。地方官员顾此失彼，鞭长莫及，只有"抚谕"而已。万历十一年（1583年），垄处民众为反抗酷吏盘剥，纷纷联合起来抗粮，朝廷急令守备周弘谟率兵清剿，平息后令苗民输纳鸡粮，许以天柱建县。当时侗族、苗族群众积极支持拥护建县，主动申报缴纳鸡粮一千余石。一年之后，由于主事官员调离，许诺百姓建县之事没有得到落实，"盟渝法弛"激起了侗苗民众的更大反抗，尤其是万历二十一年（1593年），以高酿镇富虫寨（今富荣村）的龙傅良、革溪寨的陈文忠、山蛮寨的金仲总的抗争最为激烈，弄得朝廷剿不胜剿、防不胜防，于是改变策略，派会同县知县陆可行赴富虫寨同龙傅良谈判。

龙傅良，官方称为傅良嘴，在高酿侗族地区德高望重，是当地一呼百应的寨老，早年曾率领农民起义军攻破会同县城，并进攻靖州，震动湘黔边界。万历二十一年（1593年），时任辰沅兵备金事的江东之感叹："按行哨堡，沿途告哀，多称父子、兄弟、夫妻离散由苗贼劫掠，傅良嘴为最剧。"当时陆可行率百户孔尚文一人，吏胥尽屏，单骑入寨，向傅良嘴宣传朝廷威德，言论慷慨。谈判稍有进展，陆可行因回籍奔丧而中辍。陆可行临行前，认真分析天柱形势，向上峰建议，唯有建县一事可使苗族百姓帖服，偃息干戈。他的建议得到时任贵州巡抚江东之的重视和采纳。

二、建县靖边：千户所吏目朱梓上"安边十三策"

正当官方与侗族民众的内地化谈判对话步入正题之时，因会同知县陆可行回籍奔丧而中止，天柱守御千户所吏目朱梓千里迢迢到苗疆赴任，接过了继续谈判的重担。

朱梓字孔材，号柳津，生于明朝嘉靖二十年（1541年）。其父朱春以屠为生，家境贫寒。朱梓年少聪慧，读私塾时成绩优异，熟读经史，博览群书，在私塾中成绩名列前茅，但当屠父的父亲在当时社会属下九流，其子弟不能入科场。朱梓又拜师习武，考入淮安府任萧曹掾。在任上，他急公好义，慷慨解囊，济困扶危。淮安府狱无水井，盛夏季节狱囚常渴死，他私人出资在院中凿井,解了狱囚饮水之困。万历初年,苏北大饥荒,他出差过高邮,见百多个饥民冻饿得奄奄一息,他回到淮安府立即将自己十余年的积蓄全部捐出,买米赈济,使饥民度过了灾荒。万历十九年(1591 年)朱梓以三考补湖广天柱所吏目。

当时的天柱守御千户所设立已近 200 年。天柱所之设,与明洪武年间(1368—1398 年)天柱岔处一带的侗苗起义有关。从明洪武二十四年(1391年)开始,因不满明王朝的残酷统治,以王汉为首的侗苗人民在岔处大坪、小坪聚义,抗粮抗赋,楚王朱桢率兵征伐,在天柱筑城屯军,民间传曰“楚王营”。朝廷为加强对边远地区的统治,遂于洪武二十五年(1392 年)撤靖州卫左千户所而新建天柱守御千户所,驻军 1200 名,对天柱实行残酷的军事控制和镇压。但以后清水江沿线仍然不安宁,屡屡发生农民起义。在这种形势下,亲友们都来劝阻朱梓:天柱那地方偏远闭塞,人未开化,虎狼成群,山民野蛮,属獠(僚)夷杂居之区,去不得!他不顾亲友劝阻,毅然上任,冒着杀身之险来到天柱,首先踏看山川,观察风水,深入村寨,了解民情。经一番调查研究后,他谒见贵州巡抚江东之,献上“安边十三策”:一是选购良种,教民耕种;二是延请工匠,教民织造;三是蛇兽为害,率卒捕猎;四是推行婚嫁,严禁乱交;五是办学聘师,课教蒙童;六是完善组织,建立保甲;七是开辟集市,促进交易;八是修建衙署,整理街道;九是颁布乡约,整顿治安;十是修建仓廪,积粟防饥;十一是栽种花果,招引外商;十二是整钟鼓洞,以供游览;十三是亲断民案,破除迷信。

三、不谋而合:湖广贵州两省封疆大吏题奏建天柱县

历史就这样巧合,天柱人民遇上了千载难逢的发展机遇,万历二十四年(1596 年)正月,原任辰沅兵备金事的江东之升任贵州巡抚,他是积极筹建设立天柱县的关键人物之一。万历年间(1573—1620 年),江东之按巡哨堡,沿途所见,民众均因“苗贼劫掠”而告哀。经过了解,有三股势力较大的义军,第一股是以高酿富虫寨(今富荣村)苗人(实为侗人——笔者注)傅良嘴,第二股是革溪寨苗(实为侗)民陈文忠,第三股是山蛮寨苗(实为侗)金总仲,他们联合起来,共同作战,一时“僭称草叛,荼毒汉民”。其中,傅良嘴、陈文忠的势力最大,影响最广。此前,官军曾多次奉檄剿抚,并派人招安,但是收效甚微。不过,江东之得到一个确切信息:闹事的导火线燃自天柱岔处,那一带环清水江四面五百里皆侗村苗寨,侗民和苗民聚居杂处,

人口有凡六千多人，分布着一百五十多个寨子。万历十一年（1583年）守备周弘谟奉命平息垄处（今天柱县垄处镇）之乱，令侗苗输鸡粮，老百姓因过去官府曾许下同意帮助他们建立天柱县的诺言，周弘谟便答应遵照以前的协议，请示上峰，为其建立县治。于是以刘堂艮为代表的六千多人，皆放下武器，面缚请降，愿归土六百里，等待编制户口之后"纳粮输赋"。一年之后，因周弘谟调离，建县之议搁置下来，无人过问。侗民认为官府言而无信，以至"盟渝法弛"，又揭竿而起。侗苗叛服无常，其目的却只是为了建立县治，江东之对此感到十分诧异。他找来会同知县陆可行询问原因："以苗性犬羊，何乐于县官之拘系？"会同知县陆可行告诉他："苗与洞（侗）民互相荼毒，官军收鹬蚌之利。如苗杀我民，官军声言剿捕，苗不得出入耕佈（布）。我民杀苗，无所告诉，统苗报复，或伏路要杀，或墩锁索赎，不问所报非所仇。卒之利归剧豪，毒遗苗类，所以愿建县也。会同县洞（侗）民，即苗之种，离天柱所近而离县远，不但苦苗劫杀，输纳不敢往县，奸猾征收每一两骗至四五两，洞（侗）民素不甘心，日望建县，更切于苗也。"陆知县回家奔丧之时，认真分析天柱形势，向江东之建议："惟建县一事可使诸苗帖服，劫杀潜消。"

万历十九年（1591年）朱梓始任天柱所吏目。当时的天柱很不太平，官兵消极备战，有大半逃离屯所，避居他乡，朱梓仍雄心勃勃地赴任，来到"獠（僚）夷杂居"之区，抚化民众，深得百姓爱戴。上峰准备提升他的职务并调离天柱时，被老百姓万人拦路挽留下来。上峰也特别器重朱梓，"前兵备金事孙守业，今兵备副使徐榜、分守副使兼参议郑锐、分巡金事陈惇临仍许申建县治加意抚绥，三道以吏目朱梓之得苗而时加策励"（民国《贵州通志·前事志》）。

万历二十四年（1596年）正月，江东之升都察院右金都御史巡抚贵州，朱梓前往谒见，上"安边十三策"。江东之素以爱贤惜才著称，对朱梓的才能和政绩赞许有加，勉励他继续招抚民众，待时机成熟即奏请朝廷设立天柱县治。朱梓和龙傅良经过谈判达成协议，龙傅良率清水江十八寨义军放下武器，纳粮向化。在龙氏的积极影响下，天柱共有一百五十五个寨子表示，只要建县便立即归顺朝廷。后来这些村寨被朱梓编制为一乡三图，即：归化乡一图，包括高酿、板寨、酱宝、桐木等二十五寨；归化乡二图共七十六寨；归化乡三图以石洞镇为主，包括高酿镇、社学乡、凤城镇、邦洞镇各一部，共五十四寨。

针对当时"苗民视武弁如狼虎""卫有贪官，县有贪民"的严峻形势，江东之采取了一系列措施：首先是整顿吏治，革职通苗千户徐宏，选拔翟羽代之掌印；其次是调整地方官员，拟移守备以坐镇，巡行边粮，设会同主簿以分领相关事务，添设会同县丞以征鸡粮，试图让地方官员易地任职，使其人地生疏，从而杜绝贪污腐败、敲诈勒索诸弊。然而，由于明末的吏治积重难返，这种换汤不换药的伎俩，不仅"苗皆不乐从"，而且极力反对，天柱政局陷入"抚之不可，制之不可，剿之又不可"的两难境地。鉴于明朝在"川湖贵筑之间，每年养兵防苗所费何啻数十万，诸苗招之不来……今天柱所之苗惟建一县治即麾之不去"的现实问题，最后不得不顺应民心。但考虑"昔为专属，今为兼制，姑置之俟湖广抚按定议，何敢越俎抚臣李得阳、按臣赵文炳报臣书以建县为久安至计"，所以"复行湖北三道详议明妥，副使兼参议郑锐会同副使徐榜、佥事陈惇临檄辰州府知府吴维魁、推官李从心及靖州知州张和中等反复查勘，备呈藩臣条议而悉剖之"①。

　　天柱群众建县的积极性空前高涨。一是不花官银，侗苗群众自发地投工投劳修建县衙、学署，"苗人运木赴工，不日成之"。二是巡抚江东之亲临天柱视察，"苗夷千人衣巾汉制，伏阶罗拜请愿建县"，虽有一二奸徒阻挠之谋愈巧，百千苗裔归附之诚愈坚。三是宣布"熟知峒苗情状"的千户所吏目朱梓升任天柱知县时，"诸苗益鼓舞欢声载道"。

　　由于贵州巡抚江东之与湖北三道官员对天柱建县极力赞成支持，而且"亲历该所以观苗情诚伪"，先是江东之亲临视察，接着是湖广参知政事詹明、巡抚林苍"观成协赞"。因此分守副使兼参议郑锐也格外重视，在兵备副使徐榜、分巡佥事陈惇临等人的陪同下，深入辰州、靖州一线，督促辰州府知府吴维魁、推官李从心及靖州知州张和中等反复查勘，认真分析研究天柱建县的形势和利弊，并将相关意见和建议呈报湖南、贵州当局。经贵州巡抚江东之、湖广巡抚李得阳和巡按赵文炳会疏，吏部核准，照武冈、城步例，改所为县，照山东费、剡二县例，以吏员升知县，万历皇帝下旨准奏，将天柱千户所原辖苗寨并十八寨编为三里，割会同县"洞乡四里"组建天柱县，又以镇远巡检司、江东巡检司并入县治。万历二十二年（1594年）开始筹建，万历二十五年（1597年）正式成立，隶湖广靖州管辖。

　　当地群众用实际行动积极支持建县，历史上留下许许多多的感人事迹。万历初，湖南移民石崇照从会同县红豆塘迁居天柱五脑寨，为了支持官府建

---

　　① 刘显世，等.贵州通志·前事志［M］.铅印本.任可澄，等纂.贵阳：贵阳书局，1948（民国三十七年）.

县，其子石金台与杨姓一道让出屋基修建天柱县衙署、街道，携家小迁到社学芹香寨居住。天柱千户所世袭军政掌印镇抚肖性忻的后人中，有一位名叫肖云山的人，居住在天柱山（今石坪村），少年时得异人传授，通晓奇门之术，能知人世吉凶。万历年间（1573—1620 年），天柱千户所千户徐弘被侗人掠入高酿地良山中作为谈判人质，生死不明，家人甚忧，求肖云山设法解救。肖云山临危不惧，安慰大家不要心慌，带领几十个官兵，作法夜行，途中穿越数寨，直抵山中把徐弘解救出来。又传说有肖采其人，乐善好施，万历年间（1573—1620 年），"苗王"龙傅良屡次要求建县，天柱千户所吏目朱梓多方抚谕，龙傅良放心不下，要以肖采作为人质，从而对官府施加压力。肖采毫无惧色，欣然而往。行前，他对家人说："若是能够使各地苗人归顺朝廷，我就是死了也没有什么遗憾！"龙傅良见肖采果然至诚，很讲信用，立即率领侗苗群众前来纳赋入籍。从此，各寨苗人闻风而动，归附明朝政府，纷纷捐地捐银、捐工捐料，修建县衙和街道，支持建县，服从官府管辖。在肖采的倡议下，县城居民捐资在东门修建"玉皇阁"，楼高三层，最上一层供神像，中间一层用来祭祀祖先，下层供僧伽主持法会，每年十二月全城聚集于此，举行祭祀仪式。历经四百多年的风雨沧桑，"玉皇阁"早已倒塌，如今仅留下"肖家坪"和"肖家井"这两个古地名作为天柱历史的见证。但相关口碑历史代代相传，至今不衰。

第四节　"侗乡四里"与"三苗里"的由来

明代新建的天柱县辖区为原会同县峒乡四里（主要包括今天柱县凤城、邦洞、社学 3 街道及蓝田、瓮洞、渡马、白市 4 镇）、口乡一里（今远口镇、地湖乡、竹林镇杨家等地）、汶溪所（今白市镇汶溪村）、绥宁县一部（今坌处镇中寨、长滩、清浪、地冲等地）、镇远巡检司（今远口镇鸬鹚）、江东巡检司（今江东镇）等乡村。朱梓知县将全县 338 寨编为 3 乡 9 图 1 厢 2 所。因县城所在地山形如凤，别号凤城。当时所划拨的"会同峒乡、口乡、汶溪并本所苗寨"当中，既包括被简称为"峒"或"洞"的侗族群众，也包括被称为"苗"和"峒苗"在内的苗族同胞。

在编制里甲、清理户籍时，把原属会同县的居民编为安乐乡一、二、三、四图，史称"四峒"，意为 4 个侗族聚居的行政里图，其地域大致包括现在的凤城街道、联山街道、邦洞街道、社学街道、白市镇、江东镇、渡马镇、瓮洞镇、蓝田镇的全部或大部。由知县朱梓招抚而归附天柱县的155寨编为一乡三图，即归化乡一、二、三图，其区域包括现在的高酿镇、石洞镇、坌处镇、竹林镇的全部或大部，社学街道大部，邦洞街道一部，因居民多使用侗语或苗语，故称为"三苗里"。其中少数操苗语者固然是苗，但是把人口占绝大多数"峒苗"（侗族）也统称为"苗"了。从会同县划分过来的远口乡兴文里及靖州卫天柱、汶溪二所，由于居民通晓汉语，被视为汉民，所以没有将他们贴上民族标签。

一、由楚拔黔："侗乡四里"的来龙去脉

明初政府改革户籍制度，把户贴制改为黄册制度。"洪武十四年（1381年），诏天下府州县编赋役黄册，以一百一十户为里，推丁多者十人为长，余百户为十甲，甲凡十人，岁役里长一人，管摄一里之事。"（《明会典》）天柱建县之时，由会同县划入的"峒乡四里"，根据康熙《天柱县志》记载，主要包括以下村寨：

安乐乡一图，在县东西，广五十里，计寨分三十。

雷寨、稿寨、蒙寨、伍家寨、烹寨、白毛寨、坪鸦寨、小水寨、暮头寨、田心寨、旺寨、江头寨、岩寨、戈寥寨、巴晚寨、巴舟寨、裸寨、龙寨、闷松寨、博皮寨、坝寨、九寨、云盘寨、懊头寨、哺洞寨、下黄寨、老虎屯、岩四寨、龙章寨、八颂寨。

以上寨子包括现在的凤城街道、社学街道大部和邦洞街道一部，为侗族聚居村寨，而且有的寨子现已名存实亡，如戈寥寨、博皮寨等。

安乐乡二图，在县东北，广七十里，计寨分四十四。

长团寨、岩门寨、度暮寨、度马寨、新舟寨、江东寨、汶溪寨、老团寨、旧团寨、金溪寨、黄劳寨、七层寨、庐山寨、和尚坡、自坪寨、滥溪寨、白岩塘、土库田、罗冲寨、打油坪、苗溪寨、莳山寨、八十田、石牛岩、庐笛寨、蒋家寨、罗家寨、大塘头、瓜冲寨、廖家寨、三角冲、大罗田、岩寨、洪坡寨、三百段、木冲溪、宋家坪、长滩寨、白岩坡、枫塘冲、桃竹洞、竿子溪、应家庄、桑木四。

以上寨子主要分布在今天的渡马、白市、江东三镇境内，含社学街道一部。居民苗族、侗族各占其半。

安乐乡三图，在县北，广八十里，计寨分三十七。

金紫寨、平溪寨、柳溪寨、瓮洞寨、塘柴寨、巨潭寨、客寨、地锁寨、翁瘦寨、平地寨、强将寨、都甫寨、蔽寨、蓝田寨、谢甲屯、重廒屯、楞寨、王家寨、在头寨、黄晚屯、梭平屯、阿阳寨、瓦窑江、聚溪寨、大段寨、永泰官庄、上注溪、贡溪寨、三叉塘、皮野寨、瓮瓦寨、翁道寨、下注溪、永宁哨、禾稿寨、阳和寨、中乡寨。

以上寨子主要分布在今天蓝田镇、瓮洞镇和注溪乡，以侗族聚居为主，有小数苗族杂居。

安乐乡四图，在县西北，广四十里，计寨分二十四。

邦洞寨、邦洞屯、高寨、畔溪寨、三团寨、陂头寨、木楼寨、官舟寨、约寨、杞寨、刘家寨、崖脚寨、上高野、中高野、下高野、摆头寨、血团寨、龙寨、平蛮寨、能溪寨、山蛮寨、坌溪寨、了溪寨、赖洞寨。

以上村寨主要分布在邦洞街道，含蓝田镇一小部，均为侗族聚居。

上述四里共计135寨，连同后来拨入天柱的远口乡兴文里29寨，杂处四乡的新增里20寨，半杂四洞两所的坊厢里与天柱所、汶溪所，总计"一百八十四寨二所，俱系天柱县民，编户六里一厢"（康熙《天柱县志·坊乡》）。

"峒乡四里"原属湖南省会同县，明季曾饱受战乱的摧残，会同县原有38里，其中在城等23里，上下峒14里，苗1里。乾隆《直隶靖州志》记载："明洪武年间（1368—1398年），以苗民残破洞乡，省去十里，总编为四里，立天文二所。景泰三年（1452年），苗又寇毁，因归并三里，去苗一里。成化八年又析为二十七里。正德七年（1512年），人民消耗，约为十五里，后又析为二十七里。万历二十五年（1597年），乃割去远口乡一里，上峒乡一里，下峒乡三里，并苗一里，立天柱县，实存二十二里，今仍之。"又称"苗里既割于天柱，故今无苗里"（乾隆《直隶靖州志·乡村》）。

明初苗民是如何"残破洞乡"的，志书语焉不详，无从稽考。道光《直隶靖州志》闪烁其词："明洪武年间（1368—1398年），以苗民残破洞乡，省去十里，总编为四里。"天柱建县时，"上峒乡一里，下峒乡三里"并入天柱。

不过，在史籍文献中还是能找到一些蛛丝马迹，明军历次"平苗"或"平蛮"，战场不是在天柱境内就是在天柱与邻县交界，刀光剑影，互相残杀，焉有不"残破"之理。如景泰七年（1456年），湖广苗叛，拜河南伯方瑛为平蛮将军，进兵沅州，"连破鬼板等一百六十余寨，与尚书石璞移兵天柱，率陈友等分击天堂诸寨，复大破之。克寨二百七十，禽伪侯伯以下一百二人"。"（洪武）十八年（1385年），五开蛮吴面儿反，势獗甚，命楚王桢将征南将军汤和击斩九溪诸蛮僚，俘获四万余人，诸苗始惧。"至天顺元年（1457年），"破天堂、小坪、墨溪二百二十七寨，擒伪王侯伯等百余人，斩贼首千四百余级，夺回军人、男妇千三百余口，于是苗患渐平。盖萌发于贵州，而蔓衍于湖南，皆生苗为梗也"。

"成化初，武冈、沅、靖、铜鼓、五开苗复蜂起，贵州亦告警。……乃还兵由铜鼓、天柱分四道进，连破贼直抵清水江。因苗为导，深入贼境，两月间破巢八百，焚庐舍万三千三百。""万历十一年（1583年），洞蛮乱，将吏议剿，分守辰沅右参政蔡国珍檄谕之，遂定。""万历二十年（1592年），西溪蛮出劫沅州上四里茅坪一带，兵备副使江东之遣卫官带领奇兵营勇兵御之，夺回掳去人口。"明嘉靖中，"西溪三蛮、甘昧苗叛"，知沅州李昶"出奇计讨平之，请筑便、晃二堡"。同治《麻阳县志·关隘》粘贴田英产《平苗议·上督师杨嗣昌阁部》云："古今谈边事者，莫不欲安壤效筹，而三楚边城，惟麻为极，其叠受峒苗之患久矣。""天顺七年（1463年），命湖广、贵州会师讨洪江叛苗。"（《明史》）

成化十二年（1476年），"菜溪、炮塘、茅坪、清水江诸峒苗复犯武冈、靖州、黔阳，湖湘大扰。总兵李震与巡抚刘敷等分五道进，破六百二十余寨，俘斩八千余人，获贼弩万计"。

二、纳粮向化：归化乡"三苗里"的前世今生

据康熙《天柱县志》记载，归化乡"三苗里"共计155寨，在天柱首任知县朱梓的招抚下，踊跃纳粮向化，其中归化乡一图共25寨，归化乡二图共76寨，归化乡三图共54寨。以上各寨群众对中央王朝的政治认同，为天柱建县打下了坚实的社会基础。归化乡各图分布如下。

归化乡一图，在县西南，广五十里，计寨分二十五。
高酿寨、板寨、酱宝寨、桐木寨、美蒿寨、隆寨、绞环寨、富冲寨、唐

寨、邦寨、口洞寨、地扼寨、革列寨、甘洞寨、地良寨、少洞寨、冲革寨、木杉寨、界牌寨、亚达寨、更寨、章寨、定寨、平地寨、鬼上寨。

以上各寨，主要分布在今高酿镇境内，属侗族聚居村寨。

归化乡二图，在县东南，广三十里，计寨分七十六。

上平甫寨、洞头寨、中寨、苗章寨、春花寨、杨柳寨、茅坪寨、野田寨、地旺寨、羊山寨、溪头寨、龙塘寨、牛场寨、楞洞寨、邀营寨、唐恩寨、甘溪寨、广溪寨、圭瓒寨、奔溪寨、麦溪寨、田冲寨、铜鼓寨、芹香寨、伞溪寨、摆溪寨、野鸡冲、苗溪寨、上下口寨、败滩寨、江口寨、姚家溪、渡头寨、下平甫寨、溪口寨、陡坡寨、新寨、上大溪、下大溪、淌头寨、鲍塘寨、中寨、雅地寨、偏坡寨、金坪寨、银洞寨、合冲寨、乌坡寨、蒋溪寨、黄土段、鬼井寨、龙家寨、菜溪寨、唐硬寨、三门塘、喇赖寨、坌处寨、大冲寨、清浪寨、地略寨、过江溪、蓊冲寨、地坌寨、杨家寨、剪刀坡、冲脚寨、竹寨、刘家寨、李木寨、旧楼寨、翁赛寨、新民镇、邓家寨、小江寨、半溪寨、阳豆寨。

以上各寨分布较散，主要在今之坌处镇、竹林镇、白市镇和社学街道，其中金坪、银洞、合冲、乌坡等寨现属锦屏县辖区，整体看该图里苗族、侗族人口大约各占一半比例。

归化乡三图，在县西北，广八十里，计寨分五十四。

汉寨、凯寨、皮厦寨、谢寨、冷水寨、鸡蛋寨、苗拜寨、摆洞寨、勒洞寨、高渺寨、高哨寨、屯徐寨、直营堡、直营寨、高亭寨、老寨、高乌寨、高疆寨、濯溪寨、铁厂寨、相公塘、坑头寨、鱼塘寨、巧溪寨、鬼邦寨、里革溪、外革溪、高坡寨、平陶寨、屯佑寨、鬼拈上寨、鬼拈中寨、鬼拈下寨、斗你寨、高辨寨、斗潘寨、王乔寨、高枯寨、平幕寨、寨妹寨、芹蒲寨、屯鹅寨、地笋寨、新民庄、闷洞寨、来溪寨、金井寨、老来溪寨、春花寨、白奔寨、暮溪寨、地茶寨、晚上寨、米溪寨。

该图各村寨主要分布在今天的石洞镇，也有今高酿镇、邦洞街道的一些偏僻边远寨子，全为侗族聚居。

知县王复宗在纂修康熙《天柱县志》时，特意强调"以上一百五十五寨，朱君（朱梓）抚化编里当差，愿为良民，百余年来颇通礼教"。由是可见，天柱县各民族人民"内地化"之后，不仅使政治、经济、文化和礼教摆脱了被国家边缘化的束缚，而且与时俱进，奋起直追，跟上了国家社会和时代发展的前进步伐。

第五节　置县到治县：天柱县域内地化的治理及其成效

天柱建县之初，百废俱兴。首任知县编制户籍，安置移民；鼓励民众兴修水利，开荒垦田；兴建学校，发展教育；设置集市，扩大贸易；安置哨堡，缉盗安民；修建寺庙，引入宗教文化，极大地推动了天柱社会经济和文化教育的发展。明代天柱县贡生寥寥无几，举人是一片空白，到清代不仅举人从无到有，而且逐年增多，还涌现了以苗族翰林宋仁溥为代表的 4 名科举进士，这些不得不归功于天柱建县后为发展文化教育奠定的良好基础。

一、编制户籍，建立里甲

中央王朝对天柱部分辖区的有效统治是从明初开始的，万历二十五年（1597 年）天柱建县后才正式统治天柱全境。建县之初，全县 338 寨编为 3 乡 9 图 1 厢 2 所。根据官方统计，全县男丁总数 9523 丁，其中，"汉彝人丁"（含汉族和少数民族）有 5482 丁，"三里苗丁"（实为侗丁，只含少数苗民）有 4041 丁。而在"汉彝人丁"中，外来的军籍汉丁占有 2658 丁，剩余的 2824 丁主要是零星迁入的汉人和会讲汉语的苗民。朱梓为加强对境内少数民族及其土地资源的管理，在苗里设通总 3 名，通事 36 名。清初改设粮长、峒长催办丁银秋粮赴县上纳。

明代天柱建立卫所，实行屯田，洪武二十年（1387 年）九月，湖广都司奏请"市牛二万往彼屯种"①。《明史·食货志》说："明初，募盐商于各边开中，谓之商屯。"嘉靖《贵州通志》载，黎平府在吴勉、林宽起义之后，"居民死于锋刃者十七八，后渐招集流亡种植树艺"。明廷把大批汉族人口移民到天柱屯垦，他们带来了先进的工农业生产技术，带动了当地少数民族改进和

---

① "中央"研究院历史语言研究所．明实录明太祖洪武实录：卷一八五［M］．影印本．上海：上海书店，2015：6.

制造先进的生产工具，如镰刀、锄头、犁耙等各种铁制农具，促使当地老百姓由原来的刀耕火种逐步过渡到锄耕和犁耕，传统农业得到了前所未有的发展。在人口往来密集的交通要道、营地、屯堡、塘寨和居民点形成了一些小集镇，如天柱所和汶溪所驻地、镇远巡检司（今鸬鹚）、江东巡检司（自坪洲）、朝阳堡（远口）、白岩塘（白市）就是明代新兴的小集镇，住有为数不多的商贩长年与当地居民交换有无，具有农村市场的性质，时间一长，聚集的人口不断增多，这些地方开始出现行商坐贾。

随着户籍制度的建立，原来被弃之化外的峒苗得以由"蛮夷"向"国民"转化，"忠君明礼"的国家观念日益增强。

二、安设哨堡，维护治安

建县前后设置4堡8哨，4堡即邀营堡、太平堡、远口堡、幞头堡；8哨有永安哨、西安哨、平蛮哨、永宁哨、地损哨、大穴哨、鬼里哨、高坡哨，除鬼里哨、高坡哨分别离县十三里和十五里，大穴哨离县四十五里，其余皆设在离县南四十里的险要地段。以上各哨俱万历二三十年建，募乡勇守之。

三、修建学校，灌输思想

天柱建县之前，尽管靖州有州学，靖州卫有卫学，会同县有县学以及各类社学，但是天柱由于边远偏僻，远离州府和会同县城，没有接受正规的学校教育的机会，加上中央王朝正统礼教的传播和普及在少数民族地区鞭长莫及，因此民众普遍未闻"教化"。据清光绪《天柱县志》载：天柱建县之前，靖州诸生（秀才）杨上卿曾设教馆于天柱，从学多人。天柱建县后朱梓创建县学之初，学堂里"中虚无人"，这说明了当时老百姓子弟接受教育的人数还是相当有限的。终明一代，靖州及所辖各县共考中进士19人、举人182人，进士、举人两项天柱县都是空白，仅有贡生30人而已，而且都是在建县后有了天柱县学才开始出贡的。

为了解决县学生源不足的问题，知县朱梓采取措施，择童子优秀者29人，给以衣食至县学肄业。又拨靖州、会同两校诸生30人附读于天柱县学，以为表率，带动学习。朱梓还创建文庙，率邑人建殿庑祠堂、斋衙门坊、池桥以及钟鼓乐器俱备。到后来"一时选举登仕籍者不少概见"。

朱梓又在城东学官之前创建开化书院，"置田租，为子弟延师肄业之资"。

县内除了县学，还有社学和义学等教育形式。设在乡之学曰社学，捐立之学曰义学，学生免费读书。这些学校利用祠堂、庙宇等公用场所授课。天柱社学兴起于明末清初，载入县志的有兴文社学、宝带桥社学、钟鼓社学、聚溪社学。兴文社学，在县东十里，置有学田，"有黄保田一亩，王朝判一丘，又开垦平甫岑多灰脚田三亩五分，并店四间，每年收租以供其费"。宝带桥社学，是朱梓亲自创建，"群乡子弟而教诲之"。钟鼓社学，"有田以食教读者"。

明朝学制规定，按录取文生多寡，将县学分为大学、中学、小学，大学40名、中学30名、小学20名，清沿明制，后因名额太多，裁革为上县15名、中县12名、下县8名。

天柱科举，起于明万历二十八年（1600年），分贡选士，第一个岁贡是兴文里（今远口镇）的蒋彦方。至明朝灭亡，前后共47年，因社会动荡不安，天柱仅有各类贡生30名，即拔贡4人、岁贡24人、选贡2人。4名拔贡中，城坊3名、兴文里1名。24名岁贡中，城坊8名、兴文里4名、二图里2名、四图里1名、户籍不明者9名。当中还涌现一批品学兼备的乡贤，明代入录《镇远府志》的天柱籍乡贤有杨上卿、龚国瑄、萧采、杨正二、张应奇、许从新6人。杨上卿，靖州诸生，孝友端方，"设教天柱所，士景从，后改县学，知县朱梓择子弟俊秀者二十九人，令上卿教之，悉知向学，后以明经官教授"。杨正二"年八十富而好礼"。张应奇"年八十余犹日与同学讲论经史不辍"。许从新，少有志概，读书忘倦，崇祯二年（1629年）任芜湖县县丞，不避权贵。他们的事迹足以激励后人，皆"王化"教育的结果。

四、建立庙宇，重塑人文

据康熙《天柱县志·坛庙》载："旧志三百有余，历年久远，废兴不一。"此处所说的旧志，指的是万历年间（1573—1620年）朱梓主修的万历《天柱县志》，已佚失无存。从康熙志所列之数十处寺观坛庙看出，其中无非是官方崇祀的神灵及人物，诸如社稷坛、山川坛、厉坛、城隍庙、关圣殿、观音寺、龙王庙、文昌阁、玉皇阁、三圣宫等，同时把当地群众信奉的飞山庙、青木杨公祠列为公共祀典，载入志书："飞山庙，在县治西门外，设自有明初，后遇回禄。顺治十八年（1661年）更立之，各里崇祀者不一。"此外，还把有恩于民的朱公祠（知县朱梓的生祠）列入其中，对尊重民族历史文化、塑造民族人文精神具有十分重要的现实意义。

五、设立市镇，互通有无

建县之前，天柱社会生产仍处在原始的"以物易物"的自然经济状态，受汉族地区地主制经济的影响不深，生产水平极为低下，生活十分简朴，经济文化落后，加之交通闭塞、居住分散，全县无一固定的商品交易场地，商品交换方式采用器皿、拳、手指、木棒来衡量，人们耻于经商和言利。在邦洞、兴隆牛场，讨价还价至今采用没有语言的袖中"捏指头"方式进行①。对于这种在人类学上被称为"无言贸易"或"哑市"（silent trade）② 的习俗，天柱当地耆老们说是从古代先人那里世代相传下来的，原因是公开讨价还价会招致不吉。如今尚有此俗残留，明朝建县前的商贸不发达情形更可想而知。

首任知县朱梓在远口鸬鹚的清水江东西两岸、瓮洞分别设立清江镇、新民镇、新市镇三个集市进行招商，推动贸易发展。当时，新市镇（今瓮洞镇）新建官店数十间，募土著，聚客商，"往来鱼、盐、木货泊舟于此"，盛极一时。

当时农业生产不仅没有成片的耕地，也没有保障灌溉的条件，因"无长源灌溉，无万亩盈郊"，农业抗击自然灾害的能力很差，粮食收入不稳定，老百姓生活极为困难，即使是风调雨顺的丰年，粮食收入也摆脱不了"有正供而无衣食"的困境。时任天柱守御千户所吏目的朱梓，在呈给贵州巡抚江东之的"安边十三策"中建议"禁贩禾米"，既禁止本地老百姓买卖，也禁止邻县商人进入天柱收购粮食。由于禁止交易大米，杉木、桐油成了天柱的大宗商品，大量运往湖南托口、洪江一带销售。《湖南通志·地理志》转引清《嘉庆一统志》说："湖南会同县托口寨，通贵州镇远府天柱县，为桐、木所必由，明时木商皆聚于此。"为了买卖公平，朱梓还提出了统一度量衡"较定权量，以便商民"（康熙《天柱县志》）。

六、兴修水利，发展农业

在明朝统治的二百七十多年时间里，天柱县在外地人的眼中虽然只是"弹丸苗邑"，商品流通和商品交易却客观存在。康熙《天柱县志》有"凡飞潜动植，布帛、泉刀之属，亦足以通食货、广源流"之载。谷物类有稻、黍、

---

① 秦秀强. 侗族牛市文化 [J]. 民族论坛，1990（2）：88-90.

② PRICE J A. On Silent Trade [J]. Research in Economic Anthropology, 1980, 3：75-96.

稷、菽、麦、粱、芝麻、荞，稻谷可产早、中、晚三季。蔬菜有芥、茄、萝、芹、芋、苋、葱、蒜、韭茼、蒿、甜菜、苦荬、莴苣、菠菜、瓜葫、芦笋蕨、豆荚等十余种。畜禽类有牛、羊、猪、犬、鸡、鹅、鸭。杂货有五倍子、花椒、木耳、白蜡虫、桐油、茶油、菜麻油、蜂蜜以及桃、杏、李、梅、枣、柿、梨、栗、橙、柚、柑、橘、枇杷、石榴、核桃、冬桃、乌桃、银杏、杨梅、林檎等干果、水果。当时自产自销的农产品中，布帛品种单一，唯有绵葛布而已，史载："丝绢无，绵葛最粗疏。"

天柱建县后，通过清田赋、量土地、立市镇、安哨堡，鼓励发展农业生产，不久便出现了"民安市井，人事农桑"的安定局面。朱梓特别重视抓农田水利建设，亲自带领民众在在南坡哨山脚过峡之处修筑数丈宽的青龙涧，凿两条水渠，左右分流，解决群众的田水纠纷，民感其德，称为"朱公堤"，并在石壁上镌刻"朱公分水"四字，如今古迹仍在。至明末清初，全县共修建水坝36座，有效灌溉面积达9387亩，其中，县城附近的一图里有岩寨坝、雷寨坝、伍家寨坝、烹寨坝等9座，负责屯守的天柱守御千户所也修有肖家坝、小溪坝等3座，这些水坝主要分布在鉴江、汶溪河沿岸，灌溉面积最大的是薄皮寨坝，灌田1200多亩，最小的岩门寨坝，灌田也在40亩以上。如果加上龙泉、龙塘等泉井山塘的灌溉，明代天柱建县之后旱涝保收的水田超过一万亩。

七、修建津梁，开通递铺

为了确保县内外交通往来通畅，明代由官修、官助民修或由民众捐资修建桥梁15座，修建渡口3处。这些桥梁有木桥、石桥，有风雨桥、石拱桥、石板桥，位于社学伍家桥的宝带桥由"朱君（朱梓）鼓舞民苗共立之，解银带以镇桥，遂名"。后来韩可兴等几任知县皆捐银续修之，更名保泰桥。鸬鹚渡、江东渡、小江渡，均安排渡夫工食并修舡（船）银，往来农工商贾咸称利济。

天柱邮传，东连靖州、会同，其余三面则邻沅州、镇远，"虽鸟道崎岖，苗蛮出没，亦在所不废"。由天柱至靖州共设8铺，即县前铺、金凤铺、鸬鹚铺、黄田铺、朝阳铺、烟燉铺、富团铺、飞山铺。本县排伕20名，每名工食银二两五钱八分，共支米125石。脚马8匹，工料银一百三十九两二钱，此项银每年解驿粮道冲用开销。此外，每年拨补银两承应辰阳驿马价、洪江驿水夫工食。

八、采办皇木，完纳粮赋

洪武三十一年（1398 年）三月，明朝户部谕令商人以湘乡、沣州食盐交换铜鼓、五开、靖州大米。永乐十一年（1413 年），官方在今黔东南境内经营川盐，开征"行课"，并征地方附加、契税、房捐（亦称房号捐）及地捐。从正德开始，朝廷每年派要员到天柱境内采运巨木到北京修建宫殿。

从明武宗正德九年（1514 年）修建乾清、坤宁等宫殿开始，统治者年年委派采木官员，溯湖南沅江而上，进入黔东南的清水江流域"采取大木"①。由于明王朝大规模的征派砍伐和江淮木商的大量采运，使"湖广、贵州山林空竭，海内灾伤，材木料价采征甚难"②。万历二年（1574 年），工部称："神木厂收贮楠杉大木，出自湖广川贵，每根价银数千，采运劳苦。"③ 至万历三十六年（1608 年），贵州巡抚郭子章奏："坐派贵州采办楠杉大木柏枋一万二千二百九十八根。"④ 明末清初，随着清水江林业贸易的繁荣，其下游靠近溪河的自然林已被砍伐殆尽，湖南巡抚于乾隆十二年（1747 年）七月奏道："桅、断二木，近地难觅，须下辰州府以上的沅州、靖州及黔省苗境内采取。"⑤

万历四十四年（1616 年），湖南木商沿清水江到达天柱县境之瓮洞、白岩塘（今白市）、远口、三门塘、坌处以及锦屏王寨、卦治、茅坪等地采购"苗木"（杉木）。

万历时，全县共有人丁 10036 丁，其中汉夷人丁 5490 丁，一体编差，随粮征派；三里苗丁 4546 丁，苗丁无丁银秋粮，每丁自愿岁纳鸡一只，折银三分，共征鸡折银一百二十一两二钱三分。

按照康熙四年（1665 年）统计数据显示：天柱县当年的屯田面积是七百

---

① "中央"研究院历史语言研究所．明实录：武宗正德实录：卷一一七［M］．影印本．上海：上海书店，2015：6；"中央"研究院历史语言研究所．明实录：武宗正德实录卷一五二［M］．影印本．上海：上海书店，2015：7.

② "中央"研究院历史语言研究所．明实录：世宗嘉靖实录：卷五四［M］．影印本．上海：上海书店，2015：1.

③ "中央"研究院历史语言研究所．明实录：神宗万历实录：卷二九［M］．影印本．上海：上海书店，2015：5.

④ "中央"研究院历史语言研究所．明实录：神宗万历实录：卷四四三［M］．影印本．上海：上海书店，2015：6.

⑤ 该奏文民间抄录在嘉庆年间的《皇木案稿》之上，原件现存贵州省锦屏县档案馆。

五十二顷一十七亩，共科秋粮一千四百三十六石，每石额征条银一两一钱六分五厘，共征银一千六百七十四两。此外，还有天柱所屯田三十二顷四十亩、汶溪所屯田一十一顷零六亩未统计在内。土面积二十六顷四十四亩，共科粮二十石三斗，额征银二十二两五钱六分。山塘面积三顷一十二亩八分，共科秋粮六石一斗，额征银六两八钱一分。万历末年，加派地亩九厘，辽饷每秋粮一石加征银一钱八分，共征辽饷银二百六十八两九钱。明计全县总税收是白银一千九百七十一两一钱。

总之，天柱建县治理，从国家的层面来说，使国家扩大了直接统治的疆域、增加了税源，推动了天柱政治、经济、文化教育的开发；从老百姓的角度来说，达到了"编户纳粮"和"内地化"的目的，跟上了国家前进的节奏，实现了成为"国家子民"的"承认"愿望。

第五章

族际互嵌与区域融合：清代天柱侗苗社会的内地化发展

明朝末年，官逼民反，崇祯十七年（1644 年）赖洞农民起义杀死天柱知县何化龙。地方不靖，天柱县治数次搬迁，先迁龙塘，继迁雷寨，复迁凤城复名天柱县。老百姓或背井离乡，或饿毙路途，不可胜数。

明末战乱结束，清朝建立政权，采取了一些有利于人民休养生息的措施，减免赋税，鼓励开垦农田、兴修水利，社会经济逐渐恢复。顺治十六年（1659 年）开垦田十六顷四十七亩，康熙元年（1662 年）开垦田八顷三十一亩四分，康熙二年（1663 年）开垦田八顷四十亩八分，实在原熟并逐年开垦共成熟原额田地塘，共计七百八十一顷七十四亩八分，共科粮一千四百六十二石五斗九升，共征粮一千七百四两一钱四分，人丁带派在内。康熙十二年（1673 年）吴三桂叛乱，社会动荡不安，人民流离失所，天柱县人口由明末的一万余丁，减至 9523 丁（内含幼丁 123 丁），田土荒芜二十三顷一十九亩。

第一节　南明小朝廷的盘踞及其影响

从顺治三年（1646 年）至康熙十九年（1680 年），天柱所在的湘西黔东边区，先是由桂王朱由榔建立的永历政权盘踞。明军联合李自成领导的大顺农民军余部，在郝摇旗、刘体纯和李过、高一功的率领下，1647 年年底先后转战湖南，与清军展开多次大战。不久，大西军余部李定国又率 8 万南明军东出湖南，在靖州与清军激战，取得靖州大捷，孙可望也在辰州，今湖南怀化市北部地区与清军浴血奋战，取得辰州大捷。天柱离战场数十千米，这些战役都是你死我活的大决战，尸横遍野，血流成河，城乡居民死伤不计其数，活者无处逃生，煎熬在水深火热中，苦不堪言。湖南黔阳县托口，"烟火千余家"，安江、子弟、石太，"十里屹为巨镇，自明季兵燹之余，狐鼠荆榛，客土散亡，无复市镇之旧矣"（同治《黔阳县志》卷三《市镇》）。位于其上游的天柱瓮洞、白市，受到战祸的影响程度由此可知。

一、苟延残喘的南明小朝廷

　　南明小朝廷盘踞湖南、贵州时，在差役和粮赋方面苛政大肆横行，差粮强行摊派，与靖州辖区内各县四股分认，"照股均应"，即将人口粮食总量弱小的天柱县与通道县合为一股，与人口、粮食总量超出两县几倍的靖州、绥宁、会同三县按四股均摊差粮，老百姓苦不堪言、怨声载道。清朝平定了吴三桂叛乱后，知县王复宗莅任天柱，经请示湖南省当局同意，将南明王朝时期实行"四股均摊"的不合理的苛政制度尽行革除，恢复原来"差随粮办"的规章，在一定程度上缓解了民众疾苦，让广大农民及各行各业得以休养生息，从而使全县人口迅猛增长，农业、林业、畜牧业、副业、手工业、运输业等均得到了较好的恢复和发展。据光绪二十五年（1899 年）知县杨佩芬任内统计，全县计有 5674 户，男 19653 名，女 18598 名。牌长共计 568 名，甲长 57 名（光绪《天柱县志·食货志·户口》）。

二、吴三桂过境辞兵洲的历史意义

　　南明覆灭，战争遗留下来的创伤尚未治愈，康熙十二年（1673 年）就发生吴三桂反清，又将战火引向湖南贵州，历时三年始得平定。前前后后将近二十年战祸连绵，造成天柱乡村满目疮痍，十室九空。不仅城楼、官舍、桥梁、民居毁于兵燹，连文庙、学馆亦因战火和多年失修而倒塌。康熙《天柱县志》哀叹："丙子县迁龙塘，学并毁。乙未，县复旧治，乃建于城南分司地。康熙元年（1662 年），黄候迁所治，学宫三易所矣。"

　　在天柱县白市镇清水江江心有一片宽阔的江洲名为辞兵洲，又名自坪洲，因吴三桂叛清时，在此辞退老弱病残之兵，让他们回家与亲人团圆，人们便将它改名为"辞兵洲"。

　　辞兵洲距天柱县城 30 千米，四面环水，总面积约 1 平方千米，传说原来有一面与对岸的仙人洞相连接，明洪武年间（1368—1398 年）由于山洪暴发把连接陆地的土壤冲开，因此取名自坪洲。洲上有一座古城遗址，是 2010 年 9 月贵州省文物考古研究所联合四川大学考古系师生对辞兵洲新石器文化遗址进行考古发掘时发现的。古城长 100 米，宽 98 米，总面积 9800 平方米。其南侧尚残存少量城墙，北、东、西侧壕沟保存较好。东、西、北三面有堑壕

（疑为当时的护城河），壕沟宽 7~12 米，深 1.5~2 米，朝江东一面，因为是清水江主航道，硝土为壁，有明显的夯土层痕迹。据参加发掘的专家考证，该遗址是明代天柱境内扼控清水江咽喉的江东巡检司遗址。康熙十二年（1673 年），吴三桂起兵反清后，吴军沿清水江东进湖南，军次天柱白市，见江心有一片宽阔平坦的沙洲，便令三军泊船靠岸，在寺坪洲（辞兵洲）安营扎寨。次日阅兵，见当年跟随自己南征北战的士卒如今都已年迈，成了老弱病残之躯，难以上阵厮杀了，于是下令恩准他们解甲归田，发放路费，让他们回乡孝敬父母，与亲人团聚。当年被辞去的老弱之兵有好几千人，这些士兵大多数是来自中原地区的汉族，他们流落天柱后，被当地百姓收留，互相通婚，极大地改变了天柱的民族人口结构，同时对中原文化的传播起到了积极的推动作用。

第二节　地方经济社会发展的新高峰

康乾盛世时期，天柱不仅大面积的荒地得到开垦，犁耕技术得到全面推广，还兴修水利，引进农作物新品种，使全县农业发展达到历史最高水平。手工业、采矿业得到了前所未有的发展，以清水江木材市场为龙头的木材贸易盛极一时。

一、清水江沿岸码头集镇的繁荣

（一）木材市场的兴起

天柱林业到清代进入鼎盛时期，木材贸易进入前所未有的发展阶段。清水江一带的各族人民除了从事农耕，还兼营林业，种植杉树、油桐、油茶等经济林木，自明代开始出现人工造林，清代造林面积进一步扩大，并形成木材交易市场，如清水江畔的瓮洞明代即有"鱼盐木贷泊舟于此"的记载。外地商人纷纷前来采购，或运来食盐、布匹等商品进行交换。后来随着商业的发展，当地人也学会了贸易经营，并充分利用这里的自然资源来为自己服务。清人爱必达在《黔南识略》记载："……台拱东北大路至柳霁、湳洞司，天柱植树多松杉。往时，苗人未习种杉，近亦效为，木筏顺流而下，获利甚厚。"在沿江一带出现了以专门经营木材交易的商号、行户。19 世纪初期，清水江流域木材交易进入高峰时期，年产总值可达二三百万两，在天柱商品经济中占据着十分重要的位置。雍正时期（1678—1735年），贵州巡抚张广泗看到台江、剑河等地的苗、侗族人民伐杉木运到卦治、王寨、茅坪、天柱等地销售，为增加官府赋税收入，在王寨（今锦屏）设"弹压局"，派兵驻守，征收木税充作军饷，弥补清朝地方政府财政之不足。乾隆初年，贵州当局把木税机构迁至天柱县瓮洞，改为"木税局"。税目繁多，税率很高。清末，木材贸易为地主商人垄断，从木材的生产到销售的各种税收，通通落在广大林农身上，林农的负担更加沉重。这种剥削制度一直延续到1949年10月中华人民共和国成立后才得到彻底根除。

图5-2-1　贵州省瓮洞厘金局旧址

　　1840年鸦片战争后，当地普遍种植油桐、漆树等经济作物。当时天柱、锦屏、靖县、会同一带的桐油价格高涨，输出额大为增加，光绪三十三年（1907年）至宣统二年（1910年），外埠商人在天柱各个场集坐地收购生漆，销往长沙、汉口集运出口。可是好景不长，没过几年，由于世界资本主义经济危机，市场萧条，桐油价格一落千丈。宣统三年（1911年），贵州省拟定契税章程，对民间买卖山林、田土、房屋书立契约，按照价格征收契税。买契征税9%，典契征税3%。由于木材年销量很大，所以税收也不少，是后来清水江流域各县"木头财政"之滥觞。

（二）城乡集市的涌现

康熙四十六年（1707 年），清水江沿岸的坌处、白岩塘等 18 寨村民，对过境木材"拦江抽税"。乾隆三年（1738 年），清廷于天柱县瓮洞设立木税局，并于关上设卡拦江征税。道光年间（1821—1850），天柱的场集数量从明代的三四个，增至十一个，到光绪年间（1875—1908）曾发展到二十八个，每逢场期，商贾荟萃，百货流通。其中，镇安场是光绪十一年（1885 年）设立的，又有雷寨、小江、亮江、柳溪、聚溪、执营、界牌七个场集自生自灭，先后废弃，金鸡口场废而复设，实际为二十一个场集，这些场集多数是雍正以后开设的。此前，天柱县农村市场的发展十分缓慢。雍正七年（1729 年），湖广总督迈柱提出"苗疆向无市廛"，奏请在苗疆分界之地设立市场。此后，天柱、剑河、三穗等地掀起了兴建市场的热潮。到乾隆年间（1736—1795），各"寨苗民商贩，俱按期称便，并无强卖，军苗实属乐业"[①]。出现了一些"不事农商"而专营贸易的商人。

（三）红火的商业贸易

传说白市市场是由七个大姓联合创建的，瓮洞市场由三个大姓创立。康熙年间（1662—1722），张、谌、王、刘四姓头人在邦洞河街坝坪上开办市场，收租纳税，充当经纪人。邦洞牛场越办越旺，邻县的牛马都聚集在这里交易，每场上市的牛马一般为 200~400 头，旺季多达 1200 头。其历史影响绵延至今，直至 20 世纪末，黔西安顺、关岭等地的牛马仍经常运来交易。坌处、清浪和三门塘地处航运便利的清水江边，随着木材交易的兴起和发展，当地富户开设商号，有的集资入股开办带有"牙行"性质的"木行"或"水栈"和"歇店"等，进行开行抽税，收取佣金，形成驰名全国的"外三江"木材交易市场，各省木商纷至沓来，尤以实力雄厚的徽、临、西三"帮"及五"勷"商帮为主，他们在此购买大批优质木材运往江浙一带销售，还领库银承担委办"皇木"（宫廷建筑材料）的重任。远口在明代时还是小集镇，到了清代一跃而成舟船穿梭、商贾云集的大集镇，市场规模排列全县第一。光绪《天柱县志》以"地广烟稠，为巡检分防所，临清水江，商贩汇（荟）萃，百货流通，场集为最"来描述远口的繁荣景象。远口、坌处等清水江沿

---

① 《清实录》编辑部. 清实录·高宗实录：卷一〇五［M］. 北京：中华书局，1985：22.

岸集市商贾辐辏，较大的坐贾行商多是江西、两广、两湖之人。远口街上建有江西、两湖、宝庆等会馆。

图 5-2-2　远口镇宝庆会馆门前台阶

商业贸易盛极一时。在远口之后，邦洞排名第二，接下来便是瓮洞、蓝田。清咸丰（1851—1861）、同治年间（1862—1874），贵州农民起义风起云涌，军饷匮乏，咸丰四年（1854 年）清廷开征厘金，瓮洞厘金局所征厘银在黔东南"诸局中名列前茅"。委正、副总办各一员监收，驻军弹压，每月两次解送银圆缴省，瓮洞关上村因名"黔东第一关"（光绪《天柱县志》）。与此同时，从国外舶来的洋纱、洋布及纺织成品等大量"洋货"的输入，不同程度地破坏了当地传统的棉花种植业和棉纺织业。光绪末年，日本的砂糖、水产、棉纱，英国的钢材、铁钉、绸缎、呢绒，美国的煤油，德国的颜料，以及俄国的毛毡等，相继出现在天柱市场。通过不等价交换的原则和手段，买办商人囊括了当地许多廉价工业原料。在山区以十枚针换一张兽皮，一斤糖换五十个鸡蛋，价值相差数十倍。外国资本家掠夺去的原料主要有木材、粮食、桐油、茶油、茶叶、烟叶、烟丝等土特产，导致天柱的手工业受到沉重打击，小商小贩纷纷倒闭，破产停业。同治元年（1862 年）8 月，天柱知事郝元庆将瓮洞厘金局移到渡头坡（今关上村），征收过往客商木税、百货厘金以助军饷，并于清水江下游三十里湖南黔阳、芷江、会同三县交界的笋洞建设分卡，委员稽查，以防偷税漏税。光绪二十九年（1903 年），根据清廷颁布的《奖励公司章程》《商会简易章程》《商人通例》《公司律》等有关工商管理的法规条令，清水江沿岸集镇开始建立各种商业行会。光绪三十四年（1908 年），天柱县商会成立，以管理木商行业为主。

二、农业生产技术全面提高

(一) 兴修水利灌溉,普遍推广犁耕

在农田方面,由政府组织修建引水灌溉工程,向苗民提供耕牛和种子。顺治十六年(1659年)四月,清廷诏"发饷银二万两,借苗民牛、种"。康熙三十九年(1700年),贵州巡抚疏请"劝民苗垦荒田"。康熙四十五年(1706年),天柱县内有26个村寨利用山溪河流兴建简易堤坝36处,灌溉面积9000多亩。当年大旱,光野(今邦洞高野)侗民于冲闷傍山处开掘井泉,用龙骨车吸水灌田。乾隆二十四年(1759年)知县马仕升捐玉带助修,在汶溪河支流渭水河段修筑渡马岩盘山(现陶家寨)大坝,引水灌田,当地人称为"大坝塘"。该坝长60米,坝高3米,顺河斜下,用12层青石方岩砌成,坝口筑水渠500余米,渠宽1.2米,直通稿坝坝头,使稿坝800亩旱田成为水旱无忧的良田。文人墨客美其名曰"稿坝横江",为渡马八景之一,如今遗址尚存。光绪五年(1879年),县府出面饬令民众集资,督修社学登贵堰,取方石安砌水渠,为老百姓均分水利,灌田三百多亩。清初共维修水坝29座,灌田近万亩,时值"乾嘉盛世",天柱县出现了"桑麻百里,烟火万家"的兴旺景象。乾隆年间(1736—1795),天柱县有吴、李、龙、杨四家大地主,其中龙家所占土地跨越三县,遍及三十多个村寨,拥有一年收获粮食三万担的土地面积。乾隆后期,土地关系在原来租佃的基础上出现了货币地租。

(二) 农作物新品种的推广

天柱物产资源丰富,主要农产品的产地有县城西面汉寨、皮厦以上地接黎阳,遍地杉山,土产以木植为大宗;自北门、邦洞、兰田以下,虽均产杉木,主要以谷米为大宗;城东兴文里暨新兴里,二图下远口、远洞、地湖等处,土产茶油,江东、辞兵洲(又名自坪洲)多产棉花。洋烟(鸦片烟)的种植主要分布在县城周围及兰田、邦洞(光绪《天柱县志》)。天柱金凤山出产的土烟(晾晒烟)颇有名气,城乡普遍种植,还推广到县外。《贵定县志》记载,道光初年有商人自天柱带烟种到贵定试种,色、香、味均佳。天柱栽培出来的清香型土烟,香气质好、量足,吸味舒适,在全国同类土烟品种中名列前茅。

清代改土归流以前,籼米未引入清水江流域,该区域水稻种植几乎以糯米为主,故天柱群众嗜食糯食,侗苗皆然。《镇远府志》载:"食惟糯稻,春

甚白，炊熟必成团冷食，佐食惟野蔬。无匙箸，皆以手掬，艰于盐，用蕨灰浸水。寒无重衣，夜无卧具，贫富皆然。"张广泗建立"新疆六厅"后，因州县就地征买兵丁米粮时，各县缴纳的是糯米，由于军士不喜欢吃，乾隆年间（1736—1795）才改种籼谷。云贵总督张广泗《请免折色兵粮疏》说："查黔省各标镇协营兵丁，自乾隆三年（1738 年）九月起，每年应需月粮，除抚标提标贵阳、安顺、永安、安南、普安、遵义、平伐、新添、平越、黄平、天柱、平远、黔西、毕赤等标协营兵丁月粮应照往例仍于各本地额征秋粮改征米内就近酌拨实米供支……"（光绪《古州厅志·艺文志》）

清朝前期，天柱人民普遍种植棉花，农村个体家庭手工业、棉纺织业也很普遍，所织"侗帕"颇为精致。中日甲午战争之后，由于受到洋纱、洋布的冲击和影响，棉花种植面积减少，后来群众几乎不种植棉花，自纺、自织、自穿的土布也由此而减少。清代后期，对当地自然经济影响和刺激最大的首推鸦片种植。光绪年间（1875—1908），鸦片的种植遍及天柱全县。湖南商人在天柱县城、邦洞等地收购鸦片，一次竟达二十万两。鸦片泛滥成灾，吸食者日益增多，严重地影响了人们的身体健康，使社会生产力受到了很大破坏。

（三）"稻鱼并作"生产经验

1. 侗族稻田养鱼的生态环境

天柱自然条件优越，境内山峦起伏，河溪纵横，耕地主要分布在山冲、河谷及低山丘陵地带，土壤肥沃，气候温暖湿润，无霜期长，便于农作物生长，经过各族人民世世代代精耕细作，形成了数百个大大小小的"田坝"，如雷寨、岩寨、润松、蓝田、邦洞、三团、高酿等就是久负盛名的产粮大坝，远近闻名的"鱼米之乡"。主产水稻、小麦、玉米，为贵州省的主要产粮区之一。这些坝子田多数靠近寨子和河流，地理位置好，交通方便，便于耕作和田间管理，水源有保障，阳光充足，非常适合搞稻田养鱼。一般栽秧后投放鱼苗，打谷之前放水取鱼，稻谷和田鱼双丰收。稻田养鱼既不影响收成，又能改善生活，增加营养，而且可以给家庭增加一定的经济收入，所以侗族群众的积极性很高，过去几乎普及每家每户。

2. 侗族传统的鱼苗繁殖技术

在天柱县侗族聚居区，除了坡上的旱田、缺乏水源的坡边田和冷水田、锈水田，凡水源条件较好的坝子田、溪边田大部分放养鲤鱼，因而需要大量的鱼苗。据调查了解，自清代直至 20 世纪末，全县所需的鱼苗均来自高酿镇，每年一到播种插秧的季节，就有成群结队的高酿鱼苗专业户挑着鱼苗到各个村寨去推销。其中以甘洞村最为突出。

他们有自己的一套鱼苗繁殖技艺。每到春分节气就开始"漂鱼"（交配产卵）。这时要掌握三个最关键的技术环节：第一是"春分"之前要把母鱼和公鱼从大池分开，饲养在2米见方的小池里，不能过早地让它们交配，影响产卵量。第二是发现母鱼发情，到处乱游乱跳的时候，挑选品种纯、个体大、数量对等的公鱼放到池里与母鱼"合田"（受精），受完精后要把公鱼取走，以免公鱼吞食鱼卵。第三是事先准备树枝或草把（毛茸茸的猴子草最好）放在池边，让母鱼在上面产卵，一般母鱼产完卵便开始恢复体力和进食，这时会吃掉鱼卵，要将母鱼捉走，晴天还要把缀满鱼卵的草把拿到岸上，在阳光下晾晒一段时间再放回池里，通过光合作用，促进鱼苗的发育生长。

3. "稻鱼并作"方式

侗族稻田养鱼与当地的优质大米——"天子米"的生产非常适应。阳春三月，家家户户炼田育秧，待秧苗稍长，即把鱼苗舀出来，投放到秧田里，过一二十天，鱼苗可长成葵花籽或瓜子大。扯秧时，再把鱼苗捉起来放进已经插秧的稻田去养殖。按照稻田面积决定养鱼数量，一般是每亩投放50至60尾。根据鲤鱼的生活习性，在其经常觅食的地方适当投撒一点猪粪或牛粪。稻禾抽穗扬花的季节，田中的鱼饵充足，鱼儿长得最快。通常鲤鱼一年可长到200~450克，"老口鱼"（头一年的鱼苗）可达500~800克。每到农历七月半或八月中秋，稻谷黄熟，各家各户放水取鱼祭祖，禳祈丰岁。青年男女则唱"桃园洞"，跳"七姊妹舞"，载歌载舞，歌舞活动从七月十一日开始，直到七月十五日午夜方止。

侗族是古代越人骆越支系的后裔，据《史记·货殖列传》记载："楚越之地，地广人稀，饭稻羹鱼，或火耕而水耨，果隋蠃（蟟）蛤，不待贾而足。"《汉书·地理志》亦云："民食鱼稻，以渔猎山伐为业，果隋蠃（蟟）蛤，食物常足……不忧冻饿。"侗家人不但喜欢吃鱼，而且吃鱼的方式方法很多，也很讲究。收获鱼之后，或烧或烤，或炸或煎，或加工成"酸汤鱼"，妙手烹调，其味鲜美，佐食下酒，妙不可言。放水捉鱼季节，如果产量多，短时间内吃不完，往往剖开内脏，洗净晾干，加入食盐、炒米和辣椒粉，制成腌鱼加以贮存，以备节日喜庆之时，把腌鱼当作佳肴拿来款待宾朋和拿去走亲访友。

历史上"稻鱼并作"制度的推行，促进了粮渔并举，综合开发耕地资源，达到了增产增收、丰富膳食、改善生活的目的，并由此形成独具民族特色和地域特色的侗族稻作文化。这一传统农业文化对以清水江为中心的侗族地区现代农业生产以及综合开发仍然具有积极的借鉴作用。同时，侗族独特的农耕文化以及由此产生的饮食文化、节日文化，是文化旅游与经济融合发展过程中可资利用的文化资本，是侗族人民为中华民族伟大复兴提供的一宗具有新鲜活力和民族特色的优势存量资源。

三、畜牧业的发展与专卖市场

清代天柱县的畜牧业发展较快，特别是耕牛的养殖规模不断得到扩大。境内有邦洞、兴隆两个牛场，邦洞牛场开辟于乾隆年间（1736—1795），规模较大，上市耕牛多达数百头甚至上千头，闻名湘黔边界，逐步形成专卖市场，民间至今流传"蓝田猪、邦洞牛"的谚语。蓝田集市以销售产自当地的黑毛猪为主，该品种适应能力强、成活率高，而且不挑饲料，容易养殖，易肥易大，出栏率高，经济效益好。群众除了养殖牛、马、猪、羊等大牲畜，还喜欢喂养鸡、鸭、鹅等家禽。天柱骡鸭久负盛名，是走亲访友的必备礼物，年产数十万只，销往相邻各县。

四、手工业与采矿业的萌芽

（一）手工业的起步

明代进入天柱的屯军中，有一些随军的能工巧匠，能打制各种小型农具和编织用具，他们招徒传艺，从业人员渐渐多了起来，从而出现了天柱县手工业的萌芽。清代，冶铁业和编织、纺织业、酿酒业、砖瓦业、竹木器业等个体手工业大量出现。嘉庆年间（1796—1820 年）李宗昉在《黔记》卷三称："（天柱、锦屏）男子衣与汉人同，多与汉人佣工，女人戴蓝布角巾，穿花边衣裙，所织洞帕颇精。"宣统三年（1911 年），湖南人陈三江、曾辫子、刘云干等人在天柱县城创办缝纫店，为天柱县首次用缝纫机缝制衣服。

（二）采矿业的萌芽

矿产资源开发。雍正九年（1731 年），即有"黎平府天柱县产砂金"的记载，开采于乾隆初年。天柱金矿主要分布在四图里（今邦洞镇）坑头厂，兴文里（远口镇）金刚山厂、磨山厂，二图上金刚洞厂，由义里（辖今坌处镇、竹林镇大部，白市镇、江东镇、渡马镇和社学街道办各一部）金鸡冲厂、花娘厂，金井溪有砂金，使用简易的工具即可淘捡。乾隆七年（1742 年）十月，天柱相公堂金矿及东海洞金矿试采，至次年六月止，计划获黄金 370 余两，未达到目的。乾隆四十一年（1776 年），清廷在天柱中峰岭金矿区设课书、课长、巡提，对金矿开采进行管理。咸丰三年（1853 年），社会动荡，黄金开采失控，天柱境内溪河两岸，挖田淘金，纷纷不息。坑头、壕香、辣子坪是天柱金矿的主产区，脉金（山金）分布广、品质高、储量大，年产量10万克以上。

铁矿主要产于邦洞镇铁厂村，清同治十三年（1874年）进行开采，高峰时采矿工人达千余人，为此该村至今名为"铁厂"。

光绪《天柱县志》曾总结说："煤出摆头洞，硝各洞均出，石灰出摆头者佳。"

第三节　中国近代教育家曾廉与天柱县最后一所儒学堂

中国近代天柱教育家曾廉（1856—1928），又名曾伯隅，字瓜蠡庵，号澄滨野人，湖南宝庆府（今邵阳市）人。为清末天柱县教育史上最后一所儒学学堂——黄哨山"白云书院"的创始人。

曾廉自幼好学，精通四书五经，擅长诗词古文。四十岁那年在京城中举，因博学多才，被授国子监教授。光绪年间（1875—1908），他因上书言事忤逆当朝权贵，获罪黜黔。光绪二十八年（1902年）曾廉游抵黄哨山，寄居白云寺。

黄哨山位于天柱与锦屏县交界，方圆百里，东有望楼坡、姊妹岩，西与白岩坡、笔架山遥遥相望。主峰五龙岭海拔1029.5米，是黔东名山之一。黄哨山因险要而得名，据《黎平府志》记载，凡由京城到黎平府上任的官员和商贩、脚夫、囚犯，均须"道出黄哨山"。民谣说："黄哨山，离天三尺三，人过要脱帽，马过要下鞍。"山顶有一草坪，宽阔数亩，中有一庙，名为白云寺。传说白云寺原名天云寺，始创于元明时期，创始人是湖北来的高僧甄道乾。甄氏云游至此，乍见峰峦拥翠，仙雾缥缈，云天相连，清江如练，环绕山麓，滔滔江水浩浩荡荡东奔洞庭，了然顿悟，无心他往，遂化缘建寺，修建大雄宝殿，供释迦牟尼、四大天王、八大金刚、十八罗汉。山门居高临下，殿宇气势恢宏，古道蜿蜒通幽，苍松翠竹掩映。晨钟暮鼓，朝山拜佛，只闻诵经木鱼，佛歌声声，真是个清静修行所在，虽然远离尘器却香火不断。明湖广晃州知府吴赓虞宦游至此，题联寓怀："曲径云封留客扫，禅门月静待僧敲。"横额"白云深处"，取意于唐诗"白云深处有人家"之句，天云寺亦因之改名"白云寺"。此处另一古迹是清朝黄河两岸水陆提督陈天佑留下的门联："石磬声声绕岭飞，引石龟听法、古柏参禅，万物皆随空寂意；木鱼阵阵和风舞，趋后世情魔、前生累业，众生尽得释门真。"

曾廉因见黄哨山奇峰竞秀、环境清幽，是个修学的好地方，决意定居下来，创建"白云书院"，授徒讲学，以培养侗苗子弟为己任。他游说天柱县高酿、邦寨、地坝、甘洞、凸洞一带和锦屏县茅坪等寨，劝募村民捐款献料，投工投劳，历时一年，书院馆舍落成。开学当日，俊才云集，曾廉特书一联贴于书院大门：

> 倚槛凭栏俯瞰锦江秀水送来涛声贯耳，
> 登楼附阁环观天柱名山都向此处低头。

天柱、锦屏两县有志青年，不畏山高路陡，慕名负笈求学。阳渡溪的龙昭灵、上花的龙秀三、春花的龙秀腰、邦寨的吴用竹等清末秀才均出自曾氏门下。他把中原地区的学术思想和治学方法介绍到地处清水江中下游的天柱、锦屏一带，参照南宋理学大师朱熹的《白鹿洞书院揭示》的管理模式对白云书院进行管理，还增订了《非斋学约》，突出四大要点：一是学宜有恒；二是学宜有条理；三是学者宜知礼；四是文字宜戒时弊。他对过去的教学形式进行改革，变以前的单人传授为集体课堂讲授，并把传统的"两年读经，三年开讲，五年作诗应对"的教条改为"读讲用"并举。曾廉在教学方法上采取问难辩论，启迪思维，重在学生自学，发展兴趣。他晚年周游天柱、锦屏、黎平、镇远等地讲学，课徒之余，著书立说，撰有《瓜蠡庵集》十八卷，流传于高酿地区。他还撰有《垒处忠义祠记》和《需楼记》两篇文字及匾额楹联数副。需楼联云：

> 绕屋树摇三面月，
> 隔江山拥一弓桥。

享堂联云：

大风营，故垒营高，可惜五年酣战。鼓角地中鸣，千夫长奋呼同泽，慷慨捐躯，有谁凭吊前来，哪堪对荒冢、白杨、秋江、磷火。

垒处汛，斜阳市散，祗今一味新凉。槐榆荫下坐，数老人细说从头，咨嗟流涕，不信英灵真在，请试看长空、香雾、古木、神鸦①。

宣统三年（1911年），辛亥革命爆发，时局动荡，曾廉离黔回籍，不知所终。斯人已逝，恩泽永存，曾廉为天柱侗寨开启一代文风，至今传为佳话。

---

① 刘中燠，等.民国天柱县五区团防志［M］.刻本.贵阳：贵州文献征辑馆，1919.

第六章

土著资源的内地化开发

——清代天柱人工营林和木材贸易

天柱县木材经营历史悠久，早在明正德九年（1514年），本地所产杉木即远运京城各地，以其质优、干直、耐腐、易于加工而享誉全国，赢得"苗木""苗杉"的美称。万历四十四年（1616年）湖南等外省商人即进入县境瓮洞、远口、坌处以及上游锦屏境内的卦治、王寨、茅坪购买木材。万历二十五年（1597年）天柱县就开始建立木材市场从事木材贸易活动了。康熙《天柱县志》记载，天柱首任知县朱梓，曾在瓮洞设立新市镇，建有官店数十间，"募土著，聚客商，往来鱼、盐、木、货泊舟于此"。《黎平县林业志》也有相关记载：万历四十四年（1616年），湖南洪江小商贩进入王寨、茅坪、卦治，"少量收购杉木销售，木材最初形成商品经营"。当时主要是交易杉木原条或板枋，到后来逐渐扩大到买卖"青山"（活立木）。

第一节　"外三江"木行及其木材交易

清代，侗族地区造林成绩非常显著。林业经过100多年的持续开发，清水江沿岸天柱、剑河、锦屏一带杉林莽莽，郁郁葱葱。清人爱必达在《黔南识略》记载："郡（黎平府）内自清江至茅坪二百里，两岸翳云承日，无隙土，无漏阴，栋梁桀桶之材靡不备具。"木材贸易空前繁荣，"商贾络绎于道，编巨筏（木排）之大江，转运于江淮"。

一、中介组织"行户"的产生

清朝雍正年间（1723—1735），锦屏三江木材交易总木市建立后，继之建立"内三江"木材市场，形成"当江制度"，对清水江木材采运和市场运行进行规范管理。天柱木材市场的设立较之更早，但是只有"行户"，官方未赋予"当江"的特权。"行户"一般以办事公道且家庭条件好的富户领帖（营业执照或经营许可证）开行，负责处理交易中介事务，歇客收取牙行佣金，其中包括木商的房租、饭食、看守、扎排以及人工杂费，佣金比例按每成交白银一两，给银四分。行户享有开盘喊价，即"一口喊断千金价"的特权。木号设文、武管事各一名，文管事掌管内部事务，武管事掌管外部事务。木行雇有围量手（检尺）、杂役、厨司、学徒等，多则十余人，少则六七人，工资每月 10~15 两银子或银圆不等。

"行户"的职权与义务：行户有充当中介和定价的职权，其义务是缴纳"规议银一十二两，每年赴府交纳"。清光绪以后改为"每年纳课银二十四两，仍于奏销册内声明，造报咨部定案。行用仍照向章，每两抽银二分四厘五毫"（光绪《黎平府志》）。

二、"当江"的特权

所谓"当江"，就是主管木材交易。清人吴振棫在其所撰的《黔语》亦论及王寨、茅坪、卦治的轮流当江制度，"岁以一寨人掌其市易，三岁而周"[①]。行户必须履行"当江"制度。规定以黎平府属的茅坪、王寨、卦治三处为"当江"的固定集市，三寨轮流当江，每寨一年。山场木植成材之后，由"山客"（当地的少数民族木商，又称"山贩"）组织砍伐，运到三寨，然后经山客、木商、行户三方当面议价交易。交易成功，木商即在其所购之木打上"斧印"（该木商的姓名或木号与行号），表示其对这些木材的所有权。

三、木商组织及其活动

木业商会明以前无考，清初清水江下游从事木材贸易的商人自愿组成行业帮会，称为木业商帮。在天柱境内活动的商帮主要有"三帮""五勷帮""十八帮"，鸦片战争之后还涌入了买办资本的"花帮"。

---

① 吴振棫. 黔语：下卷（"黎平木"条）. 顾久. 黔南丛书点校本（第 10 辑）[M]. 贵阳：贵州人民出版社，2010：321.

（一）三帮

明末清初，最早来清水江经商的是安徽的徽帮、江西的临帮、陕西的西帮，号称"三帮"，他们都是一些身份特殊的商人。明初"皇木"是委托官员采集，后来委托民商采办。"三帮"正是采办"皇木"的官商，其中徽帮最盛，在万历年间（1573—1620）就开始到清水江流域采办"皇木"了。他们有的是奉旨领国库银来三江采办"皇木"，称"皇木官"；有的是领取各省公款进入清水江流域采办解京贡木，俗称"委员"。乾隆四十五年（1780年），王寨一带因木材买卖发生纠纷，差役张德禀称："那时河下为木客商约有二三百人。"另据当地主家王德富称："徽、临两帮客商，都是恪守法度，从不敢多事的。"（《采运皇木案牍·移远口司》）同一时期，在瓮洞下游的托口，亦有不少徽商和临清帮商人。《采运皇木案牍》中收录的《致黔阳县才公》一信称："查托口地方向有主家蒋天标、杨天佑等一十六户，无论江西、徽州及本地客商，凡买有木植，均落在该主家店中，买缆扎簰，俟簰扎就，即将木植若干，邀同主家赴关具报，听候验明斧买，从无紊乱。"①

（二）五勷帮

在清水江沿岸从事木材贸易的贵州天柱与湖南芷江、黔阳等地木商合称为"五勷"。"勷"字取其互相合作之意。每两个地方组成一勷，即托口、沅辰勷，瓮洞、巨潭勷，西溪、柳寨勷，大龙、金子勷，碧涌、冷水勷。

（三）十八帮

"十八帮"是指来自长江中下游地区的远方水客，主要是湖北、湖南的木商，如汉口帮、汉阳帮、大冶帮、黄冈帮、长沙帮、益阳帮、常州帮、宿松帮、闵帮、金帮、寿帮等。

木商之中，有内江客与外江客之分。身份不同，其享受的待遇也有所不同。"内江客"是较早进入清水江流域的"三帮""五勷帮""德山（常德）帮""花帮"与天柱县垒处、远口一带的商人，他们享有直接进入三江进行木材贸易的特权。"外江客"是来三江收购木材时间较晚的商人，只准许他们寄

---

① 王振忠. 徽、临商帮与清水江的木材贸易及其相关问题——清代佚名商编路程抄本之整理与研究［C］//张新民. 探索清水江文明的踪迹——清水江文书与中国地方社会国际学术研讨会论文集. 成都：巴蜀书社，2014：32.

居"江外"——"外三江"（清水江下游天柱县境内的清浪、坌处、三门塘三寨）主家，要委托主家才能进入"内三江"木材市场收购，在没有主家引荐的情况下，不能直接进入内三江贸易。

（四）"十八关"与不同群体的利益诉求

清初，清廷平定吴三桂叛乱后，清水江木材市场得以恢复正常经营，逐步形成了以锦屏卦治、王寨、茅坪为核心的"三江"木材集散市场。虽然天柱境内盛产木材，素有"上控黔东，下襟沅芷，囊百蛮而通食货，顺江流而达辰常"的水上交通便利，民间木材贸易历史悠久，但是由于受官僚体制的束缚，当地的老百姓未能享有"开行当江"的权利，沿江百姓不得不自发地联合起来，私设关卡，拦江抽税。

为了均沾木材贸易带来的丰厚利润，康熙四十二年（1703年），天柱县坌处王国瑞、王繁芝等人申请牙牒开设木行，未获得贵州当局批准同意，于是串联天柱至湖南黔阳县托口清水江沿岸18个村寨，擅自设置清浪、坌处、三门塘、菜溪、新市、远口、鸬鹚、中团、兴隆、牛场、埂洞、白岩塘、江东、金鸡、巨潭、瓮洞、金子、大龙、托口19道收取木材过路费的关卡，史称"十八关"。凡木排过关，每排抽银9两，过完十八关，共抽银162两，数额巨大，木商叫苦不迭。黔阳县木商田金展和绥宁县木商伍定祥赴长沙向湖南省巡抚衙门控告，湖南巡抚责令天柱、黔阳两县将十八关强行拆除。从此，"外三江"农户又多次申请牙牒，均未获准，于是以此为导火线，引起内、外三江长达一百四十多年的"争江"官司。

第二节　人工造林前所未有的鼎盛时期

从明朝中后期开始，天柱民间就开始出现人工造林。当时，人们所植树木以杉木为主，兼栽茶、桐、漆、女贞、桂、桃、紫薇、李等经济林木。据康熙三十八年（1699年）归附天柱县入籍纳粮的文斗寨（今属锦屏县管辖）苗族《姜氏家谱·序》记载：万历年间（1573—1620年）文斗人"只知开坎砌田，挖山栽杉，不肯迎师就读，搬（盘）子求名，问之四礼，皆昧然罔觉"。这是最早关于锦屏、天柱一带人工造林的历史记载。进入"康乾盛世"后，天柱人工造林活动迈向前所未有的鼎盛时期。

一、侗苗群众人工造林的积极性空前高涨

关于杉木的用途与特征，郭璞在《尔雅》中注曰："似松，生江南，可以为船及棺材，作柱埋之，不腐也。又人家常用作桶板，甚耐久。"《本草纲目》称，"蜀黔诸峒所产者尤良，其木赤白二种：赤者实而多油，白杉虚而干燥，有斑纹如雉者，谓之'野鸡斑'，作棺材尤贵，其木不生白蚁，烧灰最发火药"。

天柱县盛产杉木，树干圆满通直，节痕稀少，颇受木商欢迎。特别是产于清水江流域的杉木树干端直，大者数围，高七八丈，纹理条直，在较为潮湿的环境下，不生虫，也不易腐烂，侗族群众因此喜欢栽植。如清代林学专家吴其濬在《植物名实图考》中所言："今湖南辰沅瑶峒，亦多种之。大约牌筏商贩皆沙木，其木理稍异者则杉木耳。"

明朝宫廷频繁采伐"钦工例木"，江淮木商接踵而来，大肆采购木材，侗族地区的森林遭到了不同程度的破坏，森林资源濒临枯竭，许多林山变成了荒山，在木材市场的强劲需求和高额利润的刺激下，侗族群众的林业生产观念发生了根本转变，不少农户开始把精力投入开挖荒山植树造林，甚至吸引了省内外大量移民涌入清水江流域的天柱、锦屏、黎平一带从事佃山造林和木材买卖等林业经济活动。

在历史传统上，以往天柱群众有女儿出生要上山种"女儿杉"（又名"十八杉"）、青年结婚时要栽植"鸳鸯树"。传说元朝末年，湖南会同岩壁村的龙政忠眼看"中原无主，天下纷乱"，便弃家从军，拉起一支队伍，后奉命率兵入黔，与新化、欧阳诸蛮夷长官司分域而治，守备亮寨而成为亮寨蛮夷长官司的正长官。到明朝初年，他的后裔龙便伯因不能承袭长官司之职，于是离开亮寨到茅坪五柳山定居下来，与茅坪开寨杨姓之女成亲。杨家原本也是移民西迁溯江而来，在茅坪开寨落户，拓荒无名溪，造田开荒兴农耕，又在山上造杉林，十八年后树木成林，卖林获利颇丰，一跃成为茅坪家资殷实的大户。龙便伯解甲归田，起初家境贫寒，与杨姓联姻后，杨姓以无名溪为界，将一半田土山林作为女儿陪嫁的嫁妆送给龙家。所谓"十八杉"，即栽后十八年就能成材。茅坪龙、杨两姓因栽树而创家立业，在清水江沿岸传为佳话。后来，天柱苗乡侗寨，谁家生了孩子，无论男女，都要择地植上一片山林，精心管理，待小孩到了"男大当婚、女大当嫁"的年龄，就可以对已成材杉木进行砍伐，作为男方送聘礼的"钱庄"、女方打制嫁妆的"钱柜"。

有的地方，父母亲还专门为女儿栽种"嫁妆林"，以此相沿成习。从古到今，人们养成了"爱林、育林、护林"的良好社会风气。

清代天柱的人工造林取得很大的发展，不仅在县内造林，还结伴到锦屏佃山造林，出现村民联合造林的形式。乾隆四十五年（1780 年），锦屏县一份租山栽杉的契约写道①：

> 立佃种山场合同人稿样寨龙文魁、龙文明，邦寨吴光才、吴光岳、吴光模、吴启白，蔡溪寨李富林、李忠林三寨人等，亲自问到文斗下房姜兴周、姜永凤、姜文襄买得乌养山一所、乌书山一所，今龙、吴、李三姓投山种地，以后栽杉修理长大发卖，乌书山二股平分，乌养山四六股分，栽手占四股，地主占六股；乌书山栽手占一股、地主占一股。其山有老木，各归地主，不得霸占。今恐无凭，立此投佃字存照。
>
> 　　　　　　凭中代书　姜梦熊　曾聚周　姜安海
> 　　　　　　佃种人　龙文魁　吴光才　李富林
> 　　　　　　党加众山佃约付与梦熊收存
> 　　　　　　乾隆四十五年正月二十九日　　　立

这张契约显示，因地理位置和生产条件不同，因而有两种不同的主佃分成比例。佃户一方是二镇三个村，即高酿镇稿样寨、邦寨村和竹林镇菜溪村的龙、吴、李三姓八户联营，是一种民间联合造林形式。

此外，人们还总结出"三年锄头两年刀"的农林经验，十分科学合理，即前三年用锄头栽杉，在杉中种小米、玉米、红薯、豆类等杂粮，后两年以柴刀修枝定型促进林木生长。既收获了粮食，又抚育了幼林，促进了杉木的生长，实现林粮同产，是以当地古农谚说："林粮间作好，林下出三宝。"

二、林业生产过程中总结"林粮间作"技术

侗族人民具有植树造林的优良传统，人工造林已有四百多年的悠久历史。侗族民间有许多从清代流传下来的关于栽树护林和发展林业经济的谚语、民谣，如"要想富，多栽树""少年栽树，老来享福""栽有千兜杉，穷人变富

---

① 黔东南苗族侗族自治州地方志编纂委员会 . 黔东南苗族侗族自治州志·林业志 [M] . 北京：中国林业出版社，1990：58-59.

家""木码（'两码子'，为清代木材计价单位）一两，黄金一两"。经营林木，成本低、利润高，容易致富，因此广大侗族群众造林的积极性很高，不但成功栽培了在后世驰名中外的"十八年杉"和"八年杉"，而且经过长期摸索，掌握了当时国内乃至世界领先的"林粮间作"技术。几百年来，由于侗族人民的不断经营发展，山上的林木砍了又栽、栽了又砍，砍不尽、卖不完，世世代代青山常在、绿水长流。明清时期，正是大规模的木材贸易才使清水江流域呈现一片"日晒黄金夜不收"的繁荣景象。

时至清朝，天柱群众从采种母树到球果取弃，都积累了丰富经验。乾隆《贵州通志·风土志》说："杉阅十五六年始有籽，择其枝叶向上者，撷其籽，乃为良，裂口坠地者弃之。"而且民间已经摸索出了"先农后杉"与"林粮间作"的生产模式，据《贵州通志》记载："种杉之地选就后，不得立即种杉，须先在这片土地上种植一两年庄稼后方能栽杉，小季种麦、大季种苞谷。作用在于以松土性，利于杉树的种植和生长。"① 育苗时选择靠近水源、土壤肥沃的山湾或缓坡，经过"两烧三挖"整好土，施以人畜粪便、桐枯或草木灰作为底肥，然后分厢打行播种，在其上覆盖杂草，适时除草追肥，保留壮苗，次年正月或二月进行苗木移栽。刚移栽的头三年，因为树木还没长大长高，于是利用行间的隙地种黄豆、小麦或栽红苕、播小米，以耕代抚，一举多得。

"林粮间作"是侗族人民的智慧结晶，是侗族人民对开发森林资源、发展林业经济和保护生态环境的一项重大发明与创造，为发展我国民族地区传统农业做出了应有的贡献。侗族人民深知植树造林与保持水土、优化生态环境建设的重要性，所以依山傍水而居的侗寨，寨中有"护井树""护路树""护桥树"；寨傍有"乘凉树""风水树"，古树参天，绿叶成荫；寨外靠近田野的低山丘陵，不是栽油茶树，就是种油桐林；远处山连山、岭连岭，是漫山遍野的杉山松海，千山如屏，万峰流翠，如诗如画，美不胜收。"林粮间作"模式还为侗族地区留下了大量的林契文化、碑刻文化和封山育林的乡规民约等非物质文化遗产。特别是遗存在清水江流域的林业契约文书，深刻地反映侗族地区经济、社会历史状况，极具史学价值、文化价值和经济学价值，已经引起中外专家学者的极大关注。

时至今日，天柱等地侗族民间保护森林的绿化意识、生态意识仍然值得

---

① 《贵州通史》编委会. 贵州通史：卷三·清代的贵州 [M]. 北京：当代中国出版社，2003：163.

我们学习借鉴。侗族民间除了严禁砍伐古树、风水林，还禁止纵火烧山、乱砍滥伐，违者严惩重罚。这些都是树立科学发展观、促进人与自然和谐发展、建设社会主义新农村极为珍贵的和不可或缺的民族精神财富。

第三节　木材采运及其管理

木材生产具有一整套工序流程，是一种劳动强度很大的生产活动，从采伐、造材、集材，到搬运至目的地为止，每一个环节都需要一定的操作技术。产杉区在夏季砍伐进行立木剥皮，可加速立木的干燥。否则，如在生长期停止或采伐后才去皮就比较困难，不能全部剥去，通称"雪花皮"杉条。

一、采运形式及方法

采伐方式有两种，一种是择伐，另一种是"倒山砍"。择伐俗称"抽壮丁""拔大毛"。采用这种方式，主要是在木材需要量较少的情况下进行，如打制家具、修桥补路、起房造屋或做猪牛圈所用。"倒山砍"，即大小林木全部砍光，伐后再全面更新。明清时期，除了战乱和灾荒年时，清水江的木材市场需求极大，林木采伐快，森林资源更新周期也快，良性循环，从而获得更大的经济效益。传统的木材搬运方式主要是陆运和水运。

（一）砍伐季节与仪式

秋末冬初采伐，这时杉木基本上停止生长，皮层收浆，木质趋紧，伐后既不会开裂，又极少生虫，人称"桂花木"。不过，人们多喜欢夏季采伐，这时林木正处生长旺盛期，林谚说"四月日头热熙熙，杉木冒浆要脱衣"。砍伐倒地后，只要在齐胸高处开好口子，用木铲轻轻一铲，木皮就顺势脱得精光，树表光滑，材质干净好卖产，又可得木皮盖房遮雨。

清水江流域中下游的天柱、锦屏等地大批量的采伐多为商业采伐，所以经常有"坎坎之声铿訇空谷"的盛况。林主为尽快完成采伐任务，得雇请当地很多林农作为"木伕"（木夫），这些"木伕"农忙务农，农闲务林。进山伐木，由工头师傅带领，大伙挎柴刀、提山斧、携棕缆、带粮食，上山安营扎寨。为了避免发生工伤事故，动斧砍树之前，工头师傅要举行祭山煞树神仪式，选准一棵最大的杉树，在树下设立简易祭坛，由师傅烧香化纸敬酒，祈求山神保佑，口中念念有词："一请宗师，二请祖师，三请三元六度师，化我身为鲁班仙人身。南风起来北方退，东风过来退西方，无风无影，百无禁忌。"念毕，宰杀雄鸡一只，将鸡血涂于树干，洒于地下，祭毕方可动斧砍树。搭工棚亦须烧香化纸，宰杀雄鸡，名曰"起水安煞"，请求山神随时驱赶毒蛇、猛兽、蚊虫等，以保平安。

砍伐时要特别掌握好树木的倒向，以便今后搬运木材出山，弄不好会增加很多麻烦，出现窝工。如果将木头放槽滑下，则让树尖朝上，若要将木头拉厢运送，则让树尖横向倒地。倒向定在何方，斧口就朝这个方向开，斧口开到树兜的一大半，即从斧口反向稍上一点位置再砍三两斧，整棵树便呼啦啦地朝着既定的方向倒去。接下来便削枝剥皮，使其易干。

（二）陆运与水运

1. 陆运

（1）"盘山"搬运

搬运木材翻山越岭，费工耗时，明清时代多利用地形开挖滑槽，从山岭往山脚滑送，名曰"放洪"。扛运中，按起点到终点的运距和参与运输的人数，划定路段，规定趟数，用"捡叶子"（抽签）的方法，定人到段，一人或几人一段，扛运者着草鞋、披巴肩、持杵棍，从起点依段接替扛运至终点，称为"过拨"。

（2）厢运

一些弯道、溪沟、梯田路段，跨沟过涧，运距遥远，用木材扎成厢架，用架厢铺路的办法，在厢上拖运。运木者两人并肩用木杠拉木沿厢而下，称为"拉厢"。厢宽四五尺，马脚（支架）有高有低，低于两丈者为低厢，高于两丈者为高厢，穿过田园和平地者为平厢。拖厢时，分成若干拨，即若干段，每拨定人定岗，上拨送，下拨接，流水作业，各负其责。

断木架厢损材耗木，一般运距较远，则分段架厢，分段拉木。每拉完一段又立即腾厢，"马脚"等支架用料可重复使用。厢架好后，依厢长和夫数均分当日每杠应拉几板厢，短则5板，长则10~20板不等，抓阄轮次，依次来回运输。头阄发堆、尾阄上堆，均要硬抬方能上厢和归堆，非身强力壮者不可。锦屏、天柱凡旱运木材历来架厢拽运。而会同县木材与竹材的下山陆运，历来由人力肩扛。木厢绕山、过涧、跨壑往山下延伸，最难最险莫过于拖厢转大弯、急弯。无论陡厢平厢、弯厢直厢、高厢低厢，两边的厢道木都只架设一根独木。拖厢时两人平排在厢道上用抬杠抬着、拖着木头，躬着身子向前行走，每挪动一步都得小心翼翼，要用力均衡，互相照应。一人失足，两人都会跌落深涧沟壑。

2. 水运

侗族地区主要干流有沅江、都柳江及其支流，境内溪河纵横，山环水绕，为木材水运提供了极大的便利。明清时期，贵州省黔东南境内，绿水千里，青山万重，林海苍苍，杉山耸翠。清水江，古称"苗河"，是黔东南的第一大河流，全长500多千米，为沅江上游主干流，发源于贵州省都匀市斗篷山北麓，自锦屏县茅坪镇杨渡溪杨渡角进入天柱，过境77千米，在天柱县瓮洞镇分水溪流入湖南，汇沅江，注入八百里洞庭湖。明清之季，天柱山山岭岭，层峦叠嶂，连绵起伏，还是一片遮天蔽日、虎豹出没的原始森林。林农们从山上运木至溪河附近，然后通过水运的方式，小河"赶羊"，大河撬排，大江浮筏，将木材运往销售市场。

(1) 小河"赶羊"

根据江河的大小，木材水运的方式有三种：一是小溪水道窄狭，为"赶羊"流送。二是支流河谷较宽、溶口较大，即放挂子小排。三是大江大河河床开阔、水面宽广，可放行江大排。"木伕"们在秋冬两季，把木材运到溪河上边归堆后，就算完成了"盘山"任务，只等来年春水涨发进行山溪"赶羊"流送了。每年"桃花汛"一来，即把堆中木材适时放入溪中，借助水力，像赶羊一样把木材放运到撬排、扎排的地方。各地把杉木从产地的小支流以单根漂流到小河的这种水运方式称为"赶羊"。

(2) 大河排运

蓑衣排扎排，先要在每根杉条木的头部五六寸处打一水眼，用一根手腕粗的硬杂木穿过水眼，并连穿五根，组成一块头排，然后用藤条或竹缆将头排拦腰拴上，以之为"底排"。在"底排"上再装上九根梢朝前、兜朝后的杉条木，组成一块完整的"挂子排"，因装在上面的一层杉条木像披着的蓑衣，故也称"蓑衣排"。这种排前窄后宽，便于在河中穿行。

对于要从上游的锦屏"内三江"（卦治、王寨、茅坪）放出天柱"外三江"（清浪、坌处、三门塘）的木排，因江水稍大，先扎成中型木排（三层大排），由排工筏运到湖南托口，再改扎成较大的木筏，统称为"苗头"或"苗排"。"苗排"大约由300根杉条扎成，由托口向下进入湖南沅水至洪江。

洪头到了洪江后，将"苗排"改扎成更大的"洪头"，每一"洪头"的杉木材积，折算约合50立方米（合龙泉码价300两），编扎成三层、五层，乃至七层，排排相连，格外壮观。

（3）行江"蓝筏"

"洪头"顺沅江而下，飘流到桃源陬溪、常德河伏，再编扎成更大的木排"蓝筏"。"蓝筏"由多节木筏连接而成，长约200米，然后进入洞庭湖，经洞庭湖到岳阳再改扎成大筏，筏身加宽到10米以上，尺度缩短到100~120米。巨大的木筏顺江而下经过洞庭湖，驶向汉口鹦鹉洲，甚至远至南京的上新河。

编扎杉木筏和牵引用的拉索是以毛竹篾为原料编成的竹缆，一般在洪江和托口购买。有的粗如小臂，拉力极强，用于木筏，可承受大江风浪的冲击。木筏的航行驾驶有严密的组织分工和一系列指挥信号，如解缆、起航、停靠、加速、减速、转弯等均以手势作信号。木筏在大江中运行，一般以打锣为号，在大湖中运行时的信号则为击鼓。

二、必须人人履行的"江规"

木商必须遵守交易规则（包括采运价格、木商贸易对象、贸易范围、检量标准、运送江段、水运工价、银色及兑换比例等），史称"向例"或"江规"。按规定必须固定在"内三江"（茅坪、王寨、卦治）停船泊排交易。据《黎平府志》载，其义务是"向章按照议定木价每两抽银四分，嗣道光初年改用纹银，减为每两二分，以九七五扣实给银一分九厘五毫。此银以七厘归上河店家，以九厘归下河店家，作房租、灯油、劝盘、辛力之费，以三厘五毫作地方办公及雇人守木照料买卖之费。"这里的"两"，既不是重量，也不是货币单位，而是材积单位"两码子"（与立方米不同）。

木材交易中白银的兑换规则，通常以纹银支付木价，"九五折扣，平用九六比兑"。

第四节　近代天柱木材产业工人大罢工

一、统治阶级的压迫剥削

（一）官僚地主的剥削压榨

从明朝采办例木开始，就加重了对农民和木材采运工人的压迫剥削。万历二十五年（1597年）七月，庶吉士刘纲上疏明神宗曰："比大工肇兴，伐木榷税，采石运甓，远者万里，小民竭膏血不足供费，绝筋骨不足任劳，鬻妻子不能偿贷。加以旱魃为灾，野无草青，人情胥怨，所在如仇。"（《明通鉴》卷七十一）《四川通志》记载，万历三十五年（1607年），左布政使汤小昭、右布政使王应麟、按察司刘禹汉奏议："今次派采大木，数倍往额，且鸿巨异常。如一号楠杉连四板坊，此等巨木，世所罕见。即或间有一二，亦在夷方瘴厉之乡、深山穷谷之内，寻求甚苦，伐运甚难。今者，以茕茕孑遗之民，任此艰难重大之役，其何以堪！"康熙二十二年（1683年），何源濬条呈，说大木"俱产诸高山穷谷，老箐密林之中，非独人迹不到，即鸟道亦稀。……至于运道崎岖，磬竹莫尽"（《四川通志》卷七十一）。人民不堪其苦，怨声载道。艰辛危险的苦役，激起了各族人民的反抗，受害木商亦不断申诉，迫使湖南巡抚申奏朝廷，采取革除"弊端"的一些措施：如在解决采办官员与林农、木商之间的矛盾方面，严禁号买和抽买，规定桤楠二木"须在苗境购觅，务必委员知会地方官，询问苗民情愿，然后依时值砍买"，架槁之木在于德山河下，"公凭木牙平价采卖，不许委员自行号记"。然而一切措施的终极目的都是维护帝制王朝的根本利益。

木材市场的兴起使一些山客在贸易中积累了巨大的资本和财富，在清水江流域产生了号称"姚百万"的姚继周和"李三千"等大地主兼大木商。他们与木行和下河木商互相勾结，以各种手段残酷剥削压榨林农。据《控三江行户盘剥山贩词单》诉词称："木行交易，先时安价，但批实艮（银）。道光年间（1821—1850）议批毛价，每两毛折兑实银五钱，每两毛抽行佣实艮九厘，抽牙口七厘，抽江艮三厘五。咸丰至今每两毛仅折实艮三钱，而所抽仍是每两毛取九厘、七厘、三厘五，山贩之折兑任行户更改而行，行户抽头则一定不易，折轻抽重，暗受峻剥""惟三厘五之江艮，初议原归众上收存，着为守江防盗之费"，然而，"近来山贩屡屡失木无数，众上、行户概置不理，只顾做抽江艮，反蚀山客自雇人守木"。天柱县石洞镇皮厦寨乡绅龙大楷也签名参加了这次控诉。咸丰八年（1858年），清政府为了镇压少数民族农民起义，大肆组建地主团练武装，因军费紧张，向木商强行抽取厘金，"派山贩四厘，下河一厘"。农民起义被镇压下去了，又巧立名目，将厘金局改为经费局，"而总理等私商下河各帮暗将下河一厘统山贩完纳"。本来不应该收取这笔钱了，但是仍然继续抽收，而且全部压到山贩的头上。原来作为中介组织的木行，到了清朝末年也成了剥削阶级，"三江行户每向下河客商领取资本，迳上山头与山民争购买，山贩血本有限，屡被加价夺买，是上下之利概归三江"①。

（二）买办资产阶级的压迫掠夺

清朝末年，买办资本主义势力逐渐向侗族地区木材市场渗透。光绪十九年（1893 年），日本在中国的代理商"花帮"在清水江沿岸设立木庄，大肆搜刮中国少数民族的财富。"花帮"因充当日本三菱、三井洋行的买办，在汉口和洞庭湖产棉区代洋行收购棉花故而得名。其在洪江有木庄，在锦屏、天柱的内外江留专人驻守，他们以天柱三门塘为其主要据点，将运来的棉纱、布匹、呢绒、食盐等大量商品在当地倾销，进入锦屏、天柱、黎平收购大径杉木作棺材和长条杉木作桅杆。"花帮"资本雄厚，采购木材数量很大，最盛时达 10 万两码子②。中日甲午战争以后，"花帮"充当三井、三菱洋行的买办，携带日商无息巨资到锦屏三江以高出市价 10% 抢购到的木材，挤垮小商，垄断市场。年购量约占清水江总销量的 80%，为各商帮之首。每当"花帮"一到洪江，竹缆价格将上涨一成。"花帮"当中，殷家四号（益成和、益成德、益成利、吉善祥）和刘家四号（兴义兼、兴茂永、兴茂祥、兴茂盛）最为著名，他们不仅具有经历百余年的经营杉木的历史，使用的"汉票""洪兑"通行三江内外，其他商帮使用的"汉票""洪兑"常常需要殷家担保后才能取得卖方接受得以通行。他们既为"花帮"收购木材，又沿江上运布匹、食盐、百货，以低于市价的 5%~10% 倾销，还在洞庭湖棉区为日商采购棉花，几头赚钱，对我国民族工商业进行挤压。当把众多商人排挤离境无竞争对手后，"花帮"立即调价，操纵布匹、食盐、百货的销价上浮，使木材的收购价下跌，诸多小商小贩经受不了由此带来的货物积压和价格瞬息涨落的折腾，往往破产。

二、林业产业工人的斗争

王宗勋先生在《清水江流域的林业产业工人》一文中考证，乾隆中后期，木材贸易鼎盛的年份，清水江沿线从事木材采伐和运输的工人在 2 万人左右，

---

① 锦屏县地方志编纂委员会. 锦屏县志（1991—2009）（下册）［M］. 北京：方志出版社，2011：1335-1337.

② 黔东南苗族侗族自治州地方志编纂委员会. 黔东南苗族侗族自治州志·林业志［M］. 北京：中国林业出版社，1990：197.

仅锦屏一地就有 8000~10000 人。① 专门从事木材采伐运输的工人俗称"木夫"（木夫），根据木夫从事的不同工种，又分为旱夫、水夫和挑夫，水夫有排夫和船夫。木材采运大多在农闲季节进行，木夫多是自发性组织，他们以"棚"为基本单位，根据山场宽大、木材多少和工期长短来确定雇工人数，往往十几人或数十人为一"棚"，大宗贸易时用工达几十棚，工人多达几百人。

"排夫"（排夫）是清水江地区最早的产业工人。旧时流传一句民谣："篙子下水，婆娘侃嘴；篙子上岸，婆娘饿饭。"指的就是放排工人。清水江放排工人，因水急滩险、危险性大、工资低微，生活悲苦，心有不平，在历史上曾多次进行过增加工资的反抗斗争。

第一次斗争发生于乾隆四十一年（1776年）。当时官方规定：从瑶光放排至卦治每排工价银四两七分，运至王寨每排工价银五两五分，运至茅坪每排工价银六两三分。因工价银低，排夫群起反抗。乾隆四十二年（1777年）在四十一年的基础上，"每排增银一分"。但是仍因增资甚微，改善不了排夫生活，嘉庆年间（1796—1820）斗争复起。

第二次发生于嘉庆七年（1802年）。有一块竖立在锦屏县瑶光的黎平府知府告示碑，镌刻："职得黎平各处出产木植，民苗类以此为生，乃有沿河地棍藉木植经过，雇夫运放，昂取工价，或借以冲坏桥梁、场坝为词，勒索银两；或溪河水发，木被冲散，任意捞取，重价勒赎；甚至将木客斧记削除，私行售卖，……多索放排工价，擅设江规。"工人以各种方式进行反抗斗争。为此，黎平府出示晓谕："排夫工价沿四十二年所定，不许分厘多索。"

光绪年间（1875—1908年），在亮河两岸，以侗族为主的排夫又掀起了此起彼伏的反抗斗争，他们拦河阻木，要求增加工资。光绪十八年（1892年），天柱县同知曾出示晓谕："应照黎平府邛、前县龙会定章程放行，均不准稍有增减揸勒，倘敢故违，许即禀明，立即严惩不贷。"

光绪二十四年（1898年），天柱县彭守敏率领排夫要求增加工资，开展了更加激烈的斗争，黎平府出兵镇压。黎平府公布的告示称："缘排夫彭守敏等积于茅坪、宰贡等处拦江闹事，以致三帮之安徽、临江、陕西、五勷之德山、开泰、天柱、黔阳、芷江等处客商，徘徊裹足，未敢遽行。"黎平府一边通禀上峰"饬镇、柱严拿惩办"，一边移文宰贡马哨官"极力弹压"。慑于广大人民的强大力量，官府不得不作出让步，答应增加排夫们的工资，规定照排给钱，内帮所买之木，每一挂由卦治放至茅坪，水力钱一百文；王寨放至

---

① 王宗勋 . 清水江历史文化探微［M］. 昆明：云南美术出版社，2013：107.

茅坪，每挂给水力钱五十文；外帮所买之木，每挂由卦治放至天柱属之宰贡水力钱一百三十文，王寨放至宰贡，每挂给钱六十五文；茅坪放至宰贡每挂给钱六十文。然而，这种工价仍难养家糊口，同年四月二十五日，茅坪排夫齐集百余人，"各执刀矛洋炮，在该处将卦治放下之木，概引截止，不准放行，希图加增夫价"。矛盾日益激化，斗争不断升级，终于迫使政府、木商和行户同意为排夫增加了工资，由卦治放至茅坪每挂外加钱二十文，放宰贡外加钱二十文。这场持久艰苦的斗争，排工们最后取得胜利，显示了广大工人阶级的强大力量，在少数民族历史上写下了光辉的一页。

第五节　驰名全国的"皇木"采办基地

采办例木是清朝木政的一项硬性任务，清水江中下游侗族地区是为全国提供例木资源的重要基地，除了湖南、贵州集中到这一地区采办之外，湖北、安徽、江西诸省的木商也纷纷前来采买。江西省通过州县派帮来办理例木，江苏则由商人领银代办例木，甚至包运赴京。历史上的天柱与锦屏县"争江"诉状中曾多次提及在湘黔一带活动的徽州、江西商人"兼带江南例木"或"采办钦工例木"。

清世祖入关后，为营造北京宫殿，首置木仓，专委满司官一人监督。顺治六年（1649年）题准："各工需用架木，部委官诣江南会同地方官采买。"顺治八年（1651年）诏："各工需用木植，令四川、山西、江西、浙江、湖广五处地方购买。"十五年（1658年）诏令："江西巡抚准各工需用架木，水路不能速到，行文江宁巡督，自本年起动支正项岁解二千根备用。"（《钦定大清会典事例》卷八七五）康熙六年（1667年），为修建太和殿，令江西、浙江、湖广、四川督抚，"访有采就大材木，或山中现产大楠木，将长径、尺寸、根数，并所需钱粮，确估报部。凡产于民间屋内及坟茔内之木，不得采，非楠木及楠木长径尺寸不中度者，不得采"（《大清会典事例》）。康熙二十一年（1682年），为重修太和殿，派遣官吏赴各地采木，"凡楚、蜀、闽、粤，产木之地，皆差部员往采"[1]。朝廷要求这些采木大员"会同督抚，寻取合式楠木、杉木及运费一并估报，其官弁商民土司人等，有捐助楠木者，视所捐多寡、大小，交部议叙"（《大清会典事例》）。清朝在北京建立两个大

---

① 赵尔巽. 清史稿·食货志［M］. 北京：中华书局，1977：83.

规模的皇木厂，一个在通州，另一个在大清门内，配备监督一人，并专门安排笔帖式二人，验收运京木材。

例木，民间称为"皇木"。清朝与明朝不同，可由各省官办官解，也可以按额定品种、规格与数量由各省自行聘请商人采买。

一、额办钦工例木的苛刻指标

道光七年（1827 年）李荣魁等手抄的《皇木案稿》详细地记录了"皇木"尺寸规格："桅木二十根，长六丈，头径四尺五寸，尾径一尺八寸；断木三百八十根，长三丈二尺，头径三尺五寸，尾径一尺七寸；架木一千四百根，长四丈八尺，围圆一尺六七寸；槁木二百根，围圆八九寸一尺不等。"

二、采木委员奉命到内、外"三江"竖旗采办

清朝到侗族地区采办"皇木"，中国科学院国家科学图书馆馆藏的清代抄本《采运皇木案牍》与《黎平府志》《天柱县志》以及民间文献《皇木案稿》等史籍文献多有记载。清代的"皇木"采办可分为临时性"皇木"采办与例木采办两类。前者以采办巨大的楠杉木植为主，时间和数量都不固定。后者是由工部规定湖南、江苏、江西、浙江、直隶（今河北省）等省每年采办一定数额的木植解京，称为"例木""额木"，侗族地区习惯称为"皇木"。

清代例木采办始于顺治六年（1649 年），清末终止。工部规定湖南省每年额办桅、杉、架、槁四色木植，由于钦工木植规格殊异，例木委员委牌即领银往常德府德山开设皇木厂，分头派丁役到产木之地"号买"和"抽买"木植。所谓"号买"，就是往沅水上游或清水江下游号选采买大径的桅木、段木（杉木），架、槁、护水木等小径木植则于沅水下游聚木之处，向过往商贩的木簰箄强制实行抽买。乾隆三十九年（1774 年），宝庆府理猺同知沙色负责例木采办，以黔阳县属托口集市为贵州与辰沅永靖一带"产木起运聚集之所，大木较多，木质量坚实"为由，提议在托口并苗疆一带就近分买大木。具体做法是在德山、托口河下，向经过这里的各客商木簰，每百根内抽买一二根，以为架槁及保水护木之用。《皇木案稿》摘抄的《乾隆十一年（1746年）九月九日湖南巡抚告示》称："照得湖南每年额办桅、断、架、槁木植，委令府佐等官领帑办解。"地方官员不敢怠惰，亲自入山督办。纂修康熙《天柱县志》的知县王复宗说："余治凤城之明年，为木植之役，纷驰岩壑间。"

（康熙《天柱县志》上卷《风俗》）

档案资料《采运皇木案牍》（以下简称"案牍"）被学者们当作"一种提供采木规程的行事指南"[1]，其中有这样一则史料："查采办例木，向在苗地、托口、德山水次采买，并于靖州地方，如访有楠木，亦应往购。是委员一身，势难处处亲到、事事亲办。不得不遴选丁役，分路赶办，方无贻误。"（《采运皇木案牍》卷二之一）

乾隆十二年（1747 年）七月，湖南巡抚部院奏称："湖南每年额办解京楠木二十根，断木三百八十根，架木一千四百根，桐皮槁木二百根。"还说，"楠断二木近地难觅，须上辰州以上沅州及黔省苗境内采取"。湖南例木委员英安除了向本省的常德府、沅州府、辰州府、靖州府、托口县等地官员发出公函之外，还多次移文贵州省各府县，申明利害，请求协助钦工木植的采办。如《移黎平府》：

为咨行各省等事。本年八月初六日奉藩宪牌开云云。等因奉此，查楚南解京例木，在贵治之茅坪、王寨、卦治等产木地方竖旗采办，久经通行在案。兹△厅现在赴省领银[2]，亲临购买。今特先遣丁役前往茅坪，竖旗选号。诚恐该寨各行贩，或高抬一价，或串通木商，将合式大木争先购买，以致误公，均未可定。合先牒明贵台请烦查照牒内事理，祈即出示晓谕该寨各木行，及前贩客商人等，一体恪遵，均毋阻挠舞弊，实为公便。须至牒者。（《案牍》）

《移远口司》：

乾隆四十五年（1780 年）十月奉委来黔采办解京钦安殿所需灯杆大木三根，并楠杉木四百根，在于黎平府王寨、卦治等处地方采买。（《案牍》）

《示毛坪、王寨、卦治》：

兹本分府奉抚部院遴委采办辛丑年（乾隆四十六年，1781 年）解京楠杉

---

① 瞿见. 文本与抄本：《采运皇木案牍》的抄传 [J]. 田野与文献：华南研究资料中心通讯，2018（91）：6.

② 句中的△符表示此处有字无法辨识。

等木。缘本年五月间京城前门一带失火，所需木料倍于往年，而限期更速。本分府现在赴省领银，按临采办，合先嵩差丁役，前往毛坪立关，照例号买。（《案牍》）

公文中的毛坪，即今锦屏县之茅坪镇。临时性的"皇木"采办，时间急迫，催办紧急，如《移天柱县》公文等，在往来信札中有"备文移明天柱县追究"（《采运皇木案牍》卷四之五）之语。

乾隆年间（1736—1795）先后署理慈利县知县、常德府同知的例木委员英安，曾于乾隆四十二年（1777年）与乾隆四十六年（1781年）两次派人到湘、黔两省的芷江、黔阳、黎平、靖州、天柱等地采运"皇木"。

第六节　林权纠纷：惊动嘉庆皇帝的"木头官司"

明清时期，随着清水江流域木材市场的兴起和中央王朝对这一区域统治力量的不断加强，逐步形成了以锦屏卦治、王寨、茅坪为核心的"三江"木材集散市场。地处下游的天柱县、黔阳县沿江各寨民众，为了均沾木材贸易带来的丰厚利润而与清朝地方政府扶持保护的"三江"利益集团展开了一场旷日持久的官司，前后长达二百年，史称"争江案"。

一、不同利益集团为"争江"而大打出手

争江，实质就是指清水江下游代表不同经济利益集团的"内三江"与"外三江"之间为争夺木材市场经营权而展开的旷日持久的诉讼官司。以黎平属的卦治、王寨、茅坪三寨为"内三江"；而天柱属之坌处、清浪、三门塘三寨，史称"外三江"。

雍正年间（1723—1735）随着卦治、王寨、茅坪等木材中心市场的形成和木材采运制度的确立，围绕木材市场的利益分配和对市场管理权的控制问题，卦治、王寨、茅坪三寨之间以及上河"生苗"与下河"汉民"之间展开了激烈的竞争，连年出现"大干公禁"、破坏江规事件。发生在清代的"清江四案"（争江案、夫役案、皇木案和白银案）无一不与违反和破坏"江规"有关，嘉庆皇帝曾两次下旨钦定"争江案"。这场为夺取地方经济利益和社会资源而展开的斗争，是一个"长时段"的历史事件，直到咸丰（1851—

1861)、同治年间（1862—1874），随着社会关系的重新调整，卦治、王寨、茅坪三寨垄断"当江"的特权才被打破，下游的所谓"汉民"才取得了部分"当江"的权利和利益。民国时期最后形成了"内三江"与"外三江"（坌处、清浪、三门塘）并存、共享江利的经济社会格局。

"争江案"肇端于康熙年间（1662—1722），包括一系列连环官司，期间虽然经过嘉庆御审钦定，仍未终止息讼，直到民国初期，以天柱境内的"外三江"三寨（坌处、清浪、三门塘）取得同等开行经营木材的权利，与"内三江"并驾齐驱，最后才息讼无争。

所谓争江，即争夺"当江"的权利。历史上把开行值年歇客、承担木材交易中介者称为"当江"。当江的行户收入颇丰，他们可以按照相关规定从买卖双方的交易总额中提取5%的佣金，称为牙口，而且他们掌握着"一口喊断千金价"的仲裁定价特权，是炙手可热的职业。清初，天柱县属于湖南靖州管辖，辖区之坌处、清浪、三门塘之人，见黎平府属之卦治、王寨、茅坪三寨开行当江获得巨额利润，纷纷争相效法，以便瓜分木材之利。然而，他们每次申请开行，均被湖南、贵州当局驳回。

雍正五年（1727年），天柱从湖南划归贵州黎平府之后，坌处王国良越过黎平府直接向古州兵备道申请开行，古州道台向黎平府进行咨询，以木商向来不投坌处三寨、坌处三寨不具备当江条件予以驳回，并告知清水江沿岸各寨，今后木商投宿或贸易，由其自行选择，不许强行截留。

乾隆一朝，坌处累次申请，均被驳回。到了嘉庆元年（1796年），天柱知县吴玉墀升任黎平知府，以坌处王师旦为首，组织王志勋、王绍美等人到各寨集资，捐银捐钱，并联络芷江、大龙等"五勷"木商杨国泰、王明郎，获得巨额资助，聘请天柱伍家寨在县内外有名的诉讼高手伍仕仁来当军师，再次向黎平府申请牙牒。知县吴玉墀未加详审，即批准同意坌处开行。茅坪三寨以吴玉墀收受坌处贿银，无视前朝章程为由，向贵州省控告，吴玉墀被罢免。富坤继任黎平知府，对案子进行重审。重申前朝断决"不准牙行，严禁在案"，喝令衙役将伍仕仁等人按倒在地，打了四十大板。找不上黎平府，伍仕仁又改找贵州布政使司。他以古州道台于雍正九年（1731年）的批示中有"任客投歇"之断案判词为由，请求开行当江。贵州布政使司常明以此案是古州道审断的旧案，发回古州道台审理，古州道再次驳回伍仕仁的请求，继续维持卦治、王寨、茅坪三寨的当江特权。

两场官司都没打赢，伍仕仁决定从下河木商打开突破口。他利用江西临江木商孙贻盛在茅坪买地建会馆被拒的不满情绪，以同意其在坌处购地建馆为条件，鼓动孙贻盛动员最有实力的"三帮"木商和下游木商到坌处投住，还表态说坌处三寨愿意提供一切优惠条件。可是茅坪三寨也不示弱，对上游的木材实行坚壁清野，不准一木一商下往坌处。

孙贻盛和大批木商，在坌处闲住数月，只购得少量木材，责怪伍仕仁延误商机，拒付店家的食宿费，带领众客商不辞而别，纷纷离去。

在内外交困之际，伍仕仁又生一计，拉拢黄平木商林春茂、会同木商孙中行，雇请二人假扮成"皇商"模样，大张旗鼓地在卦治上游的平金买木扎排，欲施瞒天过海之计强行过江。不料被茅坪人识破，截下木排，把林春茂、孙中行拉上岸去捆绑吊打一顿，然后押送锦屏县收监。

伍仕仁见文的不行便来武的，组织三百多名排工，日夜在江边守候，凡上游放下的木排经过坌处，即强行拦截。他们用暴力拦截湖南德山帮高永兴放过坌处的木排时，正是江水暴涨的时候，狂风大浪将木材冲散，眨眼间便漂流得干干净净。高永兴将伍仕仁起诉到湖南布政使司衙门，湖南方面将诉状转送贵州处理。茅坪等三江行户亦有诉状到省，贵州布政使司责成黎平知府程卓标、镇远知府张晖吉会办，伍仕仁被提到天柱县审讯，问罪充军浙江，其余拦江从犯均受杖责。

坌处群众仍不死心，派人在江面上横木设卡，雇请武师日夜把守，提出要"三帮"木商偿还嘉庆六年（1801年）住在坌处所欠的食宿费。"三帮"上告到省，鉴于尚未造成损失，贵州布政使司仅限令坌处拆除关卡，对有关人员未予追究。

嘉庆十年（1805年），轮到王寨当江，坌处以要求"三帮"木商偿还费用为借口，凡上运的缆船和下放的木排一概阻截，往来木商和船主稍有不满和怨言，即对他们施行灌尿、吊打等酷刑，致使数百个木商滞留在湖南托口、洪江，不敢上行。茅坪、王寨、卦治的行户和下河木商无计可施，只好向坌处妥协，给其送去1300两银子，航道遂通。事后，茅坪、王寨、卦治行户和木商却以坌处"拦江勒索"上告，贵州布政使司命贵阳、安顺、黎平三府知府集中在贵阳会审此案。在翻阅一百多年的案宗后，三府断定维护旧章，坌处、清浪、三门塘等寨不得无端阻江。

虽然贵阳、安顺、黎平三府的判决公文已经送达坌处，但是王师且不予理睬，依然设卡拦江。卦治行户文起蛟联合木商向黎平府和镇远府控告，两府批示坌处必须立即停止拦江行为，并令卦治行户去湖南托口、洪江迎接被吓阻的木商。"三帮"木商李瑞丰、"五勷"木商瞿从文即雇请船主杨宗新发五船缆绳上驶，一百余名木商乘四十只货船尾随其后。嘉庆十一年（1806

年）四月六日，缆船行抵垒处被截，烧毁缆船，瞿从文、杨宗新等木商和船主多人被殴打负伤逃跑。接着将停泊在远口江面的四十条商船围困。在托口、洪江准备上行的数百名木商闻讯，惊恐万状，不敢前行。

　　事态不断扩大，卷入的商人、林农、船工、排夫成千上万，历时长达两年之久，给当地的经济贸易和老百姓的生产生活造成了严重影响。当地俗语常说："篙子下水，婆娘夸嘴；篙子上岸，婆娘饿饭。"上游的林农、山贩、行户皆赖木材为生，人们坐吃山空，生活陷入困境，无不怨恨。鉴于此，卦治的文映宏、文起蛟串联"三江"行户、上河山客（亦称山贩，即本地的木材老板）、下河"三帮"（安徽帮、江西帮和陕西帮）、"五勷"等木行的李瑞丰、詹起泰、瞿从文等商人和船家排伕，纷纷向贵州、湖南、湖北、江西、江苏、安徽、浙江、陕西等九省巡抚以及清政府的工部、户部控告，指控向垒处以王师旦、史大策、王载车等为首的歹徒拦江阻客，夺排焚船，殴打商民。

二、"争江"含冤：村民刘秀岗进京告"御状"

　　"争江案"愈演愈烈，势态相当严重，天柱知县任揆彩虽然"批准差提，并札饬远口司前往押放矣。殊知远口司畏惧不前，只是推延了局"①。任揆彩因不作为，被撤职查办。

　　参与垒处"争江"者数以万计，他们得到社会的普遍同情，有的"居住天柱县城内，虽奉县批，原差非亲即友，卧票不拘"；有的虽然"已唤到案，县主法宽，任伊狡恶"②。

　　商船被阻，"三帮"中的徽商以"世业贸木，历供辰州、九江、芜湖、龙江四关税课，并奉江南大宪签黔商总承办年例解京桅段（断）木"的特殊身份和职责，投诉道："苗河不能放木，商苗两害，商民耽搁事小，苗民靠木资生，木借无靠，恐生事端！更有江南、湖南两省例木，四关课税，一误干系非轻！"

　　贵州巡抚部院、布政使司衙门诚恐防守不及，商船被劫，延误宫中急务，负不起责任，在各方面的强大压力下，不得不饬黎平府、镇远府和古州兵备

---

①　嘉庆十一年（1806年）五月初三，湖南沅州府黔阳县木商瞿从文讼词。参见：《中国少数民族社会历史调查资料丛刊》修订编辑委员会. 侗族社会历史调查 [M]. 修订本. 北京：民族出版社，2009：40-41.

②　文宏祥. 争江史料 [J]. 锦屏文史（林业专号），2007（4）：48.

道立即查办。

嘉庆十一年（1806 年）八月上旬，清兵突然包围垒处，王师旦、史大策、王载车等人被捕。已经七十九岁的王师旦因经不起天柱县衙严刑拷打，惨死狱中。余者或招或供，签字画押，分别问罪充军浙江、福建两省。同谋者只有刘秀岗一人侥幸脱逃，潜往北京向嘉庆皇帝去告御状。

嘉庆皇帝亲自审案，工部和户部尚书到庭作证，将黎平、镇远二府百姓争江开行之缘由一一禀明，并且出示了贵州巡抚部院和布政使司审结的备案证据。嘉庆阅案果断御批："交贵州巡抚福亲提案内犯证，秉公研审，定拟具奏。其原告刘秀岗该部照例解回备质。钦此。"

贵州巡抚福庆六月二十二日审结，再呈"御览"。嘉庆皇帝对结案作出批示："刘秀岗于（与）棍徒扰害拟军，本例加一等，发黑龙江给披甲人为奴，照例刺字。续获之王载车伙同王朝富截商人木排，拒捕行凶，应依棍徒生事扰害例，发极边四千里充军，面刺烟瘴、改发字样，杖一百。"同时强调，"各省木商，仍请循照旧章，在于茅坪三寨，分年投歇买木，严禁垒处民人，不得再行拦阻滋事，应如该抚所奏完结。钦此"（光绪《黎平府志》）。

刘秀岗被押解回到贵州。巡抚福庆以刘秀岗负罪潜逃，越级上告，罪加一等，判处刘秀岗发配黑龙江给守边的披甲人当奴隶。至此，清水江"争江案"虽然暂时降下帷幕，随后争端又起，诉讼不断。

直到民国五年（1916 年），锦屏、天柱两县知事共同发布木植场规布告，这场历经康熙之后九朝，持续 214 年之久的林权纠纷案才彻底结束，双方化干戈为玉帛，共同成为全国闻名的优质木材集散基地。

第七章

土著之身的中华认同：清代天柱的
精英阶层与家国意识

经历了明末清初的短暂停滞，伴随着吴三桂叛乱的平定，天柱的社会秩序和科举教育得以迅速恢复。遵循儒家经典的"王化"教育蒸蒸日上，以围绕孝悌、守礼、忠君、爱民、知耻、清廉为核心的古典教育逐步向乡绅阶层普及。到了清朝乾隆年间（1736—1795），不仅科举应试在举人、进士的录取方面实现了"零"的突破，涌现了大批的官吏、文人，而且读书人在博取功名之后，均能把自己的前途命运与国家和民族的命运紧紧地维系在一起。土著民族的中华民族认同无疑是内地化之后的最大成效。

第一节　正统科举教育的进一步发展

一、清代以儒家经典为基础的科举教育

清代天柱县的教育教学有县学、书院、社学、义学和私塾等形式。设在乡之学曰社学，捐立之学曰义学，学生免费读书。这些学校多利用祠堂、庙宇等公用场所授课。

天柱社学兴起于明末清初，载入县志的有兴文社学、宝带桥社学、钟鼓社学、聚溪社学。清顺治九年（1652 年）诏令各省府、州、县，于大乡巨堡均置社学。乾隆五年（1740 年），天柱在柳霁分县（今剑河县柳基）设柳霁社学一所。社学具有普及性质，凡近乡子弟，年满 12 岁至 20 岁，有志于学者，皆可入学肄业。社学设蒙师、讲师，学生年在 12 岁以下者，就读蒙师，教以识字。12 岁以上者，就读讲师，教以文艺典故，接受正统礼仪教育。每所社学均置有学田，收租作为办学经费，如位于天柱城东十里的兴文社学，

置有学田 4.5 亩，每年收息供膏火费。

天柱义学，创始于清初，按清廷规定撤销一些社学，创办义学。据雍正年间（1723—1735）统计，县境有义学多所，如天柱义学、柳霁义学、三门塘义学、地坌义学、高酿三圣宫义塾、远口义塾等。义学分蒙馆和经馆两种形式，教育对象是贫寒子弟。蒙馆以《三字经》《千字文》《百家姓》为启蒙读物；经馆读"四书""五经"、《幼学琼林》等典籍，择道德高尚、明经能文者担任塾师。

光绪三十一年（1905 年），清政府诏令，自丙午科始，乡试、会试一律停止，岁科试亦即停止，责成各督抚遍设蒙小学堂。第二年明令"废科举、兴学校"。天柱知县方正将"凤山书院"改为官立高等小学堂，教员 3 人，学生 310 人。经费以原书院田及木捐存款开支。此后，全县大小书院先后改成以"中学为体、西学为用"的学校，远口延陵书院改为国民小学堂。高酿乡龙令钦自办上花初等小学堂。渡马团防局局长杨秀炳创办渡马初等小学堂。上一图里（润松）集义团绅首杨应麟创办官立初等小学堂。光绪三十四年（1908 年），杨树琪捐产创办蓝田楞寨初等小学堂。宣统元年（1909 年），邑绅邓启藩、龚其昌、蒋益三等，于县城西街创办育英初等小学堂。同年，把文昌书院改为存养初等小学堂，校址在岩寨八甲。是时，各学堂开设修身、读经讲经、历史、地理、中国文学、算学、体操、图画等课程，灌输"忠君""尊孔"的皇权帝制正统思想和"尚武""尚实"的实用观念。

二、清代的天柱民族教育及其办学成效

贵州是土司和少数民族集中分布地区，清朝定鼎后，科举沿袭明制，于顺治二年（1645 年）在贵州开科试的同时，采取一系列措施发展土司和少数民族教育。清廷规定："今后土官应袭，年十三以上者，令入学习礼，由儒学起送承袭。其族属子弟愿入学者，听补廪、科、贡，与汉民一体仕进，使明知礼义之为利，则儒教日兴而悍俗渐变矣。"顺治九年（1652 年），诏令各省、府、州、县于大乡巨堡均置社学。

顺治十六年（1659 年），朝廷题准："贵州各属大学取进苗生五名，中学三名、小学二名，均附各学肄业。廪额：大学二名、中小学一名。至出贡，现在苗生新进尚少，令附大学者三年一贡，附中小学者五年一贡。俟入学人多，另照州学例三年两贡。"

顺治十七年（1660 年），核定贵州苗民入学及廪增数额。巡抚下三元疏

言："贵州苗民中，有文理稍通者，准送学道考试，择其优者，取入附近府州县卫学肄业，仍酌补廪增。"事下部议，寻定新进苗生，大学五名、中学三名、小学二名，均附就近各学肄业。苗籍廪增，大学各三名，中学各一名。这些政策刺激和促进了天柱的民族教育。

康熙二十一年（1682 年），改天柱县儒学为县学。康熙四十二年（1703年），"令湖广各府州县熟苗中，有通晓文义者，准与汉人一体应试。广西土司之民人子弟，及贵州苗民，并照此例"。是时，天柱县归湖南靖州所辖，包括少数民族学生应享受到这种特殊的照顾政策。康熙四十三年（1704 年）十月，湖广学政潘宗洛上《请准苗童以民籍应试疏》指出：苗生"应许以民籍应试，汉里生员童生，不得阻抑"。贵州巡抚于准也上《苗民久入版图请开上进之途疏》："俟有文理明通者，照依湖广学臣潘宗洛所题，不论土司族属、苗民，即由该训导造册，呈送学臣考试。汉民生童不许阻抑，卷面不许分别苗汉。"

选拔少数民族官员方面的问题，同样引起了贵州当局的重视。康熙四十四年（1705 年），贵州巡抚于准上疏请定土人"得为流官，一体应试"。他在疏言中呼吁："土人不得任用流官，不准考试，遂使有志向上者，沉沦黑海，罔见天日。请于各府、州、县设立义学，将土司子弟送学肄业，以俟袭替。"为此，雍正三年（1725 年），朝廷规定："黔省苗人子弟情愿读书者，准其送入义学，一体训诲，每遇岁、科两试，于该学定额外，取进一名，以示鼓励。"雍正四年（1726 年），天柱县划归贵州黎平府。七年（1729 年），天柱县由湖广改到贵州应举。① 因黎平府未设棚考试，考生赴镇远府考试。八年（1730 年），贵州巡抚张广泗在《设立苗疆义学疏》中建议于"新辟苗疆"内设立义学，让苗民子弟入学就读。九年（1731 年），贵州巡抚张广泗上《考试分棚疏》请在黎平府分设考棚，强调"黎平已添辖开泰、锦屏、天柱三县，合计共有五学，生童众多，不下二三千人""迥非从前规模可比"。由此可见，这一时期的民族教育大有起色。

雍正十年（1732 年），朝廷议准由湖南改隶贵州之天柱、开泰二县"仍取进苗童三名"，但强调"应试仅八九人，取进三名，额多人少，应酌量取进，宁缺无滥"。为了防止汉族考生占用苗族考生的名额，贵州学政晏斯盛在条奏中建议："苗童应试，加取一名。请用汉廪生同苗生联名保结，苗童五名

---

① 黔东南州地方志编委会. 黔东南苗族侗族自治州志·总述·大事记［M］. 贵阳：贵州人民出版社，2000：34.

互结，以杜汉童冒占。其苗童名目改为新童，苗卷改为新卷。"在苗生考试录取方面，天柱经验还被全省推广。雍正十二年（1734 年）六月，晏斯盛题请："贵州之黎平府所属之古州厅，本系化外生苗，于雍正年间（1723—1735）始隶版图。臣部议，照天柱、开泰两县增设苗童考取之例，择文理通顺者，酌取一二名，附入府学苗童之后。"

这些良好政策的成效逐渐显现出来。雍正七年（1729 年）己酉科乡试，天柱学子徐之瑜中举，为天柱县第一名举人。"康乾盛世"是天柱科举教育的鼎盛时期，仅乾隆时期就出了 3 名进士、9 名举人。3 名进士分别是乾隆元年（1736 年）丙辰恩科中试第三十三名的城坊人龚生达、三十一年（1766 年）丙戌科中试的钦点翰林庶吉士宋仁溥、四十年（1775 年）乙未科进士欧阳仕璠。龚生达为天柱第一名进士，其生卒年月和族籍不详。出生于天柱新舟的宋仁溥，是地地道道的苗族学子，参加贵州乙酉科乡试，高中解元（全省第一名），次年赴京会试，中三甲第 117 名进士，殿试钦点翰林院庶吉士，成为贵州省第一位苗族翰林①。欧阳仕璠为凤城镇雷寨村人，土生土长的侗家人，他才华横溢、学贯古今，金榜题名后曾向皇帝恭进洋洋万言的华章《太平颂》，为统治者歌功颂德，皇帝龙颜大悦，爱不释手，当即朱批"留览"二字。

据初步统计，天柱县从第一个岁贡蒋彦方起，到光绪二十九年（1903年）最后一名岁贡梁克标止，共经历 303 年，在这期间有进士 4 名、举人 20 名、拔贡 18 人、岁贡 123 人、副榜 3 人。进士、举人和副榜均为清代所出。按现在的民族分布区域，4 名进士中，2 名侗族、1 名苗族，1 名族籍不明。20 名举人当中，籍贯是苗族聚居区的 5 名，其中兴文里 1 名、新舟 1 名、瓮洞 2 名、军三排 1 名，来自民族杂居地二图里分不清族籍者 7 名。清代中后期，二图里和由义里出的文人渐多。

咸丰、同治年间，迭经兵乱，天柱县科场寂寥，中试者寥寥无几。但是在近代史上，天柱学子与时代同呼吸、共命运，具有强烈的爱国之情和报国之志。甲午战争，中国惨败于区区岛国日本，清政府被迫签订丧权辱国的中日《马关条约》，举国震惊。光绪二十一年（1895 年）四月初八，康有为集合 18 省在京会试的举人，发起近代史上著名的"公车上书"。在参加签名上书的 603 人中，贵州 96 人，天柱籍 4 人。天柱四举人中有苗族举人吴见举、

---

① 黔东南州地方志编委会. 黔东南苗族侗族自治州志·总述·大事记［M］. 贵阳：贵州人民出版社，2000：38.

吴鹤书，侗族举人陈明清、杨树琪。少数民族在中华民族命运共同体演进中的史影由此可见一斑。

三、清代天柱官绅重教兴学的事迹

嘉庆十三年（1808年），天柱驻柳霁分县县丞金春谷召集贡生吴化鹏、廪生罗云英等地方绅士创建蔚文书院。地址设在城北郭外，咸丰庚申年（1860年）兵燹被毁。同治年间（1862—1874），县丞杜嘉荣、肖甫臣、汪泽堡、鲍汝滨（廪生）、吴必诚（监生）及绅士李航海等，先后修葺，始复旧观。后改为义学，有学田93丘，岁收谷333石。道光十五年（1835年）朝廷诏谕各省、府、州、县设立书院，置田收息，以供膏火。制订"捐款议叙章程"，规定绅士商民人等，有乐善好施者，捐银10两以上，地方官奖以花红匾额；100两以上，该省督抚奖以匾额；200两以上以九品顶戴；300两至400两以上，给八品顶戴；1000两以上，给予盐知事职衔。道光二十二年（1842年），天柱县劝捐兴修凤山书院，捐钱200两以上者有杨汉元等15名；捐300两以上的有胡邦光等15名。光绪三十二年（1906年），知县方正将凤山书院更名为"天柱县官立高等小学堂"，学制三年，王天培、李世荣、吴展城为该校首批学生。次年，知县邹毅洪极力筹款并札邑绅杨应麟、杨维新办理，以原有的书院田、学田、木捐、存款等各项作经费。光绪三十三年（1907年），渡马团防局创办"渡马初等小学堂"。宣统元年（1909年），天柱劝学所成立，由所长杨树槐整理学务，大力鼓励民间办学。同年，知县王孔铸捐俸创办"天柱师范传习所"①，以廪增附生入所学习，定期三个月毕业，培训师资100余人。

第二节　乾隆时期侗族诗人欧阳仕瑃千里迢迢赶考路

在皇权帝制时代，莘莘学子要博取进士功名，成为一举成名的"天子门生"，就得忍受千辛万苦赴京城赶考。然而上京并非易事，关山阻隔，千里迢迢，旅途劳顿难以言状。康熙《天柱县志·疆域》云：县治"到京水路七千

---

① 黔东南州地方志编委会．黔东南苗族侗族自治州志·总述·大事记［M］．贵阳：贵州人民出版社，2000：49.

三百里，陆路五千八百二十里"。这是清初的里程，到清末也许是线路发生变更，稍有缩短，"至京师四千七百里"（光绪《天柱县志》）。总而言之，考生要以顽强的毅力跋涉将近五千里的路程去参加考试。虽走的是官道驿路，但是中国古代的交通运输设施相当原始落后，山道弯弯，途经烟波浩渺、无风亦浪的洞庭湖，过黄河、长江，山一程、水一程，不知有多少艰难险阻，即使是太平盛世、社会治安良好、行程正常的情况下，骑马也得走上几个月。若是遇到战乱，社会治安状况不好，或者雨雪天气，气候恶劣，山体滑坡，发生重大灾情险情，桥梁中断、道路堵塞不畅，疾病、瘟疫及交通事故，则有生命之虞，多少学子倒毙在赶考途中，客死他乡。清代侗族诗人欧阳仕琢为了实现自己的人生梦想，在挫折中不仅走了一趟，而且走了几个往返，功夫不负有心人，终于实现了他的奋斗目标。

欧阳仕琢，出生于乾隆二年（1737 年）正月，自号岑南，又号海轩，家住天柱县凤城街道雷寨岑南坡。他幼年好学，天资聪颖，过目不忘。为乾隆三十三年（1768 年）戊子科举人，乾隆四十年（1775 年）乙未科进士。作为天柱县历史上屈指可数的四名进士之一，人称"凤城奇才"，对天文数学均有造诣，对我国北方民俗风情亦有研究，尤其擅长诗词歌赋，文笔滔滔，词章隽美，意境恢宏，气势磅礴。传世之作有《北游草》《太平颂》等多卷，共100 余篇，深为当世赏识。他的遗著《自古家传岑南诗》① 在民间广为传抄，一度珍藏于天柱县署旁边的文昌阁内，被人们供为神品。

《北游草》共收录欧阳仕琢创作的诗歌 60 余首，其中几乎都是记述他千辛万苦进京会试的旅程经过和沿途所见所闻，抒发了他落第之后不气馁、不懈怠，而是更加发愤图强、奋起直追的雄心壮志和坚强毅力，充分体现了贵州士子不甘落后的昂扬向上精神，对教育后人、鼓励当代广大青少年立志成才具有重要的现实意义。

关于欧阳仕琢的行程路线，从他的诗集《北游草》里基本上可以窥见一斑——沿着横贯天柱县北部的滇楚古驿道进入湖南，然后水陆兼程，经湖北、河南、河北到达京城，考完试后又原路返回。途经地点及先后次序，大致可疏理为：天柱至晃州龙溪口，乘船由便水下沅州，再顺沅江下辰溪，过泸溪，抵滇楚驿道终点站沅陵②。接着入桃源，次武陵，除夕之夜，他独自一人在舟

---

① 欧阳仕琢遗著《自古家传岑南诗》，原件现由贵州省天柱县白市镇新舟村民杨佐阶收藏。

② 滇楚驿道始建于元朝，东起湖南沅陵，西至云南昆明。

中过年。新春佳节，又匆匆启程，望江陵县一路北来，渡长江天险荆江，取道荆门、宜城、叶县、襄城，横渡黄河，经卫辉、邯郸，日夜兼程，总算在会试之前赶到北京。

出发之时，正是寒冬腊月，天气阴沉，江雾弥漫，他独自一人坐在舟中顺水漂流，江风呼啸，一阵阵凛冽的寒风扑面而来，寒冷和孤独感袭遍全身。漫长的旅途中，他感到既兴奋又寂寞，其诗《舟中杂咏（八首）》字里行间流露其五味杂陈的心境，如"天低浪拍晚风寒，呕哑声催夜欲阑""五溪水绕五溪山，名利逐人自往还""人过深潭心亦冷，客闻恶浪胆却离"。《舟中除夕》咏曰："楚客放歌消永夜，吴舲沽酒送残年。"任凭风吹浪打，他都随遇而安并泰然处之，始终坚信自己满腹奇才必能遇上伯乐，有朝一日定能被君王赏识，为国所用，其诗云："诗歌不为风波吓，绿酒倾杯唱竹枝。""谁怜贾老吟诗苦，自信毛生捧檄贤。"每到一地，必有吟咏，把沿途见闻、所思所想，凝于笔端。有咏叙沅水波涛汹涌、舟人祈求航行平安的"滩头不恃支撑力，沐手焚香默祝神"之句，亦有感叹船过满天星滩时江风怒吼的"轻舟却喜乘风下，便水一篙渡恶滩"之诗。在江陵泠河桥，看见"桥畔白头叟，扶筇弄弱孙"。过荆江，感叹"千里长江十里横，风兮八面任舟撑"。《宜城遇同乡人南归邀之同饮》说："喜逢南去客，聊诉北来情"，颇有他乡遇故知的感觉。河南襄城的首山，被誉为"天下第一山"，欧阳仕璿见之，大发感慨："吾黔多高峰，直将五岳跨。曾无高人迹，地僻少声价。"他身临九曲回肠的黄河，心情特别舒畅，即兴作《黄河篇三章》，诗中赞道："黄河之水如掌平，我来无风天且晴。微波渺渺，细浪盈盈。黄河之水刚且柔，万里曲折昼夜流。冬日凝凝，春日浮浮。"抒发了"帆挂中流自在行""信素怀兮乐壮游"的壮怀激情。又如《使子路问津处》《荆门州谒汉寿亭侯庙》《磻山》《比干墓》《邓禹追光武处》诸诗，在凭吊古圣先贤孔丘、子路，缅怀殷商王室重臣比干、东汉名将邓禹、三国大将关羽、西晋大臣羊祐等忠臣良将的同时，以这些功彪青史、名垂竹帛的历史人物为自己壮行并自勉。他尤其崇敬关羽的忠义品德，认为关羽"直使孙曹寒肺胆，休将成败论英雄"。

欧阳仕璿满腹奇才，自负金榜题名不在话下，可是命运给他开了个天大的玩笑。乾隆三十九年（1774年），他满怀信心地进京参加甲午科会试，发榜时却榜上无名、名落孙山。他顿时觉得天旋地转、五内俱焚、忧愤已极，痛定思痛，便在京中租房寓居下来，遍访名师，发愤苦读。当时落榜后的苦闷心情，从他的《送别同时下第》一诗中不难看出。诗曰：

拟上日边赋五云，哪堪潦倒说刘贲。

十年怀剑谁识我，六月息鹏未识君。

吴地薰风回碧草，燕山暑雨润香芸。

离愁不度阳关曲，犹自倾杯细论文。

诗中提到的刘贲是何许人呢？乃唐代落魄进士刘去华，幽州昌平（今北京市昌平区）人，唐敬宗宝历二年（826 年）进士。中唐大和二年（828 年），举贤良方正，考官赞赏刘贲的文章，但惧怕宦官的专横，不敢录取他。毛泽东 1958 年读《旧唐书·刘贲传》时曾有感即兴赋诗，赞赏刘贲"孤鸿铩羽悲鸣镝，万马齐喑叫一声"之浩然正气。

此后，欧阳仕琏寓居他乡，昼夜苦读，花开花谢，早忘了时序。入秋风紧，凉气袭人，每每思乡怀亲，常常吟诗遣兴寄友："夜静天悠悠，斗转近北阙。苦暑念妻儿，堂上侍白发"（《雨过》）；"未愁落第屈刘贲，楼高人近燕山月"（《寄天池罗先生》）；"宦事都门纷是雨，人情燕市总如花"（《寄同村声远周先生》）。因与天柱新舟杨光地（字坤含）交谊甚厚，欧阳长杨七岁，杨乃甲午科举人，遂勉励他"一手笔砚争寻乐，千古文章共赏奇"。

次年秋，乙未科会试毕，他辞别了主考官兵部主事朱大瑞园及景山教习谭雨亭，恋恋不舍地离开京城，循原路南下归里，途中每到一处均有吟咏，或借景抒情，或凭吊古圣先贤。经涿州、栾城，取道邢台，出洛关，次邯郸，夜渡漳河，进入河南境内，慕名前往汤阴县瞻仰岳武穆祠，留下"爱钱二语招群忌，定嗣一言被主疑"的感慨。欧阳仕琏过淇县题诗四首，乃策马郑州，直抵南阳。由于他归心似箭，沿途马不停蹄，星夜渡汉水，来到襄阳城时，已人困马乏，但他不辞辛劳，倚马口占《襄阳道中》。到达武陵，他与一同赴京会试的好友蔡铭盘话别，然后各奔前程。是夜宿于驿舍，忆及去年进京的情景，正是阳春三月落英缤纷的时节，不意在此相遇从北方经商回来的天柱籍同乡，同乡向他详细介绍北边的风土人情，并祝他旅途平安，一举首登龙虎榜，十年爬升凤凰池。今日归来，却两手空空，前途未卜，悲喜难料，不禁泪落数行，举杯邀月，一醉方休。

回到家中，欧阳仕琏终日以诗书为乐，撰文《为南人述北方风景之异》，对我国北方的生态环境、气候条件、生产方式和生活方式以及宗教文化进行直观描述道："黄河以北高且寒，太行千里石为垣，井汲百尺味咸苦，四望平沙色漫漫，水深土厚人矗直，大声疾呼听感忙……妇女结束素无华，衣冠文服总不奢，银汤玉蒜下饽饽……灯挂壁头照人眼，土坑作床代桌几，争客只闻门外喧，挽留狂呼两手援。"京华之盛，人物之多，使欧阳氏产生了自卑心理："笑余试罢愧弗已，争欲归南栖故里。"最后道出"南方莫说北方苦，北人不羡南人有"。这无疑是清代侗族学人留下的第一部民俗志资料，它开辟了侗族人探索比较民俗学的先河。

未几，京城传来喜报，欧阳仕琇高中进士。他在京候缺期间，向朝廷恭进长诗《太平颂》，为清王朝统治者涂脂抹粉、歌功颂德。由于欧阳仕琇生活在"乾隆盛世"的太平时代里，亲历路不拾遗、夜不闭户的升平景象，感慨万端，将其归功于皇朝帝王真龙降世、文治武功的结果。他将心中所感凝成华章，万语千言化作满腔激情，创作《太平颂》，内含"太平颂序""天极章""顺正篇""皇皇篇""继治篇""太和篇"共六章，洋洋万言。上溯清世祖顺治皇帝福临率领八旗军入关开国定鼎及其发祥地长白山麓、黑龙江畔的龙脉王气；赞美康熙皇帝玄烨开疆拓土、兴京抚边，鼎承帝业；追忆雍正皇帝帝心坦坦，忠质为尚；而对当朝的乾隆则极尽美化之能事，吹捧他巡四方、劝农桑、丰泽园、秉耒耜、兴百工，"熟我三楚，足我万邦，鱼贱于腐，米贱如糠"。皇恩雨露如同"日月之照，江海之长，史诗不馨"。肉麻的粉饰，自然而然博得了最高统治者的赏识，乾隆阅过《太平颂》，欣喜异常，爱不释手，当即朱批"留览"二字。

在京期间，欧阳仕琇中风成疾，不幸英年早逝，终年三十九岁。乾隆年间的《镇远府志·人物志》载其"才情卓磊，文思敏捷，于天文术数之学皆所研究。居京，平定金川后进恭纪诗《太平颂》，奉朱批'留览'。愈年，卒于京邸，年未四十，赍志以殁，旅榇无归，同乡醵金送还，所为感伤者众也"。

"谁言寸草心，报得三春晖。"欧阳氏和众多名人一样，眷恋桑梓的赤子之心溢于言表。进京路过首山，传说轩辕黄帝巡游至此，首山因而名声大振。他却不以为然，在他的心目中，贵州的山峰更高更美，巍峨壮观："吾黔多高峰，直将五岳跨。曾无高人迹，地僻少声价；如能移向中州，此山退避岂三舍！"欧阳仕琇爱国爱乡，垂范后人，令人油然而敬。

第三节　被尊称为"宋青天"的苗族翰林宋仁溥

宋仁溥是清代贵州省少有的名儒先贤之一。雍正九年（1731年），他出生在天柱县白市镇新舟村的一个苗民家庭。乾隆三十一年（1766年）宋仁溥参加丙戌科会试中进士，旋经殿试，被钦点为翰林庶吉士，是贵州有史以来第一位苗族翰林，世称"苗学台"。翰林院堪称群英荟萃、文豪聚集的硅谷之地，在皇权帝制时代，苗族是一个遭受极端歧视的民族，作为苗族学子的宋仁溥能够跻身统治阶级设置的最高权威学术机构翰林院委实不易。从另一个角度来说，宋仁溥既是苗族同胞的骄傲，也是贵州这个经济贫困、教育落后的边陲省份的骄傲。

一、幼为神童

宋仁溥，字体之，号梅堂，称学轩居士。自幼孤贫，青少年时生活极其困难。康熙四十四年（1705 年），其祖父宋朝玉扔下年仅 21 岁的妻子李氏和两岁的儿子宋廷瑞（字炳麟）撒手人寰。李氏守节抚孤，勤俭持家，把儿子抚养成人，娶亲成家，为宋氏家族生了一个男孩，取名宋仁溥。孩提时代的宋仁溥，天资聪颖、思维敏捷、孜孜好学，且能过目不忘。那时本村有一名学识渊博的秀才，名叫杨宜科，在新舟青龙庵办有一所私塾。年仅五岁的宋仁溥每天上山捡柴打猪菜回来，路过青龙庵私塾教室外边，听到里面的朗朗读书声，就情不自禁地站下来偷听，还边听边记。日复一日，月复一月，久而久之，他越记越多，越背越熟，越觉得趣味无穷，心想：如果我也能坐在学堂里和同龄人一起念书识字那该多好啊！可是家里太穷，交不起学费，每当想到这里不觉长吁短叹，眼角便流下两行苦泪。细心的杨宜科先生见这小孩如此好学，人又聪明伶俐，心生爱怜，不仅免费收他入馆读书，还把他的生活费用包揽了下来。据说有一年腊月，家家户户都忙着打糍粑、杀年猪准备过年。宋仁溥路过一家院坝旁，有人正抓着猪巴腿给刮毛的猪吹气，整个猪被吹得鼓胀滚圆。主人家是个老秀才，看见宋仁溥很是高兴，便出了一句"吹猪巴腿鼓腮瞪眼"的上联，要他来对下联。宋仁溥眨巴着小眼睛想了一会，忽见旁边一家有两人刚破开猪肚正在清理内脏，他马上脱口对出"翻猪大肠忍气吞声"的下联。从此，宋仁溥成了乡里乡外妇孺皆知、人人津津乐道的神童。后来，宋仁溥不仅熟读了《增广贤文》、四书五经，还攻读了诸子百家、唐诗宋词，成为名震湘黔边区的大才子。

二、科举之路

乾隆十六年（1751 年），宋仁溥中秀才。乾隆十九年（1754 年），他参加甲戌科乡试不第，但他并不气馁，仍然意气昂扬，一边去离乡不远的溪口小江私塾教书，一边苦读经史，蓄势待发，准备一举成名。当时，他作《读书四季歌》铭志如下：

> 读书春，读书春，桃红柳绿乱纷纷。
> 须知植物犹知发，有识男儿贵用心。
> 急努力，莫因循，百尺竿头且让人。
> 读书夏，读书夏，莫谓天热且停罢。
> 试看农夫烈日中，讵谓吾儒芸窗下？
> 加工作，养身价，何愁金榜名不挂。
> 读书秋，读书秋，金风飒飒白云愁。
> 正好埋头寻课业，莫将驹隙付东流。
> 书中理，着意求，自有朱衣暗点头。
> 读书冬，读书冬，莫谓天寒便放松。
> 程门立雪不闻冷，霜夜尤须下苦功。
> 莫辞劳，休放空，皇天不负读书翁。

乾隆三十年（1765年）他中贵州乙酉科乡试解元。解元是明清时期对乡试考取第一名者的专称。乾隆三十一年（1766年）三月，已35岁的宋仁溥和恩师杨宜科一同赴京会试。宋仁溥荣登金榜，中丙戌科三甲第117名进士。旋经殿试，因其辞章书法超群，被钦点为翰林院庶吉士。

翰林院乃我国唐朝初期设置的官署名。至明，增设取庶吉士一职，乃明初官名，先属六科。永乐二年（1404年）始专隶于翰林院，选进士中擅长文学及书法者充任。清沿明制，设庶常馆。进士经殿试唱名之后，皇帝再试以论、诏、奏、议、诗、赋等方面的有关知识，然后择优录取庶吉士入馆学习，通称"庶常"，学制三年，期满再试，优异者皇帝诏见并按等级分别授予职务。宋仁溥来自贵州天柱苗乡，获此殊荣足见他不是等闲之辈。

三、名垂青史

按清朝定制，庶吉士毕业后，留馆者授以编修、检讨等官，其余任六部主事、内阁中书或外补知县，通称"散馆"。"散馆"时每一个人前途命运必须通过掣签决定，宋仁溥奉命掣签，掣得河南省卫辉府淇县知县职。乾隆四十四年（1779 年）五月二十九日，乾隆皇帝召见，宋仁溥呈引见折云：

掣签河南卫辉府淇县知县臣宋仁溥

臣宋仁溥，贵州镇远府天柱县人，年四十三岁，乾隆三十一年（1766年）丙戌科进士，候选知县，今掣得河南卫辉府淇县知县缺，敬缮履历呈御览。谨奏。

乾隆四十四年（1779 年）五月二十九日。①

上任的第一天，宋仁溥首先阅览《淇县县志》，了解该县的历史和风土民情。中原地区，人才济济，宋仁溥尊贤养士，与淇县本地官员和文士结成莫逆之交，在他们的支持配合下，抓农业，兴修水利，植树造林，办教育，培养人才。由于宋仁溥办事公正、赏罚严明，关心民众疾苦，老百姓安居乐业，把淇县治理得井井有条，乾隆下旨给宋仁溥"加五级"嘉奖。乾隆四十六年（1781 年）秋，他捐廉俸 200 金，于淇县文庙西侧重建绿筼书院，延师授徒，使淇县文风蒸蒸日上；劝民于间隙空地栽插柳树，亲手示以种植之法，成林后淇人称为"宋公柳"；因断案及时明决，邻近的濬县、滑县的重案常委托他审判，三县人民称他为"宋青天"。他到任四年，植树栽柳、改河造田，建树颇多，终于忧劳成疾，乾隆四十八年（1783 年）三月初五逝于官署，年仅 52岁。百姓闻耗，哀号满野，恸哭怀德，赠万民伞，出殡时千人执绋于道，葬于淇县。由于宋仁溥政绩突出、勋劳卓著，乾隆五十三年（1788 年），河南《卫辉府志》将其列为名宦，叹曰："使天假宋公以年，其所以斟酌尽善者，当历久无弊矣！"

宋仁溥逝世后，故乡人民世代缅怀追忆这位享誉京城的苗族翰林。乾隆四十九年（1784 年），当局奉旨旌表其祖母李氏守节抚孤，建坊于天柱县白市新舟寨脚，立碑以彰其德，名儒公卿争相题咏，曾有乡人辑成《节门诗录》付梓，惜遭回禄无存。乾隆五十六年（1791 年）《镇远府志》为其立传云："乾隆乙酉科解元，丙戌进士，选翰林院庶进士，散馆改淇县知县。为人朴质自操，幼师事杨宜科先生，至忠且敬。居官以清慎，闻循声籍籍于淇泉沫土之区。寻卒于官，无子，士论惜之。"光绪二十九年（1903 年）《天柱县志》卷七上《选举志》和卷七下《人物志》亦为宋仁溥立传。如今在新舟宋氏先

---

① 录自中国第一历史档案馆所收藏的宋仁溥引见奏折。

祠内遗有诰封碑一通，高 1.5 米，宽 0.8 米，内容为清廷诰赠宋仁溥祖父祖母、父亲和母亲的文字。

宋仁溥故居遗址位于新舟村宋家湾坡背，房屋早已荡然无存，仅有一棵古老的楠树，传说这棵树是宋仁溥亲自栽植的，近 300 年了。白市镇新舟象鼻山有宋仁溥衣冠冢，冢呈圆形，砌石为墓，占地约 30 平方米，无碑。冢之左前为其祖母李氏之墓，其后的菜园里有其父宋廷瑞、其母杨氏、其妻杨氏之墓。其父碑文上端横书"栖神昌后"四字，右起竖书阴刻死者生辰、享寿，其后为"钦点前翰林庶吉士丙戌进士乙酉解元长男仁溥杨氏孙氏三男仁澍已故媳杨氏"。左边刻墓向、后人与立碑日期。

宋仁溥遗作不多，只有乾隆二十一年（1756 年）冬在爱月楼辑录成的《命学顶门针新集》一书（存残稿），共 60 个条目，署名"学轩居士宋仁溥体之"。民间还保存宋仁溥在京城应试时的手抄试题答卷一份。

第四节　满腔热血：参加"公车上书"的天柱籍四举人

在列强入侵、内忧外患的中国近代史上，天柱县虽然地处西南边陲，在决定国家安危、中华民族生死存亡的紧要关头，仁人志士却能毅然决然地将生死置之度外、挺身而出，参加到历史上轰轰烈烈的变法图强爱国运动中去。1895 年，曾有四名赴京应试的天柱籍少数民族举人，冒着头悬都门之险，参加了震惊中外的"公车上书"活动，强烈反对清政府与日本帝国主义签订丧权辱国的《马关条约》。他们分别是杨树琪、陈明清、吴见举和吴见穆四人。

清朝末年，中国在中日甲午战争失败以后，清政府四面乞求，希望外国调停，并派大臣到日本广岛对日求和。遭到日本拒绝后，清政府又任命李鸿章为头等全权大臣，于 1895 年 3 月 14 日带人到日本马关春帆楼与日本首相伊藤博文、外务相陆奥宗光谈判。在此期间，李鸿章本人受到日本暴徒的枪击而受伤。4 月 17 日，在日方的逼迫下，在马关与日本首相伊藤博文签署了卑躬屈节、丧权辱国的《马关条约》，其主要内容：（1）中国承认朝鲜的"独立自主"，承认日本对朝鲜的控制；（2）中国割让辽东半岛、台湾的所属岛屿和澎湖列岛给日本；（3）赔偿日本军费白银 2 亿两；（4）增开沙市、重庆、苏州、杭州为商埠，日本轮船可沿内河驶入以上各口岸；（5）允许日本在中国通商口岸设立工厂，产品运销内地时，只纳进口税，并在内地设栈寄存。

《马关条约》的签订，朝野一片哗然，《公车上书记序》说："中日和约十一款，全权大臣既画押，电至京师，举国哗然。内之郎曹，外之疆吏，咸有争论，而声势最盛、言论最激者，莫如公车上书一事。"光绪二十一年（1895 年）四月初八，康有为集合在北京参加会试的各省举人于北京宣武门外松筠庵举行会议，与会者千余人，群情激愤，联名上书都察院，恳请朝廷，"下诏鼓天下之气，迁都定天下之本，练兵强天下之势，变法成天下之治"，这就是中国近代史上著名的"公车上书"。由于我国自宋代以来均用公家车马迎送应试举人，故以"公车"二字为入京应试举人的代称。

时值乙未科会试，十八省举人云集京城，参加会议的共 1300 余人。由于此事关系重大，至签名时有的便迟疑起来，或持不同政见，或以为言论过激，或顾及个人的身家性命而退缩自保，所以在"上书"中签名的只有 603 人（内缺两省）。现存《公车上书题名》将 600 余人的姓名、籍贯、科甲逐一记录在册。广西人数最多，总共 99 人。"贵州的名单虽列在最后，但签名的达 96 人，仅次于广西。"① 在贵州参加签名的 96 名举人中，黔东南籍 7 人，其中天柱籍 4 人，另外 3 人为黄平县乐嘉藻、镇远县杨国栋、黎平县姜义肯。他们在康有为、梁启超及著名维新派大臣贵阳人李端棻的影响和支持下，不怕触犯皇威，以视死如归的勇气和大无畏的爱国主义精神，毅然决然地在万言书上签字。

杨树琪（1838—1901），字瑶圃，侗族，天柱县蓝田楞寨人。杨树琪出身于书香门第，是道光十四年（1834 年）甲午科举人杨沛泽之子。其父杨沛泽签授河南省东明县（今属山东省）知县。莅任时，黄河溃堤泛滥，黎民百姓受灾多年，纷纷背井离乡，四处逃难，而这时上宪饬令补征十三年钱粮。杨沛泽多次呈文力请上宪转奏免征。一疏不准，又上二疏，直至三疏始获允准。黎民感戴其德，建生祠以祀，题门联云："十载服官清风两袖，三疏免赋沾露九天。"杨沛泽历任河北满城、乐亭、平谷等县知县，所到之处，勤政爱民，卓有政声。同治十二年（1873 年）二月二十四日逝于官署，享年 73 岁。杨树琪由于受父亲的熏陶，自幼聪慧，博览群书，胸怀大志。光绪二十年（1894 年）获贵州乡试甲午科第二名。第二年在京参加会试时，见腐败无能的清政府置民族危亡于垒卵，毅然参加了震惊中外的"公车上书"，力持"拒签和约、迁都抗战、变法图强"等主张。其忧国忧民之心，苍天可鉴。不久，获钦赐"翰林及第"，授兵部车驾司主事（光绪《天柱县志》卷七上《选举志·举人》）。因不满清政府的腐败而辞职归里，在蓝田楞寨其住宅旁办私

---

① 史继忠. 贵州文化解读［M］. 贵阳：贵州教育出版社，2000：281.

塾，免费接收农家子弟就读。嗣后，受聘主修《天柱县志》，志书未成，光绪二十七年（1901年）辞世。

陈明清，原名陈联珊，字申甫，侗族，天柱县渡马乡龙盘村人。清咸丰十年（1860年）庚申科中举，任安南县（今晴隆县）教谕，兼贞丰州儒学正堂（光绪《天柱县志》卷七上《选举志·举人》）。光绪二十年（1894年）赴京应试。次年，明知上书请愿是"大逆不道"的死罪之事，仍然义无反顾地冒死进谏，签名参加"公车上书"，欲救国救民于水火之中。虽于事无补，然亦起到振聋发聩唤醒国人的作用。陈满怀抱负到甘肃省任知县，刚上任不久被人用毒酒暗害，成了帝制王朝官场尔虞我诈的牺牲品，遗骸迁回天柱故土安葬。

吴见举（1854—1927），字瑞卿，苗族，清咸丰四年（1854年）八月五日出生在天柱县瓮洞镇岑板村。其祖父为私塾先生，虽满腹经纶，却长期怀才不遇。父亲吴云台为廪膳生，学富五车、才高八斗，在瓮洞街上开学馆，是天柱有名的乡贤。吴见举自幼天资聪颖、思维敏捷，少年时抱负远大，勤奋苦读，深明大义。及长，在家一边务农，一边习读四书五经和二十四史等书籍，立志参加科举考试。光绪二十年（1894年）参加贵州乡试，中举第54名，为候补知事。（光绪《天柱县志》卷七上《选举志·举人》）次年参加"公车上书"。当时，他明知这是忤逆犯上之举，然而爱国心切，将自己的荣辱安危置之度外，毅然在"上今上皇帝书"上签名。此后，他还积极参加了康有为、梁启超领导的变法维新运动。民国初年，吴见举返梓，受聘编修《天柱县志》，继到广西、湖南等地任职，1915年返回天柱。"位卑未敢忘忧国"，他以"教育救国"为己任，1918年出任天柱中学第四任校长。他治学严谨，注重人才培养。上海龙华二十四烈士之一的龙大道（锦屏县茅坪镇人，早年曾和周恩来总理一起领导过上海工人运动）、中国工农红军第六军团第十八师师长龙云（锦屏县人，红军转战贵州时，龙云在岑巩县关庄负伤被俘，1936年2月2日在武昌牺牲）等人是他的得意门生。吴见举政务之余，长于诗词歌赋，《天柱县志·艺文志》选录其诗词多首。1927年7月16日吴见举辞世，享年73岁。

吴见穆（1864—1912），学名吴鹤书，号松圃（光绪《天柱县志·选举志》）。天柱县瓮洞岑板村人，苗族，同治三年（1864年）七月二十三日生，光绪十一年（1885年）乙酉科中举，为全省第44名举人。是经历咸丰、同治年间姜应芳领导的侗族农民大起义之后天柱县获取最高功名者。正值血气方刚之年、充满抱负的他，1894年赴京参加甲午科会试，次年与其族兄吴见举一起参加了中国近代史上著名的"公车上书"。光绪二十四年（1898年）戊戌科他获得大挑二等，铨选为贵州省贵定县教谕。后应聘参与纂修光绪版《天柱县志》，为三名主笔之一。1906年拣选盐运使，签分四川检察厅任检察官。官场深似海，人生几沉浮，因为民主持公道，1912年5月吴见穆被害于资州府任内，终年48岁，沉冤莫雪，一腔热血付东流。

清康熙年间（1662—1722年），天柱县"外三江"（清浪、坌处、三门塘）在与锦屏县"内三江"（茅坪、王寨、卦治）争夺清水江木材采运和"当江"特权的过程中，天柱一方属于被告方和败诉者，其请求"开行当江"的合理要求长期被官府压制，得不到准许经营。光绪十二年（1886年），吴鹤书试图利用贵州当局清理各府县之间"插花地"的时机扭转这一被动局面，提出将天柱县属"瓯脱"于锦屏的文斗、平金等寨划归锦屏，把茅坪、王寨、卦治划归天柱管辖。天柱县知县廖镜伊转呈贵州布政使曾纪凤，曾纪凤将这个问题批转黎平府有关人员讨论"有无滞疑"。锦屏县虽然承认天柱的平金、银洞、文斗三寨"插入黎境"，但指出了天柱欲夺取清水江水上航运和木材贸易权的目的，以地理位置不合和老百姓不愿意为借口，提出了"五不可"划拨的理由。黎平知府郭怀礼经过实地勘界，认为府属亲辖之地"并不脱离外属"。最后，贵州布政使曾纪凤批示："既非瓯脱，即无庸轻议纷更。"不但没有把茅坪、王寨、卦治划归天柱，反而将天柱县的文斗拨归了锦屏县。此后，吴鹤书又利用地方兴办团练对付农民起义的时机，禀请天柱知县余骏年在坌处"开行养练"，余骏年呈报贵州善后局，获准发贴在清水江畔的坌处、清浪、三门塘三寨正式开行，史称"外三江"。他的这些努力，无论成败，都体现了热心桑梓建设的拳拳之心，对天柱"外三江"地区的发展具有重要意义。

"外三江"木材经济的发展，对促进天柱民族文化教育的发展发挥了积极作用。在吴鹤书等人建议之下，当地按规定由木商"每个苗头纳天柱中学经费一两零五分"，此外，每根木头抽钱一文半，每队卦抽钱二十四文，除交杨公庙（木商会馆）香灯各费，多余部分则提作天柱中学常年经费。办学经费有了保障，"外三江"捐资办学蔚然成风，光绪三十三年（1907年），天柱县成立"劝学所""外三江"赞助白银三千两，还以坌处木捐作为天柱县高等小学的常年经费。天柱县民族教育的发展，吴鹤书是当之无愧的有功之臣。

第八章

抗粮与起义：咸同年间的土著化与
内地化混奏插曲

鸦片战争之后，中国由一个落后封闭的皇权帝制国家沦为一个半殖民地国家，西方帝国主义列强迫使清政府签订了一系列不平等条约，清廷割地赔款。清政府把帝国主义的掠夺转嫁到中国人民的身上，加重了农民的负担，社会矛盾在农民阶级与地主阶级的矛盾之上又叠加了中华民族与外国殖民侵略者的矛盾。咸同年间，官府实施由实物地租变为货币地租的"折征"政策，压得广大人民喘不过气来，天柱一带阶级矛盾空前激化，终于爆发了由姜应芳领导的贵州历史上规模最大的一次侗族农民起义。姜应芳起义是太平天国革命运动的一个重要组成部分，沉重地打击了清王朝的反动统治，加速了清朝统治的衰落和崩溃。当时，天柱县已经建县二百多年，境内的民众都已经成了王朝的"顺民"，但在清王朝统治者和帝国主义的双重压榨下，广大农民纷纷揭竿而起，把斗争的矛头直接指向清王朝的反动统治。

第一节　揭竿而起：贫苦农民抗粮

清朝中后期，一些地主勾结商号在清水江沿江一带开设木行和旅栈，代行销售"洋货"，物色买主，从中牟利。随之而来的是日趋严重的土地兼并，地主豪绅巧取豪夺，在地租剥削和高利贷的双重摧残下，不少贫苦农民失去了土地，生活更加贫困潦倒。但是，田赋仍归原主缴纳，所谓"田去粮存"，无地农民仍要负担沉重的"虚粮"。咸同年间，官府实施由实物地租变为货币地租的"折征"政策，广大人民忍无可忍，纷纷站起来抵制，抗粮斗争点燃了农民起义的导火线。

道光二十九年（1849年），天柱农民石增辉、罗乔显、陆象等人率先组织发起"抗粮"斗争。第二年，丁粮折银太重，花户苦不堪言，石增辉、罗乔显等人赴镇远府呈控，天柱知县派杨滑孔将石增辉捕杀于天柱县城西门纪家坟边，激起民愤，民众在罗乔显的率领下冲入县城，杀死总役肖贵、杨滑孔①。咸丰元年（1851年），知县魏承祝勾结民间烂痞、恶棍，滥发国帑，增加捐税，修筑天柱县城及黄哨山、双坳关营卡，招募练勇镇压抗粮农民，社会矛盾更加激化。紧接着，兴文里远口农民叶朝春组织发起"抗粮""抗捐"斗争。至咸丰四年（1854年），老百姓的"抗粮"斗争接连不断。在太平天国运动的影响之下，贵州农民起义风起云涌，先后爆发声势浩大的台拱张秀眉起义和天柱姜应芳起义。

天柱兴文里（今远口镇）坡脚寨的叶朝春，因叶家系独门独姓，在当地常受大姓欺辱。幼年的他，心中常憋着一口气，立誓习文练武，长大后能出人头地，以吐心中恶气。有一年，他在坡上开荒，掘得玉印一颗，其上镌有篆文，他时刻珍藏于身，常常以之示人，人们认为他有王侯之相，很多人依附于他，故他在乡间名望很高。

清咸丰四年（1854年），知县金某执政，凡丁粮开征，从前任开始就没有一定规章，上轻上重全凭官吏随心所欲。残酷盘剥，淋尖踢斛，克扣折色，民怨日深。叶朝春因民心所望，与各里首二十余人计议，聚众抗粮，在城东二十余里之大溪坪公地麇集数千人，推叶为领袖。众人当即累桌数张为台，叶高坐台上，演讲宣誓，口若悬河，历数官吏借田赋盘剥百姓种种劣迹，当场群情激愤，群起振臂高呼，大诉心中不平。叶等密约日期，准备器械攻打县城，胁迫官府改订田赋征收章程。叶同时指派若干人，将大木剜空，外套铁箍，内装火药，称为"擘山大炮"，带领众人来到县城外二里许的雷寨，试放一炮，不料将大炮炸坏。炮声响时，县城内一片喧哗，众多官兵在四个城门严阵以待。叶见城中防备甚严，率众暂时退回，以图后举。城中官兵见城外民众黑压压一片，也不敢出城追赶。待民众散尽，差役们去城北观音洞捕得乞丐数人，枭首示众，以为塞责。县官明知是假，亦不追究。

咸丰五年（1855年），知县董文炳接任，因历年粮事滋闹不息，便清查前弊，发现凡丁粮上米则轻，折银则重，这叫"折征"。董采取折中办法，规定上半折半。民众不服，要求上七折三。有一天，董知县因事去渡马江东寨，民众伏于路旁，将其劫入度暮寨，诸绅士接入度暮家祠。叶朝春将家祠包围，迫令董文炳修改丁粮章程，上七折三，并自拟公文，逼董钤印，专人送上级官府，获得批准后才释放董文炳回衙。董不计前嫌，一切如所约，于是各里

---

① 罗福松. 抗清义士石增辉［A］. 政协黔东南州委员会. 黔东南人物：1368–1911，明清卷［C］. 昆明：云南民族出版社，2013：322–323.

踊跃输将，多年来的粮事纠纷，暂告平息。

咸丰八年（1858年），徐达邦接任县令，此人权谋谲诈，善笼络人心，只想收获钱粮，不顾黎民疾苦。他认为历年来田赋收缴不齐，是县中兵员不足、差役不力之故，便决意组织一支清赋队伍，代其四处催征。同时徐达邦还悬赏白银百两，又派人用重金、美色等暗地收买，拉拢叶朝春的保镖在鸳鸯坳杀害叶朝春。叶的好友姚家溪（今白市镇双河村）杨氏八爷崽（杨氏房族八人）义愤不平，当晚为叶报仇，杀死仇人黄太忠①。

由叶朝春组织领导的咸丰初年天柱县抗粮斗争，是天柱县有史以来规模较大、坚持时间较长的一次反清斗争。

第二节　织云举义：姜应芳的起义斗争及其历史意义

姜应芳（1833—1862），侗族，出生于贵州省天柱县四图里（今邦洞）坌溪村。清朝咸丰、同治年间，姜应芳领导的侗族农民起义，是贵州省近代史上规模最大的一次侗族农民起义，义军在天柱县石洞一带建立了九龙山根据地，展开了轰轰烈烈的反清斗争，在与清军的殊死搏斗中，义军英勇无畏不屈不挠的斗争精神永垂青史。1982年，九龙山侗族农民起义遗址被贵州省人民政府公布为省级文物保护单位。

一、授徒习武组织起义

姜应芳幼时家贫，其父姜老毛因交不起"皇粮"和财主的租谷，被县官潘光泰派人抓进监狱，囚死狱中。八岁时，他白天给戈廖寨财主放牛，夜晚跟祖父姜思引习武念书。十三岁时，母亲被债主打成重伤，不久含恨而死。祖父姜思引也因反抗逼债被官差围攻毒打而死。年少的姜应芳将满腔仇恨埋在心里，从此背井离乡，前往湖南拜师习武，发誓来日要为父母、祖父和天下所有穷苦人报仇雪恨！到十八岁时，他练就了一身高强过人的武艺，刀、叉、铜、矛样样精通，成为远近闻名的武术师，县内外有不少侗族青年前来向他拜师习武。他以传授武艺为掩护，经常来往于县内外的各个乡村，广泛

---

① 罗福松．天柱县反清抗粮斗争的首领叶朝春［A］．政协黔东南州委员会．黔东南人物：1368-1911，明清卷［C］．昆明：云南民族出版社，2013：309-310.

结交穷苦朋友和下层知识分子。

道光二十九年（1849 年）冬，姜应芳在锦屏秘密接触太平天国翼王石达开部将李元茂，在李的授意下，回乡秘密组织"天地会"，把族亲、门生、武友和所有结交的下层知识分子紧密地联络在一起，加紧聚集起义力量。

咸丰五年（1855 年）三月，姜应芳在执营（今邦洞织云村）关帝庙内，与龙海宽、杨日焕、姜作梁等骨干分子歃血为盟，正式创立"天地会"（后改称"金兰会"），宣传"反清复明"和"均贫富"等主张，四乡百姓纷纷入会。三月三十日宣布举行起义，发布讨清檄文，提出"打富济贫"的政治主张。当天没收织云大财主潘乙贵的财产、田地，分给附近贫苦农民，宣布谁种谁收。义军还编唱民歌，号召群众"大户人家欠我钱，中户人家莫肇闲；小户人家跟我走，打了大富来分田"。穷苦百姓齐心拥护，起义军很快由几百人发展到一千多人。义军在姜应芳的带领下，奔袭天柱县城，队伍走到赖洞河边，与天柱绿营的清军相遇，激战一昼夜，清军伤亡甚众。次日，清军大队援兵赶到，义军不支，由于缺乏作战经验而失利，撤退至三穗县的梁上、巴野一带休整，一边派人四处联络，伺机重整旗鼓。

二、四面出击转战黔湘

起义军经过月余的休整扩充，队伍增至二千余人。咸丰五年（1855 年）五月，进入锦屏县银洞，捣毁银洞"正顺商号"。十一月，攻占锦屏县城，砸烂锦屏大财主、曾任云南巡抚的徐之铭家门上挂着的"进士及第"匾额，没收其全部家财，分给贫苦群众。有不少青年加入起义军，力量很快扩大到三千余人。咸丰六年（1856 年）二月，姜应芳奔走八寨、八开、偏寨、良上、巴冶、湳洞司、顺洞、高拐、古州、车寨等地，以传教武艺为掩护，联络各地的农民武装力量，与苗族农民起义军首领张秀眉取得联系，与许多苗胞、门徒结成联盟，起义声势不断扩大。三月，起义军攻打位于清水江边的宰贡，四月又攻占垒处，击溃垒处吴运选团练武装，没收王朝元等几十家财主商号的财产，粮饷和队伍均得到较大的扩充。

咸丰七年（1857 年）九月，起义军由顺洞（三穗县属）进攻湳洞司（今剑河县南明），继攻三穗瓦寨，贵东兵备道韩超领兵拦阻，被起义军击败。韩超躲入瓦寨汛城求援，不敢出战。

咸丰八年（1858 年），姜应芳利用张秀眉起义军进攻镇远、三穗，牵制韩超兵力之机，乘机率领义军攻占白市、高酿，占领汉寨、坝平等地。八月，姜应芳起义军在石榴坡、沙子坡（均属今剑河县），击溃天柱团练。

咸丰九年（1859年）八月，太平天国翼王石达开出靖州，进入锦屏，姜应芳谒见后，被石达开封为"奉天伐暴灭清复明统领义师定平王"。

咸丰十年（1860年）九月，起义军以"白莲教"名义在循礼里（今石洞）坝平召开会议，商议进军大计，决定分兵三路攻取天柱城。一路由杨树勋率领，从湳洞司出款场，经织云向天柱城进军；一路由张秀眉的部属张老九（苗族）率领，由湳洞司出平珍，过润松向天柱进军；一路由龙海宽率领，出凯寨过黎元坡到汉寨，经高酿向天柱进军。同治元年（1862年）二月，姜应芳率部进入冷水寨，与前来围剿的县府绿营兵激战，将官兵追杀20余里。三月三日，姜应芳将部分人马部署在黄桥、冷水等地。四月，起义军经过皮厦、汉寨等地，地方武装中和团团首龙燕昌率人在阳峡一带阻击，被起义军重重包围，打死打伤龙燕昌等百余人。中和团向高酿溃退，义军乘胜追击，在都岭岑卜，击毙清兵和地方武装四百余人，直抵润松。这时，姜应芳与张秀眉取得联系，决定联合攻打天柱县城。城内文武官弁闻讯，惊惶失措，即遣赖洞张叶祥与义军议和缓兵。张叶祥带着知县谢绍曾的乞和信，在润松见了姜应芳，被姜应芳断然拒绝。四月二十三日早晨，两支起义军4万余人分左、中、右三路进攻县城，姜应芳指挥各路兵马，长驱直入，知县谢绍曾、都司富珠隆阿闻风弃城逃走。地方武装团首杨春芬、杨玉泰、杨昌言等护送"骆师爷"出城，逃至西门被起义军击毙，东门杨章学带着团丁起义投诚。义军攻克天柱城，一时军威大振。

三、建根据地设大本营

起义军占领天柱城，三天后主动撤离，将城内官仓府库的银圆、粮食等物资统统搬运到汉寨，将汉寨改名九龙山，建立根据地。起义军在双凤岭伐木筑城，建造宫殿数间，殿前竖石门，两侧柱上镌写对联："畿奠金汤双凤岭，星辉银汉九龙山。"姜应芳在九龙山前后设立南北大营，使之成为义军巩固的大本营。

起义军在屯军筑城的同时，派部将占领渡马，建立前军营房。为了加强指挥，姜应芳还对起义军首领封官晋级，封冷水（今水洞）龙海宽为龙胜王兼元帅，蓝田杞寨杨通甲为盘古王，雷寨周家烺为文德王，乐寨杨树勋为黔南王，熊志旺为乾兴王，张老九为东伯侯，陈大禄为西伯侯，龙景亮为南伯侯，吴应春为北伯侯，杨日焕为王府总国师，姜作梁、伍荣先为护国佐相，杨运先为统帅，杨长春为先锋将军，其余将士分别论功行赏。起义军打出"奉天伐暴灭清复明定平王姜"的旗号，宣布"土地应归四方民众自耕自种"政策，对富户田土实行插牌分种，发布禁杀耕牛告示，又发布政纲、军纪等诸方面布告。

禁杀耕牛告示云："奉天伐暴灭清复明统领义师定平王姜应芳谕尔村民，各宜凛遵。人食五谷，全赖牛耕，栽种之毕，牛始脱辛。凡我同胞，要体其情。须为饲养，不可宰牲。近有凶贾，不念牛辛。希图营利，偷偷宰牲。此等恶徒，罪不可矜。谕禁之后，违者事刑。言出法随，绝不宽轻。"关于政纲、出师、军纪的布告云："奉天伐暴灭清复明统领义师定平王谕尔村市军民，各宜一体凛遵。满奴入冠中原，仕官专以横行，民众无不涂炭，决誓打富济贫。朕师出征两湖，挥戈直捣北京。田土分给民种，衣食自有充盈。凡我军人民等，不准赌宰奸淫，不准借端敲诈，不准扰害凡民。如敢不遵违犯，准其捆送来营。立即按律惩处，绝不宽贷徇情。"由于姜应芳政治措施合乎民心，民众积极拥护支持，连续攻下蓝田、远口、白市等地，穷苦民众纷纷投靠，起义队伍迅速发展到数万人。

四、誓师进军英勇就义

同治元年（1862 年）六月二十一日，姜应芳在邦洞召开誓师大会，提出"出征湖南，挥戈北上直捣京城"的战略目标。义军檄文如下：

奉天伐暴灭清复明统领义师定平王行牌晓谕普救生灵事：照得朕自出师以来，东荡西平，南征北讨，无有攻不下之城，凡属黔省尽闻风归顺矣。但有湖南各省未经剿平。兹特命东伯侯张、西伯侯陈统领精兵数万，协同李、龙两国师分途进剿。为此示仰各州府县官兵知悉，急早归附投城，勿待兵临城下，玉石俱焚，悔无及矣。牌到之后，各宜凛遵。布告天下，咸此知悉。壬戌岁六月日布告①。

姜应芳发布将令，兵分三路进军湖南：第一路由汉寨南进，直取王寨；第二路由邦洞西征，攻打邛水（今三穗县）、思州（今岑巩县）、镇远等县，

---

① 详见：《侗族农民首领姜应芳领导农民起义资料》，存天柱县公安局档案室，全宗号138-4-7-137。

移兵湖南；第三路由邦洞北上，过蓝田围攻湖南晃州（今新晃县）、沅州（含今芷江县）。三路义军势如破竹，捷报频传。第一路义军攻克王寨，击溃清军和地方武装数千人，乘胜进逼湖南靖州。第二路义军所向披靡，连克邛水、思州，赶走县官，击毙兼署青溪典史的镇远县典史韩福照，在玉屏县与清军激战几昼夜，消灭清军三千余人。接着起义军挥师东进，与第三路人马在芷江胜利会师。短短数月，起义军连续攻下贵州、湖南两省的14个县城，威震湘黔，清廷震惊。

此时，清王朝对太平天国的围剿基本结束，清政府急命湖南巡抚毛鸿宾调集湘军总兵周洪印、赵福元，纠集镇压太平天国起义军的湘军32个营，配合贵州镇远知府曾碧光、铜仁知府陈昌运带领的黔军16个营及地方民团共3万余人，向姜应芳农民军反扑。湘军装备精良、训练有素，侦知起义军后方空虚，得城不守，只顾流动作战之弊，便避开与姜应芳部正面交锋，抄袭后部，向义军后方大举进攻。七月二十三日，清军占领天柱县城，留守天柱县城的起义军王府总国师杨日焕战死。八月中旬，青溪（今属镇远县）、邛水被清军攻陷。

正在湖南激战的姜应芳闻讯，亲率一支义军由沅州星夜驰奔救援，沿途遭遇清军重重阻击，在款场与清军激战，歼灭清军一千多人，但是义军也付出了惨重的代价。几经恶战，起义军死伤过半，终于冲破重围，向九龙山根据地撤退。湘军集中优势兵力，从东北两面围攻九龙山，用洋枪、洋炮猛攻农民起义军营盘，双方激战二十余天，农民军英勇抵抗，伤亡惨重，九龙山前血流成河。由于九龙山地势险峻、道路崎岖，义军防守严密，湘军久攻不下，便通过收买奸细，侦得义军详情，一面用洋枪、洋炮猛攻农民起义军营盘，另一面则令奸细暗将九龙山抬炮灌水，使抬炮失去作用，又在内趁乱纵火。一时间，九龙山火光冲天，木栅栏、营房统统被烧毁，无数义军将士中弹牺牲。九月十一日，义军弹尽粮绝，伤亡殆尽，九龙山被攻破，姜应芳率残部突围，转入湳洞司江口屯老根据地。由于叛徒的出卖，接应清军进攻，十月二十三日，姜应芳从高拐往大洋与陈大六会师途中，中敌埋伏。姜应芳奋力抵抗，勇猛血战，终因寡不敌众，在激战中负伤被俘。清军将其解往铜仁府，百般威逼利诱，他誓死不降。贵东道曾碧光、铜仁知府陈昌运施用毒刑，逼问姜应芳降不降，今后还反不反。姜应芳义正词严地回答说："若要我投降，难于天上摘太阳；若要我不反，除非地上石头烂！"姜应芳宁死不屈、慷慨就义，年仅29岁。

五、历史殷鉴：社会影响及历史意义

姜应芳牺牲后，陈大六、李垣吉等义军头领，继续坚持斗争。

陈大六从九龙山成功突围，安全转移到浦洞司司头、衙寨，重整旗鼓，与清军浴血奋战达七年之久。同治三年（1864年）五月，陈大六联合张秀眉攻克天柱县城，杀死知县方时乾，清江协副将曹元兴败走三屯。同年六月起义军攻打垒处汛，击毙汛千总王国桢。

同治七年（1868年）十月，清军在席宝田的指挥下，分多路纵队进攻江口屯，最后一道屏障青龙脑失陷，清军发起总攻，江口屯失守，李垣吉和陈大六率残部冲杀出屯，李在激战中壮烈阵亡，陈大六中弹倒地被俘，惨遭杀害[1]。

图8-2-1 定平王姜应芳令旗

姜应芳领导的农民起义虽然被清王朝镇压下去了，但是这场轰轰烈烈的农民斗争涉及贵州、湖南两省的广大地区，沉重地打击了残暴统治势力，加速了清王朝的灭亡。当时，由于天柱站在朝廷一边的"顺民"较多，他们虽然反对地主阶级的压迫剥削，但是在思想上还顾虑"造反"的弥天大罪，很多人保持中立，持观望态度，既不支持拥护姜应芳，也不公然与他为敌，因

---

① 龙绪昌. 兵燹记略［A］. 天柱县地方志编纂委员会办公室. 天柱县旧志汇编［C］. 内部编印本，1988：322-365.

此姜应芳的大本营和后方很不稳固，姜应芳不得不改变策略，利用张秀眉这支同盟军来"扫荡"天柱地方民团武装，不料却使成千上万的无辜百姓惨遭屠杀，越发弱化了义军的群众基础面。如今，被刀光剑影血雨腥风洗礼的九龙山残垣断垒及其南北两座营盘遗址还依稀可见，这就是历史的殷鉴。

第三节 左右为难：文武全才杨昌江"便水斩曹"

杨昌江，号邵白（少伯），嘉庆十年（1805 年）出生于天柱县润松乐寨墩石溪。他少年时天赋超群，才思敏捷，抱负远大，负笈往贵山（贵阳西北）求学，得名师指导，道光二十四年（1844 年）甲辰恩科中第四名举人。

杨昌江中举后在家候补任职之时，为使县内莘莘学子能够读书登贤，亲自捐钱募物，督修天柱凤山书院。是时，全县各地学田由于管理不善，被不法之人私侵，田亩尚在，租谷却收不上来，几乎名存实亡。杨昌江不辞辛苦，跋山涉水，亲赴北岭、地湖、军三排、竹林等各里清查，历经几个寒暑，终于把全县各所书院的田产、租谷，一一勘测、丈量登记在册，并绘成图册，自己出钱付印，存档在案。从此以后十余年，虽然迭经兵燹，公共田产仍然有所依据，耕种佃户是谁一查即清，从而使学校灯油书费永不枯竭，年年有保障。

咸丰六年（1856 年）丙辰科会试，杨昌江中第三十六名进士（光绪《天柱县志·选举志·进士》）。监考官钦佩其才，赞许他为国士，后经朝考，签分河北，授任静海县知县。咸丰十年（1860 年）八月，文宗皇帝（咸丰帝奕詝）巡狩热河，十一年（1861 年）七月十七日驾崩于承德避暑山庄行在，九月二十三日奉梓回京。朝廷委任杨昌江监管御道上的职事，他出色地完成了任务，当朝对他迎运梓宫的功绩予以叙奖。杨昌江曾先后历任河北省静海、宁河、成安、大城和甘肃省静宁等县知县。凡其所治县份，他都惩奸除恶、施惠利民，政声卓著。在他任河北静海知县的时候，蝗虫肆虐，飞集蔽日，草木皆尽，庄稼绝收，他亲率百姓捕捉，蝗虫尽灭，灾患平息。

清朝末年，各地农民起义风起云涌，天柱侗族农民起义领袖姜应芳虽被杀害，但其麾下大将陈大六仍披坚执锐，挥师征戈，各省军务十分紧急。同治二年（1863 年），时任直隶布政使的贵阳人石赞清调任湖南布政使，他素知杨昌江为官精明，尤其擅长韬略，御敌有方。这时杨昌江正在靠近天津的宁河县任知县，石赞清奏请调其来湖南协助军务。杨昌江到湖南后，石赞清倚为心腹，凡省里团防一切重要事务皆任由他处置。不久，湖南巡抚恽铸委派他带"慎字营"由沅州出发，进入贵州天柱，驻扎邦洞场，与周鸿印的"飞字营"互为犄角。当时周鸿印的"飞字营"驻扎天柱县城，军纪涣散，胡作殃民。杨昌江见家乡无辜被扰，深恶痛绝。他家住在涧松乐寨，距离姜应芳的九龙山根据地有 20 多里，义军频繁出没。清军来清剿时，老百姓纷纷避入杨昌江家中，院子内外挤满了避难的乡亲，凡在屋檐外者，清兵不问青红皂白，手起刀落，断手残脚者不计其数，杀人场面惨不忍睹。杨昌江听说后潜然泪下，身为朝廷官员，手握重兵却无可奈何。有一次他回家，恰遇周营之兵在拆民房板壁，他上前盘问，周兵不认识他，胡乱答言，他当场将其斩首，并剥下其号褂送与其统领官。对掳掠百姓的兵丁，他都这样处置。一日，杨从乐寨回邦洞，恰遇周鸿印带队伍过天柱城，他便拿一张茶几拦在街中，盘腿而坐，怒视着周，周无可奈何，忍气吞声从一边走过，自此二人矛盾愈深。不久巡抚恽铸调离，新巡抚莅任，周鸿印即趁机潛告杨昌江嗜酒杀人，新任巡抚不做调查，立即解除了杨昌江的兵权。但事后巡抚很快查明周鸿印乃挟私报复，杨昌江是冤枉受过，为挽回影响，便给杨昌江一封密函，派他去擒拿叛镇曹元兴，以表示对他的信任。

曹元兴其人，实为永州（今湖南永州）太平天国起义军头领李元华。太平天国首都天京（今南京）失陷后，他改名换姓，潜逃来黔，投入清军营伍，任清江协镇。由于他暗通侗苗义军，同治二年（1863 年）五月二十四日，陈大六得以率义军攻陷天柱，县令方时乾逃到雷寨井边被杀。为了剿灭陈大六，黔省巡抚张亮基七调曹兵不动，于是清廷视之为叛逆而欲加铲除。杨昌江接受斩曹任务后，思谋良久，因曹明为清江协镇，实乃永州漏网渠魁，不仅能文，而且善武，不可力敌，只能智取。于是杨昌江派人侦查，得知曹部下营弁李如松正与曹发生内讧，李如松带兵退入剑河凯寨，屯兵称王，曹无力控制，带数百亲兵退至铜仁金竹园。杨昌江审时度势，抓住机会，急派人至款场召原在曹部下当过兵的李登甲到他住所，命李把曹引来，以计杀之。李起初犹豫，思想顾虑，杨即晓以利害，授以恩惠，许以高位，李最后慨然应允。李登甲能说会道，曹听后果然不疑，即带亲兵百人随李动身。

杨昌江得到确切消息后，先到便水（今湖南新晃）安下公馆，将在沅州借来的兵丁埋伏在各店房，约定放炮为号；又命其妻舅蒋某和贴身卫士杨仁勇做好准备。布置停当，曹按时来到，杨出馆迎接，两人相见，分外亲热。进入厢房，分宾主坐定，互致问候，言语投机。这时曹的亲兵随侍左右，寸步不离，杨便叫下人带下店去吃早餐。亲兵离去后，久等无人上茶，杨佯装发脾气，起身进内观看，大声呼唤亲随："还不快来向曹大人请安上茶！"遂跨上预先拴在门后的快马，飞驰而去。杨的妻舅蒋某听到暗语，急袖刀进内，跪在曹面前："向曹大人请安。"曹毫无防备，近前搀扶，蒋趁起身时突然抽刀朝曹腹部猛然刺去，曹虽然腰悬佩剑，但一时来不及抽出，只得徒手跟蒋搏斗。卫士杨仁勇急出手相帮，曹虽然勇猛彪悍，但双拳难敌四手，身上多处受伤，被当场杀毙。号炮骤起，伏兵四出，砍下曹的首级，命人搜查曹的箱子，抄出伪造的印章三颗，时为同治四年（1865 年）正月十一日。事后，天柱知县李兴本以前事署名作《乙丑正月擒斩叛镇曹元兴于便水即事》（见光绪《天柱悬志·艺文志》），诗曰：

> 焦劳趣个病维摩，一出偏旗驻便河。
> 顷刻元凶频授首，番连伯子费张罗。
> 亲兵所部皆将计，胁旅如林尽倒戈。
> 算是胸成由两宪，天威宣抚著功多。

杨昌江杀了曹元兴，深得恽中丞嘉奖，朝廷赏戴花翎，并以知府候补檄署郴州直隶州事。他到任不久，这年夏天大旱，祈雨于苏仙岭，天降甘霖，雨量充沛。杨昌江乃倡修来鹤楼，请何子贞太史题匾额，至今犹存，成为当地名胜。同治六年（1867 年）七月初七，杨昌江因积劳成疾，逝于官所，他的棺枢运回天柱时，口袋里空无一文。他生平著有《墩石山房纪游诗草》和《时艺文集》行世，惜皆佚失。

杨昌江计斩清军清江协镇曹元兴的史迹，民国时期被艺人编成戏剧《便水斩曹》在各地演出，湘黔边界家喻户晓。

无论是胜败参半的粮事抗争，还是最终落败的姜应芳起义，抑或是表征着家国大义的"便水斩曹"，这些事件说到底都不过是天柱内地化发展进程中的插曲和土著回应而已。当事态的演变过度偏离土著生死存亡权利的轨道时，土著的抗争回应在所难免，矫枉过正也会时而有之，但最终都会在各种主体各种不同程度的反思与让步或互动协商中前行。即使是姜应芳在试图"称王割据"时，他比照的还是中华文化中的老套路，而且总是不忘将自己与中国其他地方或其他民族的民众命运联系在一起。内地化就像是一支不可回头的利箭，穿行在天柱这个文化边陲的历史时空里，成为主流大趋势，再多的插曲也改变不了它的方向。

第九章

边缘走入中心：辛亥革命和北伐
战争中的天柱义士群

　　天柱虽为边远山区的弹丸小县，但由于经济文化开发较早，人们思想开放，勇于接受进步思潮和新鲜事物，在推翻清王朝统治的辛亥革命期间，涌现了李世荣、王天培、龙昭灵等辛亥革命义士，他们抱着视死如归的豪情壮志投身到如火如荼的革命阵线，为辛亥革命立下了卓越功勋。武昌起义爆发后，在湖北陆军第三中学就读的李世荣、王天培立即奋勇当先参加战斗，坚守凤凰山要塞，与清军浴血奋战 20 余日，直到南北和谈成功；义士龙昭灵不顾个人安危，为贵州省宣布独立、摆脱清王朝的统治而奔走呼号，终于促使贵州当局及各州县响应湖北、湖南"反正"而宣布独立。

第一节　李世荣："断指一挥书血泪，赢得三军战袍红"

　　李世荣（1887—1957），字子仁，1887 年农历四月十二日生，侗族，祖籍贵州省剑河县南明镇坡王村，后移居天柱县凤城润松幞头寨。1900 年秋，李世荣进天柱官立小学堂读书，1908 年由县保送进入贵州陆军小学，毕业后保送湖北陆军第三中学。1911 年 10 月李世荣即将毕业前夕，10 月 10 日辛亥革命爆发。他回忆说："忽听炮声三响，向学校方向飞来，全校学生武装紧急集合，攻入城内，占领楚望台军械库，随与民军夹击瑞澂衙门，瑞澂乘夜逃走，武昌光复。"[①] 10 月 11 日，汉口、汉阳光复，湖广总督瑞澂逃走后，鄂省都督府成立，黎元洪任都督，李世荣被调任战时总司令部侦探科员。武昌起义后，全国纷起响应，清政府垂死挣扎，起用袁世凯为两湖总督，节制长江水陆诸军向革命军反攻。革命军以黄兴为战时总司令，李世荣调任前线督

---

　　① 李世荣．李世荣自传 [A]．政协贵州省天柱县文史资料编辑委员会．天柱文史资料（第二辑）[C]．内部编印本，1985：127.

战指挥官，转战刘家庙、大智门、凤凰山、汉阳门等处，后与凤凰山要塞司令王天培一道固守黄鹤楼沿江战线。12月25日，各国驻鄂领事团出面调停讲和，次日和议成功。1912年元旦，中华民国临时政府在南京成立，孙中山任临时大总统，黎元洪任副总统，辛亥革命宣告成功。4月，李世荣获十八星陆军军旗嘉奖，嘉奖令赞其"智勇兼全，勋劳卓著"。

为平息贵州公口之乱，襄助黔省统一，李世荣和王天培一起返黔。贵州公口平息后，李世荣又和王天培一道由贵州都督府保送保定陆军军官学校一期深造，专攻炮科。1914年毕业后，分发贵州炮兵营服役。1915年冬，袁世凯背叛革命，李世荣参加护国之役，护国军兵分三路，西路由蔡锷将军指挥出泸州，北路由戴戡指挥出重庆，东路由王文华指挥出洪江，李世荣任王文华东路军主任参谋，随军督战，在湖南芷江断指血书，激励三军。在齐天界大挫敌军，作竹枝词八咏，中有"断指一挥书血泪，赢得三军战袍红"之句，盛赞其役。

东征结束，李世荣获"艰苦卓绝、智虑忠纯"考语。1916年，李世荣任黔军总司令部上校参谋，与王天培等人一道，筹建贵州模范营，招训新干部。1917年年底，他以黔军参谋的身份东渡日本，一面治病，一面托人购买军用物品。1919年，李世荣运送一批军用物品回国，留驻广州，代行贵州刘显世广州国会总裁资格职权。不久后，他为交接在日所购军用物品而乘船返黔，在柳州石龙被人行刺负伤，广州军政府闻讯，派船接回广州医治。李世荣伤愈后任广州军政府军事委员会委员，护法各军代表办事处总代表。1920年，李世荣积极协助孙中山制定"联俄联共，扶助农工"政策，使之顺利通过公布。1921年4月，他陪同孙中山在广州财政厅就任大总统，同上观音山（越秀山），宣誓明志，随即旅居澳门。是年孙中山率师北伐，驻军桂林，电召李世荣来桂，命其率黔军出桂镇守后方。1922年6月，李由粤经湘行抵贵阳图云关，恰遇刘显世由滇兵护送返黔，袁祖铭被逼入川，遂随袁部退守重庆。1924年11月，李世荣奉电召由川赴港，被授任建国联军第十一军军长兼贵州巡宣使。11月底，他返抵天柱成立司令部，在武官衙门（原城关区公所）举行就职典礼。旋即收编被李宗仁击败的沈鸿英残部和黔军游击部队杨天爵团以及地方武装，转驻榕江，部队被黎平顾万武和沈鸿英内外夹攻，不久失败。

1925年，因孙中山逝世和军事失利，李世荣离开榕江县返家，建国联军残部编入黔军第二师王天培部，李世荣到该部第四旅（国民革命军北伐军第十军第二十八师的前身）任职。1926年，王天培军长在湖南洪江誓师北伐，函邀他赴洪江就任北伐军第十军军参谋长一职，因前来迎接他的副师长罗秉权延误了时间，李世荣8月29日才乘船下瓮洞出"黔东第一关"。9月2日，李世荣在鱼水湾以下的老鸦滩又被土匪"胡大哥"拦路，9月4日才抵达洪江，这时王天培已率部开赴常德前线，李世荣未能赶上北伐部队，即率随从周武登舟赴武汉。因李世荣未到职，北伐军第十军攻克宜昌时，总部便委派傅觉民担任了第十军军参谋长。

1927年1月，李世荣在汉口晤谭延闿，谭拟任命其为西南边防总司令，因干部兵员困难而未就，改任贵州宣慰委员。8月，王天培被何应钦等人杀害，第十军解体，军部机械处处长周志群把二十八师主力（第一团、第三团）拖往江西投靠朱培德。途中，周志群于屯溪召集排长以上军官开会，清点人马，共有3700多人，众人力主保存第十军建制，建议周志群派人请李世荣出任军长。周志群立即派杨益增、刘汉章二人携信函赴武汉谒见李世荣。

李世荣得知第十军今非昔比，加之他本人追随孙中山先生革命，经历的挫折太多，九死一生，对名利地位早已心灰意冷，不想介入是非，以身体欠佳为由婉拒。但是，他还是给他在保定军校的同学、时任南昌第三总部朱培德参谋长的唐淮源写了一封引荐信，托来人带回。

杨益增、刘汉章返回屯溪，如实向周志群作了汇报。于是周志群把部队带到南昌，正式整编为陆军新编第二十九师，周志群任师长，归第三十一军军长金汉鼎节制。金汉鼎原在第十军任副军长，1927年于徐州战役前夕调离第十军，对旧部来归甚是高兴。不久后，部队改编为第二军十二师，辖第三十五、三十六两个旅。李世荣虽未到第十军收拾残局，但他引荐了唐淮源，对保存北伐军第十军残部还是起了一定的作用的。①

1927年年底，李世荣回到贵阳，正值李晓炎和周西成交战，世事险恶，功臣受戮，无处容身，万念俱灰，遂解散卫队，退隐归田。1928年，原第十军第三十师团长侯秉武（台江人）在王天培被害后，带领手下200余人从山东、河南辗转来到贵州，登门拜访，劝李世荣出山。李为其精神所感动，挂帅出征，进驻贵阳，不料仅十八天便被毛光翔打败。为找立足之地，他和侯率残部回到剑河渚洞司（今南明镇），招兵买马，扩充势力，部队很快发展到500余人。渚洞司的郑老四、杨把戏也被委以营长、连长等职。谁知此二人心怀鬼胎，早就看中了侯团长的枪支马匹和金银财宝，在向锦屏的二凉亭进军的战斗中，侯团长带队冲锋，郑老四在其背后开了一枪，侯中弹身亡，郑、杨趁机掳抢了侯的枪支马匹和金银财宝。李见侯惨遭杀害，满腔愤怒，但又

---

① 秦秀强. 李世荣婉拒军长职真相［J］. 文史天地，2005（7）：32—33.

无能制止。回到湳洞司，不吃不喝，用笔在墙上写道："社会万恶，人心万恶，天生万物养人，人不得以报天！"然后便带着几个亲随回家隐居。

1932年，李世荣在坡王村办了一所小学，中国现代教育家于右任亲笔题赠"四维小学"匾额。1941年4月，贵州省长吴鼎昌受国民政府主席林森之托，到天柱拜会李世荣，请他出山参政，他一言不发。后天柱县长张光亚两次登门，他都避而不见。1950年秋，天柱土匪猖獗，李世荣的一个族侄受匪首赵某之托，带着光洋来聘他当顾问，他当场严词拒绝。1952年，李世荣当选贵州省第一届人民代表和第一届省政协委员。1953年，贵州文史馆聘李世荣为馆员，为照顾他多病之躯，特许其长住天柱县城。通过新旧对比，李世荣感慨万端：

> 我自被刺伤其身，苟延残喘数十春。
>
> 而今史馆优礼聘，特殊照顾住凤城。

1957年2月13日，因枪伤复发，李世荣与世长辞，终年70岁。

第二节　在武昌起义中荣获"开国纪念手枪"的王天培

一、坚守凤凰山要塞，誓与阵地共存亡

1911年年初，王天培和同学席正铭参加同盟会组织的"文学社"和"共进社"，9月24日，在蛇山抱冰堂参加标营代表会，商讨起义计划。10月10日，辛亥革命爆发，王天培在第八工程营革命党总代表后队正目熊秉坤等人的领导下，奔走于武汉三镇刘家庙之间，任督战指挥。率队占领楚王台军械库，后各营奋起，向总督署进攻。湖广总督瑞徵和第八镇统制张彪逃走，革命军占领武昌。在保卫革命成果的阳（汉阳）夏（夏口，即汉口）战役中，黄兴领导的战时总司令部任命王天培为凤凰山炮台要塞司令，李世荣为侦探科员兼督战指挥官。二人坚守阵地，直至12月25日清政府同革命军代表议和，宣统逊位。1912年1月1日，中华民国宣告成立，孙中山就任临时大总统，改年号为民国元年。王天培和李世荣受到了新政府的嘉奖，各获"开国纪念手枪"一支。

同年，王天培回黔襄助黔省"反正"，他和谭毓坤组织乡兵，平息天柱公

口（哥老会）。旋奉黎元洪电召进保定陆军军官学校深造。民国二年（1913年）十二月，袁世凯镇压"二次革命"，解散国会，废除《临时约法》。王天培与穆永康、吴国梁一同赴京，抨击袁政，穆、吴言词激烈，行为放纵，被以"谋刺"和"危害民国"罪下狱，王毅然自承，脱穆、吴于难。王天培得贵州同乡、议员夏同龢（字松波，麻江人，清状元）营救，始获释回校。

二、在护国战争、护法战争中赴汤蹈火

1914 年，王天培毕业于保定陆军军官学校第一期，回到贵州，在王电轮（文华）黔军第一团袁祖铭营任见习排长。1916 年 1 月 27 日，贵州宣告独立，护国战争开始，黔军编为护国军右翼东路支队，王文华任支队长，以一团为前卫，王天培率二连为前卫连，在二营营长胡瑛的带领下，于 2 月 2 日旧历除夕，夜袭湖南晃县县城。北洋军第六师师长、第一路司令马继增部措手不及，败退蜈蚣关、大关。王部乘胜追击，连克蜈蚣关、大关等要隘，于 2 月 3 日占领晃县县城。北洋军退守芷江，护国军围攻芷江，吴传声团长率部冲锋，不幸中弹牺牲。是夜王天培夜渡沅江，炸塌城墙，攻入城内，守敌弃城而逃。黔军向麻阳追击，马部三万之众丧失殆尽，马继增饮弹自戕。护国军节节胜利，南方各省相继独立，袁世凯被迫宣布取消帝制，做了 83 天皇帝梦的袁世凯在绝望中死去，护国之役结束。王天培因功升任黔军第一团第二营营长，奉命主办"贵州模范营"，培养军事骨干。

1917 年 7 月 1 日凌晨，张勋拥 12 岁的清废帝溥仪复辟，孙中山在广州召开非常国会，通过了《中华民国军政府组织大纲》，成立军政府，护法战争爆发。王文华任黔军总司令，黔军第一、二、三团入川作战，11 月 12 日，与北方政府新任四川查办吴光新部于江津激战 20 余天，王天培先后占领巴县的土桥、三百梯，为黔军攻克重庆开辟了通道，升任黔军第二团团长，驻兵綦江。此后，直到北伐战争开始前，王天培一直跟随袁祖铭在四川参加军阀混战。后来，王天培接触了孙中山先生的"三民主义"思想，投身到轰轰烈烈的北伐战争之中。①

---

① 中国人民政治协商会议贵州省委员会文史资料研究委员会. 贵州文史资料选辑（第二十五辑）［C］. 内部编印本，1987：194-248；政协黔东南委员会文史资料研究委员会. 黔东南文史资料（北伐战争专辑）［C］. 内部编印本，1985：5-44；政协贵州省天柱县文史资料编辑委员会. 天柱文史资料（第二辑）［C］. 内部编印本，1985：1-108.

第三节　"千古功名未足夸"

——天柱辛亥革命志士龙昭灵

20世纪初，辛亥革命洪流席卷全国。在边远的贵州，革命运动也如火如荼，有无数革命者为推翻腐朽的清王朝，建立中华民国做出贡献。出生于天柱县坌处镇阳渡溪下寨（1958年后划归锦屏县茅坪镇）的侗族人龙昭灵便是其中的代表人物之一。因对辛亥革命有功，龙昭灵荣获中华民国开国纪念章——"嘉禾章"。①

龙昭灵，字拙园，号杰卿，别号黄哨山樵，出生于清光绪二年（1876年）六月二十三日。其父龙光远，镇远学优增生，清赠奉政大夫。祖父龙德宏（字燮堂，号大章，官名甲三），幼时颖异绝伦，师从铜鼓廪生宋邦达。其祖父20岁那年，时值咸丰战乱，龙德宏遂投笔从戎，到黎平知府胡林翼原部将台拱同知韩超营效力，奉令率军克复镇远、台拱、清江、柳霁等城池；后驻军黎城，旋归古州防营，同粤军克复上江、下江、丹江、朗洞、永从、丙妹等城，战功卓著，先后获保游击加参将衔及保副将衔，授武义都尉，封"武功将军"，其住宅诰封"将军第"。

光绪二十二年（1896年），龙昭灵在茅坪黄哨山"白云书院"学成，正是20岁出头的热血青年，胸怀报国大志，时刻关心国家大事。甲午战争中国战败后，国内时局纷繁芜杂，孙中山领导的革命派与康有为、梁启超领导的维新派分别传播革命或改良思想，谋求改良社会。1898年戊戌变法后，革命运动如火如荼，宣传革命的团体纷纷成立。在贵州，1907年10月，张百麟联合周培艺、彭述文、乐嘉藻、张显谟、张泽均等人创立自治学社，具有进步思想的龙昭灵毅然赴贵阳申请入社，成为自治党早期210名党员之一。不久后，自治学社经同盟会贵州支部长平刚介绍，集体加入同盟会，龙昭灵成为同盟会会员。1908年，龙昭灵在天柱县创办自治学社分社，宣传革命。宣统元年（1909年）8月，贵州省咨议局成立，龙昭灵被选为首届议员，在省社做自治党党务工作，深入府县，开展革命活动。每及一地，写诗以志。1910年，他在《安顺早行》中写道："旅店鸡初鸣，劳人又出城。山从平地起，露

---

① 林顺先．侗族辛亥革命志士龙昭灵［A］．政协黔东南州委员会．黔东南人物：1912—1949［C］．昆明：云南民族出版社，2011：145.

正晓天生。禾稼烟迷漫，峰峦石纵横。炎炎红日上，莫怨此役行。"此诗言及革命者为革命日夜奔波，甘愿劳苦之情怀。同年，从家赴省途中偶成："雄才怒展傲仑华，千古功名未足夸。蔓草他年收拾尽，江山栽遍自由花。"这首诗更明晰地表达了他的革命热忱和革命抱负，以及对和平、自由的期盼。

自治学社作为贵州民主革命主力，1910年下半年从成立初主要精力集中于政治、外交、宣传、教育等，转向军事方面发展势力，团结、争取新军、陆军小学等军事力量，接着在全省各地开展乡兵训练，划分东、南、西、北、中五路训练乡兵。龙昭灵任东路指挥，奔走于黔东各县抓乡兵训练工作，并设兵工厂制造枪支武装乡兵。1911年夏，自治学社召开紧急干部会议，决议案的第六项，派黄泽霖、廖谦、龙杰卿（龙昭灵）、陈纯斋等六人动员新军、绿防各营及陆军小学中坚分子，积累力量准备武装起义。

1911年10月10日，辛亥革命于武汉爆发，各省纷纷响应，贵州党人群情振奋，策划起义。10月末，为借声援，贵州自治党公推龙昭灵去湘鄂联络，会商张泽钧，担任乞援事。行抵镇远，11月4日，贵州起义独立，宣布成立军政府。他速归天柱，联合各界，响应省城，推翻清政府在天柱的统治。之后，辗转来到武昌，在武昌新政府的支持下，代表贵州领得鄂厂新枪三千支，解抵镇远，创立国民军。

贵州军政府成立伊始，宪政党阴谋煽动内乱，1912年2月2日制造了"二二政变"，夺取辛亥革命成果，按册捕杀在省及外地的自治党党员，在省城死于军警局局长赖若愚手下的自治党员近千人，自治学社首领黄泽霖被杀害，张百麟逃走上海。为免予迫害，保存实力，龙昭灵与更生等同党多人逃入武昌避难，年末，转湖南武冈改为王姓隐居，以执教为生。为恢复革命，张百麟联合省内外同志在上海召开会议，决定设立"贵州自治社干部通讯处"，推朱焯为通讯处主任，陈瑞初、龙昭灵等十人为通讯员，相机策动省内，分化唐继尧阵线。民国五年（1916年）一月，贵州组建直辖黔军讨伐窃国大盗袁世凯，龙昭灵被委为东区司令，担负黔东南上层社会法团、工农商学各界的动员工作，并在组集苗区群众及抓基层民兵力量方面，较其他区尤为出色，为讨袁护国做出了突出贡献。

讨袁护国运动以后，龙昭灵回乡办学，以培育人才为己任，时而研史纪事，时而种植自乐。民国八年（1919年），龙昭灵以"黄峭山樵"为笔名，编辑天柱县《保安团防志》（亦名《五区团防志》），记述了清末天柱等地的保安史。

民国初天柱教育事业不发达，农村办学条件差，龙昭灵决心改变这种状况。民国九年（1920年），他奔走于天柱五、六两区（高酿、远口），创办高酿高等小学，被学界公认为当时的联合办学典范。当校舍落成及第一期学生毕业时，龙昭灵题赠木刻楹联一副挂于学校礼堂，联曰："教育贵合群幸联着五六两区父老广开大厦；人才争蔚起欣看这三十几个子弟首破荒天。"民国时期高酿侗族教育能够快速发展，龙昭灵贡献最大，功不可没。

第四节　辛亥革命对天柱社会政治和文化教育的影响

一、民国时期天柱县行政区域动态

天柱县历史上曾经设置两个分县，一是柳霁分县，另一是远口分县，国民党政府正式接管贵州政权后，柳霁分县、远口分县同时于1936年撤销。

（一）柳霁分县始末

天柱县柳霁分县设于乾隆元年（1736年），治所在今之剑河县柳基村，原称"柳霁"，距剑河县城45千米，海拔约600米，南倚甘塘山，北扼清水江，是剑河通往锦屏、天柱，东进湖南的水陆要冲。据光绪《天柱县志》记载，柳霁分县"乾隆国朝元年设，分驻柳霁，属清江辖地"。雍正年间（1723—1735年），清政府对清水江中上游苗族地区大肆用兵，开辟了"新疆六厅"，清江厅（今剑河县）为六厅之一。清政府为了治理"新辟苗疆"，乾隆元年分天柱县丞驻柳霁，设柳霁分县。乾隆三年（1738年），清政府将原筑土城改建为石城，城墙依山而建，用方形大青石料砌成，周长超过1千米，墙高4米，墙基厚5米，墙顶厚3米，可供士卒在上面自由行走，执行警械和作战任务；建东西南北四座城门，每座门占地7米×10米，门通道为4米×7米，装门板用的转轴圆孔和装栅门用的方形栅孔现在仍然保存。城内各要点修筑6座炮台，均用青石砌成，高墙厚垒，易守难攻。时至今日，城墙、城门、炮台大体仍完好无损。

清咸丰年间（1851—1861），社会不靖，张秀眉领导了苗疆声势浩大的苗族农民大起义，李洪基受张秀眉派遣，"打屯军，夺田土"，攻占清江厅城，然后顺江而下，围攻柳霁城，苦战三个月，于咸丰十年（1860年）攻占。城破之时，守军全部战死，署柳霁县丞沈士瀛、游击蒋益清等被杀。战事平息后，光绪三年（1877 年），分县政府组织人力对毁于战争的城墙进行了修复。

柳霁分县在"乾隆盛世"之际曾大兴土木，在绅民的支持下，在城外兴修官道、桥梁、庙宇，城内开办社学，建蔚文书院，育才养士。民国三年（1914 年），原清江厅改为剑河县，柳霁分县由天柱改隶剑河。1934 年红军长征转战贵州，蒋介石亲自指挥几十万大军到贵州围追堵截。次年，蒋介石把王家烈赶下台，国民党夺取了贵州政权。1936 年国民党撤销柳霁分县。其存在的历史长达 200 年。

图 9-4-1　柳霁分县西门遗址（剑河县文化馆杨光平摄）

（二）远口分县设立与撤销

1912 年 1 月 1 日，中华民国成立，天柱县归镇远道管辖。民国二年（1913 年），贵州行政公署发布 102 号训令，限定从民国三年（1914 年）1 月 6 日起，各府、厅、州，一律改称为县。对原有的佐贰杂职，统一改为分县。民国三年（1914 年）3 月，远口巡检司改为远口分县，仍隶天柱县。设黔东道治镇远，天柱县属黔东道。民国四年（1915 年），天柱县属地茅坪、亮江、平金、银洞、乌坡、合冲、令冲拨归锦屏县。

远口分县第一任县长是杨富怡，最后一任是蒋伯符。民国二十五年（1936 年），省府下令，全省现有的 16 个分县全部撤销，并入所属县。远口分县于当年 5 月裁撤，结束其历史使命。前后有 16 任分县长，历时 22 年。

远口素有"黔东重镇、清江明珠"之称。明初，在远口置镇远巡检司，洪武二十三年（1390 年），设远口堡，有驻守官兵 101 人。同治元年（1862 年）五月，姜映芳领导的侗族农民起义军攻占天柱县城。同治二年（1863 年），代理知县毛骞迁县治于远口。是年十一月，姜映芳起义失败，县治复归天柱。同治八年（1869 年），贵州巡抚委任黄启兰代理天柱县知县，在远口署理县事。第二年，知县赵连霄署天柱印，以远口严正顺盐行为临时衙署。宣统三年（1911 年），远口绅民吴展培、吴展成驱逐远口巡检司司官郑元吉，设远口团防局，吴展培任局长。民国三年（1914 年），贵州省政府废远口巡检司，更名远口分县，建分县县衙于原远口巡检司衙门旧址（原远口小学校园内）。

远口分县坐落在罗汉坡西面山脚下，高踞远口老场城墙街上方约百十米高的一座陡坡平台上，背枕青山陡坡，前临悬崖高坎，居高临下，俯瞰远口古镇，掌控四方动向，地势险要，易守难攻，虎威堂堂，威镇四方。20 世纪 50 年代，远口分县衙门被火灾焚毁，成为一片废墟。只剩下一些土台、屋基和石坎遗迹供后人凭吊。后在遗址上修建了远口镇小学。

图 9-4-2　远口分县城墙残基

（三）坪地镇的划拨

1935 年以前，天柱县属第十行政督察区（驻黎平），1936 年以后改属第一行政督察区（驻镇远）。1941 年，镇远县青溪分县所属的坪地、八阳，因田课差役不均而发生武装冲突。3 月 6 日，贵州省主席吴鼎昌将两地划归天柱县。6 月 27 日，裁青溪县，其行政区域分隶镇远、天柱二县。1943 年，湖南、贵州两省联合勘界，原天柱县所辖的下金紫、廉刀溪、岩寨溪、中河拨归会同县，会同所辖之金紫、候录坡及老团、半溪一带拨归天柱县。至此，天柱行政区基本定型。1949 年 11 月 3 日，中国人民解放军第二野战军第五兵团第十六军四十六师一三八团由湖南黔阳进入天柱瓮洞，4 日，解放天柱县城。1950 年 1 月 21 日成立天柱县人民政府，隶属镇远专区。

二、侗乡苗寨掀起"新式教育"热潮

(一)天柱现代民族教育的兴起

1913年2月，县内有识之士开始筹建天柱中学，同年5月县知事赵金声批复，以南寺庵为校舍，以僧人产业及垒处木捐拨作办学基金。天柱劝学委员龚其昌、教育会长张懋修、高等小学校长邓大宾，向群众募捐筹款，并敦促县国民政府拨款，创办天柱县立中学。县内各族人民捐田捐款支持，单是捐作校产良田就达140亩。1915年正式招生，龚其昌为首任校长。本县及邻省的黔阳、会同、芷江，邻县的锦屏、剑河、邛水(今三穗县)、青溪、思县(今岑巩县)等地青年学生前来投考，录取新生68名。学子们济济一堂，校园内书声琅琅，为社会培养了一大批的有用之才，抗日将领吴绍周、著名苗族作家吴绍文兄弟均是该校培养出来的学生。天柱中学以办学成绩斐然而载入天柱教育史册。

1916年9月，贵州省教育厅正式为天柱中学立案，发木质铃记一颗，定12月10日为校庆日。同年，天柱孔子会成立，公推龚其昌任会长，孔子会的成立在一定程度上推动了天柱民族教育向前发展。

从建县到1948年，全县民众共捐赠学田1720.9亩，计谷1533.36石，合洋766.08元。由于天柱县有良好的尊师重教传统和教书育人的人文环境，1948年，湖南会同县炮团村邑绅蒋景圭自筹资金，慕名前来天柱白市镇创办私立弘道初级中学。该中学有教员7人，学生120人，分为甲、乙班。同年，吴绍文先生创办蓝田昌文初级中学，校长杨永惕，学生共计50人。昌文初级中学在中华人民共和国成立前夕因土匪叛乱而停办。

至今存放在天柱民族中学校园内的《天柱高等小学校记》碑记载："高等小学款，多拨至凤山书院。出力最大者，有清朝进士杨昌江、知县刘奋熙、邹毅洪。刘奋熙集款三年，逐得七百串，复捐廉二百串，存储生息。邹毅洪委乡贤整理高等小学，开办天柱劝学所，所勉乡人输款兴学，遂得城绅胡锡祥先生乐捐银一千两。至是，闻风向慕，踊跃捐输，前后共筹入银三千余金。而且规复垒处木捐，开通鉴江利源，得使常款无亏。"他们不仅提倡、鼓励办学，还想方设法筹措办学经费，改善办学条件。民国初年，国民政府指定清水江木植捐、市场屠宰附加捐、杂捐作为天柱县立中学常年办学经费。1914年，邦洞国民学校创建，校长谌占魁签呈县长赵胡雨立案，指定境内牛捐、木桐地租，与天柱县立中学共筹开发狮子口河木捐，并提庵谷等项为该校常年经费。1915年，天柱县设立教育科学研究所，培训教员48人。

1914年，天柱劝学所将全县218所私塾改为初等小学后，办学经费不足，县劝学所奉令征收木税捐为学堂经费，这种抽木捐办学的措施至1918年废止。1915年9月，天柱县知事胡吉卿给贵州巡按使龙建章呈文中说："天柱丁口十二万左右，学龄童一万五千余人。全县公、私立小学三十二所，在校学生一千三百九十四人；私塾二百二十五所，就读学生三千七百一十七人，塾师二百二十五人。"该时期全县共有小学和私塾257所，其中公、私立小学仅占12.6%，私塾占87.4%；在校（塾）学生5111人，其中私塾学生占总数的60.3%。

据1936年学校报表统计，全县国民学校发展到93所，其中中心学校1所，两级小学14所，初级国民学校78所。

在天柱中小学教育逐步发展的同时，职业教育开始起步。1918年，毕业于贵阳桑蚕学校的周竹铭，与张秉权在县城西门创办"桑蚕女子学校"，培养栽桑养蚕和缫丝技术人才，后改为县立女子学校。他们发动群众在县城北校场、岩旁坪、马家营坡一带栽桑2000余株。这一时期，天柱县垒处乙种商业学校也应运而生，为黔东南商业立校之始。至20世纪30年代，栽桑养蚕得到广泛推广，还举办蚕桑讲习所，培训技术人员。1935年7月，天柱中学亦更名为天柱初级职业学校，校长王天敏；1938年恢复为初级中学。

随着中、小学校的发展和扩大，学校缺乏大量的中小学教师，于是将创办师范学校提到了议事日程。1940年，贵州省"剑穗锦柱"联立师范学校在剑河成立。1942年，天柱划为省属第二师范学校区。1945年春，天柱中学附设一年制简师科正式招生31名，次年改为三年制，招生45名。1946年，奉令创办贵州省立天柱师范学校，9月，省教育厅批复天柱中学增设高中部，招收首届高中生。

从1941年开始到1945年止，天柱县推行国民教育，设置中心学校19所，实验国民学校1所，保国民学校108所；计有小学部309班、幼稚园19班，总计在校儿童15071人。1948年裁减中心学校2所，保留17所；保国民学校裁减97所，保留34所。

（二）各界人士为发展教育事业无私奉献

清康熙年间（1662—1722），远口吴万年捐田60亩，创建延陵书院。乾隆二十七年（1762年）重修凤城书院时，县邑绅士、父老倡兴文教，踊跃乐捐者至 1000 余金。书院落成后，山长酬金，学生灯火费用无着，兴文里义民吴克昌、吴克玉、吴嗣周等捐田 31.4 亩，以补充师生费用。1926 年，北伐军第十军军长王天培捐洋 1000 元，发放生息，得年利洋 240 元作西门女子小学基金。王天培将军南征北战，他不忘桑梓的养育栽培之恩，在外地购买《资治通鉴》《遵义府志》《华阳国志》等书籍捐赠给天柱中学，鼓励师生们勤奋学习，发愤图强。

参与筹建天柱中学的第一任校长龚其昌，为解决师资不足的问题，脚穿草鞋，徒步千里，到湖南武冈和贵州镇远，以真诚聘请大学毕业生谢文璠、晚清贡生潘年寰等来校执教。曾任天柱中学第二、第六任校长的谭毓坤，早年任过丹江（今雷山）、黎平的知县，历任北伐军团长、副师长、师长，跟随王天培军长北伐，战功卓著。王天培被害后，他毅然解甲回乡，出任天柱中学校长；在任期间积极整治教育，多年不领薪俸，在工薪册上只签"义务"二字。第七任校长张秉衡，因师资紧缺，千里寻师，到贵阳聘得数学教师易智清、外语教师陈公鲁，又奔走湖南芷江聘龙沛堂到校执教，使天柱中学师资得以加强。留学美国归来的王天敏先生，应聘到天柱中学担任英语教员，后任校长兼黄平中学校长。因学校缺乏数理化师资，王先生奔走外地聘请教师，开齐初中部的全部课程。全面抗战期间，教育经费困难，他自愿少拿薪金，保证教师工资。时任县长张光亚在学校意见簿上写道："艰苦办学，一目了然。"杨永惕任天柱中学校长期间，时值中国抗日战争最困难的时期，他倡修教学楼，带头献砖 1.8 万块，激发了社会的办学热情，大家有钱出钱、无钱出力，修建了一幢工字教学楼（此楼一直用到 21 世纪初被拆除）。出生于瓮洞镇大段聚溪的杨克增校长，为筹办天柱中学高中部，在校舍、师资、经费不足的情况下，他联合当地绅民筹集资金，建设新校舍，得到社会贤达捐款捐粮，并捐田 140 余亩，加上县国民政府拨出清水江木材税作建校经费，办学条件具备后，贵州当局准予天柱中学增设高中部。由杨克增接手修建竣工的工字楼，被誉称为黔东第一座教学楼。为了搞好教学工作，他多方访贤，从外省请来大学毕业生周汝鑫、吴振川、黄涛先担任高中部教师。在其倡议下，学校决定每学年开展一次全校性的作文、演讲、书法、美术、科学测验等项竞赛活动。是年参加全国作文竞赛，天柱中学高中部学生杨再相的《发扬民主精神》一文以及杨宏翰、王之澜、梁克钦、杨序仕的竞赛作文被编入《全国高中作文精华》一书。正是由于这些前辈奠定的厚实基础，中华人民共和国初期天柱中学在更名为"贵州省天柱民族中学"之后不久就被省教育厅列为省属 6 所重点中学之一；而今已是省级示范性普通高中，成了名副其实的百年名校①。

第五节　北伐先锋王天培与"将军门第"三英杰

辛亥革命失败后，北洋政府腐败无能，军阀割据，广大人民生活在水深火热之中。1924 年，在中国共产党的合作努力下，国共两党形成统一战线，组建国民革命军。1926 年至 1928 年，国民革命军北伐军在中国共产党提出的"反对帝国主义，反对军阀"的口号下，以摧枯拉朽之势向北洋军阀发起轰轰烈烈的革命战争，史称北伐战争。一支来自贵州黔东南天柱及其周边县侗族苗族地区的英勇善战的北伐军子弟兵，脚穿草鞋，特别能吃苦耐劳，人称"贵州草鞋兵"。在第十军军长王天培将军的率领下，他们抛弃积久形成的民族自卑感，抱着为革命、为主义牺牲的坚定信念，在前线冲锋陷阵、前仆后继，转战湘鄂，攻占徐州，沉重地打击了帝国主义和北洋军阀的反动统治，加速了北洋军阀的灭亡。

一、北伐先锋王天培

王天培（1888—1927 年），原名伦忠，字植之，侗族，光绪十四年（1888 年）十二月初四出生在天柱县邦洞织云封（今邦洞街道民主村老街）。幼年家贫，随父亲王大瀛到石洞镇皮厦村中寨开明地主龙大楷家垦荒山、挑粮谷。在龙大楷的资助下，王天培先后就读于天柱县官立小学堂、贵州陆军小学，宣统元年（1909 年）以优异成绩升入武昌陆军第三中学堂。先后参加武昌起义、护法战争和护国战争诸役。

（一）接触孙中山先生

1921 年 3 月 16 日，黔军总司令王文华被刺，该军发生"五旅之乱"。5 月，孙中山下令讨伐桂系军阀陆荣廷，谷正伦率黔军二旅援桂，时任团长的王天培率部随征。6 月 12 日，王天培部打败陆部韩彩凤旅于柳州。同年 8 月，滇、黔、湘、赣、粤联军占领桂林。11 月，孙中山到达桂林，组织大本营，

---

① 贵州省天柱县民族中学志编纂委员会 . 贵州省天柱县民族中学志［M］. 内部编印本，2015：1.

并演讲《三民主义》《五权宪法》及北伐要义。王天培对孙中山先生的革命理论心悦诚服，率本团营以上军官集体加入国民党。

1922 年，孙中山任命谷正伦为中央直辖黔军总司令，这时黔省政局混乱，已升任第二混成旅旅长的王天培向孙中山提出"拥袁定黔"方案，孙中山遂任命袁祖铭为黔军总司令。袁祖铭由汉口抵达湖南洪江，经"黔东第一关"走三穗上贵阳，将谷正伦、何应钦驱逐出贵阳，"定黔"成功，王天培升任黔军第二师师长。次年，唐继尧率滇军拥刘显世第二次入黔占领贵阳，袁祖铭率部逃入川东，王天培再次卷入军阀混战。目睹生灵涂炭、民不聊生，王天培感到十分苦闷彷徨。一日，游览成都武侯祠，他感慨撰联。

公本识字耕田人，为感殊遇驱驰，以三分始，以六出终。统一古今难，效死不渝，遗恨功名存两表。

世又逞强古冶子，应笑同根煎急，谁开诚心，谁广忠益？安危天下系，先生以往，缅怀风义拂残碑。

1924 年 5 月，孙中山在广州召开有共产党人参加的中国国民党第一次代表大会，改组国民党，宣告国共合作，重新解释三民主义，明确反帝反专制的政治方向。孙中山北上前，派陈翰瑜、吴玉章赴渝，在巴山巷王天培住宅动员他参加北伐，王天培采纳了二人的意见。

（二）洪江誓师北伐

1925 年 7 月 1 日，广州国民政府成立。7 月 8 日，国民政府将所属各军统称"国民革命军"。1926 年 5 月，广州国民政府任命王天培为国民革命军第十军军长。5 月 8 日，王天培在綦江考棚宣誓就职。国民政府命王天培部分两路东下参加北伐：二十八师（师长王天锡）至遵义过团溪下镇远，出湘西；王天培自率二十九师（师长杨顺治）由板桥出湄潭，过凤冈，下印江，取道铜仁；命三十师师长王天生（当时该师还没有兵员）赴黔东南招募新兵。

1926 年 8 月 9 日，王天培在洪江莲花地举行北伐誓师大会。主席台两旁的对联："誓统十军，实现三民主义，为党为国酬我志；师表万众，巩固五权宪法，灭吴灭曹快我心。"吴玉章代表广州国民政府授予军旗并致嘉勉词。会后，国民革命军举行北伐示威游行，大张旗鼓地宣传《三民主义》，王天培撰写《革命格言》作为第十军的座右铭。

接着，第十军击破深入新化之桂系军阀沈鸿英、韩彩凤部，9 月 7 日进驻常德。9月13日，王天培在常德就任北伐军左翼前敌总指挥，率第九、第十两军出澧州、津市，一路旗开得胜，势如破竹，攻占藕池口、公安、石首、松滋、沙市、荆州、五峰、长阳、枝江等地。使北伐中路军得以集中力量决战于汀泗桥、贺胜桥，击溃吴佩孚军主力，为进攻武汉开辟道路。12月15日，经过激战，国民革命军击败卢金山、杨森部，占领宜都，俘敌1200余人，强渡长江，攻占宜昌、巴东、秭归，肃清了鄂西之敌，使武汉革命中心得以巩固。此时的第十军由成立之初的三师建制1万余人扩充为6个师另4个团。1927年元旦，经总部派周凤歧点编，实有25000余人，除原编制外，增设教导一师（师长吴国梁）、教导二师（师长潘善斋）、教导三师（师长颜德基）等，所收编卢金山、罗觐光、杨森部3个师另2个团不计在内。蒋介石对黔军扩军非常不满，只按照三师一团编制给养，北伐黔军基本上没有军饷和枪弹。鄂西战役时，第十军战士在寒冬尚赤脚穿草鞋，部分战士还是用大刀长矛杀敌，但十分英勇善战。

1927年1月30日，北伐军左翼总指挥袁祖铭被第八军唐生智部教导师师长周斓诱杀于湖南常德。王天培闻讯，一面通电国民政府要求严惩凶手，一面发布《告十军武装同志书》，号召全军排除杂念，继续革命。北伐左翼军发起新的攻势，第十军由沙市、宜昌等地水陆并进。2月3日（农历春节），占领汉口，缴获北洋军"楚雄""楚威"两艘军舰，王天培为纪念胜利，改舰名为家乡天柱县地名——"朗溪"号和"凤城"号。

1927年3月16日，蒋介石下令撤销"北洋军左翼前敌总指挥"番号，改命王天培为"江左军前敌总指挥"。随后，王率部向黄梅、广济、霍山、英山、六安、舒城一带前进，于23日，第十军下桐城，进驻安庆。当晚，王天培接到密令各军捕杀共产党人的密电，始知蒋介石在上海发动反革命政变，白崇禧在上海实行清党大屠杀，他非常气愤地说："国共合作是孙中山先生定的，第十军不能提供中共党员名单。"并连夜通知共产党员要有所防备，该转移的转移。接着王天培又接到蒋介石的电令，命他到安徽任省主席，企图夺其兵权。王天培回电说："我为革命而来，不是出来占地盘。"蒋介石改任陈调元任安徽省主席。

5月1日，蒋介石决定"三路北伐"作战计划，李宗仁任三路总指挥，王天培任前敌总指挥。第十军由芜湖、大通渡江，向合肥挺进。4日，蒋介石任命王天培为安庆卫戍司令。这时直鲁军第七军许琨部分三面猛扑合肥，合肥告急。蒋下令总攻，王天培指挥第十军、七军、二十七军、三十三军、四十军及马祥赋、王金韬等独立师各部直捣舒城，奔袭怀远，直鲁军恐退路被截，急向蚌埠撤退，遂解合肥之围。21 日，第十军配合第七军攻占蚌埠，接着李宗仁命第十军与王金韬部向徐州进军。

（三）挥师大战徐州

古城徐州，历来为兵家必争之地。北洋军阀孙传芳与山东军阀张宗昌联合，纠集 5 个军的兵力，于徐州内外设三道坚固防线。第十军担任津浦线正面进攻，为徐州战役中坚。5 月 26 日，十军克固镇，27 日占领宿州，突破第一道防线，接着分兵进击第二道防线：二十九师攻濉溪口，三十师攻夹沟，教导二师攻元山。濉溪口和元山一鼓而下，独有夹沟敌人凭借坚固工事，并以铁甲车扼守铁路要隘，相持数日不下。王天培忧急，召开火线军事会议，三十师师长谭毓坤请命出击，夜袭敌之侧翼，拆毁铁轨，使铁甲车进退不得，遂克夹沟，逼近敌以重兵扼守的徐州外围。王以二十八师主攻卧牛山，二十九师主攻云龙山，三十师主攻九里山，于 29 日拂晓同时发起猛攻。6 月 4 日，经过四天四夜激战，第十军攻占战略重镇徐州。徐州大捷，全国震动。南京各大报都以头号大字标题报道，赞誉第十军。十军及直属部队发展到 8 万多人，为鼎盛时期。

占领徐州后，蒋介石主张先解决武汉政府问题，北伐暂停，而王天培及前线将领力主乘胜前进，将革命进行到底。6 月初，第十军略事休整，复令各部乘胜追击，向山东进军，沿津浦线次第攻占柳泉、韩庄、临城、滕县、邹县，取兖州，逼泰安，直抵泰山之麓，势如破竹，济南守敌震动。不料蒋介石却电令十军停止前进，命前线友军全部南撤。军阀孙传芳、张宗昌集结重兵反攻。第十军以一军对抗十倍之敌，在泗河沿岸、滕县、临城、韩庄等百里津浦线上孤军奋战 50 余日，反复争夺，伤亡惨重，王天培多次急电求援，蒋介石一概置之不理。由于正面孤军突出，两翼空虚，被敌包围切断，第十军不得不血战突围，逐节撤退，转进泰安、兖州、徐州一带休整。7 月上旬，张宗昌与孙传芳联合大反攻，来势凶猛，第十军在兖州浴血奋战六天六夜，终因弹尽粮绝，只得撤出兖州。24 日，徐州警察叛变作内应，十军副军长兼徐州警备司令高冠梧被戕，徐州失守。二十九师第一团退至徐州城外卧牛山麓，阻击孙、张逆敌。7 月 18 日，上校团长陶政钟掩护军长王天培撤退，身先士卒，中弹殉职，时年 29 岁。后来王天培遇害，杨胜治继任军长，题写《陶君政钟墓志》三百余言，镌刻于南京雨花台陶政钟墓碑之上，其墓以及墓志今存。

第十军退守符离集后，王天培急电蒋介石报告："敌铁甲车已到曹村，因我军无工程队，破坏器具及燃烧物一无所有，请钧座速令南京、浦口、蚌埠各处工程队速到宿州以北，以阻敌继续南下。"蒋介石亲自率部赴前线指挥反攻，反攻未克。第十军将士弹尽粮绝，退守怀远、明光。

（四）忠魂气壮铁山

为推卸战败责任，8 月 8 日，蒋介石以"来京面商机要"为名，扣留军长王天培，并将其秘密押送杭州。在狱中，王天培写下了《宁归歌》，歌曰："吾为党国兮，十年有六。三民主义兮，素所钦服。……哀我将士兮，万里从征。枵腹从公兮，惨无人知。津浦国道兮，独立支撑。孙、张合力兮，混以白俄。白俄铁甲兮，搏以肉体。孤军奋斗兮，两月余矣。敌众我寡兮，弹尽粮绝。昼夜鏖战兮，精疲力竭。再接再厉兮，不惜牺牲。死伤枕藉兮，惨目伤心。"[1] 以此表明他信仰三民主义，誓为革命奔走奋战的不悔决心。曾经被王天培部沉重打击的北洋军阀哀叹："敌并力反攻，势极猖獗，我军调整队伍堪称得手，唯王逆天培所部敌军，死力顽强，以致正面战争较为激烈……"（《晨报》，民国十六年八月八日）

1927 年 9 月 2 日凌晨，王天培即被秘密枪杀于杭州西北拱宸桥，终年 39 岁。王天培蒙冤后，遗体被其弟王天锡运回原籍天柱县铜鼓坡安厝。乡贤杨植三撰挽联云：

> 血战徐州纵横扫荡三千里；
> 魂归桑梓泪落满城百万家。

第十军军部秘书潘万灵赠联：

> 看美女宛然，春霁紫云，秋波朗水；
> 问将军安在，声闻铜鼓，气壮铁山。

联中之"美女"，指天柱县八景之"美女梳头"；铁山亦为天柱八景之"铁山冬雪"；"紫云"，即紫云岩，又称"三星岩"；朗水，又名朗江、西溪；铜鼓，即铜鼓坡，又称将军坡，均是天柱名胜古迹，而且分布在王天培墓

---

① 政协黔东南州委员会文史资料研究委员会. 黔东南文史资料（北伐战争专辑）[C].
内部编印本，1985：217.

周围。

1931 年 8 月，广州国民政府明令为王天培平反昭雪，追授上将军衔。奉令开："前国民革命军第十军军长王天培，忠勇性成，夙娴韬略，效劳党国，历著奇勋。……追维往绩，悼惜良深。故军长王天培着军事委员会从优议恤，以彰忠烈，而示来兹。此令。"① 是非功过，留待后人评说，自古皆然。

在中国近现代史上，少数民族仁人志士在社会变革的大潮中与国家和整个中华民族同呼吸、共命运，从边缘走入中心、前仆后继在前沿奋斗的事例为数不少，而王天培将军无疑是其中较突出的人物之一。尽管他因为不幸成为国民党高层派系党同伐异的牺牲品而英年早逝，但其不凡的生平事迹无比生动地展现了少数民族知识分子和社会政治精英在中华民族命运共同体以及中华民族共同体意识形成中的主体性和能动性。这些历史事迹同时表明，天柱这个曾经的多民族文化边陲经历长时段的内地化发展后，到 20 世纪初期时已在深度的"非边陲化"过程中逐渐向腹地转化，其历史命运中的每一步都与这个国家的历史命运紧密而有机地融合在了一起。

二、"将军门第"三英杰

在天柱县城，至今保留着两幢具有民国时期特征的老式建筑，它们分别是北伐将军王氏兄弟故居和北伐师长王天生故居。

（一）北伐将军王天培、王天锡兄弟故居

北伐名将王天培、王天锡兄弟故居位于天柱县凤城街道西门，为砖木结构建筑物，二楼一底，坐东朝西，中西合璧，风格独特、气势雄伟、用料考究、设计精美，具有重要的建筑艺术和历史文物价值。故居外形与遵义会议会址（原国民党黔军师长柏辉章官邸）相似，四周占地面积 1848 平方米，建筑面积 1020 平方米，建筑地基长 30.1 米、宽 17.1 米。主建筑分两大部分：第一部分，房屋前后各有 8 根，两侧 3 根（两头转角柱除外）高 9.43 米砖砌的方形大柱，直贯二楼顶部，每两柱间有 4.65 米的拱形砖墙，上绘线条花纹。第二部分，砖柱以内是环绕主建筑宽 2.23 米、周长 28 米的跑马走廊，走廊外围以 1.07 米高的朱红色栏杆。走廊里面的主建筑长 24.8 米，宽 11.8

---

① 政协黔东南州委员会文史资料研究委员会．黔东南文史资料（北伐战争专辑）[C]．内部编印本，1985：275.

米。主建筑上下各5间：中为明间，是中堂；两侧次间、稍间对称，各4间房。各房有门相通，次间有四扇玻璃窗，稍间有8扇玻璃窗，每4扇窗户上有一扇形附窗。一楼高4.6米，二楼高3.8米，上下两层共16间房。一二楼中堂有两扇大木门，中堂后面架有木质转角楼梯，楼梯两边是葫芦条形护栏。一二楼走廊过道顶部天花板上各有17盏圆形灯饰图案（图9-5-1）。

图9-5-1　王天培、王天锡兄弟故居（徐杰　摄）

三楼是四扇穿斗式木房，各柱间以枋串联，前后对称，四面倒水，屋脊两荣及四角为翘角飞檐，前后各有两个猫洞（后拆除）。底层四周有0.75米宽的屋檐沟，前有长32米、宽9.8米的空地，铺满青石板。外有青石大门，大门两边的青石柱镌有一副对联："将军门第承先烈，太保家声裕后昆。"此屋地基是其父王大瀛购买的，1935年由王天锡建造。1995年4月，天柱县政府将其列为县级文物保护单位，1996年6月划定保护范围，并竖立文物保护碑。2006年6月，省政府以黔府发16号文件公布为省级文物保护单位。

（二）北伐师长王天生故居——"将军第"

王天生故居，位于天柱县城凤城街道南门街中段北侧，修建于民国十二年（1923年），为二楼一底砖木结构，建筑面积500平方米，占地面积900平方米，坐西南朝东北，平面呈长方形。主建筑分两大部分：第一部分，房屋前后各有用砖砌成四方形的砖柱4根，两侧2根（两头转角柱除外），直贯二楼顶，高9米。第二部分是砖木结构主体建筑，外设跑马走廊，置朱红色木栏杆。正屋面阔七间25米，进深五间17米，三楼是穿斗式木房，各柱间以枋串联，前后对称，屋面盖小青瓦，四面倒水，屋脊两荣四角为翘角飞檐，前面有 3 个猫洞，后面有 2 个猫洞。底层四周有宽 0.80 米的屋檐沟，沟渠全部用青石料砌成，中堂及底层的走廊和房前空地用标准的青石板铺成，房前竖有一块青石碑，竖镌阴刻"将军第"三字（图 9-5-2）。

图 9-5-2　北伐军师长王天生将军故居

王天生（1896—1951 年），侗族，出生在天柱县邦洞街道织云村街上一户穷苦人家，读过两年多私塾，辍学后到锦屏茅坪木排上帮人记账。由于他聪明能干，很受老板赏识，不到半年老板便调他到洪江管理和销售木材。民国十五年（1926 年），王天生任"黔东绥靖清乡军"旅长。同年，他跟随兄长王天培率部北伐，任国民革命军北伐军第十军第三十师师长，转战湘鄂，击溃北洋军"川鄂联军"主力，为巩固武汉革命政权立下汗马功劳。

王天锡、王天生将军（图 9-5-3）之战绩，从当年《申报》报道鄂西战役引述王天培删、铣两电报告克复宜昌情形即可略见一斑。电一："我左翼分四路进攻，邓浦麟司令攻长阳；王天锡、杨胜治师攻水岩屋西斋；贺龙、杨其昌师、戴斗恒旅攻杨林寺；王天生、吴国梁师及涂旅攻公安、茸汉口。各路齐头并进，一战而下各目标地，跟踪追击，下洋溪、松滋、枝江、宜都、长阳，敌向北岸溃退，乘轮船直向宜昌逃遁。……"电二："我 28、29 两师已先占领宜昌，北川敌正向鄂西、鄂北溃逃，卢不知去向，杨、何、魏乘轮西去，现令各部分别跟追，培本日赴宜，处理一切，特闻，培自白洋铣亥。"①

---

① 王天培电报鄂西战役［N］. 申报，1926-12-24（03）（民国十五年十二月二十四日）.

图 9-5-3 北伐师长王天生将军

第六节 赤子热血：轰轰烈烈的北伐军天柱子弟兵

在国共两党共同领导的北伐战争中，参加北伐的黔军各部，或因征途主将被害而部队解散，或因指挥官认为前途渺茫和为争夺地盘而撤回贵州，只有北伐左翼军前敌总指挥王天培兼任军长的国民革命军第十军坚持北伐。第十军在艰苦征战中，由洪江誓师时的弱小偏师壮大成北伐左翼军能征善战、功勋卓著的主力部队。令人遗憾的是，目前研究北伐战争史的学者们所有著述几乎都是集中关注北伐右翼军，即国民革命军第一军至第八军的战史及其活动史料，极少提及和讨论左翼军第九、第十两军的战斗事迹及其历史功绩。

北伐之初，蒋介石任总司令，李济深任总司令部参谋长，白崇禧任参谋次长代理参谋长，邓演达任政治部主任，郭沫若任政治部副主任。

何应钦、谭延闿、朱培德、李济深、李福林、程潜、李宗仁、唐生智分任第一军至第八军军长；缪斌、李富春（共产党员）、朱克靖（共产党员）、廖乾吾（共产党员）、李朗如、林伯渠（共产党员）、黄绍竑、刘文岛分任第一军至第八军党代表或副党代表。制定的战略方针是集中兵力、各个击破，首先消灭军阀吴佩孚，然后歼灭孙传芳，最后消灭张作霖。以主力进军湘、鄂，另一部驻广东汕头、梅县地区对闽警戒，一部留守广州大本营。

北伐时期，王天培将军是贵州活跃在中国军界的骄傲人物。他曾两次受孙中山召见，并和蒋介石、李宗仁、何应钦、白崇禧等人共过事。他曾一度指挥过时任国民革命军北伐军第九军二十五师师长贺龙——新中国开国元帅。由王天培带上北伐战场的黔东湘西子弟不少人后来成了国民党的高级将官，如吴绍周（国民党军第十二兵团中将副司令）、杨伯涛（国民革命军五大主力之一第十八军军长）、杨胜治、周至群、王天锡、罗启疆等。

北伐之前，王天培是黔军第二师师长，率部跟随黔军总司令袁祖铭在四川参加军阀混战。在共产党人吴玉章的动员下，王天培决定参加北伐。

1926年5月，广州国民政府任命王天培为国民革命军第十军军长。5月8日王天培在綦江考棚宣誓就职后即命令部队分两路东下，自率二十九师（师长杨顺治）由板桥出湄潭，取道铜仁。王天培军次铜仁即致电北伐军前敌总指挥唐生智联络军情："我军悉数共四师二路九旅之众，分途出辰沅，先头部队已进桃源，弟兼程前进抵铜仁，不日移驻洪江。"（《申报》，民国十五年七月二十七日）

到芷江时，王天培被任命为国民革命军第十军军长兼左翼前敌总指挥，率第九、十两军顺沅江东下。1926年8月9日，王天培在洪江莲花地举行北伐誓师大会。在誓师大会上，王天培庄严宣誓："志愿与全体将士同心同德，在三民主义旗帜下奋勇前进，完成北伐大业，为国家、为民族，奋斗到底！"会上，南京代表、共产党人吴玉章向十军授旗，并发表授旗讲话，赞扬王天培军长是年轻有为的军长，是革命的军长，是头可断、血可流，革命之志不可夺的军长，勉励十军将士在王军长的率领下，为打倒军阀、实现国家统一而英勇奋斗！同日，王天培以北伐黔军前敌总司令国民革命军第十军军长的名义通电就职，他宣誓："……天培分属军人，心切救国，为举义师，以清妖孽，统率三路黔军十五旅之众，北上声讨，誓除国贼！"〔《大公报》（长沙版），民国十五年八月二十日〕

当时，左翼军总指挥袁祖铭还在四川观望，1926年12月3日才抵辰州电告唐生智："窃敝军在川，承政府遣使相招，努力革命"云云。先遣之第九军军长彭汉章、第十军军长王天培两军，驰援湘鄂，由吕超代行左翼军总指挥权，袁祖铭抵达辰州通电就职之时，前线已经鏖战了三个多月。当时左翼军下辖三个军，战斗序列：

总司令袁祖铭（袁未到职，吕超代左翼军总指挥）

第九军 军长 彭汉章

二十五师 师长贺龙 二十六师 师长杨其昌 二十七师 师

长毛鸿翔

　　第十军　军长　王天培

　　二十八师　师长王天锡　二十九师　师长杨胜治　三十师　师
长王天生

　　第十一军　军长　袁祖铭（兼）　副军长　何厚光

　　三十一师　师长何厚光（兼）　三十二师　师长史远勋　三十
三师　师长许开凤

　　接着，第十军击破驻新化之桂系军阀沈鸿英、韩彩凤部，进驻常德。9月13日，王天培在常德就任北伐军左翼前敌总指挥，率第九、第十两军，一路连占藕池口、公安、石首、松滋、沙市、荆州、五峰、长阳、枝江等地。黄金口、斗湖堤的战斗尤为激烈，斗湖堤至黄金口之线，有天然战壕，被敌人利用构筑阻击阵地，第九军将士发起冲锋，伤亡很大，贺龙、杨其昌师长亲临第一线指挥，激战三日两夜，死伤枕藉，终于击退敌人。攻占沙市后，左翼军代总指挥吕超因不掌握直辖部队，指挥不动，呈请辞职离去。左翼军战事一切谋划，由王天培和彭汉章商定，二人表示绝不与北洋军阀卢金山等人议和。

　　12月15日，经过激战，击败卢金山、杨森部，占领宜都，俘敌1200余人，强渡长江，攻占了宜昌、巴东、秭归，肃清了鄂西之敌，使武汉革命中心得以巩固。1927年元月，北伐左翼军发起新的攻势，第十军由沙市、宜昌等地水陆并进，于2月3日（农历春节），占领汉口。

　　国民政府派吴玉章（共产党员）率代表团来宜昌慰问犒劳十军，并且清点人员，以便按人数发饷。看到第十军官兵赤脚草鞋，立于凛冽寒风之中，一个个精神抖擞，因而称赞不已。点名结束，全军官兵实有二万五千余人。加之收编吴佩孚长江上游总司令卢金山部三个步兵师又一个炮兵指挥部辖两个团，全军达五万之众。自是第十军经过收编扩充，建制如下①：

　　军长　王天培

　　副军长　王天锡（代）　参谋长　傅觉民

　　二十八师　师长　王天锡　副师长　罗秉权　参谋长　张　卓

---

① 政协贵州省天柱县文史资料编辑委员会．天柱文史资料（第二辑）［C］．内部编印本，1985：48．

二十九师　师长　杨胜治　副师长　张表东　参谋长　杨荣华

三十师　师长　王天生　副师长　谭毓堃　参谋长　吴东湖

直属独立团团长　罗启疆

教导团团长　雷应杰

警卫团团长　向锡之

手枪大队长　王守臣

收编吴佩孚残部新编如下：

教导第一师　师长　吴勉安

教导第二师　师长　潘善哉

教导第三师　师长　颜德庵

炮兵团团长　樊××

　　不料，北伐军左翼总指挥袁祖铭被第八军唐生智部教导师师长周斓诱杀于湖南常德。王天培闻讯后立即通电国民政府要求严惩凶手，并以国民革命军第十军政治部的名义发布《告十军武装同志书》，号召全军"态度更要严肃沉着，要加倍地保护纪律，爱护民众，极端表现出革命军人的精神出来"。同时，正气凛然地宣告："我们敢说这次出发后的成功一定和我们肃清鄂西的成功一样快，革命史上也一定为我们增加一笔光荣的记载。全体武装同志们，握紧我们的枪柄，瞄准我们的敌人，我们高声同唱革命歌，预祝眼前的成功罢！"（《民国日报》，民国十六年二月八日）1927 年 3 月 16 日，蒋介石下令撤销"北伐军左翼前敌总指挥"番号，改命王天培为"江左军前敌总指挥"，率部向黄梅、广济、霍山、英山、六安、舒城一带前进。23 日，十军下桐城，进驻安庆。

　　5 月 1 日，蒋介石下达"三路北伐"作战计划，命李宗仁为三路总指挥，王天培为前敌总指挥向合肥挺进。这时直鲁军第七军许琨部分三面围攻合肥，合肥告急。王天培指挥第十军、七军、二十七军、三十三军、四十军及马祥赋、王金韬等独立师各部直捣舒城，奔袭怀远，逼迫直鲁军急向蚌埠撤退，遂解了合肥之围。21 日，十军配合七军攻占蚌埠，接着向徐州进军。

　　第十军担任津浦线正面进攻，为徐州战役中坚。在突破守敌三道坚固防线后，经过四天四夜攻城激战，第十军大破徐州。徐州大捷时，第十军及直属部队发展到 8 万多人，为鼎盛时期。

《申报》以《北伐胜利之经过》为题报道，"国民（革命）军分三路北伐，均达完全胜利之目的。……国民革命军第十军参谋处冬电云：本军杨胜治师、潘善斋师、王天生师、王先遣司令金韬，于二十八号由蕲县、固镇、浍河三线，开始攻击前进，遂攻破褚玉璞、许琨、张敬尧、马玉仁、刘志陆、赵荣华、张心元、朱泮藻、程国瑞、杜凤举各军，于徐州、黄山头、夹沟、元山、褚兰、古饶集、睢溪口，各连山新建阵地，击毁敌铁甲车两辆，于夹沟敌据险顽强抵抗，我将士奋勇猛攻，敌势不支，纷纷溃退，极为狼狈，我军遂完全占领各连山阵地，跟踪追击，于冬（二日）日占领徐州，正向韩庄追击中"。①

正当北伐军捷报频传之际，不料宁汉分裂，蒋介石将前线部队南调对付武汉国民政府，北洋军阀乘机反攻。第十军孤军奋战，弹尽粮绝，徐州失守。王天培军长奉蒋介石之命返回南京，蒙冤被害。没有了王天培，原来较强的北伐第十军一下子失去了主心骨，主力很快被肢解和吞并，之前轰轰烈烈的许多天柱籍北伐子弟兵在此后多年也备受压抑，有人从此沉沦落寂，有人依然矢志不移，继续为国效力，并在后来做出了业绩。然而，这段历史中的辉煌和惊变，至今令人津津乐道，感慨万千，欷歔不已。昔日的"化外"和边陲，尽管如今在自然地理上仍然地处高远，在一些文化习俗方面依旧特色浓郁，但在国民心性（national mentality）上俨然与中心腹地无异，甚至有时走在了时代的前沿，担当了先锋的角色。

---

① 北伐胜利之经过［N］. 申报，1927-06-09（03）（民国十六年六月九日）.

第十章

民族大义：天柱人民对抗日战争的卓越贡献

抗日战争爆发，中华民族到了最危险的时候，为挽救国家和民族危亡，全国各族人民空前团结，同仇敌忾，中国社会进入了一个一致对外、共同抵御外侮的历史时期。根据贵州省档案馆馆藏档案《贵州省各县各期忠烈将士人数一览表》统计数据显示，抗日战争时期天柱县共有 182 名烈士血战沙场，为国捐躯。他们分别属于 40 多个师级建制战斗部队，有的奋不顾身冒着日寇的炮火喋血南口前线，有的赴汤蹈火捐躯淞沪战场，有的肉搏厮杀牺牲于南京保卫战，还有的倒在远征滇缅的阵地上。在 1939 年 5 月举行的南昌会战中，仅第一一六师一部就有 3 名天柱籍中尉排长死守阵地英勇牺牲。台儿庄战役、武汉会战、德安会战、上高会战、四次长沙会战、常德会战、雪峰山战役、远征印缅滇西，凡大战恶战皆有天柱籍将士冲锋杀敌的壮举。以贵州籍官兵居多的第一〇二师、第一〇三师，天柱籍将士不畏强敌，南北抗敌，东西转战，牺牲惨重，第一〇三师从南京转战江苏一月之内，就有 19 人以血肉之躯抗击日本鬼子的疯狂进攻，最后壮烈殉国。然而，这仅仅是抗战英烈的一部分，还有许许多多战死沙场的无名英雄。总而言之，他们铁骨铮铮、共赴国难、视死如归的英雄气概，再一次充分体现了少数民族儿女在中华民族危亡的关键时刻同仇敌忾、反抗侵略的爱国主义精神和不惜杀身成仁、马革裹尸的崇高民族气节。他们用自己的热血和生命谱写了一曲曲惊天地、泣鬼神的壮歌，他们的英名和功绩必将永垂青史，万古流芳，为世世代代中华民族子孙所缅怀敬仰。

第一节　请缨抗战：功勋卓著的吴绍周将军

抗日战争时期贵州省共组建了 11 个师的正规军开赴抗日前线，同时成立包括天柱县在内的"镇（远）独（山）师管区"作为第七十四军和第八十五军等抗战前线部队的兵源补充基地。数十万黔籍将士在抗日战场浴血奋战，英勇抗击日本侵略军。其中，天柱籍军人在烽火硝烟中冲锋陷阵，前仆后继，为捍卫祖国作出了重大的牺牲，涌现了许许多多可歌可泣的英雄人物。国民革命军第八十五军军长吴绍周（图10-1-1）将军便是一位身经百战、功勋卓著的天柱籍抗日将领。

一、临危受命南口御敌

吴绍周（1902—1966），苗族，贵州省天柱县瓮洞镇客寨村人。1926年5月，他跟随国民革命军北伐左翼军前敌总指挥、第十军军长王天培将军北伐。王天培在杭州被害后，吴所在部队几经整编，1932年在武汉编入汤恩伯部，吴绍周任二六七旅五十三团团长。汤恩伯推荐保送吴绍周到南京中央军校高等教育班第二期学习，结业后，被派往福建永安周志群师任参谋长。不久，因人离间，吴绍周调任第十三军（军长汤恩伯）八十九师参谋长。

图10-1-1　抗日将领吴绍周

"七七事变"爆发后，吴绍周奉命到张家口与察哈尔省（旧省名，今河北省西北部及内蒙古自治区锡林郭勒盟）主席刘汝明接洽十三军经察赴南口抗战事宜，未果。经蒋介石亲自训令，部队始得过境接防。8月4日，吴绍周与王仲廉师长视察南口阵地，根据地形，吴绍周建议我军充分利用南口周围的高山深谷、关隘重重的复杂地形，以缩小南北正面防御阵地，固守两翼高山作纵深防御。此建议得到上峰的重视和采纳。当天战斗打响，我军伤亡惨重，仍以血肉之躯抗击敌人，坚守阵地，与冲上来的敌人数次肉搏，英勇杀敌，决心与阵地共存亡。日军进攻七天七夜，我军将士同仇敌忾，如同钉在南口阵地的一堵铜墙铁壁，绝不后退半步。8月12日黄昏，南口阵地被敌人占领，全线动摇。傍晚，吴绍周到罗芳圭团坐镇指挥，命部队乘夜色袭击敌人，罗芳圭团长亲率两个连出击，炸毁敌战车六辆，毙伤敌三百余人，夺回了南口阵地。战至22日，我军伤亡殆尽，粮弹两缺，情势险恶万分。汤恩伯一边向南京告急，一边调整部署，任命吴绍周为二六五旅旅长。他临危不惧，组织部队重点强化居庸关、横岭城等要点。当夜，日寇大队人马从得胜口、青龙桥两面夹攻八十九师居庸关阵地，战斗异常惨烈，喊杀声冲天。日寇以猛烈炮火向南口轰击，发射炮弹万余发，吴绍周和官兵们沉着应战，旅部副官室自制十余颗气象灯，利用风向，于拂晓在阵地前沿施放，迷惑敌人。日寇见气象灯从空中掠过，疑为新式武器，俱昂首凝视，停止射击。吴绍周觑准战机，率预备队迅疾发起冲锋，一举粉碎了日寇板垣师团的进攻。血战至 24 日，奉命突围，日寇跟踪追击，吴部在漳河反击战中突破土肥原师团的围攻，撤出重围，胜利完成阻击日军南下的任务①。南口抗战，吴绍周因指挥果敢，战绩突出，获四等宝鼎勋章一枚。

二、增援娘子关，血战台儿庄

八十九师官兵经过 20 多天奋战，疲惫不堪，正欲待命休整，山西危急，又奉命紧急增援娘子关。抵达前线时，娘子关已经失陷，吴绍周率领二六七旅在山西太谷、子洪口伏击一支孤军冒进的日军，歼敌大部，迟滞日军 20 余日。

1938 年 4 月，吴绍周由二六七旅旅长调任一一〇师副师长，在山东台儿庄、峄县（旧县名，今山东省西南部）和枣庄一带狙击日寇，参加了举世闻名的台儿庄战役②。在争夺茨巴山高地战斗中，官兵们攘臂嗔目，冲入敌阵，一场血战，全歼顽敌。因吴绍周屡建奇功，6 月 17 日，被国民党中央军委授予三等云麾勋章，晋升一一〇师少将师长。

1938 年 8 月，日军攻占安庆，奇袭马当要塞，逆长江而上，占领湖口、九江，沿南浔铁路和鄱阳湖大举南犯。吴绍周临危受命兼任突击军第二师师长，率部挺进江西高安敌后，攻击日军侧背。十月，在瑞（昌）武（宁）战役中，吴绍周率部配合友军取得万家岭大捷，歼灭敌一〇六师团，击毙师团长松浦淳六郎。战斗期间，吴绍周所部围歼陈贤、小寨之敌，将贼兵杀得一个不留。吴师六五六团团长廖运周（中共地下党员）在小坳伏击日军，重创敌坦克 20 多辆，炸毁炸坏敌汽车和毙伤鬼子不计其数。

---

① 吴绍周. 第十三军南口抗日纪实［A］. 昌平区政协文史和学习委员会. 血战南口［C］. 北京：中国文史出版社，2015：228-236.
② 吴绍周. 韩庄、泥沟、峄县之战［A］.《热血山河丛书》编辑委员会. 将领讲述：中央军抗战［C］. 北京：中国文史出版社，2018：261-264.

三、收复高城守卫黄河

1939 年 11 月中旬，吴绍周参加邓县、枣阳、随县战役。1940 年他又两次参加鄂北高城保卫战。12 月，吴绍周一面坚守正面阵地，一面派部队占领敌后要道，钳制敌人，冒着风雪严寒，率部击溃日寇第三师团主力，收复高城。继而进攻长岭岗日寇坚固据点，激战五昼夜，夺取长岭岗，回师新野休整。深入长岭岗的敌军，被困在山上，只剩下八十多人，大雪纷飞，他们已经几天没吃东西，又饥又饿，弹尽粮绝，在山上负隅顽抗。吴绍周命警卫连冲上山头，将敌人全部消灭。

我军大获全胜，部队凯旋的当天夜里，第三十一集团军总司令汤恩伯在高城驻地东北约四十米的一口地窖发现一个刚生下来的婴儿，身上裹着一件花布破棉袄，上面盖些小米干草，因为当时正在打仗，产妇躲避日本鬼子去了，惊慌逃跑时连脐带都来不及剪。汤恩伯叫护士来把脐带剪了，命卫士抱送吴绍周师长，由于吴和夫人张振民结婚七八年了没有生育，正缺个后人。吴绍周喜得贵子，欢天喜地，此子是收复高城所得，遂取名吴高城以作纪念。

1941 年夏，吴绍周转战河南新野、舞阳、密县之间。第五战区司令长官李宗仁命令第三十一集团军主力由源潭向唐河县城进击。吴绍周奉命率部向白河转进途中，派出十几个侦察、警戒小分队深入敌之侧后翼，搜集敌情。一天，侦察兵探知了敌人的渡河地点，吴绍周设下埋伏，日军夜间半渡时，突然发起攻击。时值汛期，河水暴涨，加之夜晚能见度较差，敌人胆战心惊，卷入急流之中，无法逃命，淹死无数。日军第二三三联队在白河几乎全军覆灭，大佐神崎哲次郎本人被流弹击中，葬身河底。日军尸体被浸泡三四天之后，一具具在白河下游浮出河面，漂到岸边，挂在芦苇丛里，一个个面目狰狞可怖，肚子胀鼓鼓的。尸体高度腐化，沿河两岸数十里臭烘烘的，老百姓日夜打捞尸体挖坑掩埋，半月之久方才掩埋结束。因河水被敌尸污染而不能饮用，老百姓被迫到大老远的地方打井取水，许久不敢饮用河水。

同年冬天，吴绍周率部配合友军进攻中牟，攻克郑州和漯河，以军功升任八十五军副军长。1943 年 4 月吴绍周升任军长，开赴郑州，兼任郑州河防守备司令，固守黄河。

1944 年 2 月，日本华北方面军制定"一号作战纲要"，投入 15 万兵力向中国守军疯狂进攻。河南会战首先由驻守郑州邙山头的第八十五军打响，吴绍周将一一〇师主力摆在包沙桥至邙山头之间，一部在荥阳作为预备队，预十师守邙山头、监围迄牛口峪，第二十三师控制在密县附近。敌我双方激战一昼夜，日军强渡黄河，占领邙山头、中牟阵地，攻占郑州北门，吴绍周刚撤出南门十几分钟，日军即攻进他的指挥部。吴部转战荥阳、登封、洛阳等地，继续给敌以重创。

四、西峡歼敌胜利受降

1945 年，日军决定对豫西、鄂西北的中国后方空军基地实施破坏，企图攻占伏牛山区，占领潼关，威逼西安。3 月 22 日，日军兵分两路：一路由木村经宏中将指挥，从南召进犯南阳、西峡；另一路由第一一五师师团长杉浦中将为指挥官，直取老河口。

向西峡口方向进攻的日军，是坦克第三师团主力和第一一〇师团主力与第八十七旅团。日军以坦克开道，步兵炮兵蜂拥跟进，沿着南阳至西安的豫陕公路突进。敌一一〇师团占领内乡后，以 6 个步兵大队分左右两路向西峡口扑来，一路攻魁门关，夺取西平；一路绕过淅川以北，直取荆紫关，欲包抄围困西峡口。在西安开会的吴绍周得到敌情，连夜坐汽车赶回西坪前线，率部出伏牛山区，沿潭头、合峪、庙子一线以南向西峡口推进，迎击敌人。4 月 29 日下午，吴绍周在西峡口召开军事会议，会上命令第二十三师师长黄子华带领该师主力在西峡口西南高地构筑工事，该师六十八团（团长张振坤）三十日早晨之前沿公路向内乡推进，沿途阻击、袭扰日军；电令唐夔甫带三二九团从庙子抄小路占领老界岭，伏击来敌，配合主力消灭日寇；令五十五师（师长李守正）在城西公路两侧以及城北险要山地构纵深防御工事。敌坦克第三师团的先头部队抵达西峡口镇南约一千米处，被第二十三师和暂编五十五师迎头痛击，敌军死伤不计其数，被迫后退，等待援兵。30 日上午，日军开始攻城，吴绍周命城西的八十五军野炮团从马头山、庞家营发炮轰击，日军死伤遍野，敌人攻击受挫。下午，敌人集中兵力和火力猛攻，经过一天一夜激战，攻破东门和北门。守军在黄子华师长的指挥下，沉着应战，逐屋逐墙巷战，抗击四天四夜，杀死杀伤大量敌军，然后从西门涉过淅水，退入城西及西北的既设阵地，西峡口沦陷。

日军突入城区，大肆烧杀抢掠，无数来不及转移的大学生、伤病员、商人、农民惨遭日军杀害。日军杀人的手段极其残忍，枪杀、刀杀、凌迟、烧死、吊死、放狗咬死、用热水烫死、灌死、烙死、饿死、淹死、活埋，无所不用其极。许多妇女被日本兵强奸、轮奸后杀死，用刺刀捅阴道、刺穿乳房；

许多儿童被日本兵刺穿肚子一刀一刀地戳死或挑死，街道上尸体成堆，血流成河，血水将淅水染红，其状惨不忍睹。

日军占领西峡镇后，沿着狭窄的豫陕公路追击西撤之我军。李守正师长下令埋伏在公路两侧的官兵向敌人开火，封锁敌人的前进道路。约500米高的马头山，从山脚到山顶，布满了一层层的战壕和交通壕，轻重火力配置严密，易守难攻。日军组织了三次集团冲锋，都被我军击退，鬼子的尸体就像秋风扫落叶一样纷纷滚下高地。日军进攻两天两夜，毫无进展，被我军火力压制在山脚的开阔地抬不起头，积尸累累，血流成河。敌师团长木村经宏连连向司令官鹰森孝求援，鹰森孝急派一个联队，配合坦克、炮兵沿公路驰援，敌军企图迂回马头山之后，与正面之敌夹击我军。吴绍周见敌情紧急，立即命令一一〇师师长廖运周率部在庞家营埋伏。敌人摆成一路长蛇阵刚进入我军阵地，我军突然开火，炮弹、手榴弹、火焰喷射器从四面八方飞向敌群，炸得敌军人仰马翻，溃不成军，炸毁炸伤敌坦克多辆，毙敌不计其数。

根据敌情变化，八十五军主动撤出马头山，奉命到重阳店南北两侧构筑伏击阵地。5月15日，敌先头部队到达重阳店以西的隘道，即被八十五军战防炮袭击，又遭到友军黄国书部阻击，不敢猛进。下午，埋伏在公路两侧的八十五军主力杀出，夜战至第二天早晨，日军遗尸三百多，退至丁河，又被廖运周师截击。凌晨四点钟，公路南北两侧的中国军队同时发动反攻，顿时，山谷中炮声隆隆，喊杀声震天，廖运周师长在保安第二团的支持配合下，经一天半激战，夺取丁河店。接着奋勇歼灭丁河店东约八里的奎文关之敌数百名，击毁敌坦克数辆，攻占了奎文关，将西峡口至重阳店之敌，拦腰斩断，重阳店之敌顿成瓮中之鳖①。

6月6日凌晨2点，吴绍周一声令下，第二十三师、第一七六师和裴昌会部共三个师，向重阳店之敌第一三九联队和坦克师团一部进行反攻，将其全歼。由于各路日军陆续增援，以主力向淅川城进攻，守军抗击十天后，奉命撤出，淅川沦陷。

为巩固淅川、荆紫关中间的既设阵地和维护西坪、郧阳城的后方交通线，第三十一集团军总司令王仲廉统一指挥各部，以十数个师的优势兵力，对西峡口之敌形成包围态势，以八十五军控制于卧龙岗，主力支持鲍汝澧师作战。

---

① 廖运周.西峡口抗战的回忆［A］.全国政协文史和学习委员会.中原抗战亲历记［C］.北京：中国文史出版社，2015：409-416.吴绍周.豫西南抗战的回忆［A］.全国政协文史和学习委员会.中原抗战亲历记［C］.北京：中国文史出版社，2015：399-401.

王仲廉指挥第九十七军赖汝雄部、廖运周师和王应尊师等精锐部队，向西峡口镇发起反攻。6月下旬，胡宗南派来苏联造的一个山炮连，并配属美国空军一个中队，对空联络台一部，在八十五军前线担任空军联络，八十五军协同鲍汝澧师于7月中旬收复淅川城。日军向西峡口败退，一再增加兵力，死守西峡口重地，双方对战呈胶着状态。中、美空军频繁出动飞机，对日军进行轰炸扫射。直至8月中旬，八十五军一一〇师在新编第一师的助攻下，攻破城墙，冲入城内，日军从房顶上竖起白布片缴械投降，峡谷之中激烈的枪炮声才停息下来。我军收复西峡口，肃清城内残敌，是役歼敌三千多人，俘敌五百余人，缴获枪支一千多条，战马八百多匹，大炮二十多门，粉碎了日军攻占关中的美梦。日军全线溃退，撤回洛阳、郑州。

八十五军在西峡口战役中缴获甚多，军长吴绍周从战利品中随手抽出我军缴获的两幅日军侵华地图（图10-1-2）交给警卫连副连长刘耀斌保存。现在这两幅地图庋藏于贵州省天柱县博物馆陈列室，这是日本帝国主义侵略中国的铁证。

图 10-1-2　吴绍周将军所部缴获的侵华日军地图

9月22日，吴绍周奉命陪同中国第一战区司令长官胡宗南、第三十一集团军总司令王仲廉等参加在河南郑州举行的日本投降典礼，目睹日本投降代表鹰森孝（日本华北方面军第十二军军长）毕恭毕敬地向受降的中国首席代表胡宗南将军签字投降，然后退出投降席。

第二节　赴汤蹈火的天柱籍抗日将士

一、抗日少校刘耀堂捐躯永济城

刘耀堂（1905—1938），原字派名刘宣炳，1905 年生，苗族，贵州省天柱县瓮洞镇梭坪村人。1922 年，刘耀堂跟随表兄吴绍周参加黔军，后改骗为国民革命军，1926 年 9 月正准备参加北伐，旋奉吴绍周手令回天柱招收兵员。因途中行程耽误，未能及时归队。北伐功竣后，招得 10 余人带到部队，加入国民党陆军第十三军汤恩伯部第八十九师（吴绍周时任该师五三四团团长），他任吴绍周随身副官。后被吴绍周保送进入中央军校学习，为第三期学员。1933 年毕业后，仍回十三军八十九师，升任连长。1937 年抗日战争爆发，他调任陕西警备第一旅第一团少校团副，团长是张剑平。1938 年 8 月 16 日夜，日寇以数千兵力三面包围第一团固守之山西永济，第一团官兵奉命与敌血战一昼夜，敌以飞机大炮轰炸，终因弹尽援绝，寡不敌众，永济城陷入敌手。17 日薄暮，张剑平团长和秦颂仁团副率 10 余残兵杀出重围，其余皆为国捐躯。

1938 年 10 月，国民党军政部把为国捐躯的刘耀堂之家属抚恤金汇至湖南洪江，因当时天柱不能接受巨额汇款，其妻陈玉妹（安徽人）亲自到洪江领取。

第一团血战日寇为国捐躯的壮举受到国民党军最高统帅蒋介石的特电嘉奖，旌表其功，令优恤诸烈士遗属。幸存的张剑平团长痛定思痛，为追念袍泽，决定竖立《陕西警备第一旅第一团永济抗战阵亡将士录》，乃委临潼王铁夫撰文以记其事，由朝邑李宝珩将诸烈士名讳镌刻于贞珉，择吉于民国二十七年（1938 年）十二月十八日建碑于朝邑，其铭曰：

> 巍巍太华，炳炳日星。人维以杰，地赖以灵。
>
> 髦俊辈出，车驷雄风。原为国难，齐作干城。
>
> 嗟彼倭寇，恣肆鲸吞。驰突中原，迭陷三京。
>
> 黎庶涂炭，妖氛纵横。桓桓勇士，衔命东征。
>
> 聿进弗退，斩杀若陵。慷慨成仁，激昂尽忠。

老如绛叟，幼如汪童。并力同心，登埤拒戎。

援绝犹斗，身死怒冲。生为国士，殁亦鬼雄。

顽廉懦立，闻者振兴。名垂青史，万代钦崇。

馨香奉祀，勒石铭功。用昭来世，鉴此元贞。

其下便是"阵亡将士题名录"。题名录上的第一名烈士便是"少校团副刘耀堂"，其后依次为营长、副官、连长、文书、士兵等数百人。

二、龙世章老兵血战中条山

龙世章（1906—1998 年），侗族，1906 年出生于天柱县高酿镇富荣村。他 1922 年投奔国民革命军，在第十军军长王天培部手枪连当兵。1925 年，龙世章入川任王天培部督办内务班卫士。1926 年他升任随从少尉副官，随部队北伐。1927 年，8 月王天培遇害，他和刘副官及王天培的两个卫士在南京被扣押，10 月获释后即由上海到江宁镇投靠王天锡（王天培胞弟）师长，担任王天锡随从副官。不久，他考入黄埔军校第六期南昌分校学习。1929 年龙世章从黄埔军校毕业，即接任国民革命军第三军第十二师三十五团一营见习排长。1932 年，龙世章升任第一营第二连上尉连长。1937 年 4 月，第三军移师河南开封，他被提升为第一营副营长。

1938 年 3 月，日军 9 路围攻晋东南，龙世章被任命为一营营长，守卫襄垣城南，与日军激战，不幸左胸中弹，血流不止。他忍痛率部南撤，途中晕倒，幸遇八路军获得医治。是年 5 月伤愈，9 月，前方告急，他再次奔赴抗日前线。10 月初，他率部与日军激战，战斗中小腿中弹，坚持指挥，直至取胜。

1939 年秋，龙世章弹伤初愈，又重返前线。团长任命他当大队长，训练一支军工队。12 月初，国军十二师三十六团在上横裕北高坡与日军激战一天，伤亡惨重，团长命令他率领军工队增援，他即派员在要道阻击日军前进，战斗打响，第二营营长彭绍成阵亡。团长又命令他担任二营营长，火线临危受命，他即带军工队赶到二营阵地。此时官兵相见，战斗激情倍增。日军用陆、空联合进攻的办法，以密集的队伍、猛烈的炮火向团部包围。他所率二营在团部左侧阵地，当日军向二营阵地猛扑，他立即命令全营的轻、重机枪同时开火。日军觉察国军主力在左侧阵地，即掉转方向朝左侧猛攻。龙世章向团长报告敌情后，即命令师部炮兵营、团部山炮连向敌人集中猛轰，打得日军四处奔逃。苦战一天，全团将士又渴又饿，正在做饭，忽闻辣子味，他立即意识到，这是日军施放毒气，就下令部队迅速转移到山顶。接着，日军进行夜袭，四连、六连阵地相继失守，他指挥重机枪手狠狠向日军射击，又命令军工队副队长邱少培率队出击，激战中邱少培牺牲。战斗七天七夜，全营官兵伤亡300余人，六连官兵只剩18人，龙世章只好率队向团部阵地靠拢。生成岭之战胜利结束后，寸性奇师长提名表彰他。国民党中央军事委员会通令嘉奖，并授予他华胄荣誉勋章①。

1940年，龙世章升任国军十二师三十六团中校副团长。1941年5月，日军集中10余万精锐部队发起中条山战役。10日，十二师在张家坪与日军遭遇，肉搏战败，11日被日军包围。12日寸性奇师长胸部中弹负伤，他把师长背出险地交送卫生队。回阵地后发现，十二军军长唐淮源已自杀，三十六团团长阵亡，三十五团团长离队学习，三十四团团长负伤，十二师已没高级指挥员，于是他勇挑重担，率各团残部于12日天黑突围，向乡宁前进。十二师到洛阳整训后，龙世章调炮兵营任中校营长。9月，部队开到汉中、城固等地训练，10月龙世章升任补充团上校团长。

1942年4月，龙世章赴成都国民党中央军校高教班第九期学习。1943年龙世章毕业后调第三军军部，1944年到第三军第七师第十九团任上校团长，驻防陕西三原。1945年8月15日，日军投降，中国抗战胜利。1947年1月龙世章到甘肃平凉团管区任上校司令。1949年11月与甘肃师管区司令周祥初率部起义，龙世章参加中国人民解放军，部队改编为中国人民解放军新编第一军，他任军部副参谋长。

三、陈诗伯营长喋血豫中抗战

陈诗伯营长（图10-2-1）是天柱县石洞镇汉寨村人，黄埔军校洛阳分校第四期毕业，1944年在豫中抗战中以身殉国。抗战胜利后，1945年10月10日在河南省淅川县荆紫关马王庙西侧修建的国民革命军第八十九军暂编六十二师抗战阵亡将士纪念塔落成，立有《八十九军暂编六十二师抗战阵亡将士纪念碑文》，碑文由暂编六十二师少将师长鲍汝澧将军撰写，鲍将军以满怀悲愤的心情回顾了该师将士在抗战中可歌可泣的英勇事迹，首先提到在郑州保卫战中牺牲的副团长缪曾、营长陈诗伯，碑文说："至于东门副团长缪曾、陈

---

① 龙世章. 龙世章自传［A］. 游浩波. 龙飞凤翔——天柱人物录［C］. 政协天柱县第九届委员会内部编印本，1997：47-48.

营长诗伯奋臂前驱，率部三百余与郑州孤城共殉。"

另据《陈诗伯营长殉国记》记载：1944 年 4 月 17 日，豫中会战打响，国民党军第八十五军负责郑州及邙山头的监围阵地，从泛东挺进军配属的暂编第一旅（八十九军暂编六十二师之前身）负责郑州城防及配合国民党军第一一〇师三二七团负责花园东西之泛防（黄河泛滥区域之防守）。

图 10-2-1　陈诗伯营长

在中牟守军和日寇激战的同时，日寇第二二七联队及一个炮兵中队组成郑州挺进队，为了迅速占领郑州并切断郑州方面中国守军的退路，与另外一支进攻邙山头的日军相呼应，该联队又派出第一大队为先遣队，在当地汉奸的带路下，轻装急速向郑州急袭。经过十多个小时的秘密急行军，19 日黎明日军突袭了郑州车站附近暂编第一旅第一团守军，当时能见度很差，直到日军爬上城墙并摇旗与下面联络时，才被守军发现。日军此番偷袭，完全出乎守军意料。由于花园口到中牟北面的河防任务，以及日军骑兵第四旅团的佯攻，牵制住了暂编第一旅所部于此地的抗击力量。为了配合暂二十七师阻击三支渡河的日军，已经又派出两个步兵营携一个搜索连前去增援，所以此时守城的兵力仅有一个营。作为游击队出身的暂一旅没有正规作战经验，该营遭袭后，只好在城内与日寇巷战周旋。日军在占领郑州城一角后据守待援。当得知日军偷袭郑州，东进支援暂二十七师的两个营即撤回郑州。但因日军郑州挺进队已从郑州西面包抄，位于三官庙的一一〇师三三〇团增援受阻，此时邙山头日军攻势正酣，郑州和铁桥两面受敌，吴绍周被迫下令八十五军向崔庙一带转移，城中最后只剩下该旅第一团在这里与日军巷战。

21 日下午三点，西、南两面日寇汇合后，再度向市区发起攻击，营长陈诗伯在作战中重伤不治，壮烈殉国。协助该旅作战的一一〇师三三〇团加强连，也在花园一带阻击日军时陷入包围，全部壮烈牺牲。城中守军和日军周旋到 23 日凌晨，暂编第一旅才得到撤出郑州的命令。第一团奉命突围，立即向曹洼一带撤退。

四、永垂不朽的抗战丰碑

1937 年 7 月 7 日，日本侵略军悍然向北平附近卢沟桥的中国驻军发动进攻，挑起了震惊中外的"七七事变"，抗日战争全面爆发。面对日本帝国主义的野蛮侵略，中共中央于"七七事变"的第二天，向全国发出通电，号召"全国同胞、政府和军队，团结起来，筑成民族统一战线的坚固长城，抵抗日寇的侵略"。在中国共产党抗日民族统一战线政策的感召下，全国各族人民纷纷投入抗日战线的行列。国民党政府也作出反应，组织抗战。多少中华儿女临危受命，共赴国难，马革裹尸。天柱籍官兵在前线同仇敌忾，倾家纾难，英勇作战，勠力卫国，为抗战胜利付出了巨大的牺牲。他们的丰功伟绩，从以下一些纪念碑即可略见一斑。

（一）中牟抗日阵亡将士纪念碑

河南省中牟县地处黄河之滨，东接古都开封，西邻省会郑州，北濒黄河，古称圃田、牟州。抗战时期，黄河铁桥、中牟监围阵地属于国民党第八十五军防区，当年建有一座忠烈亭。

1941 年 8 月 11 日，日军从开封偷渡黄河，占据中牟县城及城南的孟庄、曹庄、郭庄构筑工事，吴绍周将军奉命反击日军的进攻，师指挥部设在罗宋村，部队进驻黄坎、界马、兴隆岗、七里岗一带，三二八团主动请战，组成突击队向敌人发起反攻，以牺牲营长安君少等 101 名官兵为代价，打败日军，收复了中牟县城以南被日军侵占的各个据点。战后，吴绍周下令在姚家镇与罗宋村之间的山岗上修建烈士公墓，建造忠烈亭，立碑纪念。吴绍周亲自在碑上题词"壮烈牺牲"并撰写碑文"陆军第一百一十师中牟阵亡将士纪念碑"。副师长廖运周（中共地下党员）的题词是"为国捐躯"。三二八团官兵为烈士立的纪念碑额题为"民族魂"，碑文简要概述了中牟战斗的经过及官兵们同仇敌忾、英勇杀敌、可歌可泣的英雄事迹，落款有杜忠甲、姜继鑫、谢醒民、伍昌潘、赖国光、辜追汉、杨兴中七人。杜忠甲是三二八团团长，姜继鑫和杨兴中都是贵州省天柱县人，姜继鑫时任副团长，杨兴中是营长职务。

（二）铁山烈士陵园

铁山是陈钦文烈士抗击日寇而牺牲的地方。陈钦文是吴绍周将军麾下能征善战的一员猛将，江西新余县人，任一一〇师三三〇团团长，1941 年 1 月 28 日至 29 日，他率部在舞阳县（今舞钢市）铁山与日寇展开殊死搏斗，壮烈殉国。1984 年，经江西省政府批准，追认他为革命烈士。当时，日军向驻扎在叶县、泌阳的中国守军第三十一集团军发动猛烈进攻，第十三军军长张雪中命令一一〇师在尚店阻击敌人，掩护大部队向西北方向撤退。日军在飞机、大炮、坦克的掩护下，向我军阵地大举进攻，部队伤亡很大，被迫向大石门撤退。晚 11 时，师长吴绍周命令三三〇团在接官厅及大石门东西两侧的旗杆眼山、刘山布防，师主力守鹁鸽楼山以北。接官厅虽寨墙宽厚，但日军进攻凶猛，寨门很快被炸开，守军后退。大石门山上的中国军队居高临下，以密集火力阻止日军进攻。在日机的轮番轰炸、扫射之下，乱石横飞，我军官兵无处躲藏，伤亡惨重，阵地失守，主力向叶县撤退。陈团长率部退至铁山时，山头已被另一路日军抢先占领，他问逃难的老乡："这是啥地方？"老乡说："是将军墓寨"，陈团长听了，立即甩掉衣服，举臂高呼："弟兄们，誓死不当亡国奴，我们绝不再后退一步！"喊罢，身先士卒，冲向敌阵，身中数弹，壮烈牺牲，部队伤亡殆尽。这一天，他的儿子陈志邦在 50 里外的方城县才出生 6 天，他还来不及见上儿子一面就为国捐躯了。

铁山为舞阳县的最后一道屏障，山不高，坡势平缓，海拔大约只有 100 米，是平原上稍微隆起的平岗，土壤贫瘠浅薄，岩石裸露，山顶上生长一些稀疏的灌木，山上有露天铁矿，山下一马平川，被村民开垦成大面积的梨园种植基地。陈团长的陵墓在梨园的西北角，砖砌围墙，三级墓台，外贴瓷砖，台上立碑，碑头横向篆书"千古流芳"，竖向镌刻"抗日英烈之墓"，背面记载豫南会战概况，是役歼敌 3000 多人，一一〇师阵亡将士 1068 名。该墓重修于 2014 年 9 月，被列为国家零散烈士纪念设施抢救保护工程，以此告慰长眠在九泉之下的抗战英烈。原来的纪念碑已被当地的志愿者寻获，由于风化严重，许多字迹都已经模糊难辨，只有"师长吴绍周"等字迹还清晰可见。

（三）高酿抗日阵亡将士纪念碑

高酿"抗日阵亡将士纪念碑"（图 10-2-2）位于天柱县高酿镇丰保村职中学校操场前，距县城 12 千米，占地面积 30 平方米。碑系尖顶四方柱，有基座，通高 2.98 米，其中碑身高 2.05 米，宽 0.5 米，呈正方形；碑座二级高 0.93 米，宽 1 米；碑座三级四方柱尖顶，三面阴刻"抗日阵亡将士纪念碑"，一面篆书碑联，"桓桓将士凛凛精神正气瀛寰虽死如生，堂堂世胄舍命沙场算得男儿不愧炎黄"。落款"区长龙友三题"。碑座二级，碑文四面书写。该碑于 1995 年 4 月 23 日被天柱县人民政府公布为县级文物保护单位。2011 年 1 月 30 日，黔东南州人民政府以府发〔2011〕5 号文件，公布为首批州级文物保护单位。

1937 年参加淞沪会战的中央军独立三十四旅抗日将士，主要是贵州黔东南的子弟，其中有不少官兵是旅长罗启疆将军在黎平收编的天柱、锦屏一带成立的"抗日救国军"成员，王泽龙任该旅七〇一团团长，陈贡章任副团长。他们在太仓、刘河口、高家桥一带阻击日军近卫师团，经历战斗10余次，击毙日军数百人，击毁坦克10多辆。11月5日，日军8万多人在金山卫登陆，三十四旅奉命迎击日军，11月8日，又奉命掩护大部队后撤，战斗打得异常惨烈，阵亡500余人。11月16日，部队再次奉命赶赴常熟、无锡、惠山一带迎击日军精锐第十六师团。经过近三个月的连续苦战，不得休整补充，士兵疲惫至极，武器弹药严重缺乏，三十四旅伤亡殆尽，战后清点人数，从贵州出发时，三十四旅3个团（七〇〇、七〇一、七〇二团）共6000余人，到此时阵亡3000多人，负伤及失散1000多人，所剩不到2000人。其中七〇一团，又多为天柱籍士兵，伤亡尤为惨重。

图 10-2-2　天柱县高酿镇抗日阵亡将士纪念碑

1938年冬，为纪念阵亡将士和死难同胞，天柱县国民政府和高酿区龙友三、龙光明等知名人士，在高酿镇所在地召开有一千多人参加的为抗日阵亡将士竖碑纪念大会，宣讲抗日救国的意义，号召和鼓励广大青年踊跃从军，为国出力，并竖立了"抗日阵亡将士纪念碑"一座，纪念在淞沪会战中为国捐躯的爱国将士。

随着时代变迁，纪念碑历经风雨而坍塌倒地，各界人士目睹心伤，为了教育子孙后代不忘国耻，热爱祖国，纷纷请求选址重建，于是在1992年10

月 1 日重新竖立此碑，并附碑文以志之。

第三节　刘耀斌的抗战笔记和他缴获的日军地图

刘耀斌（1919—2004），原名刘祖谦，苗族，天柱县瓮洞镇梭坪村人。他十八岁奔赴抗日前线，曾担任国民革命军第八十五军警卫连副连长，当过吴绍周、廖运周（中共地下党员、国民党军第一一〇师师长）将军的警卫员。先后参加湖北省随县高城防御作战与河南省新野县各炉、大路北、陈家河、内乡西峡口等抗日战役战斗。在高城反击作战中，他和天柱县瓮洞镇大段村的游原淮是一一〇师警卫班战士，亲历了收复高城之战。刘耀斌生前珍藏了三件抗战文物：一件是他本人亲笔撰写的抗战笔记本，另两件是在西峡口战役中缴获的侵华日军地图。

一、老兵刘耀斌的抗战笔记

该笔记本连封面在内，共有 18 页，大小规格为 7.4 厘米×11.3 厘米，封面呈棕褐色，记录的时间，始于民国二十九年（1940 年）4 月 15 日，地点在河南省新野县，止于抗日战争胜利，最后记录的时间是民国三十五年（1946 年）农历 2 月 4 日，地点是获嘉县。主要内容包括，第一，《总理遗嘱》；第二，部队训练、带兵方法以及班、排指挥口令、作战要领、军人作风，如战车种类、各自战斗教练、轻机关枪射击方法、步兵连机关枪射击方法、排长职责、排之攻击命令、革命军人新的作风、革命军人新的方法、防止逃兵方法等；第三，武器装备登记管理，如"二班现有人数武器弹药登记表"和"特务连一排二班现有人数武器弹药登记表"等；第四，抗战歌曲，共抄录有《不让鬼子过黄河》《保卫黄河》《还乡曲》《打倒侵略强盗》歌曲四首；第五，其他内容，有对联两副，即"芝兰君子性，松柏古人心""兴家立业财源主，治国安邦福禄神"，也有士兵刘恩国之生辰及牺牲时间。根据"刘恩国死于民国三十三年甲申农历七月九日"的时间记录推算，刘恩国是在 1944 年 8 月 27 日于河南嵩县外围谭头镇作战时牺牲的。与此同时，分别记录了亲友和部队官兵的 16 处通讯地址与 15 名亲友的礼金。此外，笔记本里还夹有一绺二指大的纸条，从纸质、成色和宽度判断应是从该笔记本上撕下来的其中一页，一面写有"射击标靶二次共壹拾贰发。射击标靶二次共拾发。炮一班步枪贰支，4451、4442"。另一面是残缺不全的几句歌词："……前面对我们微笑。快努力建设起新的中国，为千万同胞，把幸福造。"其中抄录的抗战歌曲《让鬼子过黄河》全文如下：

不让鬼子过黄河

嗨呀呵，嗨呀呵，我们守黄河，嗨呀呵，别让鬼子过！祖宗留下的田和地，老天赐下山和河，平原千万里，地肥人又多，鬼子狼子野心来强占，一刀一个别让他活。嗨呀呵，嗨呀呵，我们队伍在树林，我们队伍在山岳，军民原来是一家人，你是弟他是哥，年青的拿枪上前线，妇女们来护慰劳把饭做，正规军配合游击队，鬼子虽多奈我何。嗨呀呵，嗨呀呵，大家拼命干一场，只有抗战到底，只有和大家拼命干一场，最后胜利必属我。嗨呀呵，嗨呀呵，我们守黄河，嗨呀呵，别让鬼子过！嗨呀呵，别让鬼子过黄河，别让鬼子过！嗨呀呵，别让鬼子过黄河。

这首歌词的前面写有"三十二年十二月廿一日，晴，星期二午后"字样，正是吴绍周部防守郑州、中牟黄河前线的时间。

二、一生珍藏战场缴获的侵华日军地图

刘耀斌老人珍藏的两张地图，一张是我国郑州地区军事地形图（包括河南省中牟县、郑县、新郑县、荥阳县、密县、荥泽县）；另一张是温县军事地形图（包括河南省沁阳县、修武县、博爱县、温县、武涉县、汜水县、广武县）。两张都印有"军事秘密（战地〔限〕'极密'）""要图（空中写真测量）北支那十万分一图""昭和十七年十一月测量（同十七年八月摄影）"等字样。日本昭和十七年，即1942年，也就是说1944年日寇在大举进攻郑州、洛阳的中国第一战区部队之前，早就已经做好了对这一地区的进攻准备。制作单位是"北支那方面军参谋部测量班"，同时附有日文的使用说明。郑州地图编号为"开封十一号"，温县编号为"彰德二十号"。

刘耀斌老人生前曾向史志工作者介绍了这两张地图的来历：这是在中国军队反攻西峡口的战役中，歼敌一个联队（日军编制联队相当于团级建制），缴获日本鬼子的枪支、弹药不计其数，还缴获了不少军毯、军装和地图等军用品，负责指挥西峡口战役的八十五军军长吴绍周将军从中抽出两张交给他

保管。抗战胜利后，他反对参加内战，把地图带回了老家。"文化大革命"中，红卫兵来他家搜查，从箱子底下翻出这两张地图，见图上尽是密密麻麻像小蚂蚁似的短线和点点，不认得是什么，没好气地扔到地上，他又捡起来收藏。后来他发现有几处虫蛀，便用绵纸补了6个补丁（每张有3个）。这两张珍贵的地图（图10-3-1），是日本帝国主义侵略中国和中国人民不屈不挠地反抗侵略的历史见证！也是天柱籍少数民族军人英勇抗战历史经历的实物证明。现收藏在天柱县博物馆。

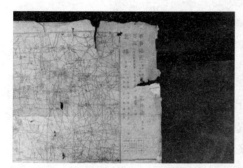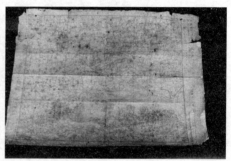

图10-3-1 刘耀斌收藏的所缴获日军地图

第四节 南北转战的新四军老战士龙贤昭

龙贤昭（1903—1998年），原名龙宪昭，侗族，1903年出生于天柱县城附近的岩寨村（图10-4-1）。宣统二年（1910年）龙贤昭进入岩寨初小读书，后进城读高小，在县立中学初二上学期结束后，即上贵阳公办电讯职业学校，返乡后先在建国联军李世荣第十一军新兵团任军需，后任黔桂联军谭毓坤独立梯团第三营副官。1925年，谭毓坤梯团编入国民革命军第十军王天培部第三十师，他任团部副官。不久，龙贤昭两次因病脱离军队，在家赋闲。

图 10-4-1 新四军老战士龙贤昭

1928 年，龙贤昭结识中共湘南区党委秘书长、湘西特委书记舒舍予（中共地下党员，原名舒保罗）。在舒保罗的指导下，剪断天柱至锦屏的电话线，并用粉笔在一些岔路口画指路标，迷惑尾追红军的敌人。1937 年"七七事变"爆发后，他由建瓯上建阳。到武汉后，在罗炳辉将军的安排下，龙贤昭随车直达西安七贤庄办事处，办事处的同志送其出西安，奔赴延安。1938 年3 月，他到陕北公学报到，编入大队 12 班，当副班长管生活。学习一个多月，龙贤昭即调校部任文书兼收发。7 月，中组部留他在延安工作，他要求到华东抗日前线，与 20 名学员被分配到新四军游击支队，之后他被分配到参谋处当通讯参谋。

1941 年，龙贤昭参加部队对敌伪"33 天的反扫荡"和"三个月的反顽斗争"及"五一"李黑楼战斗、"六一"新兴集战斗①。皖南事变后，他在司令部任通讯参谋兼民兵参谋。

1944 年龙贤昭参加淮北区党委整风轮训班。1945 年各根据地大办民兵师，他被调任淮北边区武装委员会训练部长。10 月，他调任淮北七分区独立三团参谋长，后编入华东野战军张震的九纵队八十一团，坚守洪泽湖为中心的淮北根据地。1946 年 7 月，龙贤昭随部转移河南，参加宿北"羊山战役"。1947 年 8 月，淮北地委决定实行部分主力地方化，他率八十一团第三营赴淮宝县（淮安、宝应各一部）任副总队长，建立、发展地方武装，保卫人民政权，组织地方武装补充主力。

---

① 龙贤昭. 龙贤昭自传［A］. 游浩波. 龙飞凤翔——天柱人物录［C］. 政协天柱县第九届委员会内部编印本，1997：142-145.

1948 年冬，龙贤昭率独立四团参加淮海战役，配合主力解放灵璧县城。1949 年 1 月 10 日，淮海战役经过 66 天激战后胜利结束，龙贤昭调任蚌埠市警备司令部参谋处长。是年 10 月，龙贤昭参加西南服务团重庆分团，任行政处长；11 月到重庆，龙贤昭在房地产接管委员会任房管处副处长。1950 年，他调任重庆市行政干部学校教育长，后任副校长。1957 年干校结束，他调任中共重庆市委党校副校长。

1958 年秋，龙贤昭调任中共黔东南苗族侗族自治州委书记处书记，1961 年调任中共贵州省委统战部副部长。1967 年"文化大革命"全面开始后，龙贤昭被关进"牛棚"，后送湄潭"五七"干校管训班劳动，遭受折磨。

1980 年，龙贤昭当选为省人大常委会副主任。1983 年任贵州省顾问委员会常委。他离休后回乡定居时，省人民政府拨款给他在老家岩寨建 170 平方米住宅一栋，配伏尔加小汽车一辆。但到县后，他却将小车交给县委老干局共用。1985 年 5 月 30 日，龙贤昭与村民委员会签订了土地坳一带千亩营林责任状，与贵州省林业厅达成贷款 15 万元建林场的协议，组建了"省、县、村联办岩寨示范林场"，85 岁高龄的他竟自荐任场长（图 10-4-2）。

图 10-4-2　贵州省人大常委会原副主任龙贤昭（左一）在查看他建造的万亩林场

龙贤昭在自己称为"止庐"的住宅里办起了全州第一个村级图书馆。自1987 年以来，龙贤昭每月从离休费中挤出 100 元订阅报刊和购买新书。近 10

年的时间里，他共买 1 万元的图书，村里村外的农民、干部、学生都到他的图书馆里借阅书刊。他开办的"止庐"图书馆实实在在地为农民提供了健康的精神食粮，为发展岩寨村的经济发挥了积极的作用。他晚年奉献余热，被授予全国"老有所为精英奖"，还被评为中组部表彰的"全国老干部先进个人"、贵州省委表彰的"优秀离休干部"等。

1998 年 9 月 17 日龙贤昭病逝于贵阳，终年 95 岁，其子扶枢回天柱县岩寨安葬。这位"延安牌"老干部、新四军老战士一生对党对人民忠心耿耿，在各种形势和环境下，都旗帜鲜明地维护党的利益和威信，充分体现了一名共产党员无私奉献、兢兢业业、一心为民的高风亮节①。

第五节　天柱后方人民支前抗战永垂青史

1931 年"九一八事变"后，日本帝国主义占领我国东北三省，进而侵吞华北，占我领土，杀我同胞，山河破碎，人民流离失所。1937 年 7 月 7 日，日军在卢沟桥蓄意挑起事端，炮击宛平城，中国军队奋起抵抗，抗日战争全面爆发。天柱县虽然位于战略后方，但是全县各族人民满怀"国家兴亡，匹夫有责"的爱国激情，积极投身抗日救亡工作，在十四年抗战中，共征集兵员 430 次，应征青年 5178 人上前线抗击日本侵略军。同时，宣传动员广大群众组织民工数以万计，修建天柱抗战机场、桂穗公路三星段，架设贵阳至锦屏军用电话专线等军事设施，维护公路及清水江交通运输。此外，还发起抗战募捐，开展"一县一机"募捐活动，共募集资金 30 多万元；救助伤病员，开展劳军、慰问出征抗敌将士活动，优待抗战军人家属。特别是在征集兵役与民壮训练方面，不仅成立兵役机构，定期训练新兵，还集训和轮训从部队返乡军官兵，培养备役干部。这些都为抗战胜利做出了不可磨灭的贡献。

一、征集兵役训练新兵

1937 年 8 月，天柱县政府设立兵役科。按各乡（镇）、保甲户口情形及壮丁比例，将征额任务分到各乡（镇），凡应征集壮丁在抽签前均预先参加体

---

① 龙玉成. 可亲可敬的龙贤昭 [A].《侗族百年实录》编委会. 侗族百年实录（下册）[C]. 北京：中国文史出版社，2000：1174.

格检查，按"三丁抽一、五丁抽二"的原则抽定，按中签号码依次征集入营。1941 年 10 月改名军事科，主管和办理征兵事宜。1943 年县、乡保分别设立兵役协会组织，进行兵役宣传、登记和监督壮丁抽签等。

1938 年 11 月，组建天柱国民兵义勇壮丁常备队（含剑河、三穗、天柱三县），征集 18—30 岁身体强壮的壮丁 143 名，番号为贵州省第一行政区国民兵义勇壮丁常备队第一大队第三队，隶属镇远团管区。常备队系兵员拨补中心，各乡保依据分配的征兵名额，依年次在已受国民兵教育的壮丁中，抽签征集 18—35 岁的强健壮丁，由保长送交部队。常备队队兵在队时间，初以 6 个月为一周期，以队为单位集中训练，随时准备奉令征调。

1940 年 7 月 25 日，成立天柱县国民兵团，县长张光亚兼国民兵团团长，朱锡山为副团长。当月组建国民兵团常备队独立分队，同时成立 134 人组成的国民兵团后备队。1941 年在县城西街设立训练所，建有几栋营房、训练场及简单的教室、教具设施，供地方武装官兵军事训练使用。1942 年，为"除奸"防空，天柱成立防务团（丁种防务团），县长许家禄兼任团长，杨希圣为总干事，官兵 18 人。贵州省防空司令部第六十七监视队驻防县城，辖远口、蓝田两个防空监视哨。1942 年，天柱国民兵团举行总检阅，课目有阅兵式、班教练、射击、阵中勤务、土工作业、通讯演习、防化学演习、救护演习、警备演习、消防演习、运输演习等。1943 年 1 月，天柱县政府组建自卫集训大队，吴绍文任大队长，下辖 3 个中队、17 个小队，役兵 153 名，1944 年裁撤。

从档案资料《附垫发旅路费及领获征集费数目单》可知，自 1938 年 7 月 29 日至 9 月 28 日，天柱先后送走 6 批新兵上镇远，转赴前线各抗战部队。1941 年 6 月 21 日，接收青溪国民兵团人员。

1942 年 2 月 19 日至 28 日，第四军一〇二师野战补充团三营八连（连长吴肇权）驻天柱 10 天，到县政府领取食米 550 斤，收缴价款计国币 285.6 元，共在天柱县接收唐昌才、唐德焕、李凤奎等新兵 87 名。4 月 29 日，镇（远）独（立）师管区第四补充团二营到天柱接收新兵，名额不详。

1943 年 6 月，天柱县建立兵役监察制度。7 月 13 日，杨汉高营长到县接收新兵一营开往前线。因部队伤亡惨重，兵源严重不足，1943 年 8 月，县政府训令学生应一律依照程序与一般壮丁同样征集入营。1944 年 5 月，兵役任务更加紧张，县长谢杰民催促垒处乡拨交新兵。镇独师管区第三补充团一营在县共招收新兵三个连，一应食油、豆、柴全由县里供应。该团第三营第十三连由三穗过境至黎平，驻扎 3 天，均由天柱提供部队食油、豆类、燃料。

1944 年 9 月 16 日，机关学校欢送新兵出征。12 月，县政府转发"全国知识青年志愿从军优待办法"。1945 年 1 月 18 日，奉命给新兵进行体检。

二、大军过境保障供给

抗战期间，除了镇独师管区各补充团长期驻天柱征兵和训练兵役，还经常有大部队出征和小规模队伍及零散官兵过境，在垫钱支米、提供副食、派夫挑运军需、护送伤病员、腾让住房方面，地方政府和广大老百姓都给予了大力的支持援助。1937 年 7 月下旬，国民革命军一二一师师长龙国才率一个营路经县境，在邦洞驻扎数天，由瓮洞开赴台儿庄抗日前线。1939 年 5 月上旬，镇远师管区一个营 400 余人，在邦洞驻扎几天。该营士兵发生霍乱，殃及邦洞民众，百姓被传染死亡 80 余人。

1941 年 12 月，镇独师管区第二团（团长乔玉江）二营六连驻天柱。12 月 22 日，镇独师管区第二后方补充团（团长许赓扬）三营第十一、十二连部队过境到剑河接收新兵。1942 年 2 月，国民政府军政部驻黔军粮局在天柱县城设分库，库长李烈懂，配有士兵 9 名。

1942 年 4 月，第四军一〇二师野战补充团三营八连过境驻扎 5 天，开赴湖南参加长沙会战。县政府开出的《经收军粮价款存根》记载：1942 年 3 月 4 日至 6 日止，陆军第四军九十师野战补充团六连驻天柱，三天共计领食米陆百壹拾市斤八两，缴价款计国币贰百捌拾陆元四角五分。1943 年夏，国民党军九江某部高炮营营长杨汉高带兵驻扎县城东观音洞几个月，并在天柱征集 400 余名新兵后前往镇远。1944 年春，湘军李保臣率两个营 700 余人驻扎邦洞 10 余天，后撤回湖南。7 月 8 日，芷绥师管区补充团第三营赴贵阳过柱境。18 日，新兵队 2400 人，由洪江开入县境，县政府拨大批军粮供应。同月，镇独师管区第三补充团一营二连 119 人在中山镇（今凤城街道）驻扎多天，该团三营十五连 39 名官兵驻扎 20 天。1945 年 2 月 6 日，由于官兵副食采购紧张，驻县之镇独师管区第三补充团函请县政府代为采购配发部队日需之食油菜蔬，仅该部就日需猪油 40 斤、菜蔬 1200 斤、黄豆 100 斤。1945 年 3 月 15 日，军政部荣誉军人第七休养院 1008 名官兵路过，专请天柱县补给委员会帮助采购副食食物。

1945 年 1 月 29 日，侵华日军总司令冈村宁次紧急召开"南京会议"，会议决定以第二十军的八万兵力从宁乡、益阳、邵阳三路进攻湘西，企图夺取芷江机场；以第二十军为主力并以第十二军、第十三军各一部进攻鄂北，企图夺取老河口机场，得手后再攻略贵阳，动摇西南，直取陪都重庆。

中国军队以陆军总司令何应钦为总指挥，1945 年 3 月将汤恩伯的湘黔边区总司令部改编为第三方面军司令部（设置于贵阳南厂兵营），指挥驻黔各军。3 月下旬，何应钦从昆明飞抵芷江，主持制订湘西会战战略方案，调动第三、第四两个方面军共二十万兵力迎战。第四方面军王耀武部担负正面防御作战，第三方面军汤恩伯部担负桂穗路防务，第三方面军司令官汤恩伯设前线指挥所于贵州镇远。

湘西会战打响前，汤恩伯的第三方面军各部和第十集团军之八十七军罗广文部等大军相继过境。1945 年镇远师管区第三补充团驻扎邦洞，团长吴侯，官兵 1169 人。2 月，国民党陆军第八十七军驻扎县城，县政府强行募捐 26 万元法币、6432 斤年糕、3000 斤豆腐和 500 双布鞋慰问。2 月 28 日，第二十七集团军副总司令兼第二十六军军长丁治磐电催当地政府征购补给各种物品。3 月，国民党陆军第二十、第二十六军路过天柱，官府征夫 42 名为其运送军物和伤兵。30 日，丁治磐军长率部赴湖南靖县、通道、绥源、城步一带驻防，途经天柱。国民党陆军第二十七集团军总司令李玉堂驻县城西街，有官兵 877 人。国民党陆军工兵学校教导团团长李克俭驻老县府对门，有官兵 196 人。1945 年 4 月 27 日汤恩伯到天柱指挥。

1944 年 12 月下旬至 1945 年 1 月，八十七军先后有 17026 名官兵分三批过境驻扎，第一批是第四十三师官兵 8664 名，第二批是军部及直属部队 2148 名，第三批是一一八师官兵 6214 名、马 200 多匹。当时物价飞涨，军费捉襟见肘、入不敷出，部队所到之处借吃借用，全部由地方负担。至 1 月 31 日，仅八十七军受领副食马干（粮）一项就共计 147676 元 5 角 5 分，直到 1945 年 10 月，八十七军才偿还过境天柱县时所欠差价 2714664 元。所以，县长谢杰民向上级电函反映：每兵差价为 500 元，马干稻草市价均越过暂给价五倍以上，且物价日在上涨中，八十七军途经天柱县均经补给副食现品，一日除照每人每月以 170 元计算收到代金外，余均由本县垫付，致"本县油豆均感缺乏，如长久驻扎，则下月补给物资困难"。部队的住宿更是紧张，县城附近各个村寨皆驻满兵马，据《陆军第八十七军民国三十四年元月份现有人马驻地表》显示：

军司令部罗广文，天柱城，官佐 104 人，士兵 119 人，合计 223人，骡马 29 匹。

山炮营李鸿涛，新寨，官佐 44 人，士兵 534 人，合计 578 人，骒马 80 匹。

特务营刘文英，天柱城，官佐 20 人，士兵 334 人，合计 354 人，骒马 1 匹。

通信营房泽民，雷寨，官佐 37 人，士兵 268 人，合计 305 人，骒马 6 匹。

工兵营王向辰，冷水溪，官佐 24 人，士兵 485 人，合计 509 人，骒马 1 匹。

辎重营蔡玉清，岩寨，官佐 26 人，士兵 258 人，合计 284 人，骒马 1 匹。

野战医院黄乃昭，马王洞，官佐 12 人，士兵 112 人，合计 124 人，骒马 1 匹。

通信兵报务军士训练班袁梯青，雷寨，官佐 3 人，士兵 145 人，合计 148 人。

在湘西会战期间，1945 年 4 月，国民党第五十二营军医院、二十七分监部、二十六军司令部路过境内，县军用代办所雇民工 704 人，帮这些部队送弹药、被服、医药等物资到三穗、锦屏及本县东北部的瓮洞等地。6 月，天柱县政府募捐 30 万金元券，慰问国民党驻县政府的军政部第五十二陆军医院及全体伤员官兵。

三、踊跃支前巩固后方

抗战期间，天柱县奉令赶建桂穗公路天柱段及天柱飞机场等工程，民众踊跃应征，民工昼夜辛劳，风餐露宿，伤亡无怨，均为天柱县各族人民爱国忠勇事迹之表现。

1940 年，为适应抗战军事物资运输之急需，天柱县奉命征集民工 1600 余人，修建了第一条过境公路——桂穗公路三星线（三穗至锦屏星子界），该公路从织云乡米溪村 49k（斩龙坳）至 109k+400（盘长坳），全长 60.4 千米。1939 年 12 月，勘察定线；1940 年元月完成测量设计；3 月 1 日成立穗靖总段工程处，天柱设一分段筹建施工，担任织云至地坝地段的路基、路面工程，当月 15 日正式开工修建；7 月中旬，靖穗段全线竣工通车。

1941 年 3 月，西南公路局承修的天柱便桥由于经费不足而停建。后因工期紧迫，改设计为 10 孔跨径 6 米的木便桥，通知各乡镇征派民工伐木修建。

根据档案资料《天柱县各乡（镇）征集抢修县境公路、桥梁、保护路基木料数及应领价款表》统计，桂穗公路天柱段在修建赖洞桥、邦洞桥、天柱桥、凸洞桥四座木桥及护路路基时，共采伐直径 6 寸（1 寸约为 3.33 厘米）、长度 25 尺（1 尺约为 33.33 厘米）的杉木 713 根，直径 8 寸、长度 36 尺的杉木 200 根，路基护木 3586 根，购买杉木板 698 块。还曾动员驻县军警、政府机关职员及学校师生 500 多人，自带劳动工具，到新开辟的桂穗公路两旁种植油桐行道树。当年 5 月，全段公路植树任务全部验收合格，县政府训令各保甲加强管护严禁破坏树苗。1942 年 9 月，县长李家禄征集民夫 3200 名，他本人自备扁担、绳索、杉木皮 8 张去维修桂穗公路。

1944 年 12 月，日本侵略军进犯湘、桂及黔南，这条公路被贵州省当局下令破坏，以致交通中断。1945 年 4 月，湘西会战打响，第三方面军及第二十七集团军等部纷纷致电三穗、天柱、锦屏等地方政府协助西南公路管理局修筑芷江工务段第五分段、天靖段公路路面与桥梁，并确保清水江亮江汽车、渡船交通运输畅通。县长谢杰民紧急命令征集民工，征购材料，全力抢修。5 月 1 日，县政府令织云乡征用锯匠 20 人、木匠 10 人，带齐工具到县赶修天柱大桥（便桥），第二天又紧急向该乡征用二尺以上圆木头 300 根，并派民夫由鉴江河运往县城赶修天柱大桥。时值汛期，河水猛涨，水深流急，施工困难而且危险，正值前线告急、军运紧张之际，桥渡均未做好，县建设科采取强制措施，日夜督修，终于使部队和军用物资得以源源不断地开往前线，支援湘西会战。

1945 年 4 月，天柱奉省政府电令，架设镇（远）屏（锦屏）长途电话线，征派军用铁话专线杆木与双铜话线电杆木，任务分下织云、邦洞、城区、润松、汉寨、高酿 6 个乡镇，每乡征伐 60 根至 70 根，要求杆长 15 尺、梢径 11 厘米，限于 4 月 30 日完成。经派人到各屯放地点验收，共计征得 370 根。

1945 年 5 月 19 日，由国民党军事委员会工程委员会第 29 工程处派技术员做指导，天柱县政府会同贵州省第一行政督察区（驻镇远）派员监工，紧急动工修建天柱抗战飞机场。

据天柱县政府民国三十四年（1945 年）5 月 18 日《修建机场紧急会议报告词》记载："本县所修机场为小型机场……已奉命于本月二十日开工，六月五日竣工，为期甚迫。此次修筑机场有两大原则：第一为经费包做，所有经费为一千四百四十万元；第二为绝对不准派款，并不得中途要求加价，要尽量发挥民力，不用民财。"

为了抓紧施工、按期完成，县政府成立修筑机场征工处，处长由县长兼任，从各乡镇征调民工 3330 人，自带锄头、撮箕、扁担、竹箩、绳索等工具，紧急集中枫木桥附近天柱大坝，采取三班倒作业方式，日夜不停挑土填石夯基。经过全体民工半个月的日夜奋战，于 6 月 5 日胜利完工。整个工程共投工 40340 人，建成跑道长 622 米、宽 60 米，建筑面积 55320 平方米。这个机场是抗日战争时期贵州省的重要军事设施之一，是黄平中心机场的辅翼。机场修竣后曾降落过一次军用飞机。几个月后，日本投降，该机场成为黔东南抗日战争的历史遗物。

有很多民工为运送军粮而工伤病倒甚至献出了生命。据《坌处乡各保民夫队长已领三十三年度军米运交三穗姓名数量清册》所载，该乡在册运粮民夫 90 名。运送军粮途中如有蚀耗由民工共同赔偿。1944 年 10 月 20 日，坌处乡民夫龙昭成、龙昭沐、龙昭富三人到远口仓库运米搭船渡河溺毙。第二十军某部请织云乡派夫 25 名上贵阳搬运通信器材。1945 年 4 月 20 日，汤恩伯总部过境，请西安乡派夫运送公物至县城。位于公路附近的织云乡频繁承办夫役，护送病兵。4 月 27 日，勤务部第 145 伤运站在西安乡派夫 30 名运送重患伤病员。1945 年 2 月 4 日，由于大军过境，办理兵差事务繁忙，县政府命令坌处等相关乡保干部职员不准回家过旧历年，违者严办。

抗战期间，缴纳军粮主要是按户籍人头摊派，因为数额巨大，大多数民众负担不起，但是为了支援前方抗战，老百姓省吃俭用。1943 年元旦至元月 15 日，天柱县到贵州省军粮运输管理处三穗转运站上缴军粮 194537 斤。至元月 21 日，据三穗军粮转运站站长王域钊统计，截至 1942 年 12 月 31 日，天柱县共上缴军粮 590483 斤。

1945 年 4 月初，战火燃烧到天柱县毗邻的湘西，日军企图从侧翼绕过湖南雪峰山正面，以大部兵力攻击雪峰山我守军阵地，另以第三十四师团及六十八师团之五十八旅团，分由湖南东安、广西全县向新宁进犯，欲经武冈、会同、托口直取与天柱山水相连的芷江，遭到中国军民的迎头痛击。

6 月 7 日，湘西会战以我军胜利而告结束。是役，击毙日军 12498 人，击伤 23307 人，俘虏军官 17 人、士兵 230 人。军方取得这一重大胜利与后方的天柱等附近各地人民群众的大力支持是分不开的。

第六节 积极宣传动员群众的天柱抗战文艺

一、活跃在天柱城乡的"抗日救亡话剧队"

1931年9月18日，日本侵略军悍然炮击沈阳中国驻军，"九一八事变"爆发。由于国民党顽固派坚持不抵抗政策，东三省相继沦陷，成千上万的东北同胞无家可归，流离失所。1935年，日本侵略势力进一步伸向华北，国民党顽固派继续坚持不抵抗政策，中国处于空前严重的民族危机。中共中央发表了《为抗日救国告全体同胞书》，号召全国人民团结起来，停止内战，一致抗日。在中国共产党的领导下，北平学生发起了"一二·九"运动，掀起抗日救亡运动的高潮。1937年7月7日，日本侵略军制造了卢沟桥事变，抗日战争全面爆发。国难当头，地处西南一隅的天柱县燃起了熊熊的抗日烽火。

1938年夏，天柱中学进步教职员工，响应中国共产党团结抗日的主张，支持学生成立天柱中学学生自治委员会，以学生自治委员会为主体，积极开展抗日救亡宣传。天柱中学学生自治委员会从建立到1945年日本投降，一直开展抗日宣传活动，他们在校内外办宣传抗日墙报，刊登揭露、抨击日寇罪行的诗文、漫画、宣传画，教唱抗日歌曲，进行抗日演讲和游行，排演抗日戏剧等。天柱中学教师、进步人士吴绍文特别支持学生自治委员会的抗日宣传活动，亲自教唱《义勇军进行曲》《大刀进行曲》《游击队之歌》等抗日歌曲；还将抗日救亡的歌曲、话剧交给县民众教育馆翻印，分送到中山镇（今凤城街道）、邦洞、蓝田、远口、社学、渡马、高酿等乡镇的学校进行排练。天柱中学学生自治委员会和县民众教育馆联合编印了大量宣传抗日救亡的诗歌、歌曲、漫画、标语散发到全县各地。

1939年夏，天柱中学学生自治委员会组织了一个规模较大的"抗日救亡话剧队"，排演抗日救亡话剧并在县城和乡村演出。排演的主要剧目有《李二嫂送夫从军》《王尚义夫妻》《血溅向荣村》《兄妹开荒》等。是年重阳节，在城隍庙演出《王尚义夫妻》，"……王尚义与日寇短兵相接，鏖战之际，身负重伤仍英勇连毙二敌，后壮烈成仁；其妻在枪林弹雨中抢救伤员，枪弹袭来，王嫂也以身殉国"。看到此时，观众对日寇无比愤恨，对抗日英雄无比崇敬。看了《血溅向荣村》一剧，看到日寇大肆屠杀无辜同胞、奸淫妇女、枪杀无辜婴儿等罪恶行径时，观众无不切齿痛恨、义愤填膺，全场高呼："打倒日本帝国主义！"后来剧队下到乡镇演出和逢集市上街演出时，同样激起无比激愤的抗日情绪。

从1939年成立至1945年日寇投降，天柱抗日救亡话剧队共在县城和乡村演出3000余场，演出抗日话剧节目7000余个，吸引观众到场观看80余万人次，达到了很好的宣传效果。

通过抗日救亡宣传，群情激昂，各界人士纷纷表示要为抗日出力、出钱，支援抗日前线，天柱中学龙武扬等一批热血青年，踊跃报名参加青年远征军自愿兵团，编班训练后开赴云南前线，参加了"滇西战役"，狠狠地打击了从缅甸和越南河口登陆入侵云南的日寇。

二、为抗战动员摇旗呐喊的天柱文贤吴绍文

吴绍文（1911—2001），苗族，贵州省天柱县瓮洞镇客寨村人。1932年，他在天柱中学毕业后为追求新思想，到湖北武昌进入新知补习学校学习，参加了武昌的新文学研究小组，开始了文学创作。1933年冬季赴北平就读于弘达学院，在校接受了中国共产党倡导的抗日救国思想，参加了北京大中学校学生掀起的"一二·九"抗日爱国学生运动，在斗争中树立了抗日救国的革命思想，组建了进步文艺社团"呼声社"，编辑出版进步刊物《呼声》杂志。他还参与组建"抗日民族解放先锋队"，以纸笔当刀枪，为宣传抗战摇旗呐喊，奔走呼号，奋勇冲锋。

（一）以笔墨作刀枪唤醒全国民众抗日救亡

1935年12月，吴绍文以北平弘达中学高中部负责人身份参加了震惊中外的"一二·九"学生爱国运动，在西城区秘密散发传单，张贴宣传标语，去清华、燕京大学抗日学联参加会议，研究南下宣传工作。后担任南下宣传团第一团第五队队长，与同道者一起在保定成立"抗日民族解放先锋队"，并参加"平津南下扩大宣传团"，沿平汉路南下，到农村扩大抗日宣传。1936年春，他回到北平继续从事抗日救亡活动，由于反动当局严密追查，他转到内蒙古进行抗日活动，赴驻集宁、丰镇的国民党军各部宣传抗日，采访百灵庙和红格尔图大捷的战斗故事，受到王仲廉将军等爱国官兵的热烈欢迎。在这里他写出《苏木海子的悲哀》《烙印》《在绥东》《旅伴》和诗歌《挖个好好

的战壕》等反抗压迫、反对侵略以及鼓舞士气的优秀作品。

1936 年 7 月，在东北三省沦陷、平津危及、华北危及、整个中华民族危及的紧要关头，为了唤醒中国劳苦大众不当亡国奴，吴绍文决定创办以"救亡图存"作为办刊主导思想的刊物。于是，吴绍文与同学李槃、王泽久和王西彦、曹靖华等人在北平组建了进步文艺社团"青年文艺社"，经过两个多月的筹备，由吴绍文主办的《青年文艺》杂志在北平应运而生。该杂志为 16 开直排铅印本，每月 10 日出版，每册正文 50 多页，在南京、上海、北平、天津等全国各大城市的知名书局书店公开发行，贵阳由当地北新书局发行，镇远由该城互济书店发行。

杂志的内容，有青年的各种呼声，有指示青年今后"应走之道路"的论文，尤为偏重于"现在国防意识的文学"，以宣传抗日救亡为己任。吴绍文身兼社长和总编辑，以文学艺术作为战斗的武器，为武装抗战摇旗呐喊，得到了全国广大读者的充分肯定和大力支持，团结了一大批进步作家、文艺家，对动员全民抗战发挥了积极的宣传鼓动作用，使该刊成为抗战前夕"最适合青年们阅读之文艺月刊"。

该刊以登载文艺论著、小说、诗歌、戏剧、书评、报告文学、游记、集体创作（合著）、通讯等各种稿件，到后期还选刊了部分译文稿，如高尔基的短篇小说《音乐》（金易译）。由于许多进步作家的踊跃撰稿，刊物内容和文艺门类日渐得到充实，开始刊登新兴的木刻作品。第 2 期封面为来自苏联俄文原版的高尔基木刻头像，第 5 期的封面是果戈理木刻像，内文有当时众艺社著名艺术家李轰创作的木刻《冲锋》、孙滔创作的木刻《搜索》，被大众广泛追捧。办刊之初，运转资金严重匮乏，青年文艺社为此专门设立募捐委员会向社会发起募捐活动，得到绥远抗战前线广大爱国官兵以及旅法旅日人士的积极捐款资助，其中八十九师师长王仲廉将军捐洋 20 元，吴绍文的胞兄、师参谋长吴绍周捐洋 15 元，吴绍文本人捐大洋 30 元，这在当时可不是小数额！资金有了保障，稿源不断增多，使以后每期的稿件都感到拥挤，而且各处销数也迅猛增加，许多代售处纷纷来信来函索要补购。为此，从第 2 卷第 1 期开始出特大号（小说专号）。编辑部分别在北平南长街九号、武昌长湖堤西街五七号设立收稿站处理相关业务，刊物编好后交由武昌胡林翼路黄粹文印刷社印刷。

随着《青年文艺》的社会反响日益扩大，青年文艺社聘请了中国左翼作家联盟骨干及革命作家曹靖华、王西彦、孙席珍、刘白羽、柳倩、师田手、塞先艾等为《青年文艺》特约撰稿人，刊发他们的革命文学作品，通过刊物把他们团结起来，在刊物上介绍鲁迅序、曹靖华译的《苏联作家七人集》以及曹靖华所译苏联著名小说《铁流》（绥拉菲莫维支著）、《第四十一》（拉甫列涅夫著）、《远方》（盖达尔著）等红色文学佳作。在1937年1月第3期发表了工人仲波描述工人阶级反对资本家压迫剥削而开展罢工斗争的纪实散文《黑暗的世界》，并在那期"社语"中大力推介说："这里要特别提出的是仲波君的《黑暗的世界》，作者是一个工人，现在仍然是在那黑暗的世界中受着压榨，他那自身实感的记述，是值得我们注意的。"同时在刊物中特意发表了贵州锦屏籍侗族青年作家王临熙（王先平，1910—1950年）的短篇小说《生活》及《活在记忆中的一位亡友》。在"本刊撰稿人创作目录"中介绍了孙席珍、刘白羽、蹇先艾等8位作家出版的新著以及曹靖华、高滔的译著，如孙席珍的《花环》《金鞭》《战场上》《战争中》等9部书和蹇先艾的《朝雾》《一位英雄》《酒家》等8部作品，还给蹇先艾的短篇小说集《踌躇集》和《盐的故事》、齐同的短篇小说集《文人国难曲》等书目进行宣传广告。

主编吴绍文先后署名紫沫、杨铣、田莲、鲁尘、同人在《青年文艺》上发表小说、报告文学、文艺评论、社语（社论）等作品。主要有短篇小说《在塞外》《旅伴》《烙印》，报告文学《在绥东》《庆祝和平统一大会》，论文《文艺的标帜》《永远埋在活人的心中》等。《在塞外》《烙印》深刻再现了绥远抗战及策反伪军起义的情景，塑造了一大批与日本鬼子浴血奋战、英勇杀敌、为国捐躯的爱国官兵形象。《文艺的标帜》一文，阐明了《青年文艺》的办刊宗旨："把国防文学视为汉奸以外的中华民族全体人民抗敌救国的一种意识领域的武器"，坚持"举国一致的、统一的抗日战线"，拥护鲁迅提出的"民族革命战争的大众文学"的口号，同时拥护赞同郭沫若提出的"炼狱式的爱国主义"的主张，符合建立抗日民族统一战线的总方针。同时抨击了当时一些所谓的文艺家"拿文艺这东西来作消闲，解闷"的创作思潮。《永远埋在活人的心中》是沉痛悼念"中国高尔基"鲁迅逝世的深情散文，称赞鲁迅是"能在暴雨狂风中不为暴力所屈服，不与恶环境妥协的一根中流砥柱"，是"勇敢的旗手""我们应该把他永息在我们心中！"报告文学《庆祝和平统一大会》，记述了当时北平（今北京）广大学生反对内战、要求国内和平统一、呼吁一致对外抗日救国的爱国进步学生运动，描绘翔实，现场感强，是当时北平抗日爱国学生运动的真实写照。

除了第1卷第2期外，其余每期都发表一篇"社语"（社论），说明创刊的缘由、目的与经过，简述每期的主要内容、重点文章、编辑打算、来稿要求、未来工作计划及稿件处理情况等。如第1期（创刊号）的社语就明确指出："在这国难一天一天加重的日子里，青年们为了对于民族尽一部分责任，于是我们出刊了为救亡图存效一分力的《青年文艺》"；并着重介绍本期刊登的作品，既有以北平救亡运动为题材的小说，也有喊着生活不下去了的农人及工人的呼声，还有描写日本人与汉奸勾结压迫中国劳苦大众的戏剧。第1卷第3期社语强调：稿子必须"取材是现实的、有前进意识的，否则，即使是表现的技术十分成熟，也不便登载"；同时指出"因国家民族的危亡日益迫近，国防建设的要求也更加迫切，文学上的国防建设自然要摇笔杆的人们来负责的……这一期撰稿人的选材，从生活反映农村，写到日兵直接屠杀（我族）同胞，这广泛深入的描写，是值得我们有心的文艺工作者注意的。"

正当吴绍文坚定信心，"我们要为我们的祖国以及一切受压迫的人们尽我们所有的力量"而努力奋斗的时候，北平古城边响起了隆隆的炮声。由于城中的戒严和受到战争影响，《青年文艺》第2卷第8期出版日期因此耽误了四五天时间。不过，这一期的内容，比前数期更加充实，可圈可点的文章有齐同的《送别之词》、柳倩的《大地的呼喊》、师田手的《住在祖国》、沈樾的《蚁》、矢锋的《缢》及秦火的《歌唱》，都是非常鼓舞人心和值得一读的好文章。此后，吴绍文转战战火纷飞的抗日战争前线，《青年文艺》被迫停刊。

《青年文艺》在艰难困苦中坚持出版8期之后，北平沦陷，被迫停刊。至今，国家图书馆珍藏着吴绍文当年一手操办的2卷8期《青年文艺》杂志，这是他对中国20世纪30年代革命文学和抗日文艺做出的宝贵贡献。那浸透着他满腔心血的字里行间，记载了那段举国同仇敌忾而且艰苦卓绝的抗日烽火岁月，也记录了吴绍文踔厉奋发的创作编辑生涯，成为研究贵州抗战文学极为珍贵的史料。

吴绍文主编的《青年文艺》，始终高举抗日救国的旗帜，是积极为抗日救亡服务的进步文艺期刊，是中国20世纪30年代革命文学史、中国抗日战争文学史上弥足珍贵的文艺期刊。《青年文艺》共出版了2卷8期，即第1卷1—6期，第2卷7—8期，近50万字。著名学者苗青主编的《中国苗族文学丛书》将吴绍文的《旅伴》和《在绥东》收入《现当代小说选》，置于文学大师沈从文之后，确立了他在苗族现代小说史上应有的地位。著名侗族作家潘年英在其所撰写的《江山作证》中高度评价吴绍文的短篇小说《旅伴》："仅凭《旅伴》一文，我们可以断定他绝对具备作为文学家的素养和天才。"①吴绍文在抗战时期的文学创作成就正日益引起中国文学界的关注。

---

① 潘年英. 江山作证 [J]. 故乡, 1994 (4)：224.

（二）以舞台当战场鼓励前方将士英勇杀敌

抗日战争爆发后，吴绍文被武汉八路军办事处派到其胞兄吴绍周担任师长的国民党一一〇师战地服务团（话剧团）工作，担任话剧团团长，经常身先士卒，带领全体团员深入前线为广大官兵演出，鼓励他们英勇杀敌。1939年冬和1941年秋，他利用回乡探亲之机，以办学和开办工厂为掩护，积极开展党的地下工作，其间两次招收天柱青年数百人，带领这些家乡子弟奔赴如火如荼的抗战前线。1939年3月，组织上派他参加了国共两党在湖南衡阳举办的"南岳游击干部培训班"。在艰苦复杂的斗争环境里，话剧团地下党员葛英超同志身份暴露，适值国民党掀起第二次反共高潮，反动派逮捕葛英超要将其枪毙，吴绍文挺身而出冒险援救使之得以脱险。1940年年底，国民党派兵包围话剧团，逮捕了所有人员，情况万分危急，在这千钧一发之际，吴绍周将军派人救走吴绍文，话剧团被迫解散。

1941年9月，吴绍文辗转回到天柱县老家，在邦洞创办"西南群力纺织印染厂"，所招收的工人，绝大部分为贫下中农，他在工人中间继续开展抗战宣传工作，秘密组织积累革命力量。国民党特务王应文探到消息，暗中进行破坏，从吴绍文那里搜走《列宁主义问题》《大众哲学》《铁流》等进步书籍作为证据，强行查封工厂，没收股金。西南群力纺织印染厂被迫倒闭后，吴绍文转入天柱中学（天柱民族中学的前身）教书，又被天柱县反动当局发现而横加迫害，不得不于1945年离开天柱，远走他乡。

中国少数民族文学研究界普遍认为，"吴绍文是苗族现代文学史上继沈从文之后展露锋芒的另一位20世纪30年代重要作家，他的小说、报告文学、诗歌、散文及文艺评论，在苗族现当代文学史上占据重要地位。他所编《呼声》杂志、《青年文艺》月刊、《风雨周刊》《故乡》季刊是苗族现当代文化史上的重要建树，影响深广，功不可没"①。

吴绍文作为一名天柱籍苗族作家，在抗战时期为捍卫中华民族共同体做出的卓越贡献，具有十分重要的历史意义。作为苗族文化精英代表和社会变革的一名先行者，他的这些文艺思想和实践并不仅仅代表他自己，在一定程度上也代表了苗族这个古老的民族和天柱这一隅多民族的古老热土在中华民族命运共同体紧要历史关头上所体现出来的中华共同体集体意识定式及其相应的集体理性选择。

---

① 邱雪梅，邱宗功. 作家吴绍文［A］. 全国政协文史和学习委员会，贵州省政协文史与学习委员会. 苗族百年实录［C］. 北京：中国文史出版社，2014：492.

第十一章

沧海桑田：新中国成立以来天柱的翻天覆地变迁

多少仁人志士苦苦摸索，多少革命先烈流血牺牲，铁树开花，终于推翻了千百年来压在中国人民头上的三座大山。1949 年 11 月 4 日，就在毛泽东主席在天安门城楼上庄严地宣告中华人民共和国成立后不久，天柱县各族人民迎来了翻身解放的曙光。在党的民族政策光辉照耀下，沧海桑田，换了人间，民族压迫、民族剥削的历史一去不复返，各民族人民实现了民族平等、团结，天柱过去一穷二白的面貌发生了翻天覆地的变化。

第一节　红色记忆：在飘香热土播下的革命火种

一、中共地下党员在天柱活动史迹

据党史资料记载，中国共产党党员在天柱开展活动是从 1929 年中共地下党员肖次瞻来到天柱中学执教开始的。[①] 1927 年国共合作彻底破裂，国民党反动派在全国各地以"清党"为名，疯狂搜捕、大肆屠杀共产党人和进步人士，中国共产党的活动被追转入地下。从 1929 年至 1938 年，先后有肖次瞻、孙家信、熊铁樵 3 名中共地下党员到天柱隐蔽并开展活动。

肖次瞻，原名肖炳煌，贵州省思南县塘头镇人。1924 年考入由共产党人陈潭秋和革命青年钱介磐等人创办的武汉共进中学。1925 年加入社会主义青年团。1926 年共进中学停办后，他考取邮务生，随后参加党领导的湖北邮务职工总会，任全国邮务总工会筹备处常委。同年，在武汉加入中国共产党，

---

① 天注县史志编纂委员会. 中国共产党天柱县简史［M］. 北京：中共党史出版社，2012：
1.

与恽代英、夏曦等人相识，在他们的指导下从事革命活动。大革命失败后，肖次瞻转到湘西洪江，担任《洪江日报》编辑。1929 年夏来到天柱中学执教，他以教师身份为掩护，积极开展革命活动，在学生中传播革命思想，引起国民党当局的注意，1930 年返回思南。后来，他找到党组织，仍以办教育为掩护，秘密开展建立地下党组织的工作。1938 年 2 月，他领导筹建中共思南地下组织。6 月，组成中共思南县临时工委。9 月，正式成立中共思南县委，他担任书记。1940 年 2 月，调贵阳工作。4 月，中共贵州省临时工作委员会成立，他任委员兼秘书长，并负责贵阳地区党的工作。1940 年 7 月 19 日在贵阳被国民党反动派抓捕，12 月 7 日被杀害于国民党贵州省保安处防空洞内，时年 35 岁。

孙家信（化名舒保罗），湖南麻阳人，1924 年毕业于长沙兑泽中学，在校期间加入中国共产党。1924 年 8 月，孙家信回到麻阳，以麻阳第一小学教员身份为掩护，在学校发展党员，并报经上级批准，于年末成立了中共麻阳特别支部，孙家信任书记。到 1926 年春，该校党员发展到 40 人，加上在外求学回到麻阳的孙家仕等 7 人，这个特别支部的党员增加到 47 人。1926 年 5 月，贺龙部队由贵州铜仁经湖南麻阳开赴常德准备北伐，中共麻阳特别支部为贺龙部队输送了一支队的兵力。1928 年 4 月，中共麻阳特别支部在麻阳县组织武装暴动失败，为躲避国民党的"清剿"，孙家信化名舒保罗于年底来到贵州锦屏，在高等小学任教，并结识了当时在锦屏福音堂（教堂）工作的龙德云（龙贤昭的教名）。1934 年 3 月，孙家信来到天柱中学任英语教师，直到 1938 年年初才离开天柱。孙家信初来天柱时，住天柱城西门街王天生新店铺内。不久，移居岩寨牌坊边杨政宽家和岩寨四甲龙贤昭家。据贵州省人大常委会原副主任龙贤昭回忆，舒来天柱中学当英文教员后，他们过从更密，"便逐渐了解到舒在北伐期间曾任中共湘南区党委秘书长、副书记，后来调任湘西特委书记，在麻阳、晃县一带开展游击活动。被大土豪陈巨珍清剿，在湘西站不住脚，潜入锦屏县城摆杂货地摊度日。后福音堂内地会德国牧师文盛廉聘其为汉语教师兼布道员"①。1933 年春，舒保罗与龙贤昭、杨政宽、杨绍程、杨练武、罗明辉、杨秀芬等歃血为盟，结成生死之交。孙家信在天柱中学任教期间，注意向学生灌输反帝反专制、为国为民、牺牲小我、完成大我等进步思想。1935 年冬，他在天柱中学同学录中亲笔题词："群策群力，一

---

① 游浩波. 龙飞凤翔——天柱人物录［C］. 政协天柱县第九届委员会内部编印本，1997：142.

心一德，自兹以往，扩大团结。"

孙家信居住岩寨期间，喜欢与寨上长短工等穷人打交道、交朋友。他在龙贤昭家里举办农民夜校，上学的农民朋友达 20 多人，夜校既教识字，又讲时事。当时寨子里有不少青壮年嗜吸鸦片烟，孙家信就劝他们戒烟，并向他们讲鸦片的危害，有的受劝后戒掉了鸦片烟。一些有经济困难的群众求助于他，他每次都解囊相助。

1934 年 9 月，红军西征进入贵州。此时，国民党湘军、桂军大量集结在天柱待命阻击红军。国民党利用所有的宣传工具、特工人员对红军实施造谣、诬蔑，弄得人心惶惶，朝夕不安。孙家信就以言简意深、通俗易懂的道理，驳斥了国民党的谣言，安定了人心。

为暗中援助红军，孙家信与龙贤昭密商，破坏国民党的军政通信设施。他俩组织了几个可靠的人，冒着生命危险，几次将十里冲到凉亭盖的电话线割断。在孙家信的指引下，龙贤昭投奔延安，走上了革命道路。七七事变后，孙家信公开在学校宣传抗日救国的主张，在天柱掀起抗日救亡运动高潮。

熊铁樵（化名熊余生），贵阳市人。就读四川大学时，思想进步，积极参加学生运动。毕业后，在中共贵州省工委书记林青的指导下积极从事革命活动，被贵州省国民政府主席王家烈下令通缉，他即转移到四川成都。1934 年 11 月，在成都加入中国共产党。次年 4 月，由于叛徒出卖，被捕入狱。8 月，被保释。9 月，化名熊余生到天柱中学任教。他利用课堂对学生灌输反帝反专制思想，在课余常与学生讲团结抗日的主张。1935 年冬，他为天柱中学同学录题词："为精诚团结之表现，立互信共信之初基。"1938 年，他离开天柱赴贵阳，在贵阳等地继续从事党的工作，积极投入抗日宣传活动。①

二、红六军团过天柱

1933 年下半年，蒋介石发动对革命根据地的第五次"围剿"，先后调集 100 万军队向各地红军进攻，50 万军队从 9 月下旬开始向中央根据地进攻。由于党内"左"倾路线的错误领导，第五次反"围剿"失败。1934 年 4 月，中央根据地门户广昌失守。党中央和中央红军被迫退出中央苏区。

8 月，中央以湘赣区的红八军和湘鄂赣区的红十六军组成红六军团，担负

---

① 天柱县地方史志编纂委员会. 中国共产党天柱县简史［M］. 北京：中共党史出版社，2012：4.

西征先遣任务，为实施战略转移的中央红军探路，吸引并拖住敌人，减轻中央红军的压力。

9月16日，红六军团在任弼时、萧克、王震率领下，袭占湖南通道县城。18日进入湖南靖县新厂，毙敌200余人，缴获大批军用物资，打开了进入贵州的道路。20日，红六军团分两路进入贵州黎平，会合于鳌鱼咀（敖市）。进至锦屏隆里司后又兵分两路前进，到达锦屏婆洞（今启蒙）会合，再抵达清水江南岸河口。

23日，红六军团从河口渡江西行进入剑河县南加镇，宿营南加、堡上、里格一带，准备渡清水江北上与红三军联系。此前，敌湘军第九师五十五旅已在塘龙山附近占据有利地势，在山梁、路口挖战壕、筑掩体、修工事、派巡逻、设哨卡，准备拦击红军。

24日，红六军团在里格搭浮桥北渡清水江，分两路进抵剑河小广、大广，在大广发生激烈战斗①，红军前卫部队继续进至在八卦河宿营。25日拂晓，前卫部队在八卦搭浮桥过河，再沿天柱境内八卦河西上南明；主力部队也离开小广、大广经磻溪向天柱凯寨方向进发。

前卫部队行至凯寨附近的塘龙山，与湘敌巡逻队20多人相遇。战斗打响后，敌军招架不住，向凯寨方向逃去，红军追入寨中。守敌湘军五十五旅利用阵地，对红军进行猛烈射击。敌桂军第7军第19师也从天柱盘杠来援，侧击红军中路，截堵红军前卫部队。为了保存实力，红六军团主动撤出战斗，连夜撤回大广、小广。傍晚，在回撤途中，红军将桂军一个营包围在孟优并击溃。

在撤退中，天柱黄桥圭愁青年杨宗茂、潘文治等3人给红军当向导，红军送给他们口缸、水壶做纪念，并向他们宣传红军是劳苦人民的军队，鼓励他们参加红军打白军、打土豪②。

当年，红军转战剑河大广、小广一带与国民党桂军廖师遭遇，主动撤出战斗，派出一支掩护部队顺八卦河而下，向天柱境内的塘龙转移。为了阻击尾追的敌人，他们在石洞镇比佑村吊茶组附近的山梁上挖了一条约40米长的战壕，战壕亘45度的斜坡呈东西向，将山梁劈为上下两半。如今壕堑里荆棘丛生，周围古树森森，遮天蔽日，当地侗族群众称为"壕兵抵"，翻译成汉

---

① 贵州省档案馆. 红军转战贵州——旧政权档案史料选编［M］. 贵阳：贵州人民出版社，1984：2.

② 天柱县地方史志编纂委员会. 中国共产党天柱县简史［M］. 北京：中共党史出版社，2012：5.

语，即队伍壕沟。虽然没有发生战斗，但是得到敌军从盘杠向此夹攻的可靠情报，部队主动撤离。26 日，红军主力由剑河大广、小广西行，转移至三穗县的良上、巴冶等地，然后进到剑河县岑松和台江县施洞口。9 月底，红军六军团进至施秉、黄平。10 月 24 日，红六军团主力在松桃的石梁和印江的梵净山木黄一带与贺龙、关向应等领导的红三军胜利会师。红六军团历时 79 天，行程 5000 余里，胜利完成了西征任务，有力配合了中央红军的战略转移。

红军转战天柱期间，与侗族人民结下了深厚的情谊。当年，有一红军重伤员跟不上大部队，在爬过八卦河木桥时跌落水中牺牲，当地侗族群众发现后，冒着风险下河把烈士打捞上来，埋葬在塘龙山上。

第二节　凤城黎明：西南地区第一个获得解放的县城

1949 年贵州解放前夕，国民党贵州绥靖公署主任谷正伦为阻止人民解放军的前进步伐，在贵阳召开反革命"应变会议"。国民党天柱县县长陈樵苏赴贵阳参加谷正伦举办"应变"训练班，他还委派县保警大队长谭永锡赴镇远参加贵州省保安副司令韩文焕主持召开的"应变"会议。会上，韩文焕传达了反动派制定的《反共救国施政纲领》，部署各县"应变"计划。8 月 17 日与 28 日，陈樵苏在县府礼堂两次召开"应变"计划会议，会议决定采取各种措施阻止解放军进入天柱县境内。其反动措施如下。

（1）令各乡（镇）筹备组织成立 20~40 人的常备自卫大队，由各防剿大队长负责指挥。

（2）破坏公路和各要道的大小桥梁道路，堵塞解放军入境。

（3）提前征收民国三十九年（1950）公粮，提供"应变"需要。

（4）派远口乡乡长吴作梁等人往湖南境内探听解放军情报。

（5）推行实施"国民党反共公约"，清查共产党人"入侵"。

（6）疏散粮食、公物、公文和眷属。

（7）县国民政府疏散到汉寨（今石洞），以汉寨为游击根据地、高酿为游击副根据地。

9 月下旬，县长陈樵苏成立"反共救国委员会"，后改称"反共保民动员委员会"，拉拢曾参加北伐、当过北伐军第十军副军长的民主进步人士王天锡充当常务委员会主席。陈樵苏自任"天柱县民众指挥部"指挥长，以国民党天柱县保警大队 210 人/枪作为基干组建土匪武装，窜扰各个乡镇逼迫民众上山当土匪。土匪最猖狂的时候有 7300 多人，分队长以上的土匪骨干分子达 2023 名。10 月 22 日，陈樵荪召开应变计划会议，令伪县政府疏散到石洞汉寨，破坏桂穗公路天柱段沿线的路面、桥梁，妄图阻止中国人民解放军入境。

1949 年 11 月 3 日，中国人民解放军第二野战军第五兵团第十六军四十六师一三八团由湖南黔阳进入天柱县瓮洞，击溃国民党天柱县"防剿大队"第一大队一个排，天柱守敌第四十九军三二七师九八一团一触即溃，国民党天柱县县长陈樵荪及伪警政人员四处逃窜，当时政权成了无人管理的"真空"地带。解放军通过积极争取天柱县上层民主人士吴绍文，在吴绍文的带领下，一三八团前卫部队于 11 月 4 日占领天柱县城，天柱县宣告解放①。由于解放军一三八团要和大部队挺进贵阳、成都，解放大西南，团首长临时委任吴绍文担任县支前委员会（后改为县人民自治委员会）主任，欧阳琪为副主任。

图 11-2-1　1949 年 11 月 4 日中国人民解放军解放天柱

解放大军过境时，由于当时上级未及安排党、政、军的人员来接管天柱县政权，于是指派吴绍文组织百余人维持天柱城的社会治安秩序，建立支前委员会，发动群众搞好支前工作，等待上级派人前来接管政权。在这段时间，吴绍文以支前委员会主任的名义，写信与陈樵荪联系，动员他携带所有武装部队和前政府人员集中县城，迎接和平接管。由于陈樵荪坚持反动立场，商谈未果，还预谋杀害上级派来接管天柱政权的领导干部和解放军战士。11 月 14 日，新任县长张武云等同志奉上级的命令来天柱接管政权，王天锡、杨喜

① 天柱县志编纂委员会．天柱县志 [M]．贵阳：贵州人民出版社，1993：20.

瀛等上层人士到邦洞迎接。陈樵苏趁机派谭永锡带土匪在邦洞搞"假迎接、真抵抗"的阴谋手段，待张武云及 4 名随行人员到邦洞街上时，土匪排长苏荣华等匪徒利用赶场人多的机会，把 4 名解放军战士分别劫持，当天捆押至天柱看守所，翌日拂晓将他们杀害于雷寨冷水冲塔边。县长张武云临危不惧，在邦洞街上大地主王子玉家的楼上跳窗脱险。

陈樵苏见解放军大军已经过境，没有留下作战部队，认为反攻倒算的时机已到，于是磨刀霍霍，卷土重来。11 月 30 日，勾结锦屏、剑河两县伪保警队 1000 余人围攻天柱县城，吴绍文和县自治委员会武装人员坚守一天，因寡不敌众，主动撤离，从社学向蓝田转移。天柱县城被土匪占据。12 月中旬，陈樵苏获悉我军来天柱剿匪的消息后，派罗义忠、谭永锡带兵守城，自己带一伙人往高酿上锦屏，与剑河匪首陈开明以东南绥靖区警备司令部的名义任命罗义忠为"天柱县县长"、刘荣根为"副县长"，然后潜逃贵阳。

第三节　清匪反霸：用鲜血和生命保卫新生的人民政权

天柱解放初期的剿匪斗争，是我党我军与当地国民党反动派及其专制势力的最后一次决战和较量。在中共天柱县委的坚强领导和全县各族人民的大力支持下，全体指战员发扬"一不怕苦，二不怕死"的大无畏革命精神，与数以千计的土匪进行针锋相对的斗争，最后彻底根除了匪患，巩固了新生的人民政权。

1950 年 1 月 4 日，中国人民解放军镇远军分区司令员曾宪辉率一五三团抵天柱润松，5 日上午在巴湾与土匪罗义忠部遭遇，发生激战，匪军溃逃，匪首罗义忠率残部逃往高酿隆寨，解放军一鼓作气收复天柱县城。1 月 7 日，解放军经过侦察得知罗义忠匪部驻扎在高酿隆寨，曾司令员下令解放军一五三团跟踪追击。1 月 8 日，我军分两路出发，袭击高酿隆寨罗义忠匪部，天刚亮就冲进寨，土匪闻风而逃，活捉匪首罗义忠，俘虏匪众及旧职人员关荫武等70 余名。罗义忠带一部分残匪逃往锦屏，后窜到远口盘踞，在远口设立伪县政府，在远口开设"兵工厂"，修理枪械，扩充武器，从事策划组织指挥武装暴乱活动，派粮派款，敲诈勒索，强迫群众为匪献枪炮，妄图顽抗到底。这时，在全县范围内，17 个乡（镇），除天柱县城外，乡下基本被敌人控制。土匪发展到最高峰时达 7000 余人，号称"九路军"。

1 月 16 日，镇远地委从镇远县抽调 30 名干部和 31 名贵溪干校人员组成接管队伍抵达天柱接管政权，21日成立中共天柱县工作委员会（后更名为中共天柱县委员会）、天柱县人民政府。张金屏任工委书记兼县长。张金屏在县城分别召开了上层人物座谈会、粮食借征工作会。向王天锡、龚其昌等民主人士宣传中国共产党的路线、方针、政策。在强大的政治攻势和政策感召下，王天锡等人主动到县人民政府登记，向我人民政府靠拢，对分化敌人起到了一定的影响。

2月14日，中国人民解放军十七军五十师一四九团二营由副团长刘德山、营长高庆金、教导员周学臣率领，进驻天柱剿匪，保卫新生的人民政权。24日，在我军一四九团二营高庆金营长的率领下，向盘踞在竹林乡棉花坪的罗义忠匪部进攻，拂晓战斗打响，击毙匪首谭永华，俘虏匪徒30余人。3月8日，城关区委书记高兴中带领10多个同志到渡马征粮，被200多名土匪围攻，从拂晓战斗到中午方才突出重围。在敌强我弱的情况下，10多个同志向瓮洞乡的客寨方向突围，后安全撤回县城。3月12日，蓝田区政府被暴乱土匪包围，经派部队急行军赶到支援，被围人员安全撤回邦洞。3月23日，匪县长罗义忠指挥四个县的土匪，攻打高酿区人民政府。

4月7日，天柱匪首罗义忠、刘荣根、杨松涛，剑河匪首陈开明，锦屏匪首龙俊生，黎平匪首杨锦标，湖南匪首傅太和、杨永清等，带领4000余匪兵向天柱县城攻击。当时我军主力已经外出执行任务，城内只有少数留守的武装人员和党政机关干部，土匪占领了天柱山城四周的大小山头，对县城形成包围之势，匪兵冲到天柱中学大操场，一面向城里打炮，一面用轻、重机枪进行扫射，战况十分危急。拂晓前，土匪站满周围山头，在这千钧一发的危急关头，县委领导孔焕章同志以高度的机智和勇敢，沉着地指挥战斗，一面组织机关全体党政人员和留守部队的20余人，占领碉堡，坚守城门，顽强地抗击敌人的进攻；另一方面派人去高酿告急，请求部队急速返城解围。正在高酿执行任务的一四九团二营接到告急信后，当机立断，带着部队跑步20多里，于40分钟后赶到县城。我军火速抢占天柱中学，在重机枪和六〇炮的掩护下，解放军战士似猛虎下山，端起刺刀，冲进敌群，杀声震地。土匪遭到我军的突然猛烈反击后，丢盔弃甲，狼狈逃窜。我军生俘土匪4名，击毙匪徒3人，县城转危为安。

蓝田匪首杨政元与湘西匪首杨佐治纠集匪徒成立"中华人民自救军"，有400多人，杨政元自称司令，杨佐治为副司令，为天柱势力最大的股匪之一，其匪部设在蓝田区政府，驻扎楞寨高院土墙内。我军得到情报后，4月9日拂晓，剿匪部队一四九团二营、县基干大队在二、三、五区武工队的配合下，在高庆金营长亲自指挥下，冒着倾盆大雨，连夜急行军奔袭楞寨，经过一个多小时的激战，活捉匪司令杨政元、副司令杨佐治及营长杨茂斌等以下匪徒40余名，缴获10余支枪。4月19日，县人民政府在城关区召开群众大会，判处杨政元死刑，立即执行。

从3月以后，土匪由秘密活动转为公开暴乱。土匪处处攻打我区、乡人民政府。县委为了保护区乡干部的生命安全，决定撤回派到远口、蓝田、高酿等区、乡政府的同志，集中力量，形成拳头，巩固县城和紧靠县城的邦洞、社学、润松三个要点，保存实力，寻找机会打击敌人。同时，把第四区的武工队撤回来驻在社学乡，与一区共组合成一、四区武工队；第五区的同志撤回岩寨，成为武工队，以岩寨为重点，发动群众、组织群众，清匪反霸，开展对敌斗争。全县反霸斗争在岩寨打响了第一炮。剿匪部队驻在县城，经常出击，到处寻找土匪，主动向敌人发起进攻。

在短短的时间内，全县人民被动员起来了，积极开展支前、接管工作，如火如荼，全县共完成粮食借征任务120多万斤。对于国民党公职人员的去留问题，人民政府公开宣布，凡愿意留下来的，采取"一律包下来"的政策。此政策对安定人心和稳定局势大有裨益。对于上层统战人物，人民政府先安排吴绍文担任县基干大队大队长，当年4月后又任命他为天柱县人民政府副县长。欧阳琪、杨永祁、龙耀黄、张克刚、龙友三、龙和甫等，分别被安排为县政府科长、中学校长、副区长、中学教导主任等职。王天锡主动向县委登记后，被人民政府任命为西南军政委员会委员，受到西南军政委员会主任贺龙同志的亲切接见。同时，人民政府还有计划、有步骤地抓好县大队和各区队的组建工作，发展人民武装力量，发动群众开展清匪反霸，打击土匪的扰乱和破坏活动，打开了我党我军进入天柱后崭新的政治、军事局面。

敌我斗争十分尖锐时，县委认为没有粮食就不能坚持与敌人做斗争，必须先抓粮食，充实库存，安定人心。县委决定组织群众赴高酿武装运粮，将高酿区40万斤粮食运进县城来。敌人看到运粮队，立即集结匪军与我军争夺粮食。4月12日，运粮队伍正在运粮途中，在十里冲坡头被土匪伏击，掩护运粮的战士英勇抵抗，交战一天，解围部队将土匪打垮，但9名解放军战士在战斗中牺牲。接着继续到高酿武装运粮5天，由于城里有了粮，军民心里不慌，更加坚定了守城的信心。

然而，国民党残余反动势力并不甘心退出历史舞台，还妄想做最后的垂死挣扎。6月5日，罗义忠、刘荣根勾结锦屏匪首杨之鹏，集中土匪800人驻在高酿坝上，再次策划攻打天柱县城。10日凌晨，我军二营四连、机炮连在高庆金营长的率领下，分两路进军，奔袭驻在大圭的锦屏匪首杨之鹏匪部。天刚蒙蒙亮，我军就包围了大圭之敌，冲进匪巢，土匪忙得团团转，东奔西跑。当场击毙杨之鹏的副官张安民及匪兵 8 人，打伤 24 人，活捉 15 人，缴获轻机枪 1 挺、手枪 1 支、步枪 20 支、望远镜 1 部和其他物资，匪首杨之鹏只身逃回锦屏。9 月 21 日，杨松涛、罗义忠在远口召开匪首会议，成立"国民反共救国军"，杨松涛任司令兼军长，陶政柔任副司令兼副军长，下辖 6 个师，罗义忠、谭永华、梁文献（会同人）、龙俊生（锦屏人）、姜弼、傅太和为师长，组织土匪向新生的人民政权反扑。

面对敌人的疯狂进攻，县委县政府全面落实清匪、反霸、减租、退押、征粮"五大"任务，坚决贯彻执行"军事进剿、政策攻势、发动群众"三结合的方针和"镇压与宽大相结合"的政策。从 1950 年 11 月中旬开始，集中力量，重点打击，以排山倒海之势对土匪进行大围剿。根据土匪势力的分布情况，我军在兵力上分片布置，统一布置，统一行动。解放军四野部队负责白市、远口；二野一四九团负责邦洞、织云、坪地、八阳；一五〇团负责高酿。我军对敌实行铁壁合围，一举歼灭了大批土匪。11 月 12 日，四野部队奔袭远口、老黄田、炮团、会田、老田、阳溪罗义忠匪部及蒋景圭、傅太和匪部，共消灭土匪 450 余人，缴获枪支百余。天柱县境内的合围，重点是清水江两岸。这次合围，彻底摧毁了匪县长罗义忠所设的远口匪县政府及匪司令部。先后活捉匪首陶政禄、刘荣根，击毙匪首罗义忠、刘荣玖等多名。12 月 26 日，天柱县公安队配合解放军剿匪部队，在兰溪龙通溪木棚抓获匪"湘黔边区反共救国军"司令杨松涛。12 月 9 日，我军某部四连在坪地合围时突然发现有一股土匪逃跑，就立即组织紧追，经过激战，打死打伤土匪 6 人，俘匪 10 余人，活捉匪团长杨廷弟，少数残匪溃散。1951 年 1 月 2 日至 15 日，镇远军分区部队与湖南省会同军分区部队开始合围天柱县以东的兰田、渡马地区股匪，歼灭"湘黔边区反共救国军"3700 多人。

至此，全县的土匪基本上被我军歼灭，余下的少数都成了惊弓之鸟。有的放下武器，弃暗投明；有的向人民政府投诚，登记自新，回家生产；小股土匪化整为零，逃到深山老林躲藏。如合围蓝田时，部队尚未到达，土匪就瓦解分散了，是本地的各自回家，外地来的也都分开逃跑了。通过群众的清查和检举，匪首纷纷落网，如三区叛变后当土匪连长的杨焕松、惯匪罗晓卓的军需刘大毛、湖南会同匪县长张伦、三穗县匪首陈光文，等等。

作恶多端的原国民党县长陈樵荪，1950 年 7 月 11 日在贵阳市蔡家街 36 号被公安机关逮捕归案，押回天柱县，10 月 9 日被县人民政府判处死刑，执行枪决。隐藏最深的天柱重大匪首、匪军少将参谋杨如森，又名杨桐松，化名易生，1955 年 9 月 27 日在从江县下江区供销社被公安机关擒获，1958 年 7 月 25 日依法处决。

据统计，被我军歼灭的大小匪首 1393 人，匪众 5653 人，匪首匪徒共计 7046 人，共收押匪首 1252 人。缴获黄金 5.8 两、白银 40 两、银洋 763 元、纸币 154 万多元、长短枪 202 支、手榴弹 42 枚、各种子弹 3874 发，收音机、留声机、电台、照相机各 1 部，望远镜 2 部、各种衣服 1293 件、盐巴 120 斤（四野部队缴获数不计入内）。一年多的剿匪，战果辉煌，土匪被彻底歼灭，全县广大人民安居乐业，为土地改革奠定了良好的基础。清剿土匪的战斗中，有 38 名解放军战士献出了宝贵的生命。①

第四节　龙均爵：共和国"救火英雄"

他是党的好儿子

他是侗家的好儿郎

他是雷锋学习的榜样

他的事迹传遍全世界

他的精神千秋万载放光芒

——《热血丹心：记共和国英雄龙均爵》

龙均爵（1931—1958），侗族，天柱县邦洞街道大河边冲坑寨人。少年家贫，父早丧，稍长就给财主放牛、割草、做杂工。

天柱解放后，龙均爵当上民兵，跟解放军一起剿匪。1951 年 6 月入伍当志愿军，参加抗美援朝，在铁道兵某部二十二团四营十一连当战士。是年冬，他所在连队奉命修筑防空洞，在冰天雪地的恶劣气候下，龙均爵和战友们上山伐木，他建议采用"滑雪运木"的办法提前完成任务，荣立二等功。1952 年，美国飞机日夜轰炸志愿军运输线上的"159"大桥和便桥，龙均爵和战友们不顾个人安危日夜抢修，保证军车畅通无阻。敌人轮番轰炸 6 小时，两座

---

① 天柱县史志编纂委员会. 中国共产党天柱县简史 [M]. 北京：中共党史出版社，2012：22.

桥基被毁。上级命令在天亮前把桥修好，让列车通过。在滴水成冰的深夜，龙均爵第一个跳下齐腰深的河里下木笼，两脚被冻僵，连长急令战士把他送进防空洞取暖，他稍事休息，又立即参加抢修，天亮前桥修好，军车得以开往前线。在抢修中，他成绩突出，再次立功，被批准加入中国共产主义青年团，提升为副班长。

1953年，他随所在部队回国参加铁路建设。在宝成铁路陕西高家坝执行搬运木料任务中，部队决定在险滩放木，龙均爵首先驾着木排流放，撞礁失败。第二次他又驾木排绕险滩，避陡岩，探出航道，流放木排获得成功，被称为"勇敢的开路人"。

1954年秋，连队转移江西、福建修筑鹰厦铁路，龙均爵刻苦钻研机械技术，所带风枪组工效高、事故少，被评为"优秀风枪组"。1956年10月30日，龙均爵加入中国共产党。1958年，龙均爵任铁道兵8503部队三支队民工技术指导员。11月，领导批准他的未婚妻前往部队与他结婚。10日，正当他准备去福建华安梅水坑火车站接未婚妻时，复釜山突然发生火灾，龙均爵看到大火快烧到山腰，附近的潘洛铁矿、509地质勘探队的汽油和机械仓库受到威胁，立即电话报告上级，带领同志们直奔火场。火势很猛，龙均爵不顾一切，拿着工具狠狠扑火，并大喊："同志们！绝不许山火接近仓库！"当时风疾火大，一处刚灭，一处又起，大火接近险区，火把他的全身烧着了，撤退已来不及。他被无情的大火所吞噬，为保住国家财产而英勇牺牲。龙均爵烈士葬于福建省章平县芦芝乡大深村（图11-4-1）。

1959年4月21日，铁道兵8503部队追认他为一等功臣。8月21日，中国人民解放军报社出版《永不凋谢的红花》，颂扬龙均爵舍己为公的高尚品质。中共福建省委第一书记叶飞、贵州省委第一书记周林、铁道兵司令员李寿轩、国务院内务部长钱瑛为他题词立碑，以志悼念。

中国人民解放军总政治部组织编印的"部队党员读物"——《党的好儿子龙均爵》一书，在全军推广学习；在《人民日报》和《解放军报》全面报道他的事迹的同时，解放军报社编辑部还专为他编辑出版发行了《永不凋谢的红花》。中国青年出版社出版的《青年英雄的故事》编入了龙均爵为保卫国家财产而献身的故事，并且出版了《青年英雄挂图（十一）·龙均爵》，龙均爵的画像及事迹挂图与刘胡兰、董存瑞、黄继光、雷锋等英雄模范人物的挂图一起在全国发行，成为我国最早一批推出的共和国英雄人物。人民美术出版社出版发行了《龙均爵》连环画，人民邮电出版社出版发行了有他画像的邮票和书签。一时间，龙均爵的英雄事迹迅速传遍祖国的大江南北、边防哨所、城市和农村。

  雷锋在 1962 年 4 月 16 日读了《党的好儿子龙均爵》这本书后，在他所写的日记里高度概括和颂扬了龙均爵的思想、品德、精神，并把他作为自己学习的榜样。全国特级英雄杨连第所在连队也在报纸上发表《要像学习杨连第那样学习龙均爵》的文章。他的事迹在 20 世纪 60 年代被列入全国小学语文教科书，并被编为京剧和话剧传颂。雷锋在日记中写道：

  我今天一口气读完了《党的好儿子龙均爵》这本书。这本书太好了，对我的教育极深，对我的启发和帮助很大。

  我处处要以龙均爵为榜样，永远学习他不畏艰难困苦、敢于斗争的精神；学习他关心爱护同志的高贵品质；学习他大公无私、舍己为人的精神；学习他刻苦学习钻研技术的毅力；学习他爱护国家财产如爱护自己生命的精神；学习他处处把国家的利益和人民的利益放在个人利益之上的思想。坚决学习他，并贯彻于实际行动中，一定要在保卫祖国和建设祖国的事业中，贡献自己的力量。

图 11-4-1 共和国"救火英雄"龙均爵

  龙均爵牺牲后，家乡人民为纪念他的英勇事迹，将大河边小学命名为"均爵小学"。他牺牲时脚上被烧焦的胶鞋，现陈列于中国人民革命军事博物馆①。

第五节 艺苑繁花：当代天柱籍作家群、艺术家群的崛起

  20 世纪 80 年代以来，天柱县先后涌现出一大批享誉中国文坛和艺坛的作家、美术家、音乐家，其中中国作家协会会员 11 人，省级作家协会会员 25 人，中国音乐家协会会员 6 人，中国美术家协会会员 8 人。他们以饱满的创作热情讴歌繁荣富强的伟大祖国，赞美农民翻身解放的新生活，歌颂如火如

---

  ① 杨代松.热血丹心：记共和国英雄龙均爵［M］.贵阳：贵州人民出版社，2020：3.

天柱史略 >>>

茶的社会主义现代化建设和改革开放，抒发各族人民在前进道路上的喜怒哀乐，为新时代广大人民群众提供了丰富多彩的精神食粮，成为中国民族文艺百花园中的一个重要组成部分。这些被文艺界誉为"天柱籍作家群""天柱籍美术家群"与"天柱籍音乐家群"的一系列杰出文艺人士，为丰富中华民族文学艺术宝库做出了特有的贡献。

一、当代中国文坛"天柱籍作家群"及其文学创作

（一）中国作协会员及其文学成就

20世纪50年代在天柱民族中学读书的刘荣敏、谭良洲、袁仁琼等人，开始在文学创作方面崭露头角。刘荣敏的儿童小说《小小演员唱大戏》、袁仁琼的独幕话剧《小花和尚看梨》、谭良洲的《赵大叔》，均发表于当时省内报刊。张作为在《云南日报》《解放军报》《西南文艺》等报刊上发表过散文、小说、诗歌等作品。滕树嵩于1954年在《贵州文艺》上发表处女作。20世纪50年代末就读于贵阳师院附中的粟周熊，在院刊上发表诗歌、散文习作。至20世纪80年代末和90年代初，他们先后加入中国作家协会，成为享誉中国文坛的"天柱籍侗族作家群"。

张作为（1931—2022），笔名祚炜，天柱县石洞镇人，侗族，1980年加入中国作家协会。其长篇小说《原林深处》，1979年由山西人民出版社出版，这是一部反映祖国西南边疆苦聪人斗争生活的长篇小说，获云南省少数民族文学创作特别奖、全国侗族文学创作一等奖。他还著有长篇历史小说《卢汉起义》（合作），长诗《半屏山怨歌》，诗集《羔银汉诗》，报告文学集《他从火山口来》，长篇纪实文学《绿色事业》，散文集《喊山》，电视剧剧本《悠悠寸草心》《天涯望归人》，电视连续剧剧本2部（即《游天曲》《南疆烽火》，分别为8集与14集）。作品《相逢在天涯》《翠堤漫步》《归去来兮》《天涯望归人》等改编为电视剧后分别获云南省政协、云南省委统战部和云南电视台联合评选一等奖。《半屏山怨歌》获北京首届中国诗歌节一等奖，纪实文学《拳拳爱国心》获1994年全国评选特等奖。此外，他还编著"云南企业家"报告文学丛书4部，出版《滇云情思》《异军突起》《亿万人民的心愿》《滇云泱泱情》《历史的使命》等文集。

滕树嵩（1931—1993），天柱县凤城人，侗族，1982年加入中国作家协会。曾任中国作协贵州分会理事、贵州民族文学创作委员会副主任等职。代

252

表作主要有短篇小说《侗家人》、长篇小说《风满木楼》、长篇叙事诗《侗寨风雨》等。短篇小说《侗家人》原发表与《边疆文艺》1962年第12期，后被收入四川民族出版社1979年出版的《少数民族短篇小说选》（该书曾被选作民族院校文科教材），1981年获全国少数民族文学创作二等奖。他还发表了许多具有时代气息的短篇小说，如《侗乡行》《屋》《席上》《花开时节》等。根据他和他女儿滕剑鸣共同创作的小说改编的电视剧《侗女贝仙》，以改革开放为时代背景，反映侗乡新人新事新风尚；1990年该片获文化部、国家民委、中国文联、广播电视部举办的第三届全国民族题材电视艺术"骏马杯"三等奖，并在贵州和中央电视台播出。《风满木楼》是侗族作家创作的第一部反映侗族生活的长篇小说，再现了中国人民解放军解放黔东南前夕那段时期侗族社会的历史背景，在侗族文学史上具有里程碑式的意义。

袁仁琼（1937—2017），天柱县蓝田镇碧雅村人，侗族，1997年加入中国作协，贵阳学院中文系教授。早期发表中篇小说《留守》、长篇小说《死角里的骚动》，出版短篇小说集《山里人》。曾获全国侗族文学优秀奖，小说《铁师傅》获贵州省少数民族文学创作一等奖。《打姑爷》被收入《三十年短篇小说选》和《当代少数民族作家作品选讲》，被选作民族院校文科教材，收入《中国新文学大系·少数民族文学集》。随着创作技艺日臻成熟，他陆续出版了《王阳明》《血雨》《穷乡》《难得头顶一片天》《太阳底下》《梦城》《庄周》《破荒》8部长篇小说，文艺理论专著《新文学理论原理》，论文集《鳞爪集》，王阳明研究专著《解读王阳明》，庄周研究专著《庄周今读》，还主编《情满冰雪路》等散文集9部，为"走遍夜郎故土散文书系"副主编。长篇历史小说《王阳明》、论著《新文学理论原理》获金筑文艺奖，长篇小说《太阳底下》、长篇历史小说《庄周》分别于2007年和2012年获得贵州"乌江文学奖"、第五届贵州文艺奖（省政府奖）三等奖。长篇小说《破荒》2014年由知识产权出版社出版，获第十一届（2012—2015）全国少数民族文学创作"骏马奖"。

谭良洲（1937—2019）笔名谭覃，天柱县石洞镇人，侗族，曾担任贵州民族出版社汉文编辑室主任、副编审，1984年加入中国作家协会。1957年发表第一篇小说《姑娘们的心》，先后在《萌芽》《解放军文艺》《边疆文艺》等刊物上发表《苗家村的斗牛节》《我的老庚》《游方》《拦路歌》等10余篇短篇小说。创作中篇小说《艰难的脚步》《红娘》以及报告文学《寄自南盘江的报告》《无私与无畏》等作品。著有长篇小说《豪杰风云》《少女梦》《侗乡》《歌师》，短篇小说集《侗家女》，中短篇小说集《月色清明的夜晚》，散文集

《迷人的侗乡》和28集电视文学剧本《腊篾嘎》。代表作《娘伴》1980年在《人民文学》发表，获全国首届少数民族文学创作优秀作品二等奖、贵州省文学创作二等奖、贵州民族文学优秀作品一等奖，被收入"中国新文学大系"丛书。《娘伴》《拦路歌》被译成日文在日本出版。《憨妹姐》1962年获全国职工小说戏剧征文优秀作品奖，散文《侗家草鞋》获全国第四届报纸文艺副刊好作品三等奖。长篇小说《歌师》获首届贵州少数民族文学"金贵奖"。

刘荣敏（1936—2016），天柱县高酿镇章寨人，侗族，笔名祝化、凌乾，1983年加入中国作家协会。先后在贵阳市《群众文艺》《贵阳文艺》《花溪》任编辑、副编审，1981年当选贵阳市作协副主席。他以短篇小说《小小演员唱大戏》步入文坛。先后发表了《龙嘎寨轶事新编》《高山深涧上的客栈》《穿透那野牛岭上的重重迷雾》《龙塘门客俏》等一系列富有时代特色和浓郁乡土气息的小说。《高山深涧上的客栈》获1985年第二届全国少数民族短篇小说二等奖，《风雨桥头》与《打牛场上》分别获贵州省文联、省民委文艺创作奖。《龙塘门客俏》获贵州省政府文学奖。短篇小说集《金鸡飞过岭来》获全国侗族文学一等奖。2013年由知识产权出版社出版小说集《侗寨风雨桥》。

粟周熊，1939年生于天柱县高酿镇木杉村，侗族，毕业于四川大学外文系俄罗斯语言文学专业，国家图书馆研究馆员，1982年加入中国作家协会。历任国家图书馆报刊文献部副主任、中华人民共和国驻哈萨克斯坦共和国大使馆一等秘书等职。他除翻译苏联100多个作家的作品外，还介绍过南斯拉夫、波兰、斯里兰卡、意大利、瑞典等国的文学。译著有《白比姆黑耳朵》（合译）、《铃兰花》《丑八怪》《我的将军》《紫罗兰》《良心》（与高昶合译）、《阿尔巴特街的儿女》《阿拜箴言录》（合译）等近50部，另有散文、小说、文章2000多篇，共1000余万字。发表散文《扣林墨兰》等。微型小说《S君的发明》获全国第二届微型小说大赛奖。著有专著《青格斯山峦的三巨峰——阿拜、恰卡里姆和穆赫塔尔》，随笔集《心锁丝路》《东拼西凑》。1989年获乌兹别克斯坦共和国作协颁发的谢尔盖·博罗金文学奖，1998年哈萨克斯坦共和国国立塞米巴拉金斯克大学授予名誉教授称号。

潘年英，1963年出生于天柱县石洞镇盘杠村，侗族，1993年加入中国作家协会。现为湖南科技大学人文学院教授、文学与人类学研究所所长。1994年获中华文学基金会颁发的"庄重文文学奖"及贵州省政府茅台文学奖。1995年当选为中国侗族文学学会副会长，2005年任中国文学人类学学会副会长。著有散文集《我的雪天》《边地行迹》《芒冬花》《顿悟成篇》《画梦录》

《河畔老屋》《山河恋》；文化散文及摄影著作《黔东南山寨的原始图像》《雷公山下的苗家》《文化与图像》《长裙苗短裙苗》《寨头苗家风俗录》《丹寨风土记》《寻访且兰故都》《远在天边的寨子》等；论文集《民族·民俗·民间》《在田野中自觉》等；学术专著《百年高坡——黔中苗族的真实生活》《西南山地文化考察记》《扶贫手记》《走进音乐天堂》《保卫传统》《非物质文化遗产保护与本土经验》《从文学自觉到文化自觉》等 10 余部；出版小说集《金花银花》《寂寞银河》《伤心篱笆》《桃花水红》，长篇小说《故乡信札》《木楼人家》《解梦花》《敲窗的鸟》。短篇小说《桃花水红》原刊于《民族文学》2013 年第 1 期，被编入作家出版社 2014 年出版的《新时期中国少数民族文学作品选集·侗族卷》。

吴基伟，贵州天柱人，侗族，1972 年 4 月生，1994 年 7 月贵州大学历史专业本科毕业，2020 年获北京航天航空大学管理学博士学位。现任中国航空工业集团新闻办主任，中国作家协会会员。曾任中航工业贵航党委副书记、纪委书记、工会主席，中国航空工业集团公司团委书记、青联主席，中国共青团第十七次代表大会代表和第十七届中央委员，挂职担任甘肃省酒泉市委常委、市政府副市长。出版有诗文集《夜醉十里湄江》《晨歌集》《履痕》《踏歌行》等多部著作。主编了《感悟长征》《今朝红旗漫卷西风》《雄关漫道真如铁》《飞翔的痕迹》（成果卷）、《飞翔的痕迹》（文学卷）、《势在人为》等书。诗作《飞天逐梦醉酒泉》等获得中国作家协会《民族文学》年度奖等奖项。以天柱县侗苗村寨 300 年沧桑变迁为创作题材的长篇小说《九户堂》，2020 年入选为中国作家协会少数民族文学重点作品扶持项目。

姚瑶，侗族，贵州天柱县润松片区圭研村人，1979 年 11 月生，在贵州电网凯里供电局工作，现为中国作家协会会员、贵州电网公司文学协会副会长、黔东南州作家协会主席。1996 年在《青年文学家》发表小说处女作《老黄牛》，散文作品《回忆乡村的细节》编入《新时期中国少数民族文学作品选集·侗族卷》，有多篇作品在《民族文学》《诗刊》《星星》《山花》《花溪》《四川文学》《岁月》等报刊发表。著有诗集《疼痛》《芦笙吹响的地方》《烛照苗乡》《侗箫与笙歌：一个侗族人的诗意生活》《纯粹西江》（合著）5 部。姚瑶的作品具有强烈的时代感与艺术感染力，曾获得贵州省尹珍诗歌奖、贵州省少数民族文学创作"金贵奖"新人奖、志愿文学奖、鲁藜诗歌奖一等奖、梁斌小说短篇小说奖二等奖、侗族文学风雨桥奖、诗写脱贫攻坚创作奖、贵州省作协"我在脱贫攻坚一线"优秀作品奖等。散文《斗牛者的鼓声》获首届林非散文奖，散文《是风把记忆带走了》获第二届包公散文奖。《烛照苗乡》与《疼痛》是文艺界赞誉度很高的优秀作品。长诗《烛照苗乡》,将叙事与抒情融为一体,著名作家、《民族文学》主编石一宁充分肯定其"既清晰地记叙了主人公事迹,也淋漓酣畅地抒发了诗人主观的情感"。福建三明学院教授余达忠评论《疼痛》时说:"我深切地感受到诗人疼痛的触须,感知到广大的生命与辽阔的生活时油然而生的那种战栗、那种悲悯、那种惆怅、那种决绝。疼痛,是诗人为父亲所吟唱的一曲悲怆的挽歌。"诗人阿平十分赞赏姚瑶的敏锐感知,惊叹"姚瑶是一个具有强烈疼痛感的诗人"。著名评论家李光满评价说:"因为故乡无法重活,因为城市已经沦丧,因为人生已经离乱,因为生命已经黯淡。诗人姚瑶就这样把我们带入他疼痛的诗境,让我们一起感受疼痛。"姚瑶以黔东南原生态文化为元素创作的诗集《芦笙吹响的地方》,获 2015 年度中国作家协会少数民族文学重点作品扶持项目。

杨秀刚,天柱县坪地镇阳寨村人,侗族,2020 年 9 月加入中国作家协会。全国少数民族文学学会侗族文学分会副会长,贵州省作家协会理事、主席团委员,黔东南州作家协会副主席,凯里市作家协会主席,在《民族文学》《当代小说》《山花》《贵州作家》等刊物发表小说、散文多篇。2015 年出版中篇小说集《桃湾村的几个爷们》,2017 年出版长篇小说《一个人的族长》(系 2016 年中国作家协会少数民族文学作品重点扶持项目)。此外,还出版了中短篇小说集《芦笙不仅仅为你吹响》、文化散文集《亲近一条河》、电影文学剧本《爸,再爱我一次》(与他人合作)、长篇小说《青鸟在岁月里翻飞》。《青鸟在岁月里翻飞》获中国作协 2018 年度定点深入生活项目。

刘燕成,笔名巴佬,苗族,天柱县竹林镇梅花村人,2021 年 6 月加入中国作家协会。先后在《民族文学》《山花》《北方文学》《南京日报》等 100 余家报刊发表散文、诗歌作品。获得读者好评的作品有散文《一粒麦子》《贵州乡村雨具》《梨娘》《我的家族史》《春天里》等,分别入选各种散文集。《一粒麦子》被北京、四川、湖北等多省市编为中高考语文模拟试题,入选《2009 年我最喜爱的中国散文 100 篇》及《新时期中国少数民族文学作品选集·苗族卷》,荣获第二十一届孙犁散文奖和贵州省第十届"新长征"职工文艺创作评奖活动散文一等奖。出版有散文集《遍地草香》《月照江夏韵》《贵山富水》《山水味道》等多部。其中,《遍地草香》荣获第二届贵州民族文学创作"金贵·新人"奖;《月照江夏韵》荣获第二十四届孙犁散文奖、贵州省第十二届"新长征"职工文艺创作评奖活动散文一等奖。

（二）省级作协会员创作成果

据不完全统计，20 世纪 80 年代至今，加入省级作协的天柱籍会员有 25 人，包括熊飞、袁显荣、陶光弘、游浩波、田尚培、龙新霖、甘典江、李家禄、杨桂梅、蒋映辉等。

熊飞，侗族，发表短篇小说《风雪夜》《碾房里的战斗》《桥》《积雪悄悄消融》《钥匙》《桃李门前春正浓》，中篇小说《山葬》等作品。《山葬》获民族文学首届优秀作品"山丹奖"，短篇小说《甜甜少年梦》获首届侗族文学一等奖。

袁显荣，侗族，历任天柱县人民医院院长、县人大常委会副主任、县人民政府副县长、县政协副主席，业余在报纸杂志发表散文、游记、评论等文章 50 多篇，创作出版散文集《母亲阳光》，乡土文化随笔专辑《侗乡十八寨》，主编散文集《三门塘》，出版专著《清江祠韵》。

陶光弘，侗族，创作发表风情散文《风光岩》、组诗《山乡的思绪》、歌剧《春花夜月》等，出版诗词集《百梅窥韵》、戏剧集《幕启春归》、新诗集《微末的心雨》、寓言诗集《蒙鸠》。戏剧小品《小江渡口》获 2010 年多彩贵州小品大赛"银瀑奖"。

龙新霖，侗族，身残志坚，呕心沥血致力于通俗文学创作，先后在《今古传奇》《中外故事》《故事家》《民间文学》《故事会》等刊物发表作品。散文《生命与爱》，入选百花文艺出版社出版的《中国当代优秀散文集》第二卷，《生死冤家烈女泪》获 1997 年《故事会》优秀作品大奖赛中篇一等奖，《梦断黄金道》荣获民间文学杂志社 1999 年度三等奖，《毒巢卧底》获《故事家》2001 年度优秀作品三等奖。出版长篇小说《喋血黄金梦》《流浪的青春》。2005 年被中共天柱县委宣传部表彰为"优秀文艺工作者"。

甘典江，侗族，1969 年生，斋号"可待堂"，自幼喜欢棋琴书画，勤于读书写作。其作品在《人民日报》《光明日报》《大公报》《小说月刊》《散文》等 50 多家报刊发表。出版小说集《纸上江湖》《去高速公路上骑马》、诗集《只有鸟声才能唤醒我沉睡的灵魂》、散文集《米的恩典》、书画集《可待堂墨迹》等。散文《母亲的中药铺》入选 2012 年高考浙江卷语文科目文学类阅读文本试题，微型小说《美人鱼的传说》获"关爱女孩"手机文学大赛二等奖，2007 年《不要用"底层关怀"来绑架文学》获忆石中文网、《城市晚报》评选的杂文三等奖，随笔《未完成的交响》在 2008 年"走向鲁迅"大型有奖征文中获二等奖，散文《草木乡愁三章》获河北作协评选的"孙犁文学奖"第一届散文大赛优秀奖，《米的恩典》获第三届叶圣陶教师文学奖，《一个人的图书馆》获 2015 年"名师点拨杯"全民阅读微创作大赛成人组三等奖，诗歌《汉字祖国》获 2015 年"长江杯原创诗歌征文大赛"三等奖。

秦秀强，天柱县邦洞人，侗族，毕业于中央民族学院（现中央民族大学）民族语文专业。曾任天柱县文化馆副馆长、天柱县文联主席、天柱县政协文史与学习委员会主任、凯里学院贵州原生态民族文化研究中心特聘研究员、贵州师范学院中国山地文明研究中心研究员等职。在《今古传奇》发表中篇小说《蛇王之死》（与龙新霖合著），创作长篇传记《将军百战归——吴绍周传奇》。出版有中篇小说《踏歌而行的依兰》、散文集《天柱恋歌》。编著政协文史资料专集 5 部，其中由他担任执行主编的《天柱县非物质文化遗产宝库》《天柱民族建筑博览》《清水江文书·天柱古碑刻考释》由贵州大学出版社出版后，广受学术界好评。此外，还在《民族研究》《学术论坛》《中国文化报》《贵州民族报》等报刊发表学术论文百余篇。

在贵州省作家协会队伍中，不只是前述的侗族作家群，以游浩波、田尚培、李家禄、杨桂梅等人为主要代表的当代天柱苗族作家群也呈现出老中青梯队互补的良性结构态势，蓄势待发，后劲十足，发展潜力很大，令人刮目相看。

游浩波，天柱县瓮洞镇人，苗族，1979 年与人合作并主笔创作大型话剧《铁拳》《审讯在继续》等。之后，创作了电影剧本《暗送秋波》《清江迷雾》，发表中篇小说《坟中魂》《解剖刀下的灵魂》、报告文学《侗乡鸿雁》，出版长篇小说《北伐枭将》《智破迷宫谜》、戏剧集《戏弄人生》和自传《岁月如歌》，以及章回体传记文学《苗族翰林宋仁溥》等书。他主编的文史资料"三部曲"《龙飞凤翔——天柱人物录》《物华天宝——天柱风物录》《龙吟虎啸——天柱风云录》获得史学界和读者的一致好评。

田尚培，1953 年生，天柱县白市镇对江村人，苗族，1986 年开始文学创作，成绩显著，后调县文联工作。在《今古传奇》《中华传奇》等杂志发表中篇小说《纠缠》《带血的藤萝架》《庄稼人》《十六号歌手》等多篇，其中《纠缠》被选录入著名文学家、北京大学教授乐黛云主编的"当代中国少数民族作家文库·苗族作家作品选集丛书"中之《界碑：苗族作家作品选集·合集卷三》一书（民族出版社 2008 年版）。创作散文《欲海惊涛》《官民趣解》、剧本《苗山秋月》，报告文学《腾飞的骏马》《铃声叮当》等在省内外获奖，短篇小说《乡长住店》入选漓江出版社评选的 2000 年度中国最佳小小说。出版有散文集《大写的邑湾》、诗集《天柱百景》、诗词集《逐梦曲》、对联集

《联墨同韵·天柱风物》、长篇传记《王天培将军》、获奖作品集《围炉夜语》。

李家禄，笔名斯力，天柱县坌处镇大冲村人，苗族，具有良好的文学素养与天赋，中共黔东南州委党校副教授，州作协、州剧协副主席。出版有长篇小说《大后方》《县委组织部长》《县委组织部长·机关纵横》《组织部长后传：利益时代》《驻深办主任》《军饷》《木鼓之舞》7部。在《电影文学》《语文建设》《山花》等核心期刊发表论文、散文、小说等上百篇。还出版了理论著作《天道》《理想价值论》。他以黔东南苗侗民族风情文化为背景的系列官场小说《县委组织部长》5部，曾在新浪、搜狐等门户网站发表，引起较大反响，被新浪网评为"第四届全国青春文学奖优秀作品奖"，获搜狐原创"第二十四期优秀作者"第一名。其小说被数十家文学网站转载，拥有大批读者。李家禄反映清水江苗侗文化的《军饷》、反映贵州军民抗战题材的《大后方》，受到众多专家学者的撰文热评。《大后方》被中国作家协会《民族文学》编辑部杨玉梅博士在《2015年少数民族文学：文学使命的新实践》（《文艺报》2016-02-01）一文重点介绍，四川民族出版社将该书作为年度优秀作品推荐参评全国少数民族文学"骏马奖"。长篇小说《凤凰池》获2015年中国作协少数民族重点文学项目扶持，2016年出版的研究中国诗歌发展史的专著《理想价值论》一书亦得到同行学者好评。

杨桂梅，女，笔名凝心，苗族，天柱县白市镇人，1974年9月生，现为凯里一中英语高级教师，校园文学代表作家。她有一句发自肺腑的创作感言："用文字温暖人生，用文学慰藉心灵。"1994年发表处女作《雁南飞》，迄今为止在报纸和杂志上公开发表和出版的文学作品有诗歌、散文、小说、评论等共计200余万字。撰有评论文章《在泥泞中跋涉，在寒夜里收获》《师弟燕成，用文字歌舞青春的精灵》《午夜里，品读水若寒的才情和忧伤》《为诗而生，为情而歌，为爱而活》《爱，伴你一路风雨兼程》等。诗歌代表作主要有《牵念》《梦中的青橄榄》《永恒》《孤寂》《柠檬树下的女孩》等10余首。长篇代表作6部：《残月》《幸运草》《无弦琴》《流泪的梧桐河》《走过花季雨季》《殇逝》。现为黔东南州作家协会副主席、凯里市作家协会副主席，凯里市飞龙雨文学社秘书长。她的作品语言温婉清新，读起来格外有亲和力，就像初春的细雨软绵绵、温润润的，青少年读者特别喜欢。

此外，省作协会员中，已故侗族作家和学者杨琇绿在《诗刊》《人民文学》和《中国西部文学》等报刊发表作品《玉米的挽歌》《品果录》和《花园礼赞》等数百篇。龙连池创作律诗《清水江即景》《九九国庆盛典》《远口六池渡口》等多首，七绝《成都武侯祠》《夜宿玉屏听吹箫》等获奖，生前著有诗词集《葩霞诗稿》。值得关注的还有罗国刚，其中篇小说《昨夜风寒》获贵州省第三届职工文艺创作三等奖，著有诗词集《野火集》、小说散文集《幽谷集》、文学评论集《蕙心集》。由于篇幅所限，在此没有专门介绍非省级作协会员的天柱籍作家及其作品。但需要指出的是，他们创作的文学作品也极大地丰富了天柱的文坛艺苑。

总体而言，中国作协和省作协里的天柱籍侗族苗族会员作家群，作为天柱文坛实力的主要代表，贡献卓著，人才辈出，有力地促进了天柱的地方知名度和文化影响力的提升。尤其是进入新世纪以来，天柱新一代中青年作家勤奋笔耕、执着求索，不断探索文学自觉与文化自信的统一，文学题材、主题表达、思想内容、表现形式、艺术风格等都呈现出前所未有的丰富性和多样化特征。他们带着青春的锐气和文学的激情，为繁荣天柱民族文学增添了无限生机与活力。在当代中青年作家中，最具实力的作家有姚瑶、刘燕成、甘典江、李家禄、杨桂梅等人。同时，陈平的小说《喜欢辫子的男生》，罗安圣的散文集《母亲的栗木坳》，杨政昆的作品集《文学下的蛋》等，亦均表现出扎实的功底和厚重的实力。

二、中国乐坛"天柱音乐家群"及其创作

随着天柱当代文学创作的兴起，伴之而来的是音乐创作的日益昌盛。最具代表性的是被吸收进入中国音乐家协会的 7 名天柱籍会员，其中侗族 6 名，苗族 1 名，即张中笑、龙明洪、杨秀昭、杨绍桐、龙廷才、肖玫、龙晓匀。此外，还有省级音协会员 7 名，全为侗族。

张中笑，侗族，1940 年生，天柱县邦洞人。1964 年毕业于中央民族学院艺术系，分配到贵州省歌舞团从事专业音乐创作。历任贵州省群众艺术馆创作研究室常务副主任、主任和研究员，贵州大学艺术学院研究员，中国少数民族音乐学会副会长、中国侗台音乐研究会副会长、贵州省音乐家协会常务理事兼民族音乐委员会主任、贵州省民族音乐研究会副会长，享受政府特殊津贴。主编出版《贵州少数民族少儿歌曲》《贵州彝族民歌选》《贵州少数民族祭祀仪式音乐研究》《侗族大歌研究五十年》等作品集和论文集，撰写出版了《贵州少数民族音乐》《贵州民间音乐概论》等学术专著，1980 年出任《中国民间歌曲集成·贵州卷》编委兼《侗族分卷》主编，2010 年主编出版七卷本丛书"贵州少数民族音乐文化集萃"并撰著其中的侗族卷《侗乡音

画》。发表论文《水族"族性歌腔"及其变异——民族音乐旋律结构探微》
《空前壮举惊世瞩目——〈民族音乐集成〉纵横谈》《歌乐：民族音乐学分类
中的新成员》《真·美·和谐：论侗族大歌之美》等20余篇。创作的合唱曲
《园里牡丹伴芍药》获国家"群英奖"银奖，独唱曲《敬你一碗水拌酒》等2
首获全国首届"科技工作者之歌"征歌优秀奖，独唱《河上漂来一支歌》、
领唱与合唱《你是山中那片云》等7首在省级各类比赛中获一等奖。中国人
民解放军"海峡之声"电台和贵州人民广播电台分别以"勤奋进取追求——
介绍贵州侗族作曲家张中笑"和"心随望月高志与秋霜洁——著名侗族作曲
家张中笑其人其乐"为题向海内外介绍他的音乐作品。

　　龙明洪，侗族，1940年5月生，贵州天柱县高酿镇春花村人，中国少数
民族音乐学会理事，中国侗台音乐研究会秘书长，广西艺术学院教授，国家
二级作曲家。1959年被保送升入贵州大学艺术系学习，主修理论作曲。1963
年到凯里一中任音乐教师，1973年调贵州歌舞团任专职作曲，后调广西艺术
学院任教。主要音乐作品有歌剧《杜鹃山》《红罂粟》等5部，舞蹈音乐《炉
火更红》《星光》《春之歌》《红军卫生员》等16部，电视音乐《高原彝家》
《新苗茁壮》，话剧配乐《大雁南归》，木偶剧配乐《枣树下的故事》，交响乐
《花溪抒情》，歌曲《苗岭飞歌》《青春为啥这样美》《党旗颂》等100余首。
贵州人民广播电台称赞其歌曲"曲调流畅优美，富有朝气，扣人心弦"。学术
论文有《北侗姊妹歌创作方式》《巴托克和声中的调外音》等30余篇，其中
的《论调外和声》获广西高校1990至1991年度社科优秀成果三等奖，被音
乐界认为是对以往和声学术理论的新发展和突破。他曾为大型艺术工具书
《中国少数民族艺术词典》撰写辞目释文200条，担任音乐部分副主编，1992
年该书被国家民委、国家新闻出版署联合评为"首届中国民族图书奖"一等
奖。其作品和论著先后获国家、省（自治区）、市各级奖励共14次。此外，
他还参撰高校音乐教材《中国音乐史简编》《外国音乐史简编》等7部。

　　杨秀昭，侗族，1940年10月生，天柱县邦洞镇灯塔村人，历任中国少数
民族音乐学会理事、常务理事、副会长，广西艺术学院教授。杨秀昭1959年
考取中央民族学院，1964年第一次在国内最权威的《音乐创作》（第1期）
上发表了他的钢琴曲《寨上清晨》，1965年调黔东南州歌舞团从事音乐创作，
著有古瓢琴齐奏曲《运肥忙》、芦笙协奏曲《苗岭的节日》、大合唱《黔东
颂》、组歌《王杰》、歌剧音乐《参军去》等数十首。1976年，他调往贵阳市
杂技团担任乐队指挥、作曲。编写《管弦乐队配器法》《民族乐队配器法》
《管弦乐织体写法》等教材，大胆改革"配器法"教学模式。论文《论广西

少数民族音乐的中立音与中调式》获 1989 年广西高校社科优秀成果一等奖，出版的专著《广西少数民族乐器考》1991 年获广西高校优秀社科成果一等奖，《论民族乐器与器乐的收集整理和研究》《试论研究少数民族乐器和器乐的价值》两篇论文在全国文化遗产工作会议（青海西宁）宣讲获好评，国家文化部副部长丁峤多次引述文中的基本论点。合著《广西少数民族艺术概览》在日本出版，反响良好。1995 年，杨秀昭受命负责承办"中国少数民族音乐学会"第六届学术研讨会，其间成立"侗台音乐研究会"并当选第一届理事会会长。他先后主编出版《音乐学文集》《音乐作品集》《侗族大歌与少数民族音乐研究》《广西少数民族音乐暨广西音乐创作民族化研究论文集》等文集著作，并主笔撰写出版了新学术专著《广西特色器乐》《广西八音》《中国少数民族宗教音乐研究·广西卷》等多部。因成果突出，曾被广西壮族自治区政府评为"有突出贡献的科技人员"，并荣获国家教委颁布的人文科研成果奖，成为享受国务院政府特殊津贴的专家。

　　杨绍桐，苗族，1940 年出生，天柱县远口镇清云村人，上海电影制片厂电影作曲家。曾任上海电影制片厂音乐创作室主任、党支部书记，中国电影音乐家协会秘书长。上海广播电台"中华风情"栏目为他制作影视歌曲专辑的解说词是这样开头的："七彩的音符在空中跳荡，缤纷的旋律在四海流淌。"1966 年毕业于上海音乐学院作曲系，1972 年进上影厂任作曲。20 世纪 70 年代后期，杨绍桐的音乐艺术造诣，已达到得心应手、左右逢源的境界。他涉猎的题材非常广泛，先后为《连心坝》《珊瑚岛上的死光》《喜盈门》《漂泊奇遇》《小小的月楼》《金锁》《儿子、孙子和种子》《开枪，为他送行》《少年犯》等 40 多部电影、100 多部（集）电视剧作曲。其中《喜盈门》获中国电影"金鸡奖"最佳音乐奖，《贵阳晚报》以"手捧金鸡的苗家人"为题做了报道。导演赵焕章说："影片中充满乡土气息的音乐，起到了推波助澜、烘托主题、增添色彩的作用。音乐为影片加了不少分。"电影《少年犯》曾获文化部颁发的"优秀故事片奖"、第九届大众电影百花奖"最佳故事奖"、1989年第六届伊朗发吉尔（Fajr）国际电影节蝴蝶奖。杨绍桐为该片谱写的主题歌《心声》获上海通俗歌曲创作比赛一等奖，歌词倾诉了高墙铁窗下少年犯的忏悔之情，对妈妈、对社会、对祖国哀婉地倾诉了他们如何通过"教育、感化、改造"走向正路的历程："妈妈，妈妈，儿今天叫一声妈妈，禁不住泪如雨下。高墙内，春秋几度，妈妈呀，你墙外苦盼，泪血染白发……"20 世纪 80年代中期，此主题歌举国传唱，轰动一时。看过电影、听过此歌的人无不为之潸然泪下。他为历史题材电视剧《黄齐生与王若飞》谱写的花灯调主题歌

《但愿人间都是春》获全国"五个一工程奖"。电视剧《大唐名相》获飞天奖，他为其谱写的主题歌《创业难，守业更难》旋律雄浑、深沉，扣人心弦，震撼观众。故事片《漂泊奇遇》，是根据艾芜的小说《南行记》改编而成的影片，杨绍桐作曲的主题歌《没有忧没有愁》感人至深，通过著名歌星沈小岑演唱，使云贵高原的奇异风情和剧中主人公的内心情感得到了淋漓尽致的表达。

杨绍桐还创作有多部声乐、器乐作品，歌曲《飞哟，飞到金色的北京》获全国民族团结征歌三等奖，《中华泰山》获"中国歌潮金曲选"优秀奖，《明天的故事比今天多》获"唱黔南征歌"三等奖。有学者评价说："听了他的歌曲，总让人进入一种境界，让人体会到一种民族情感的交融与升华。"①《中央广播电视报》和《上海歌声》歌曲杂志都对他的电影音乐做了专题介绍。中央人民广播电台专题音乐节目中，以《勤奋的探索，不懈的追求》为题对他做了专题介绍并播放了他的乐曲。CCTV 六频道"电影人物"栏目在2013 年 5 月 31 日以《杨绍桐：苗乡侗寨走出的作曲家》为题对他的生平和作品做了较详细而生动的评介。上海《文汇报》2016 年 7 月 6 日第 5 版以《唱响优美歌声报答苗岭桑梓》为题介绍了他的艺术成就并报道了他为回馈家乡而举行的作品音乐会。2009 年，上海音乐学院出版社为他出版过作品集《飞出苗岭的歌：电影作曲家杨绍桐歌曲选》。

龙廷才，侗族，1940 年 1 月生，天柱县高酿镇地良村人。一级作曲家。1959 年考入贵州大学艺术系音乐专业试点班学习，主修中国民乐二胡。他先后收集了 10 余万字的民歌歌词、歌谣的文字资料和 1000 多首歌曲、乐谱的音响资料，精心整理 100 多首侗族民歌编入《中国民歌集成·贵州卷》（侗族分卷）出版发行，发表《黔东南北部侗族地区民歌概况》《侗族"玩山歌"》《侗族婚俗与婚俗歌》《侗族酒歌》《侗族阿哦哩歌》等数十篇论文。他早期创作的曲目有《喜丰收》《采杉种》《向荒山进军》《苗岭新歌》《造林大军进山来》等，具有鲜明的时代特色和生活气息。1978—1982 年他的创作进入成熟期，主要作品有歌曲《茶歌向着北京唱》《侗乡处处琵琶声》《这山唱歌那山应》《同志呃，请来侗家吃油茶》及芦笙曲《山寨之夜》、舞蹈音乐《清水姑娘》。还有《侗乡放排歌》《欢迎贵客远方来》等曲目、舞蹈音乐《小伙伴》《赖宁之歌》、器乐曲《芦笙舞曲》和中型风情组歌《我爱侗乡》等在舞

---

① 袁显荣. 作曲家杨绍桐［A］. 全国政协文史和学习委员会，贵州省政协文史与学习委员会［C］. 苗族百年实录. 北京：中国文史出版社，2014：582-585.

台上演唱或在电台、电视台播放，多次在全省、全国性的比赛、评选活动中获奖。歌曲《同志呃，请来侗家吃油茶》被中央民族学院、上海音乐学院编入教材，2001 年国家文化部将其评为"中国世纪民族之歌"之一。1990 年龙廷才受聘为《中国民歌集成·贵州卷》副主编，2014 年被评为贵州省"十大魅力老人"之一。此外，他还出版了《侗族民间音乐：贵州北部方言区》《情系侗乡》《龙廷才歌曲选》等著作。

肖玫，女，侗族，籍贯天柱县凤城，著名歌唱家，现为中央民族大学音乐学院声乐教授。她于 1984 年 10 月参加全国青年歌手第二届电视大奖赛，获北京赛区中直机关优胜二等奖，1985 年 12 月参加全国少数民族声乐比赛获"金凤奖"（一等奖），1986 年 6 月参加全国青年歌手第二届电视大奖赛获"优秀演唱"奖，1987 年 5 月参加全国"健牌杯"广播歌曲大奖赛获"优秀演唱奖"，1986—1989 年中国唱片公司出版她演唱的专辑磁带 3 盒、拼盒 10 余盒，获全国第一届盒磁带比赛银奖。肖玫于 1984 年毕业于中央民族学院音舞系之后留校任教至今，从事民族声乐教育已有 30 多年。《北京晨报》2017 年 6 月 26 日、《中国教育报》同年同月 30 日分别以《歌唱家肖玫唱炫民族风》《肖玫的民族声乐艺术教育》为题，报道过她在当月举办公益音乐会的情况，并简要介绍了她在 30 多年艺术教育生涯中为藏族、维吾尔族等 20 多个少数民族培养一批批声乐人才的事迹。《今日民族》杂志 2018 年第 1 期发表的《静气养华 百花如画——记侗族女高音歌唱家肖玫》一文，则更详细地报道了她的艺术成就和 30 余年从事声乐艺术教育的经历。为配合和促进教学，肖玫积极编著出版了《中国民族声乐实用教材·精编民族唱法女声卷》等教材，该书深得业界同行好评；她也开展相关研究，发表了《民族声乐艺术教学谈》《应重视少数民族学生演唱心理素质的培养》《多元文化主义视角下的侗族大歌研究》等代表性的学术论文。

龙晓匀，女，侗族，1959 年 11 月生，天柱县高酿镇皎环村人。现为中央民族大学音乐学院教授。1978 年考入贵州艺校作曲专业，毕业分配到黔东南州歌舞团创作室；1983 年考入中央民族学院音舞系，1987 年毕业留校任教至今。她先后在《音乐创作》《中国音乐》《人民音乐》《中央民族大学学报》等核心刊物发表音乐作品和论文。2004 年 6 月在全国民族院校"中华杯"作曲比赛中，她的作品单簧管与钢琴《侗寨随想》荣获一等奖，《苗山的呼唤》（女高音独唱）获三等奖。她作曲的《芦笙舞》2007 年获上海之春"圣卡罗杯"全国中、小型钢琴作品比赛入围奖。2009 年获第四届全国艺术高校视唱练耳技能大赛暨手绘乐谱大赛教师一等奖。编著出版了《中国少数民族多声部民歌视唱曲目精选》《中国少数民族音乐风格视唱作品集》《龙晓匀民族音乐作品集》《中国少数民族鼓舞节奏训练教程》《视唱作品中民族音乐素材应用探究》5 部著作。

三、中国画坛"天柱籍画家群"及其美术创作

天柱美术事业的发展与书画创作，于 20 世纪 60 年代初期开始兴盛，20 世纪 80 和 90 年代空前繁荣，涌现了一批知名画家和美术人才，形成了一个包括中国美术家协会第四至六届理事杨长槐、第七届理事彭治力，贵州国画院国家一级美术师杨抱林，以及杨念一、龙开朗、张正炳、王剑云、龙志和等知名画家在内的中国美协天柱籍会员画家群。

杨长槐（1938—2015），侗族，天柱县蓝田镇血团村人，国家一级美术师。1963 年，他从贵州大学毕业后被分配到贵州省美协工作。第二年就有《晨筏》《山坝新绿》等 3 件作品入选第四届全国美展。1979 年，他的作品《猎》获贵州省美术作品二等奖。他创作的《截江造福》在《民族画报》发表，被长江航运局收藏；《一江春水来》入选全国第一届少数民族美展，获佳作奖，被录入《中国新文艺大系》；《醉玉满春》被中国艺术研究院美术研究所顾森先生收藏；《侗乡风情》被中国美术馆收藏；1984 年《侗乡烟云》入录《当代中国画》；《峨眉山月》入选中国画展，赴芬兰等国展出。其代表作数十件分别被国务院、人民大会堂、毛主席纪念堂、中国美术馆、中央党校、中国军事科学院、国家图书馆等收藏。为毛主席纪念堂画的八尺大画《娄山关》，为北京新火车站画的八尺大画《玉满山溪》，为中华人民共和国名誉主席宋庆龄陵园画的《苍山水存》，均被收藏。作品《洪波拓石》入选《现代美术全集》和《中国百年展》。分别在《美术》和中国香港《文汇报》发表《清气》《茶山青青》等作品多幅。1986 年，杨长槐在巴黎郭安博物馆举办"贵州安顺地戏面具展览"，《浅绛山水》被国家图书馆收藏，另一幅《浅绛山水》入选中日美术交流展。《侗寨春水图》入选全国第一届"当代中国山水画邀请展"，入录画集和被收藏；《夏翠图》等 7 件作品在美国西雅图双鹤轩画廊展出。1993 年 7 月，杨长槐赴新加坡举办个人画展，展出作品 80 件。1994 年 10 月，《古木苍藤》在庆祝建国 45 周年的美展上获一等奖，被选送全国第八届美术作品展览。1995 年 6 月 8 日至 14 日，"杨长槐画展"在中国美术馆西北厅举行。杨长槐曾任中国美协第四、五、六届理事，贵州省美协第三、四届主席。历任贵州省文联秘书长、副主席、主席、党组副书记、书记，

中共贵州省委候补委员,第九、第十届全国人大常委会委员,全国人民代表大会民族委员会委员。

杨长槐擅长山水画,画风独具一格,寓情于水,以水表情。所画激流飞瀑,用笔、用墨、敷色十分讲究,细节新颖,布局整洁,气势雄浑,格调优雅,深受专家称誉、群众喜爱。王朝闻先生曾评说:"观长槐山水画新作……他飞跃般超越自我,纸上激流或飞瀑,无声胜有声,丰富了马远所探索之画水法。"出版有《杨长槐激流飞瀑集》1部、《杨长槐山水画集》2本、《杨长槐速写集》1本,发行中国邮政明信片《杨长槐专辑》4套。还出版有画技专著《山水画和山水画的基本技法》《山水画的写生和创作》,发表画论论文《笔墨当随时代变》等10余篇。

杨抱林,苗族,1936年生于天柱,国家一级美术师,中国美术家协会资深会员,专长为中国画和版画。1963年毕业于贵州大学艺术系,曾历任中学美术教师、幻灯厂美术编辑。1980年调入贵州国画院任专职创作员,先后任人物画创作室主任、艺委会副主任等职。1994年聘为贵州省文史研究馆馆员。此外,还兼任贵州省人物画会副会长、贵州省文光书画研究会副会长、中国诗书画研究院研究员等职。作品多次参加全国大型书画展并获奖,入选香港回归、澳门回归、国庆50周年、建党80周年等重大活动书画展,曾赴我国台湾地区和新加坡、泰国、日本等国展出。其中具有代表性的作品及画展活动包括:1959年,版画《石坚不如意志坚》入选第三届全国版画展;1964年,《酒歌图》与《千里逐浪》两幅作品入选第四届全国美展;1982年《公仆》《不愁忘归路》《夕霞图》等多幅作品赴北京、上海、黑龙江、山东等地展出并受观众好评,《公仆》《不愁忘归路》同时获海峡两岸黄埔军校同学会书画展金奖,《公仆》在《美术》杂志发表,《公仆》《夕霞图》入选上海人民美术出版社出版的画册;1984年,《东边日出西边雨》获国庆35周年美展奖;1993年,《遵义会议》在纪念毛泽东诞辰一百周年之际入选参加毛主席纪念堂举办的书画展;1996年,《龙舟竞渡》获中国少数民族美展银奖;1997年,《欢歌》参加香港回归展获金奖;1998年,举办以"杨抱林诗书画印"为题的个人画展,展出作品数十件。作品《酒歌图》《公仆》《钟馗与济公》《欢歌》《同声颂一曲》《笙颂》《老子出关》《曹氏父子》《雨过天晴》《王安石》《施耐庵》《大千西行》《鲁迅》《东方红》《宋庆龄》等20余幅相继为中国美术馆、国家民族文化宫、中国文联、中国诗书画院等单位收藏和辑入大型画集。出版有《杨抱林画集》《牧歌堂诗印随笔》《道学惠林书画集》等著作,发表论文及美术随笔24篇。因贡献突出,曾荣获中国美术家协会、中国少数民族美术促进会授予的"民族杰出美术家"称号。

　　杨念一（1939—2006），侗族，天柱县凤城乐寨村人。其作品有"字里行间通大道，山前水畔寄民情"之趣。1963年，杨念一毕业于贵州大学艺术系油画专业，被分配在锦屏中学任教，后调黔东南州群众艺术馆工作，先后当选为第九届全国政协常委、黔东南州政协副主席、州文联主席、州美协主席等。1959年，他开始在《贵州日报》《贵州青年》发表作品和参加美展，后又陆续在《美术》《人民日报》《民族画报》等10余家省级以上报刊发表作品100余幅。他的代表作有《好阿姨》《春临侗寨》《山村之冬》《晨》《苗岚》《寒夜》《秋艳》等。其中，《晨》于1982年获全国少数民族美展二等奖；《春临侗寨》获省美展佳作奖。1993年2月27日，随贵州油画大展赴香港进入国际艺术市场，《侗寨一角》《苗岭晨曲》《深春》《晨曲》《清江之滨》等被国外友人高价收藏。他撰有艺术札记和论文计30万余字，出版美术文集《杨念一美术文论》与《泛舟玄海》等著作。先后获得贵州省美协、省文化厅、省群众艺术馆、黔东南州委和州人民政府授予的"美术组织工作奖"。他任全国政协常委期间，就国计民生问题向全国政协提交提案127件、调研报告8篇，向有关部门反映社情民意20条。2003年，他将这些提案、调研文章辑成《国是微言》一书，由全国人大常委会副委员长王兆国题写书名，贵州人民出版社出版。他一生笔耕不辍，硕果累累，总计论著8部、画集7册。

　　龙开朗，侗族，1937年2月生，天柱县高酿镇皎环村人。贵阳学院美术学院教授。曾任黔东南州文联副主席、州书法协会主席。他的第一幅作品《北京来的声音》发表于《贵州青年报》。1957年8月从贵阳医士学校毕业后分配到黔东南州防疫站工作，1962年调黔东南州文化局工作。他的版画《侗寨风光》入选第五届全国版画展，还到苏联、日本、加拿大等国展出。1964年的版画《林海》《话丰收》《江上晨曲》入选全国美展，被《人民日报》《美术》等10多家报刊登载。著名美学家王朝闻对《林海》颇为赞赏；著名美术家华君武闻讯后向龙开朗索藏画稿，之后长期书信往来，传为艺坛佳话。出版有《藏书票制作技法及欣赏》《龙开朗书法篆刻艺术选集》《贵州民族风情自描画卷》《龙开朗版画集》等著作。

　　张正炳，侗族，天柱县凤城雷寨村白水冲人。凯里学院美术教授，曾任中国美术家协会、中国教育学会、中国美术教育研究会理事，中国国画家协会常务理事，中国现代民族书画家协会副主席，黔东南州美协名誉主席。作为贵州"黔东南吊脚楼画派"领军人，曾入选《中国美术家大辞典》《中国文化名人大辞典》，并在 2006 年 4 月登上《人物周刊》杂志的艺术英才介绍榜。贵州民族学院艺术系毕业后到凯里一中任教，1982 年调任凯里五中教导主任，1985 年调黔东南民族师范高等专科学校（现凯里学院前身）美术系执教，曾任系党支部书记。张正炳有《试析中国画的笔墨功夫》《高师院校的美术系教育应突出师范性》等 8 篇专业学术论文在国家级学术期刊上发表或在省级、国家级学术会上交流，其中《谈中学美术课的教学原则和方法》一文被人大复印报刊资料刊《中学外语及其他各科教学》全文转载。200 余件国画、版画作品在国内外各级各类报刊上发表或参展。国画《人勤春早》在中国美术馆展出，被《人民日报》（画刊）选载。国画《苗岭风光》获全国一等奖，版画《山涧电站》参加全国美展并获《文汇报》好评，国画《山区小学》在省展获一等奖。国画《高山人家》《朦胧山寨》《秋风艳色》等 7 件作品分别在台湾、香港、东京、巴黎参加大型国际展。其中，《朦胧山寨》《高山人家》《荫郁苗岭沐春晖》《清江扬帆》入选香港出版的大型画册《中国书画作品精选》。

　　彭治力，1963 年 10 月出生，籍贯天柱，历任中国美术家协会理事，中国美术家协会民族美术艺委会副主任，中国油画学会理事，贵州省美术家协会秘书长、副主席，贵州省文学艺术界联合会副主席等职。他的作品《晨曲》入选贵州省庆祝中华人民共和国成立 50 周年美术作品展，《万木丛中一点绿》入选全国水彩画艺术展并被徐悲鸿纪念馆收藏，《期盼》入选香港回归邀请展并获优秀奖，《农舍的阳光》被评为纪念毛泽东同志在延安文艺座谈会上的讲话发表 60 周年全国美术作品展览优秀作品，《红军战斗过的地方——小尖山》入选贵州省纪念遵义会议召开 70 周年美术作品展，《农舍情怀》入选贵州省庆祝中华人民共和国成立 55 周年暨第十届全国美展选拔展，《阿妮朵》入选第七届全国水彩、粉画作品展，《千户苗寨》发表于《美术观察》，《溪山秋韵》被上海东方美术馆收藏，《山歌悠远》被河南美术馆收藏，《胜利之路》入选"纪念中国共产党建党 90 周年美术作品展"。

　　王剑云，1968 年生，侗族，籍贯天柱。2012 年加入中国美术家协会。王剑云长期从事工笔人物画的教学、创作及研究，现为贵阳学院美术学院国画专业教师。作品《紫韵》参加 2007 年贵州省迎春书画摄影作品展。《煦日和风》2006 年入选第三届"中国西部大地情"中国画、油画作品展。2009 年，作品《禅韵》参加庆祝建国六十周年贵州美术作品大展暨第十一届全国美术作品展选拔展，获"铜奖"，并入选第十一届全国美术作品展览；作品《禅心非言》应邀参加贵州省政协庆祝中华人民共和国成立六十周年暨人民政协成立六十周年书画精品展；作品《琴心禅韵》参加第十一届亚洲艺术节美术大展，获"优秀奖"。2008 年和 2009 年连续两年荣获贵州省优秀美术家荣誉称号。《岜莎情歌——空朦》2004 年参加贵州省庆祝中华人民共和国成立 50 周年暨第十届全国美展选拔展，为贵州区选送作品，获"卫视杯"奖。《山锦》参加由中共贵阳市委宣传部主办的"林城飞虹"贵阳市美术、书法、摄影作品青岛、大连展。《岜莎情歌——心悦》2003 年荣获贵州省第三届青年美术作品展获"优秀奖"。其个人简况与作品入编《中华中青年国画名家集萃》《中国禅佛书画集》《1978—1998 年中国美术选集》《20 世纪国画名家集》以及《人民画报》《中华翰墨名家作品博览》《中华颂》《贵州美术》《中华名人大典》（当代卷 II）。

　　龙志和，苗族，1985 年生于天柱。2013 年硕士毕业于华中师范大学美术学院，现任凯里学院美术与设计学院副教授，是中国美术家协会天柱籍会员画家群中最年青的一员。近年来在油画和国画及水粉画创作、参加国家级和省级美展、获奖等方面取得了较为突出的成果。2018 年，国画《侗乡旋律而不言》入选中国美术家协会主办的"第九届'民族百花奖'—中国各民族美术作品展"；油画《风轻云淡的苗乡》《苗乡侗寨侗寨大歌》在贵州省美术家协会主办的"中国'未来方舟杯'纪念改革开放 40 周年第二届青年美术双年展"同时获优秀奖；国画《侗乡和歌》在贵州省美术家协会、省文化厅主办的"贵州省第四届美术专业比赛"荣获优秀奖；油画作品《侗乡韵致》在贵州省美术家协会、省教育厅主办的"首届贵州省高校美术教师优秀作品双年展"中获二等奖。2019 年，油画《日出而作·日落而归》入选国家文化和旅游部、中国文联、中国美术家协会主办的"第十三届全国美术作品展"；油画《半生炊烟是我家》入选中国美术家协会主办的"逐梦·威海卫—全国风景、静物油画作品展"并获最高奖；国画《惊蛰春雷响·农夫闲转忙》入围中国美术家协会主办的"美好中国二十四节气主题创作中国画作品展"；水粉画《都市变奏》入选中国美术家协会主办的第二届全国水粉画大展；油画《苗疆歌师》入围中国油画家协会主办的"江南如画—中国油画作品展"；油画《苗岭集市》入选江西省美术家协会主办的"第五届全国师范大学教师作品展"。2020 年，油画《苗家赞歌》参加中国美术馆主办的"守望乡愁—黔东南苗族侗族自治州民族文化暨脱贫攻坚主题美术作品展"；油画《有序的市场助脱贫》在贵州省教育厅、省文化和旅游厅、省文联主办的"庆祝农工党成立 90 周年·夺取脱贫攻坚战全面胜利·'君品习酒杯'第二届多彩贵州美术书法作品展"中获优秀奖；国画《笙声润侗寨》在贵州省美术家协会和省教育厅主办的"第二届贵州省高校美术教师优秀作品双年展"中获三等奖；油画《苗家新娘》入选贵州省美术家协会、贵州省教育厅主办的"第二届贵州省高校美术教师优秀作品双年展"。2021 年，国画《侗寨雨过几度晖》在贵州省文联、省文化和旅游厅主办的"溪山翰迹·黔游心影—贵州中青年中国画作品展"中获优秀奖。

此外，天柱籍的喻崇英、杨思藩、王雪岑、陈昶浩、龙潜珍、龚宗唐等人虽不是中国美协会员，但也都是成绩斐然、名声响亮的画家，他们大多出自老画家史伴虹的门下。

喻崇英，女，侗族，1946 年生，天柱县坌处镇人。著名工笔画家。贵州省老年书画研究会理事、贵州省妇女书画艺术协会副会长。自幼喜爱绘画，尤其擅长国画中的工笔画，原创工笔画作品 600 多幅。1995 年其国画作品入选"神州杯"暨海内外书画精品联展，获以贵州省老年书画名义列入"海峡两岸人书画联展"展出，作品《青莲工笔花鸟》荣获"祝融杯"贵州省书画篆刻大奖赛优秀奖，《幽兰》于 2002 年春节在花溪第十届迎春节画大赛中荣获国画中老年组二等奖。1991 年《一尘不染》在纪念中国共产党成立 70 周年时刊入《贵州画报》；1995 年 6 月和 12 月曾两次参加由新加坡共和国"新神州艺术院"主办的"猛龙杯"全国美术创作比赛；2002 年其书画作品在首届"华夏杯"全国中老年书画艺术精品大赛活动中荣获精品奖并被《当代中国书画名家国粹博览》编委会审定永久收藏；2001 年绘画《苗女》在全省中老年书画大赛中荣获二等奖；2002 年元月《黔山独秀》入选第四届椰城之夏中国画作品邀请展；2004 年 9 月《白牡丹》入选"庆祝人民政协成立 55 周年书画展"；2006 年《侗家神韵》入选"中国西部大地情书画展"。

杨思藩，侗族，天柱县凤城岩寨村人。神州书画院画师，曾担任贵州民族出版社美术编辑组长、主任。1956 年，他的处女作中国画《清江两岸河郁郁》获"贵州青年美术作品展览"二等奖。国画《铁路也要从我们这里经过》1957 年在北京举办的"全国青年美术作品展览会"上展出。《山区无处不飞花》《春到苗岭》《我们永远跟着共产党》等 5 幅作品 1958 年入选"贵州省第一届美展"，其中《我们永远跟着共产党》获奖后选入《贵州省第一届美展作品选集》。《黔地洞天似幼宫》和《欧阳修在醉翁亭》分别获得"中国华侨光杯""欧阳修杯"全国书画大赛优秀奖，《龙盘虎踞黔山俏》选入《贵州解放 40 周年画集》，《雄鹰展翅》1995 年 8 月获贵州省人民政府机关党工委和省政府机关工会联办的"纪念抗战及反法西斯胜利 50 周年全省职工爱国敬业绘画展"一等奖。中国画《黄果树大瀑布》《侗乡美》《苗乡无处不飞花》等被省人民政府选作国礼馈赠法、德、日、美及东南亚各国外宾。杨思藩创作的融诗书画印多种艺术为一体的《贵州风景名胜》系列组画 24 幅，受到省党政领导的高度嘉许。时任省长陈士能题词："古稀之年，跋山涉水。作画吟诗，宣扬贵州。"时任贵州省文联副主席、省美术家协会主席杨长槐题词："黔中山色储灵气，皓首妙心托自然。"省文化厅、省旅游局于 1994 年将其纳入《贵州文物珍品展》。1995 年 9 月，省民委等 8 个单位联合主办的杨思藩画展在贵阳展出，组画中的 16 幅发表在中国香港《中国文物世界》1996年 3 月号上。他的国画《松鹰图》1996 年 8 月获首届"海峡两岸书画名家精品大展"金奖，被台北九天书画院珍藏。

其余几位画家中，王雪岑的代表作有花鸟画《鱼翔浅底》《万紫千红》《国色》《春光》，山水画《清水江畔》《黄山烟云》《舞阳河春晓》《雨过天晴》《黔山春秀》等；这些作品先后在《贵州日报》《贵州画报》《贵州美术》等报刊发表。陈昶浩的国画《杉乡逐浪》1992 年获全国民族美展二等奖，《醋梦流香》1987 年获"牡丹杯"国际书画大奖赛优秀作品奖，国画《红橘高粱》《榕荫绿水》等分别在北京、上海展出，国画《傲骨俏一枝》及书法《翰墨林》1988 年参加全国"金龙杯"书画大展。龙潜珍的剪纸《二龙戏珠》《侗族姐妹》1989 年在北京被评为优秀作品奖，《硕果累累》载入《中国百人现代剪纸选》；2002 年获"中国剪纸德艺双馨奖"，2005 年被授予"中华著名剪纸艺术家"称号；1988 年他与王少丰、冯志秀、蒋世煜、王明梵在贵阳举办"五人剪纸联展"，每人参展作品 30 幅；1999 年 4 月他在贵州台江国际苗族姊妹节期间成功举办了个人画展，展出作品 70 余幅；2007 年 7 月在贵州凯里举行"国际原生态文化艺术节"期间由黔东南州文联举办了"龙潜珍先生画展"，展出作品近百幅；2007 年，选编的《龙潜珍国画剪纸集》由贵州民族出版社出版。龚宗唐是贵州省有名的漫画艺术家，代表性的作品主要有《台上台下》《未来的出土文物》《家庭舞会》等数十幅。此外，近年来县内形成了一支稳定的青年美术教师队伍，有 20 多位活跃在农村的农民画作者。

上述人士中，有的是跨学科、跨门类的国家级文艺工作者，如张作为先生既是中国作家协会会员，又是中国电视艺术家协会会员；粟周熊既是中国作协会员，又是中国翻译家协会会员；画家龙开朗身为中国美协会员的同时也是中国书法家协会会员，虽主要以版画著称，但在书法篆刻方面也成就斐然，他的书法以行草见长，自然流畅，气势豪迈，多幅作品参加大型书展并赴日本展出，一些作品入选中外草书大展及国内多处碑林。

第六节 天堑通途：通高速公路飞越擎天石柱

一、古今陆路交通

天柱东部远口、地湖一带，虽然在宋元迄明初就是靖州会同县的有效辖区，但是交通运输非常原始落后，从天柱建县到清末，境内只有4条驿道、1条水道，陆运靠夫马，水运靠舟楫，运输量极少。民国以前，天柱陆路运输全靠人力肩挑背驮。1951年，县工商联合会欧明久到镇远买来一部马车，从事运输。1953年，全县马车发展到16部。1956年始购进第一辆货运汽车。

（一）古驿道及其遗迹

天柱及其周边最早开辟的道路为北宋年间修筑的靖州达融州道路。此路开通后，朝廷在道路沿线的少数民族地区设砦屯兵，布列哨堡，招募夫役，安插戍兵，引起民众的惶恐不安，从而爆发杨晟台、粟仁催领导的侗族农民起义。起义军"断渠阳道，官军不得进"，宋朝统治者派兵镇压了农民起义，宣布所开道路及创置的屯堡作废。

明朝洪武元年（1368）开辟镇远—邛水—黎平驿道，从此，在天柱出现第一条从款场经邦洞至高酿口洞，翻越黄哨山抵茅坪，再乘舟逆清水江达锦屏的官道。天柱县城至黄哨山一段22千米，用条石铺以花阶路面。清雍正年间（1723—1735），贵州巡抚张广泗开辟"苗疆"，在黄哨山设置驿铺，有铺夫2名，往来军械粮饷、公文信札，皆经此道运往黎平府。黄哨山至茅坪5千米，山道曲折盘旋，陡峭难行，嘉庆十年（1805），黎平知府冯兆珣捐银修铺青石板路，在最险隘的"十八拐"安置石栏杆，确保行人安全。这条古路有的砌花阶，有的仍

图11-6-1 黄哨山古驿道

是泥巴路，后来多处损毁，茅坪、邦寨、口洞、地额民众分别于 1919 年和 1925 年捐银进行维修，多数路段铺成石板路或花阶路，1941 年 7 月，桂（林）穗（三穗）公路通车，驿道行人渐稀，变成樵夫伐薪之道。

明代的驿站建设，一般是 30 千米设一驿，5 千米或 10 千米设一递铺。驿、站、铺各有分工，站的任务是负责运输物资，主要是军队粮饷、朝廷贡品等。铺的任务是传送公文，有铺兵和快马日夜守候。早在南宋时郑樵《通志》即云："传官文书为驿，运粮饷为站，递军报为铺。"驿备有相应的交通工具和铺陈，供过往官员食宿。陆驿配备有车、轿、驴、马；水驿设在江河港口码头，备有船只；水马驿设在水陆交通衔接处，备有舟、车、驴、马。

天柱第二条官道，是明洪武三十年（1397）修通的沅州（今芷江）至天柱运兵通道。朱元璋命楚王朱桢领 30 万大军开赴锦屏境内镇压林宽领导的侗族农民起义，大军被高山沟壑和原始森林阻隔，从沅州伐木开道 20 里抵天柱，这条新路事实上后来成了天柱通往芷江的官道之一。

第三条官道，是明万历二十五年（1597）天柱建县后开通的直达靖州的驿道。在此之前，老百姓已经修通各寨出行往来的乡间小路，这时官方将其扩宽并连接起来，使之成为传递官方军情文书的要道。从天柱县前铺出发，沿途有金凤铺、鸬鹚铺、黄田铺、朝阳铺、烟墩铺、富团铺、州前铺（飞山铺），共 8 铺，全程 125 千米，路面狭窄，崎岖不平，陡峭难行，但邮递功能始终保持通畅。明代至清康熙年间（1662—1722），全县常设铺兵 22 名、脚马 8 匹，另有清水江水路兼"走递夫马"之责的排伕 20 名，铺兵与排伕每名工食银二两五钱八分三厘三毫，每名供支米六石二斗五升。还在鸬鹚、江东、小江等渡口各设渡夫 1 名，予以接应。每年还需拨补银两给不在县治内的辰阳驿马、洪江驿水夫，协济辰州府辰阳驿马三匹，正闰银一百五十两七分二厘五毫，洪江驿水夫银一十二两二钱。当时，天柱的水陆驿运，"虽鸟道崎岖，苗蛮出没，亦在所不废"（康熙《天柱县志》）。

天柱至靖州还有另一条古道，即从天柱县城上南坡哨，下金井，上五里盘至地柳，经侗州坡、垄处，进鲍塘，出大堡子到靖州，县境内路段长 50 千米，多处是花阶路面。沿途有明清时的兵营、哨卡遗址，侗州坡连绵横亘十几里，从山脚到山顶要攀登石级 400 多级，长途商旅跋涉至此必歇脚喘息。清雍正十一年（一说雍正十二年），天柱县由黎平府改隶镇远府，增辟天柱至镇远邮道，共 10 铺，长 120 千米。此外，还有天柱经润松至剑河、天柱经远口至会同、天柱经注溪至晃县（今新晃）的出境道路。

(二) 古代桥梁文化遗产

天柱境内溪河密布，为便利生产及货物流通，多在溪河上架设桥梁，以利往来。古桥类型主要有木桥、石板桥、石拱桥、风雨桥4种。诸桥之中有公桥和私桥之分。公桥是指公款或由寨中每家每户共同出钱出力修建，多建于古道要津；私桥是指一家一户或一族一姓出钱出力修建之桥，多建于人畜行走较多的山溪河谷之间。天柱县坌处镇归宜溪口，历史上建有一座私桥，清光绪年间（1875—1908）由民众集资购买股份，将私桥改建成公桥；这是迄今为止清水江流域参与捐款人数最多的一座桥梁，捐款人员遍及清水江下游沿岸各寨群众和商号老板。

明清时期的桥梁多为木石结构的风雨桥，少数为石拱桥，能行人过马。到清朝光绪年间（1875—1908），县境内较大的桥梁有36座，小桥不计其数。这些古桥中，宝带桥、西江嗣寿桥、永胜桥、远口桥、蓝田桥、紫云桥、邦洞桥、赖洞桥、瓮洞桥先是木桥，后改为石拱桥或以石作墩、以木作梁的木石结构桥。修建于明代晚期的石拱桥现存3座：一是明万历二十四年（1596）修建的竹林新寨石拱桥，由刘金大个人捐修。是时天柱尚未建县，属湖南会同县所辖，记载建桥的"求兴南无阿弥陀佛碑"有"大明国湖广靖州会同县远口乡六图九佛塘中寨"等字样。二是三门塘梁溪口兴龙桥，建于万历三十九年（1611）。三门塘兴龙桥2013年3月已被白市水电站水库库区淹没。三是竹林乡花里村明崇祯元年（1628）修建的永兴桥。

1960年以前，天柱跨鉴江之便桥、邦洞河街桥、赖洞桥、三团水口桥等均为石墩木桥。现存的石墩木构风雨桥仅有硝洞风雨桥（图11-6-2），该桥建于光绪年间（1875—1908）。1928年修建的瓮洞镇上柳村板子桥是境内唯一的民国时期木质风雨桥，底部以12根巨杉为枕，其上层层铺木枋，采用抬梁式叠架而成。桥面修建风雨长廊，上覆青瓦，两面流水，有六扇五间，每扇由四柱组成，全长11.8米，宽3.4米，距水面高3米，桥面距廊梁顶高3.5米。两侧有护栏，除了摆设肉案可供屠夫卖肉，平时可供人们乘凉，遮风避雨。

图 11-6-2 硝洞风雨桥

现存的清代石拱桥中，高酿镇章寨村三拱桥是桥中精品，全长 28.5 米、宽 4.2 米、高 4.2 米，始建于清朝嘉庆二十一年（1816），是天柱县唯一的清代三孔石拱桥。跨径大、工程艰巨的百年老桥有江东石拱桥、地湖永兴石拱桥等 10 多座。江东石拱桥，是目前清水江沿岸已知的最为宏伟的一座单拱石桥。地湖乡永兴石拱桥全长 51 米，宽 6 米，距水面高 8.8 米，始建于明万历年间（1573—1620），被洪水冲毁后，乾隆年间（1730—1795）重建，据碑文记载，桥上盖起 17 间凉亭遮盖整个桥面，两侧置木板长凳，供往来行人遮风避雨，休息歇脚。如今这些桥梁虽然桥面的凉亭毁坏无存，但桥体仍完整无损，稳固如初，充分体现了劳动人民高超的智慧结晶（图 11-6-3）。

图 11-6-3 章寨三拱桥（王秀槐 摄影）

简支石拱桥在天柱古代桥梁中别具一格，如白市镇北岭村钱塘桥、昌善桥（图 11-6-4）、三门塘仙人桥等数百座均属此类，其中，钱塘桥建于清嘉庆八年（1803），桥长 23.4 米、高 1.3 米，8 孔 9 度，由石柱 18 根、石横梁 7 条作支架，桥面用长约 3.5 米、宽 0.4 米的 18 块条石并排连接铺架而成。

古人修桥留下许许多多可歌可泣的感人事迹。譬如，鉴江环天柱县城而下的伍家寨，古时因舟楫不通，老百姓进城贸易极不方便，万历三十三年（1605），首任知县朱梓急民所急，捐缩银带以资助民众架桥，老百姓感其德，取名宝带桥（今名伍家桥）。瓮洞镇瓦窑江畔的阳合溪口有一座古老的石拱桥，名为嵩亭桥，该桥就是由阳合村塘寨开明士绅粟连山（号嵩亭）用子女为他筹办寿筵的银子修建的。工程虽非浩大，却似长虹卧溪，玲珑精致，桥面铺青石板，两侧置条石护栏，可供行人坐下休息，在当地传为佳话。

图 11-6-4 北岭昌善桥（杨仁炯 摄影）

（三）现代公路建设

天柱县的第一条公路是修建于抗战时期的桂穗公路三星线（三穗至锦屏星子界），从织云米溪村（斩龙坳）至（盘长坳），全长 60.4 千米。1939 年12 月，为适应抗日战争运输物资之急需，桂穗公路三穗至湖南靖州县段勘察定线，1940 年元月完成测量设计，3 月 1 日成立穗靖总段工程处，天柱设一分段筹建施工，征集民工 1600 余人，负责织云至地坝地段的路基、路面工程，当月 15 日正式开工修建。1941 年 3 月，西南公路局承修的天柱便桥由于经费不足而停建。后因工期紧迫，改设计为 10 孔跨径 6 米的木便桥，7 月上旬建成，中旬靖穗段全线竣工通车。当时除了抗战的过境军车，县内无任何运输车辆。1944 年 12 月，日本侵略军进犯湘、桂及黔南，这条公路被贵州省当局下令破坏，以致交通中断。第二年元月，征集民工修复。8 月，为阻止日军入侵，贵州省当局又下令将天柱段中的邦洞及赖洞两座大桥、部分小桥和多处路基破坏，致使交通全部中断。直到解放前夕，仍未修复通车。中华人民共和国成立后，这条公路经人民政府修复，1951 年 11 月底竣工通车。1963
年，由省交通厅公路工程处施工，将天柱木便桥改建成料石墩台钢梁混凝土
桥，随后又将邦洞、赖洞等 9 座大中小型石台木面桥改建为永久性石拱桥和
钢筋混凝土桥（图 11-6-5）。经过 60 多年的养护和修整，三星线路基稳固，
路面平整，水沟畅通，标志齐全，成为天柱县的唯一过境省道和主要运输
干线。

图 11-6-5　天柱便桥（龙昭杨　摄影）

中华人民共和国成立以来，先后修建了邦瓮线、天白线、水平线、伍永
线、邦槐线和白兰线等县级道路，总长 170.6 千米。1957 年天柱至蓝田公路
通车，1958 年天柱至白市公路通车，1962 年邦洞至瓮洞公路全线竣工通车。
邦瓮公路通车后，天柱的煤炭，大部分由清水江运出湖南，远销江苏及广东、
广西等地。

中共十一届三中全会以后，国家以库存粮棉布"以工代赈"支援经济落
后地区群众修建乡镇公路，天柱县的交通条件逐年改善，运输业逐步发展。
仅 1985—1987 年 3 年中就修通四级公路 82 千米，修建永久性石拱桥 35 座，
县内还修建了凸洞至莲花山、城关至将军坡及城关至南坡哨等专用公路 9 条，
总长 57.33 千米。2002 年至 2003 年，天柱至三穗、天柱至芷江公路改造工程
竣工，改造里程分别为 75 千米和 45.2 千米，从根本上扭转了天柱公路建设
的落后面貌。2012 年 9 月三黎高速公路全线开工，天柱段 39.7 千米（其中正
线 32 千米、支线 7.7 千米），经邦洞、凤城、高酿 3 个区域共 21 个行政村。
沿途有陈家湾、水缸坡、良瑞、冲甲溪等隧道，乐寨特大桥、地坝大桥、岑
西然大桥、冲甲溪大桥，以及互通式立交桥 3 座。2014 年 12 月正式通车，极
大地改善了天柱县的交通运输条件。

截至 1993 年，天柱县公路桥梁共有 145 座，总长 4154.6 米，其中，大桥

7座，共长704.8米；中桥23座，共长979.7米；小桥115座，共长2451.1米。桥类包括混凝土石拱桥、双曲拱桥、钢筋混凝土桥和梁板桥。1991年远口大桥动工，1994年通车，该桥为天柱县第一座跨清水江大桥（图11-6-6），全长213.68米、宽9米，结束了鸬鹚渡口船渡车辆的历史。2001年全长396米的坪地大桥竣工，同年9月坌处大桥竣工，桥长273米、宽7米，为天柱县境内修建的第二座跨清水江大桥。2005年12月，全长260米的白市大桥竣工，该桥为天柱县第三座跨清水江大桥。由于受白市水电站和托口水电站建设的影响，原有的跨清水江大桥拆除后又恢复重建，2012年11月远口新大桥建成通车，全长414米、宽11米、高47米。同年12月，位于坌处新集镇和三门溪之间的坌处新大桥竣工，全长354米、宽10.5米、高45米。2016年7月建成瓮洞清水江大桥。以上桥型均为预应力钢筋混凝土T型桥梁，荷重在汽载20吨、挂100吨以上。2013年1月，因白市水电站下闸蓄水而爆破拆除远口老大桥，第二年12月拆除坌处老大桥。

图11-6-6　远口跨清水江新大桥

至2014年5月，复建白市水电站天柱库区等级公路及汽车便道50.77千米，大中桥梁2970.42米。新建白市水电站库周公路106.48千米，桥梁9座；人行便道109.43千米，人行道桥44座，渡口37对，生活码头155处。至2016年7月，托口水电站天柱库区复建等级公路9.98千米，等级公路桥梁3座，等外公路16条、57.35千米，等外道路桥梁5座，生活码头44处。从此，全面打破了制约天柱县交通运输的"瓶颈"。

二、古今水路交通

（一）清水江航运

天柱位于清水江下游，水运历史悠久。清水江是沅江上游，过境 77 千米，全程均可通航，在贵州境内称清水江，入湖南境内称为沅水。20 世纪 80年代以来，群众在江中淘金，先后掘出大量春秋战国时期的青铜兵器和唐宋银币、铜钱，说明清水江曾是古代的运兵要道或发生过水上战役的战场。北宋时期，宋军曾与居住在清水江流域的侗族先民仡伶（又称犵伶，是汉字记录侗族自称 gaeml 的反切音）在托口发生过一次激烈的战斗。五代至北宋时期，生息繁衍在会同、天柱、芷江、黔阳一带的仡伶逐渐从蛮僚中分离出来，形成单一的民族。由于仡伶强悍善战，成年男丁多是弓弩手，活动地域不断拓展。北宋熙宁初年（1068），王安石掌权，当时宋朝正经制长江南北蛮族，任命章惇为湖南、湖北察访使。王安石告诫章惇不要轻举妄动，熙宁六年（1073）章惇竟用三路兵平定懿、洽、鼎三州，将懿州改名为沅州（治今芷江），旋即占领诚州（今靖州），派兵攻打黔阳城，城破。这时，仡伶援兵赶到，上万人乘舟集结在托口，准备围攻黔阳城，城内宋军只有 500 人，惶惶不可终日。宋将张整伏兵于托口附近，亲率艨艟大船从水路迎击，前后夹击，打败仡伶。托口之战，"蛮腾践投江中，杀获不可计"，仡伶以失败而告终。从《宋史·张整传》中"犵伶万众乘舟屯托口"的规模可以看出，历史上清水江下游具有相当高效的运输能力。

据《黔南识略》记载，明清之时，清水江"两岸翼云承日，无隙土，无漏荫，栋梁宋桷之材，靡不具备，坎坎之声，铿訇空谷。商贾络绎于道，编巨筏放之大江，转运于江淮"。明正德九年（1514）十月，朝廷向黔、湘、川等省民族地区征派杉、楠、樟等木材供用于宫殿建筑，有不少大杉木被朝廷当"皇木"征用，由清水江放运。明万历二十五年（1597），天柱知县朱梓在瓮洞镇（新辟时称新市镇）修官舍数十间，供清水江水道往来的官员停歇，继而"往来鱼、盐、木货泊舟于此"，成为天柱境内最早的码头。清乾隆年间（1736—1795），当局鉴于水运业兴隆，设木税局于瓮洞，拦江抽税。瓮洞下 5里的渡头坡，亦设过厘金局，号称"黔东第一关"。除了清水江主干流 77 千米具备天然木材放运条件外，天柱还有可以放运木筏的鉴江、八卦河、汶溪、瓦窑江、摆洞河、柳溪河、三门溪以及沅江支流岩鼓河等支流 8 条筏道，筏运里程在 270 千米以上。

然而，枯水期时清水江河床宽仅 70~200 米，因河道弯曲，多礁石险滩，大船难以航行，只能行驶 2~5 吨小木船及流放木筏。木船可溯清水江上行至锦屏、剑河，下达湖南托口、洪江。雍正七年（1729），云贵总督鄂尔泰对贵州"苗疆"用兵，令都匀、镇远、黎平三府整治都柳江、清水江。第二年，贵东道方显招募民众，开通清水江，雍正九年（1731）三月航道整治工程竣工，清水江航运向上延伸到台江县施洞，从此可行舟楫，货物输出输入较以前更为便利。境内木材、桐油、茶油、竹器及其他特产，靠其外运湖南及中原各地，外埠的百货亦靠其运入。1949 年以前，清水江航道失修，礁石密布，狭窄弯曲，滩陡水险，枯水时靠打帮过滩，秋冬时节还要停航待水，洪水季节水势汹涌，滩险处峰高浪急，漩涡处处，险象环生，船员、排工冲滩随时都有性命之虞。

中华人民共和国成立后，党和人民政府注重水运业的发展，关心水上运输人员的安全，逐年组织力量改善航道，提高船泊运载能力。1953—1956 年，贵州省人民委员会指示整顿治理清水江拖轮航道，由锦屏、天柱、剑河、三穗四县各招雇民工 750 人开辟浅水拖轮航道，整治由锦屏至湖南托口段计长 100 千米河道，共炸礁 74943 立方米，淘槽 7698 立方米，整治纤道 12736 米，筑坝 385 立方米，完成计划投资 53.01 万元。1960 年，又投资 60 万元，续建南加至托口浅水拖轮航道。1986 年，国家用库存粮棉布"以工代赈"，投资 60 万元，由清水江航道工程队和乌江航道工程队整治了北岭长滩和新溶滩，至 1988 年 3 月竣工，使适航船只吨位提高到 60 吨以上。自 1956 年邦瓮公路通车后，水陆交通连接起来，使清水江的木材、煤炭运输更加兴旺，仅煤炭一项年运量就达 2 万余吨。

（二）渡口、渡船及码头

明清时期，渡口设置一般由乡民要求、乡保呈文，经县府具案，民众集资造船，雇请船夫义渡。清代，境内渡口有 7 处，为小江渡、鸬鹚渡、三门塘渡、菜溪渡、白岩塘渡、六尺渡、黄虎冲渡等，渡夫工食、修船之费，由地方政府筹集。1987 年，天柱县人民政府成立"船泊整顿领导小组"，对清水江渡口进行整顿，设渡口 18 处，坌处镇有清浪滩、坌处街头（当江岩）、三门溪（三门塘）、大冲、鸡婆田渡；远口镇有新市、鸬鹚渡；白市镇有小江口、兴隆街头、老团下边溪、白市老街头、白市杨家祠渡；江东镇有金鸡渡；瓮洞镇有巨潭、弯塘、关上、下金紫岩门渡口。1986—1989 年，省交通厅先

图 11-6-7 瓮洞码头

后配发垒处街头、瓮洞弯塘两渡口非机动铁壳渡船各一只，配发远口鸬鹚与白市杨家祠门口两渡口机动铁壳渡船各一只，其余渡口均用木质老式渡船摆渡。20 世纪 80 年代白市至会同公路修通以后，在老街渡口上游修建车渡，在其下游增添了多处机船渡。90 年代后期，随着江东辣子坪金矿的兴起，1997 年至 1998 年，渡口热闹无比，上下船只穿梭不息，机器轰鸣，人声鼎沸。2000 年，白市 250 吨泊位客运码头建成，人工划渡逐步被机动渡船所代替。2005 年 12 月白市大桥竣工通车，两岸群众往来更加快捷方便。

1987 年，贵州省交通厅为鸬鹚渡口配备机动铁壳渡船一只，渡口航运功能扩大成为客运兼货运码头。客车、货车至此，人员下车上船，每船每次可同时运载 4 辆汽车过渡。随着天柱至远口公路改道，鸬鹚渡口废弃。1995 年 8 月，贵州省交通厅投资 270 万元，在瓮洞渡口修建瓮洞码头，占地面积 2863 平方米，旅客吞吐量 20 万人次，货物吞吐量 30 万吨，100 吨级泊位 2 个。1999 年修建占地面积 2000 平方米的远口客运兼货运码头，旅客吞吐量 20 万人次，货物吞吐量 10 万吨，100 吨级泊位 3 个，清水江的航运能力从此空前提高。

2012 年 9 月 13 日，三黎高速公路天柱段开工建设，公路里程 39.7 千米，其中正线 32 千米、支线 7.7 千米，2014 年 12 月底正式通车①。高速公路的开通极大地改变了天柱县的交通运输条件，同时也改善了天柱县的投资环境，

---

① 吴展华. 三黎高速公路天柱段建设概况［A］. 政协天柱县第十三届委员会. 天柱民族建筑博览［C］. 贵阳：贵州大学出版社，2015：236-237.

图 11-6-8　远口码头

促进了区域经济交流融合，为推动天柱经济社会快速发展打下了坚实的基础。

截至 2016 年年底，全县公路总里程达 3133.5 千米，其中省道 77.5 千米，县道 157.3 千米，乡道 191.6 千米，村级公路 1707.1 千米。实现了县际通油路、乡乡通油路和村村通公路。中心村客运通达率达 100%，交通建设取得重大进展。

第七节　同步小康：美丽的凤城旧貌换新颜

一、凤鸣天柱：凤城的传说

天柱县城所在地凤城，位于朗江南岸、鉴江西滨，是一座历史悠久、美丽如画的高原山城。1987 年 10 月 29 日，文物考古工作者在凤城街道挑水缸（凤城中学操场附近）瓦窑边发现旧石器晚期的人类文化遗址一处，该遗址位于朗江与鉴江交汇处的朗江河床第一级台地向第二级台地过渡地段，共发掘出土石器 8 件，其中，刮削器 3 件、打砸器 2 件、单面煅打石器 2 件、双面煅打石器 1 件。这些文化遗存和实物表明，至少在距今一万年以前人类就已经在天柱县城境内活动了。

关于凤城的来源，民间有两种传说：一说很古以前，这里既不叫天柱，也不叫凤城，因居住着杨、石、洪、史、汤五姓人家，而叫五老寨。在县城东面二里许的雷寨迎春坪，常有成千上万的各种鸟类在晨雾中飞上石柱山，成群结队，在山顶上盘旋，弥漫天空。有一年五月初五日，云收雾散，百鸟朝凤，簇拥于石柱岩巅，忽然有一只彩凤离群飞出，盘桓歌啸，清丽悦耳，怡人心魄，逗得百鸟附和，歌荡群山。恰好这一天，土人龙帝盛、吴世万、谢天飞、杨天运等率族人入住五老寨，修建屯堡及衙署，遂将五老寨改名凤城。一说古时候天柱因地形似金凤曝背，最高处五老坡为凤头所在地，居高临下，俯瞰全城，故取名凤城。

二、历经沧桑

天柱县城经历多次变迁，最初脱胎于天柱卫城。光绪二十二年（1896），清朝拔贡、候选直隶州州判杨日藻为雷寨伏魔庵撰写的"重修伏魔"碑序记载："大明时有凤鸣于天柱，故曰凤城。归靖州属，尚称所，未称县，署住田心寨，有副将以镇之。"长期以来，人们只知有龙塘县治在田心寨，未闻田心寨曾是最初的天柱所城。宋元时期，到天柱聚集定居的人不断增多，逐渐形成城邑。因其地处湘黔边界，扼控清水江咽喉要道，自古就是出入苗疆的门户，明朝定鼎南京后，朱元璋即把天柱作为军事要点派重兵镇守。据《明实录·洪武实录》记载，洪武三年（1370）设天柱卫，旋即宣布撤销，因时间太短，没来得及建立具备防御功能的坚固卫城。明洪武二十四年（1391），土人倡乱，楚王朱桢率官军进征大坪、小坪等处，第二年撤靖州卫左千户所而建天柱守御千户所。这个时候的所城应该是设在了田心寨。所以，《天柱县志·城池》载："天柱旧为土城，洪武二十五年苗叛，城遂圮无完堵，复筑以严保障，额二里七分。宣德二年（1427），为虫虾苗所围，几陷。"由于田心寨不具备防御功能，所以杨日藻《重修伏魔》碑中称"虫虾苗乱始迁于城"。改所建县时所遗田心寨址基，名为官房，人们便在那里修建了关帝庙。

靖州卫下置千户5所，分防哨所5处，兵额13627名。天柱所乃其中之一，兵额1200名，隶靖州卫统领。明初开辟镇远—邛水—黎平驿道，途经天柱所卫城、高酿及黄哨山。洪武三十年（1397），朱元璋派30万大军开赴锦屏镇压林宽领导的侗族农民起义，由沅州（今湖南芷江）伐山开道200里抵达天柱，楚王朱桢还在天柱设置兵站，驻跸于此，楚王营遗址至今尚在。

按照明代卫兵制，其武装力量主要由武兵和民壮两大部分组成，武兵乃屯田官兵，民壮即乡兵，一卫壮额448名，其中，会同县（当时天柱还未建县，隶会同县所辖）140名。以军事防御为目的之天柱所城，草创之初，根据地形，因陋就简，夯土成墙，城内建有简易的所衙、军营，为屯军驻地而已。由于不具备修建护城河的条件，后来从所城过渡到县城一直是"有城无池"的土城，防御功能很差。宣德二年（1427），远口虫虾寨苗民围攻天柱所，土城被攻破。明王朝遣平溪卫（今贵州省玉屏县）莫指挥入境平定，见城墙卑隘且圮，多处被农民起义军摧毁，于是亲自督修，扩大城郭规模，对城墙进行维修加固，基本上奠定了天柱县城的雏形。明嘉靖十五年（1536）四月，天柱所城发生大火，房屋俱遭烧毁。崇祯六年（1633）十月，县城再次大火，自东关外起延及城内，大火烧了整整一天，东南北三面俱为火焚。因连遭火灾，城内的明代建筑保存甚少。

明万历二十五年（1597），天柱改所建县，侗族、苗族群众闻风归附，商贾辐辏，人口剧增，使本来就狭窄的城区显得更加拥挤。旧城垣历经200多年的风雨沧桑，年久失修，颓毁甚多，倘不维修扩建，不仅不能捍卫城中军民，连刚招抚而来的侗苗百姓也无处容纳。统治者认为，天柱"孤悬荒服，四抵苗巢，悍苗猖獗"，要巩固边疆，保障屯军和屯民的安全，就必须修建一座军民赖以屏蔽的城堡。首任知县朱梓恐城隘民寡、民寡势孤，重蹈虫虾苗民破城覆辙，决定扩建县城，加强城防。朱梓率先捐出自己的俸金，买下城外空地，向老百姓阐述防微杜渐、一劳永逸的意义。当时，朱梓任劳任怨为百姓实现了建县愿望，老百姓无不感恩戴德，于是纷纷拥护响应，裹粮荷杵，日夜赶筑，扩建城区。最终在县城东南面，拓宽面积一百八十余丈，扩大原有规模，增至三里三分。又把凹陷的地方填平，断毁的地方连接起来，抬高墙基，加厚城墙，在城墙上覆盖紧密相连的楼阁一百八十三间；同时设置篱笆藩屏，拱卫东南孔道，开辟两道城门，东为迎恩门，南为迎薰门，在城门上各建城楼三楹，以防御强盗入侵。县署右侧建典史署，城南建儒学署，又在南门外修筑演武场（今名教场），城内修建重檐钟鼓楼，城上增修矮墙。扩建后的县城，雉堞巍峨，楼阁鳞次栉比，格外壮观。朱梓把刚来归附的百姓安排在旧城多余的空地上建房居住，勉励他们与原有居民一道共同守卫城垣。城区内秩序井然，汉民和侗民、苗民分区安置，由东门以南至南楼为新民南街，东门以北至龙泉为新民北街，由龙泉（龙王井）以西至南楼为"苗城"，南楼以东至龙泉为"民城"。简而言之，城北为侗苗等少数民族居住，城南属于汉人居住区。从此汉民安居乐业，侗苗遵守规章制度，彼此和睦相处。

崇祯十年（1637），天柱县城瘟疫肆虐，居民争相逃避，烟户因之大减，市井萧条，知县石之鼎将县治迁至社学龙塘（今田心寨），改称龙塘县。崇祯十七年（1644）明朝灭亡，清朝建立，但贵州、湖广行省仍在南明小朝廷统治之下。何化龙接任龙塘知县后趁改朝换代、时局动乱之机，横征暴敛，大肆搜刮，激起民变。顺治四年（1647）二月，赖洞民众揭竿而起，攻入龙塘县城，放火烧毁衙署，杀死知县何化龙，吏员俞廷荐乘乱挟印逃出，迁县治于雷寨，命人围砌城池，修建衙署，充当雷寨县知县。可是好景不长，当年六月十三日，各路造反民众汇集城下，攻破雷寨县城，焚毁房屋数百间，杀死 72 人，俞廷荐趁乱逃遁，不知所踪。此后 5 年天柱为无政府管辖的行政真空，匪盗蜂起，流氓横行，社会一片混乱。直到顺治九年（1652），朝廷派兵镇压，平匪靖乱，随即派知县黄绳宪、武弁阎钟绳来管理县事，社会才逐步稳定下来。坊间民谣所谓"一把大火烧雷寨，两根绳子捆龙塘"，其中的"两根绳子"即喻黄绳宪、阎钟绳二人。顺治十一年（1654）春，黄绳宪将县治迁回凤城，复名天柱县。在城西和城北各修层楼一座，取名怀远楼和拱极楼。

顺治十七年（1660），黄开运任天柱知县，大兴土木，重修县署、文昌阁、紫云桥、飞山庙、马王庙、典史署、分司署等，使县城初具规模。康熙五年（1666）三月，县城发生火灾，大火自辰时烧到未时，除东门一方，南、北、东三面的民舍、衙署和城楼俱被烧毁。康熙二十一年（1682），知县王复宗捐助，老百姓集资，修建义馆、学宫、玉皇阁、养济院等馆舍庙宇，县城面貌焕然一新。

乾隆二十五年（1760），知县马士升到任，展地扩城，将开化书院更名为凤城书院，在县城东南的观音洞后山和雷寨附近修建文笔二塔。道光二十年（1840）知县俞汝本重修凤城书院。二十六年（1846），知县魏承祝请帑重修县署，改甃石城，展筑东南城垣数百丈，南筑月城一座，扩旧制为四里四分四厘，通计周长八百六十二丈。设城门四座，东名迎恩门，南名迎薰门，西为怀远门，北为拱极门。城楼四幢，平房数十间。道光二十九年（1849），清朝进士、湖南郴州直隶州知州杨昌江曾撰《劝捐天柱石城记》以记其事。杨昌江认为"城池者，邑民之首，人未有头目破坏而四体安恬也"。同时，他还说明了万历年间"疏维土城，因陋就简，势力阻也"的局限性。此后直到中华人民共和国成立，天柱古城墙都没有进行大的维修，基本上保存魏承祝扩建时的规模、走势和线路。

咸同年间，天柱烽火连天，战争频仍，各类古建筑被焚毁殆尽。咸丰九年（1859），知县徐达邦修建衙署，坐北朝南，头门三间，往下数级为左右鼓房。同治元年（1862）四月，姜应芳和张秀眉率侗苗起义联军攻入天柱县城，知县谢绍曾和都司富珠隆阿化装潜逃，衙署和民房被焚无存。同治二年（1863）五月二十四日，张秀眉和陈大六率义军攻入天柱县城，杀死知县方时乾，县衙被烧光，尸骨遍地，臭气熏天。自此之后的郝元庆、毛熙兰、谢承恩、黄元龄、蒋煌、田宗超、黄启兰、卢岳、赵连霄9任知县，均无衙可署，形同流徙之官，刚走马上任即寻机逃离。同治九年（1870）冯翯鹏任知县，至十二年（1873）黔省军务肃清之际，冯翯鹏拨库银万余，札各里绅民捐资，重修县衙及儒学署。光绪三年（1877），知县张济辉重建凤城书院，更名凤山书院（图11-7-1）。

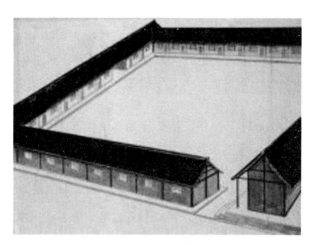

图11-7-1　凤山书院平面图

经倡修的天柱县署和都阃府衙署，县署头门内，左立土地祠，右为监狱，监门外设自新所一间；仪门三开，入内，东有汉相祠，吏、礼、兵、刑号房各一；西为德福祠，户、库、工房各一。由仪门直道入，左右梧桐树各三株。大堂三楹，中为暖阁，后为川堂，川堂左边丈余为花厅，庭凿小池，上建亭，额曰"燕来"。城内陆续修建文圣庙、武圣庙、城隍庙、关帝庙等以供神灵，在南门街左侧建常平仓、大兴仓、秋米仓、永丰仓等以储粮米。光绪二十七年（1901），知县谢锡铭修建文昌宫（今县公安局办公楼左边后为其遗址），兼为试士考棚，重修后殿三楹，正殿前增修孝廉船三楹，宫旁左右考棚各五间，牌坊一座。

1943年8月22日，天柱县城失火，东西南北店铺及民房化为灰烬。县长谢杰民趁机对县城进行规划，禁止乱建民房，废弃街道上的石板花街路，筹资铺修沙石路面。次年，拓宽县城街道，拆除城隍庙（位于老十字街鉴江宾馆对面原文化馆与邮政局之间），改作行政人员训练所，后来改作米厂。拓宽后的街道，分别取名中山、中华、民族、民权、民生路，改凤城镇为中山镇。到1949年，天柱县城有县立中学、小学、初级师范、民众教育馆等文化教育机构，有卫生院、邮政局、电话局等公共服务单位，有木业、香烟、布匹、杂货、粮行、旅栈等私人店铺多家。

三、迈向小康

由于种种原因，天柱县城的供水、供电以及街道和市政建设长期滞后，直到 20 世纪 60 年代仍无法摆脱"点灯蜡烛化，交通马车化，用水扁担化"困境。1976 年，人民政府筹建白水冲水库作为天柱县城的第一处饮用水源，1979 年县自来水喷灌站正式为县城供水，初步使一部分居民生活饮用水告别了肩挑手提的历史。由于白水冲水库库容不到 300 立方米，最多只能向二三百户人家供水，全城居民吃水难的问题仍然存在，如坐落在县城最高处的县政府办公大楼因无法供水，不得不从龙王井提水供应。于是，1982 年年底重新选址修建高明山水厂，利用老来溪水库作为水源；历时两年，1984 年 4 月竣工交付使用，日供水量 7000 吨，大多数居民的饮水问题终于得到缓解。可是到了 1994 年以后，随着城镇居民日益增加，用水量不断增加，供水管网不断延伸，高明山水厂水源已明显不足，停水断水现象时有发生。特别是在枯水季节，供水十分紧张甚至无水供应，到龙王井、肖家井和汤家井挑水的人排着长队，井边常常人满为患，拥挤不堪，人民群众怨声载道。县有关部门曾尝试在朗江修建提水泵房，将朗江河水抽入高明山水厂，又在雷寨农科所附近钻井，千方百计解决城内居民用水，但是杯水车薪，仍解决不了问题。1999 年年底，在凤城镇联山村建立自来水处理厂，采用鱼塘水库水源，供水网络得以覆盖城区的各个角落，终于彻底解决了县城居民的生产生活用水问题。

天柱县城曾经历过长期无电和缺电的年代，一到夜晚，全城漆黑一片，居民全靠点蜡烛和煤油灯照明。1974 年圭六电站建成，县城机关单位和部分居民开始使用电灯。当时由于电力很弱，长期制约着工农业生产。1987 年元月建成莲花山电站，天柱县城终于揭掉了"无电县"的帽子。2000 年 6 月，并入国家电网，电力有了保障，整个县城彻夜灯火通明，火树银花，一片繁荣兴旺景象。

斗转星移，沧桑巨变。中华人民共和国成立以来，随着国民经济的复苏，各项基础设施建设蓬勃兴建。1956 年附廓水利工程竣工，鉴江水源源不断流入县城，进水东门，出老东门，穿城而过，灌溉城外良田数千亩。1987 年至 1989 年，先后修建环城路、城关农贸市场。1995 年，天柱县委、政府实施城镇开发带动战略，提出了"富民强县建市"的奋斗目标，开发建设县城新区，建成宽 40 米的金山大道和宽 30 米的中山大道；修建 8~20 米宽的支道 13 条，总长 5000 多米；改造硬化老城区道路 4 条，长 1954 米；新建了龙泉花园、黔天边贸城、中心商业街、北部新区等 10 多个欣欣向荣的住宅小区。至 2006 年，天柱县城空间由 1996 年的 2.7 平方千米扩大到 3.3 平方千米，人口由 2.8 万增加到 3.5 万。

在国家实施"十一五"和"十二五"规划期间，天柱县委、县政府又提出了"工业强县、城镇带县、文教兴县"战略，县城建设蒸蒸日上。北部新区的蓝天大楼、锦绣花园、友爱花园有如琼楼玉宇；览江两岸，长堤柳絮，牌楼水影，熠熠生辉；鉴江大桥、天柱廊桥如长虹卧波；金凤广场、风雨长廊逶迤江畔；体育场（图 11-7-2）、影剧院、紫云台、文化苑、文昌阁、天泽郡、黔东商贸物流城等各种城镇配套服务设施星罗棋布，功能齐全。城镇供水、绿化、市场、电力、通信以及广播电视等基础设施建设不断改善，拓展城市面积 5.5 平方千米，使城区面积达到 11 平方千米的规模。"十三五"规划建设期间，30 里水景长廊的兴修，联山街道的创建，俨然众星拱月，政通人和，善政不胜枚举。《尚书》曰："德惟善政，政在养民。"全县人民正满怀信心，齐心协力把天柱打造成黔东湘西结合部次中心城市，如今大街小巷，绿树鲜花，清新靓丽。每当夜幕降临，大街小巷，火树银花，五光十色，霓虹闪烁，绚丽缤纷。摩天楼，康庄道，三星擎玉柱，盛世歌太平。凤城的绿化、美化、亮化工程方兴未艾，日新月异，凤城的明天将更加美好！

图 11-7-2　天柱体育场

第十二章

多元一体的中华之隅：天柱民族文化特色与格局

天柱县由"化外"边陲变成王朝"腹地"，经历了一个漫长而艰难曲折的历史过程。在前面的章节中，我们讨论了天柱历史的演化及其逻辑，而"内地化"是其发展进程的主线。天柱的历史，在很大程度上其实就是中华民族共同体形成发展史的一个缩影。在"内地化"的过程中，具有多元文化起源的各民族在历史长河中不断交流、交往、交融，而逐渐一体化；就政治而言，由最初极为有限的一些"郡州/省州之地"（有效行政区）逐渐向"熟苗"居住区扩张，再由这些已经"内地化"的区域影响带动土司和无土司管辖的"生苗"地区过渡为中央王朝的统治体系。如宋代建立靖州会同县，天柱一部属之，明初又在早已纳入"王化"的天柱境内安置卫所，并在卫所军事弹压管控 200 余年的基础上，改所建县，然后以此为核心，整合附近侗苗村寨，编入里甲，建立户籍制度，使天柱正式纳入王朝国家行政建制。王朝与苗侗先民的内地化互动，始于唐末宋初。明代进一步得到加强，双向接触更加密切。至清初，天柱及其周边少数民族地区则基本完成了内地化的过程，不再有任何化外之民，全部已置于国家治理的眼皮之下。用政治人类学家 J. C. 斯科特的话来说，就是已经实现了国家视角下的"可辨识性"或"可读性"（legibility）①。伴随着天柱逐步完成内地化的过程，汉文化与侗苗文化的交融也随之日益广泛深入，天柱及其周边的锦屏、剑河、黎平等地终于"被拉入一个汉字文化圈"，使当地的民族文化在地域性、民族性的基础上呈现出多元一体性。正如我国历史人类学家刘志伟先生曾精辟指出的："这种多元化的复杂的社会变迁历史，自然会在不同的地理空间留下不同的文化印记，也会在不同人群和不同地方的文书种类、样式和内容上反映出来。"② 天柱的历

---

① [美]詹姆斯·C. 斯科特. 国家的视角 [M]. 王晓毅，译. 北京：社会科学文献出版社，2019.

② 刘志伟. 从"清水江文书"到"锦屏文书"——历史过程和地域文化结构中的县域价值 [J]. 原生态民族文化学刊，2021（1）：1-7.

史变迁在这方面尤为典型，其历史过程形成的地域文化结构及文化印记，无论是在各种传世文本还是在民间习俗中都有着多维度的呈现，充分体现了刘志伟先生所说的"县域价值"。

第一节　多元包容的天柱清水江木商文化

所谓的木商文化，就是建立在以木材作为主要商品交易的基础上形成的一种特殊的商业文化。侗苗木商文化是指明清以来本土森林文化与汉族商业文化有机结合，重新组合构建的物质和非物质文化产物，是一种多元的包容性和开放性很强的区域文化。透过清水江流域木商文化结构元素，人们可以洞察出中原文化、荆楚文化与徽商文化以木材贸易为纽带，通过渐进式的文化传播方式与湘黔桂地区本土森林文化有机结合，在明清至民国前期进行大交流、大融合的社会缩影。

一、清水江流域木商文化形成的明清社会历史背景

历史上侗苗地区具有相当丰富的森林资源，最早以木材作为交易产品萌芽于唐宋时期，宋人周去非在《岭外代答》卷八《花木门》记载："沙木与杉同类，尤高大，叶尖成丛，穗小，与杉异。猺峒中尤多。劈作大板，背负以出，与省民博易。舟下广东，得息倍称。"这里所说的"省民"，实质上就是指已经纳入皇权专制统治体系的编户汉民和所谓的"熟苗"。这则史料说明至晚在宋代，侗族、苗族、瑶族等少数民族地区已经产生了小规模的木材市场和木材贸易。据此分析，侗苗木商文化可能起源于唐宋时期。

（一）木商文化背景分析

侗苗木商文化的崛起与明王朝统治势力的全面渗透和直接统治有着千丝万缕的联系。伴随着明朝大规模军事征剿和卫所等军事据点的建立，中央政府强力推行军屯、民屯等移民政策，在侗族地区建立地方政权并逐步实施"改土归流"政策，普遍建立乡村里甲制度，基层政权的巩固彻底打破了侗族原有的氏族部落联盟结构而直接跨入地主制社会，为木商文化的形成奠定了坚实的社会基础，也为木商文化的形成创造了许多必要的人文条件。侗族木商文化的成因是多方面的，具体来说有以下几种因素：一是明王朝通过推行

"王化"，在侗族地区新建各类儒学、书院、义学、社学和文庙，大力推广皇权帝制正统文化教育和伦理思想，尤其是明初发现侗族地区蕴藏大量森林资源与建筑良材之后，接连派遣大批官员到侗族地区采办宫廷建设所需的建筑材料——"皇木"，每年都要砍伐大量所谓的"钦工例木"，中原文化因此得以深入渗透到盛产杉木的边远侗族地区；二是各地在朝廷大规模采办"皇木"政令的推动下，新兴了一批木材市场，而为营利远道而来的安徽、江西、陕西等资本雄厚的"三帮"木商与湖南、贵州"五勷"木商聚集清水江流域，对木材市场的建立起到了推波助澜的作用，在很大程度上刺激了明代湘西、黔东区域木材市场的繁荣，供销两旺，对中原文化、荆楚文化与徽商文化的传播具有积极的推动作用；三是本地"山客"（木商）、行户与"下河"（指长江中下游地区）木商巨贾的长期贸易交流，展开经济文化互动，为汉文化的传播和吸纳并实现本土化，为木商文化的形成起到了良好的桥梁纽带作用；四是经过长期采办"皇木"与开展木材贸易，大片森林被毫无节制地砍伐销售，造成森林资源储量锐减，加上自然灾害、森林火灾频发，以及群众建房和薪炭利用，在森林资源不断减少甚至开始出现枯竭的状况下，从明朝中后期开始，锦屏、天柱、黎平等地侗族群众率先因地制宜，开发利用人工林，大面积的人工造林在侗族地区遂应运而生；五是人们不断探索总结林营管理经验，日益丰富封山育林、抚林护林经验与技术，成功总结出了一整套"林粮间作"生产模式，从而为木商文化的创新、发展和繁荣打下了重要的物质基础，也为当地林业发展和维护地区生态平衡做出了积极的贡献。林业专家经过多年调查研究，认为从明清至民国的 600 年间，清水江流域的农耕社会孕育了一个极具区域特色的"木材时代"①。毋庸讳言，这个"木材时代"就是侗苗木商文化从产生、发展到繁荣的鼎盛时期。

（二）木商文化概念的提出

侗族木商文化以黔东南为代表，尤以清水江流域最为典型，因而"清水江木商文化"是改革开放以后在黔东南学术界使用频率最多的新词语，虽然使用这一词语的人很多，但是没有哪一个人给清水江木商文化下过严格的定义。因为清水江木商文化最初的提出，并不是出于文化学或文化人类学研究的需要，而是由历史学、法学、经济学和文献学专家提出来的，后来被大批中外文化学、人类学、民族学学者聚焦而红火。专家们曾就清水江木商文化

---

① 单洪根. 木材时代——清水江林业史话［M］. 北京：中国林业出版社，2008：1.

的概念及其含义展开过热烈的讨论，方志专家王宗勋认为，"它是明清时期，江淮湘赣等长江中下游地区木商在清水江流域林区从事木材采运贸易过程中带来的商业文化，与流域林区苗、侗族传统文化相结合的产物，其精髓和要义是重生态、重法治、讲诚信、讲和谐"①。傅安辉在《论清水江木商文化遗产的现代价值》一文提出："它主要包括三个方面：一是木材生产；二是木材贸易；三是木材消费。"他还进一步阐述了三者的重要价值，"木材生产最为突出的是创造了治山的文明，使原始森林被砍伐殆尽后，为了满足木材市场的需要，迅速迹地更新，以植树造林使荒山披上绿装，以致砍伐与造林周而复始，交替进行，保证了林区的可持续发展。木材消费创造的是建筑的文明，以优质的木料建造高楼大厦，使人类的居住条件不断得到改善，生活水平不断得到提高。木材贸易（市场）创造了制度的文明"②。值得欣慰的是，各位学者均抓住木商文化的本质内涵，但是他们的视野却无一例外局限于"清水江"或"黔东南"甚至更为狭小的锦屏"三江"等地域，没有将其置于整个侗族地区或更为广阔的湘黔毗邻地区进行全面考察分析。单洪根先生的新著《锦屏文书与清水江木商文化》也不例外，仍然跳不出清水江流域的界限。他说："所谓木商文化，就是自明清以来，以清水江流域盛产的优质杉木（又被明清时的外省木商称为'苗木''苗杉'）为大宗商品，以锦屏'内三江'卦治、王寨、茅坪为中心市场，以三寨数百行户（木行）为中介组织，两岸侗、苗、汉各族山民与江淮、荆楚、江南、华东、华北广大销区木业商帮群体进行旷日持久的木业贸易活动，通过东西之间大量物资、人员、资金的大来往、大交流所形成的特殊文化叫锦屏木商文化。"③

　　相对而言，目前对木商文化内涵与范畴梳理探讨得比较全面、深入的论述，当属王宗勋发表在《贵州大学学报》2018年第2期的论文《试论清水江木商文化》。王宗勋在文中以翔实的史料，追溯了木商文化的起源及其发展演变过程，将木商文化元素归纳成实物遗产、传统技艺、日常习俗三大类别并分别展开了讨论，至少对木商文化的大致概述能给人带来一种一目了然的感觉。文中提出的主要观点，笔者表示基本赞同，谨在此借鉴其基本思路和内容，对木商文化略做概括性的介绍，并以一些典型事例来进行补充说明。

① 王宗勋.试论清水江木商文化［J］.贵州大学学报（社会科学版），2018（2）：55.

② 傅安辉.论清水江木商文化遗产的现代价值［J］.原生态民族文化学刊，2009（2）：7.

③ 单洪根.打造锦屏木商文化旅游目的地的构想［A／OL］.黔东南新闻网，2017-12-23.

二、侗族木商文化的主要表现形式

尽管木商文化不是包罗万象的一切事物的总和，但是它包括有形的物质层面和无形的非物质文化遗产层面。

（一）实物遗产

1. 优质木材

侗苗木商文化最核心的实物就是优质杉木，它既是民族特产，也是区域特产，历史上著名的产地有三处：首先是产于黔东南境内的"苗木"（杉木）；其次是产于湖南会同县广坪的杉木，史称"广木"；最后是产于湖南靖州之"州木"。黔东南良好的自然生态环境，自古盛产优质杉木的清水江流域地区，成为中国南方重点人工林区，素有"杉乡"与"林海"之誉称，贵州省共有 10 个林业县，其中 6 个分布在清水江流域地区。民国时期学者芦隐撰有《南京上新河木业志》云：

> 产广木之境曰苗，采木者尝从湘逾黔而桂，历苗河，入瑶山，涉水登山，穿林越溪，逾越蹐绝，颠仆蹒跚，豺狼当道，熊黑是胆，有历数年而不归者，其艰辛之况可知矣。……洪江为进苗之孔道，可达黔之会同、黎平，是为苗境，即产木之区。采购者寓食于洞家（苗人有山产之主家），或少数，或多数，或占山约数，寓而收购，或一年，或数年。事蒇，运木止于洪江，循沅江而至常德，汇大㿝，越洞庭，经岳州而至鄂。广木有苗木、州木之别，苗木由洪江往会同、黎平采购者，州木由洪江往遵义、天柱采购者。苗木物质坚结，以年深土厚之关系，多粗糙空疤之病；州木秀直圆润，年岁较浅，少粗糙空疤，而物质气势逊于苗木。又有东湖、西湖之别：苗木循苗河、阮（沅）江沿洞庭湖以西而出，故曰西湖；东湖产郴州、永州、株洲一带，沿洞庭湖以东而出，故曰东湖。其货品物质，俱逊于西湖，往者咸鄙视之。后因销路广阔而价廉，遂与西湖有异曲同工、喧宾夺主之势，此广木之大较也。①

清人吴起凤、劳铭勋主修的光绪《靖州直隶州志》在卷四《贡赋·木政》中记载："靖地崇山多产材木，只属薪樵之用，少中栋梁之选，唯黔省所

---

① 芦隐. 南京上新河木业志·"产销志"［J］. 木业界，1940（1）：7-10.

出杉木，水次必经渠河，旧设牙行以俟远省商人怀资到此与黔民交易。"这些记述凸显了以天柱及其周边县为核心的清水江木商文化所具的主要特色。

2. 蜚声国内外的清水江文书

清水江文书，学术界早先也有人称为"锦屏文书"，因最早在锦屏发现而得名。文书的内容，从狭义来讲，主要是指记录和反映明、清至民国时期山林土地权属转移、人工造林及管理、木材贸易及林业利益分配的契约、合同等。对其历史价值和学术意义，张新民先生如是说："清水江文书乃是一种活态的民间契约文献资料，为当地苗、侗、汉乡民世代珍藏传承和保管守护，既见证了15世纪以来乡土中国社会变迁发展的真实历史状况，也反映了乡民生活世界复杂多样的地域面相，非特层累积沉淀的时间甚长，即涵盖的空间范围亦颇广。其中既有大量单张的散件契约凭据，也有不少成册的账簿、日记。"①

究竟哪些东西属于清水江文书的范畴，专家们早已给出答案：清水江流域遗存的契约文书，绝非仅限于山林经营和木材贸易一端，事实上诸如田土买卖、分家析产、乡规民约、政府文告、家规族谱、纠纷诉讼、婚姻习俗等不同类型的文书数量亦颇多，内容则涉及乡民生存、劳作、生产、交往、信仰等多方面的公私社会生活②，乃是中国文献史上继徽州文书之后堪称人类记忆遗产的又一民间文书档案系统。

20世纪60年代清水江文书在锦屏农村首先被"发现"，90年代中期日本东京外国语大学唐立、学习院大学武内房司等学者开始关注。2000年，中山大学介入，与锦屏地方政府部门开始合作征集和研究。2007年以后，清水江文书引起原国务委员陈至立等领导的关注，随后其征集抢救工作上升为贵州省政府的行政行为，征集范围扩展到黎平、天柱、三穗、剑河、台江、岑巩等清水江中下游诸县。据不完全统计，截至2016年10月，黔东南州各县档案馆收藏清水江文书达22.58万件。其中5个重点县分别为锦屏60000余件、黎平60000余件、天柱30000件、三穗28000件、剑河16000件。据近年调查估计，在清水江流域各县民间至今尚存有纸质契约文书约30万份，碑刻、摩崖等非纸质文书约有1万件，以致被推为仅次于徽州文书的中国第二大民间

---

① 张新民.《探索清水江文明的踪迹——清水江文书与中国地方社会国际学术研讨会论文集》序［C］//张新民.探索清水江文明的踪迹——清水江文书与中国地方社会国际学术研讨会论文集.成都：巴蜀书社，2014：2.

② 龙泽江.清水江文书研究的背景、意义和价值［J］.原生态民族文化学刊，2012（3）：23-27.

文书研究资源库藏。

3. 木商文化古镇、古村

自明代后期以来，清水江、都柳江沿岸涌现出一系列木商文化集镇，诸如清水江流域的麻江县下司，黄平县重安江，台江县施洞，剑河县革东、柳川与南加，锦屏县卦治、王寨、茅坪，天柱县坌处、远口、瓮洞，湖南托口、洪江；都柳江流域的榕江古州，从江丙妹，广西三江的富禄、梅林、古宜等。其中的洪江古商城，宋代即已具有一定规模，市井繁华热闹，自古"为云贵广通衢"。据光绪《重修会同县志·方舆志》记载，洪江位于"治东百二十里，集渠河、潭溪、朗江、沅江、芷水、若水共入于此，即五溪中之雄溪也。舟楫往来，百货俱集，为会邑大镇"。

（二）传统技艺

木商文化的这一层面的呈现包括人工营林技术、木材采运技术、加工技艺、相关交通设施以及林业生产和木材贸易中使用的传统器具，特别是侗族群众培植的"八年杉"和"十八年杉"等速生丰产杉林的栽培技术和经验，独特的木材采伐技术及木材水陆运输技术技能。伴随木材贸易活动而兴起和引进的建筑工艺、木材加工、石器加工和银饰加工技术亦属于木商文化之列。交通运输设施方面，侗、苗少数民族热心公益事业、勤于建桥修路。路筑青石板路、鹅卵石花街路、茅石路，桥有风雨桥、石拱桥、石板桥、杉木桥数种。唯木材贸易时使用的斧记最有特色，现就田野调查所得资料略做叙述。

"斧记"是清水江流域木商文化的历史印证，也堪称一种古老而独特的商标技艺。"斧记"之斧，其形似木柄小铁锤或榔头，一端锻铸着一个或几个字，这些字多数代表姓氏或商号，也有以诚实守信、生意兴隆、财源广进等内容为象征意义的。如"谢""刘"等，分别代表谢姓或刘姓，"振""兴"分别寓意事业兴旺、发达。在榔头的另一端也锻铸一至三个字，其含义多为姓名中的"名"。如"洪兴""昌生"等，代表人名。也有的寓意生意兴隆，如"永福昌""兴泰福""中兴""泰恒"等。把榔头两端的文字排列在一起，就产生了完整含义，如"谢—洪兴""谢—兴泰福"，以及"刘—庆""刘—春记""振—中兴""德（吴姓）—泰恒""刘—庆记""泰—昌记"等，将它们分别打印在木头外径，以此区别和表明所被打印的木头的归属性（所有权，俗称"木号"）和标志性，告诉世人，此木有主。并以此作为木头在江中漂流赎取，或被盗清理，争议诉讼公断的凭据。嘉庆七年（1802）黎平府颁布的一份文告，民国二年（1913）刊刻的《木通会碑》石碑，民国三十年

（1941）锦屏、剑河、天柱政府联合布告《清水江漂流木植清赎办法》、光绪二十八年（1902）在垒处立的《永定章程》石碑等，将"斧记"作为历史"江规"，解决事端纷争的证据①。

（三）民俗信仰

这一层面上的木商文化内涵主要包括与木材生产及贸易有关的自然崇拜和神灵崇拜、风俗习惯、歌谣和故事传说等。在清水江流域地区，至今仍流传许多与木材采运贸易有关的信俗，最典型的即为杨公信仰。杨公者，何许人也？传说杨公原名杨五，系湖南省洪江市托口镇青木寨人，因率众反抗暴力，被敌人杀害，葬于清水江边，后被尊为河神。木材贸易发展起来后，清水江沿岸各险滩滩头都建有杨公庙，请其镇压江魔，保护放排工人驾排行江安。据当地的老人们传说，托口杨公庙为总庙，有上、中、下三座，茅坪的杨公庙为庙首，一直管到清水江上游各条支流；鹦鹉洲的杨公庙为庙尾。清光绪《黎平府志》载："杨公祠即镇江王庙，祀杨五将军……茅坪亦有杨五庙，卦治有杨公庙，皆以五月初五日神诞祀之。"旧社会，清水江沿岸各寨每逢节日喜庆和放排放船下水之日，必演傩戏《降杨公》，戏文称："身披兀（笏）领坐朝堂，我是托口木易杨，唐朝手中为上将，宋朝手内封为王。"

这位由地方英雄演变而成的区域性神祇，民间称为"水郎神"，专管千里"苗河"（清水江）的水上航行运输，护佑船排出入平安，确保航道风平浪静。老百姓认为杨公具有"下水船只叫动我，顺风相送过洞庭；上水船只叫动我，缆索紧牢滩上行"的神力与功能。《降杨公》有一段戏文介绍杨公的身份时说道："水有源头树有根，出身湖南庐阳镇。武官杨武多灵圣，敕赐加封托口神。托口神堂安我位，我去江河救难人。"各地杨公庙的起源时代，目前尚未考证清楚。据田野考察，三门塘碑林附近复兴桥头的杨公庙修建于明代，托口杨公庙建于元代。清水江的木材贸易始于明代，兴盛于清代，杨公庙与这一地区的木材河运活动有着极为密切的渊源关系。清人徐家干《苗疆闻见录》云："清水江，盘折苗疆，源出都匀马尾河，经凯里西北，会于重安江，径施洞口，过清江厅，出远口而湖南。清深可通舟，实沅水之上流。"② 清人吴振棫的《黔语》亦云："雍正七年（1729）鄂文瑞与巡抚张公广泗开浚，

① 谢君铭. 清水江木商文化遗迹——斧记［A］. 天柱县政协非物质文化遗产宝库编纂委员会. 天柱县非物质文化遗产宝库［C］. 贵阳：贵州大学出版社，2009：160-161.
② 徐家干. 苗疆闻见录［M］. 吴一文，校注. 贵阳：贵州人民出版社，1997：143.

自都匀府起至楚之黔阳止，凡一千二十余里，于是复有舟楫之利。"① 光绪年间编修的《黎平府志》继而说："今新化江及清水江一带，滩甚险，皆藉神力，易危为安。黎平所以立祠祀之，并沿江上下亦祠祀之也。"清水江当时最大的舟楫之利，除了运兵，就是运木材了。

各处的杨公庙主要由"五勷帮"木商修建与管理。随着清水江木材市场的扩展和长江水系木材贸易网络的形成，杨公庙的分布地域也越来越广泛，逐渐由清水江流域向沅水流域甚至长江中下游发展。到了清末，杨公庙不断扩大社会功能，由祭祀场所演变为区域性的商帮组织。除了庙主须经官府任命外，官府的告示与民间江规多刊刻在杨公庙附近。木商必须从放运的木材中按一定的比例向杨公庙提交香火费（民国时期每根木头抽钱一文半），凡涉及的买卖纠纷均由庙主主持解决。

民国五年（1916），锦屏、天柱两县达成"归复旧章"八条协议。规定"商场码头屡肇事祸端，由排伕姤寡事公。茅坪杨公庙馆首，其头夫应由天柱商会公章公推殷实者，呈请天柱县署委任充当，咨锦屏县三江税局饬江防局一律保护，于兑账单内统计每根抽钱一文半，每队卦抽钱二十四文，交作五勷馆杨公庙香灯费及天柱赁觥费"。

木材市场的发展，"五勷帮"及杨公庙的形成，对发展天柱民族文化教育发挥了积极的促进作用。捐资办学蔚然成风，光绪三十三年（1907），天柱成立"劝学所"，外三江赞助白银三千两，还以垄处木捐作为天柱县高等小学的常年经费。根据木商帮会规定，木客"每个苗头纳天柱中学经费一两零五分"外，在杨公庙向木商每根木头抽取的一文半，每队卦抽取的二十四文中，"除酌交香灯各费外，余提作天柱中学常年经费"。正是由于有雄厚的木材经济为文化教育奠定基础，天柱县在近现代史上才会人才荟萃、英杰辈出②。

杨公信仰习俗不仅在清水江流行，还传播到长江中下游地区甚至豪商巨贾最多的徽商老家。近年发现的"清代佚名商编路程抄本"③，是徽、临商帮到侗苗地区从事木材贸易的行程"指南"，选录了卦治至托口、托口至常德

①　吴振棫. 黔语：上卷（"开通清江之利"条）. 顾久. 黔南丛书点校本（第10辑）［M］. 贵阳：贵州人民出版社，2010：277.

②　秦秀强. 杨公庙——清水江流域山神与水神的化身［A］. 天柱县政协非物质文化遗产宝库编纂委员会. 天柱县非物质文化遗产宝库［C］. 贵阳：贵州大学出版社，2009：287-289.

③　王振忠. 徽、临商帮与清水江的木材贸易及相关问题——清代佚名商编路程抄本之整理与研究［C］//清水江文书与中国地方社会国际学术研讨会组委会. 清水江文书与中国地方社会国际学术研讨会论文集. 2013：41-42.

府、德山（位于常德以下十里）至汉滩（武汉）、鹦鹉洲至仙女庙（南京）水路里程，以及九江关量排算法规、芜湖关量排规例、新堤关例、芜湖关例与汉镇、二套口、南京厘捐例和仙女庙曹捐规例等相关内容。同时，也记载了沿途祭祀水神的大小活动仪式达 100 余次，其中敬神（个别地方标明"剪牲敬神"）70 次、小神福（小型祭祀）28 次、大神福（大型祭祀仪式）10 次，接王爷 6 次。有时"大神福"和"接王爷"同时进行，如排抵沙夹，"大神福，用四盘；了岸头，接王爷"。而到达黄州六溪口时，照例要"剪生（牲）大神福，用四大盘，接丁王爷"。接王爷有时用红旗，有时用绿旗，不仅每次敬神的祭品多寡不同，连途中购买鱼肉及酒类犒赏排伕的生活档次也有很大的差别。托口至常德江段，共举行敬神 10 次，大神福 2 次——分别在辰州关和清浪滩举行；德山至汉阳江段，小神福 26 次、大神福 5 次、接王爷 4 次；鹦鹉洲至仙女庙江段，里程最长，敬神活动也最频繁，计 60 次，小神福 2 次、大神福 3 次，接王爷 2 次。

"抄本"对沿途治安状况、物产、市镇等皆有描述，其中，有五处提及"防小人"或"小人多"。同时，还记载了途中有关官府保护木植的告示："清浪滩恐排行之不顺，倘或漂泊，其木每根赎钱六文，系辰州府关上出有定示。"与之相印证，《新晃侗族自治县林业志》有清代关于木材流通监督管理方面的文字记载，其中提到辰州关，史称"辰州木关"，康熙三十八年（1699）设于沅陵县验匠湾，由辰州府主管，"讥木筏之自上而下者，征其税，岁额有定制"。据此书所述，该关在清代三易其址：雍正二年（1724），知府汪立铭移址沅陵城南五里的瑶湾，建堂室三间，外偏廊屋一间；乾隆六年（1741），知府陈文言移址沅陵城北河口；咸丰九年（1859），木关移址桃源县的河洑，三年后木关又迁回沅陵原址[①]。

三、木商文化的历史价值与现实意义

自明代以来，朝廷对侗苗地区森林的开发利用日益加强，由此而衍生出木材采运、木材交易、贸易规则与林业契约文书、木材官司、诉讼判决、林业谚语、抚林技术、林粮间作、封山育林、护林禁碑、乡规民约以及款规款约等民族民间习惯法，内容极为丰富，涉及生产生活的方方面面，更凸显出木商文化的博大精深，这些是研究区域历史地理、政治、经济、文化和宗教

---

① 《新晃林业志》编纂委员会.新晃侗族自治县林业志［M］.内部编印本，2012：294.

信仰不可多得的珍贵资源。以往，关于明清两朝在清水江流域采办"皇木"以及木商群体活动的参考资料比较缺乏，能够查阅的史籍文献极为有限，近年来随着一批珍贵档案资料和民间文献的陆续发现，以及对历史资料的挖掘整理研究不断引向深入和学术界对研究成果的广泛交流共享，涉及木商活动和林业发展的各种史料不断增多和丰富起来，如《采运皇木案牍》（藏中国科学院图书馆）和徽州《婺源木商须知》（残本）等史料的发现，就对拓展天柱木商文化以及侗族苗族林业史的研究均大有帮助。

清水江流域缤纷绚烂的木商文化，既是一部丰厚的林业兴衰史，也是一部优秀的生态建设教科书，它揭示了侗苗农民从明清时期大肆砍伐原始森林，到后来自发形成植树造林制度、大力营造人工林的历史过程，总结了人类在历史长河中由于破坏森林而造成大片荒山、沙石裸露、自然灾害频发的惨痛教训，较早地认识到了人类必须保护生存环境，善待森林、维护生态环境和绿色植被的诸多道理。天柱各族人民保护森林和木材采运的禁忌与乡规民约，如禁止私自移动界碑界岩，严禁砍伐、烧毁风水林木，不准进入他人打有草标的"禁山"砍柴，对当代保护森林和生态环境仍然具有严厉的约束作用。当地广大群众用勤劳的双手创造了绿色的林海，营造了绿色的家园，在这基础上创造了灿烂辉煌的木商文化，为我国的生态经济建设做出了积极的表率。

古人云："以史为鉴，可知兴替。"木商文化遗产的精髓及其丰富内涵很值得我们今天去挖掘借鉴。天柱县侗苗人民"靠山吃山，栽树护林"的传统美德，是生态文明建设中永远值得继承和弘扬的宝贵精神财富。

第二节　多元合流、异彩纷呈的婚姻习俗

《易经》云："贲如，皓如，白马翰如。匪寇，婚媾"（贲六四）；"乘马班如，泣血涟如"（屯上六）。这里记载的是我国先秦的抢婚习俗。1886 年，马克思主义民俗学奠基人之一的拉法格在《关于婚姻的民间歌谣和礼俗》这篇著名的论文中指出："在各族人民中，婚姻曾经产生了为数甚多的民歌，同时也形成了稀奇的礼俗。"[①] 天柱侗族苗族正是这样，其婚姻作为一个能动的历史因素，在它所必然经历的动态历程中，产生了大量与婚姻有关的民歌，并形成了很多有关的礼俗。清初天柱知县王复宗在纂修康熙《天柱县志》时

---

① ［法］拉法格. 拉法格文论集［M］. 罗大冈，译. 北京：人民文学出版社，1979：11.

谈及当地风俗，首先就提出了我国南北民族风俗的差异性，继而强调天柱地方风俗的独特性。王复宗认为，"况楚风剽悍，而天柱尤为极边，不得其人以治之，则十五国之歌谣未易，奏南薰鼓休和也"。接着说"而三苗之俗，以母党为重，婚媾先中表而后外人。遇病不药而事祈祷，遇丧不哭而事鼓歌"（康熙《天柱县志》卷上《风俗》）。这些礼俗长期延承，直到近代，部分甚至传承至今，经久不衰。

一、土著婚俗与汉族"六礼"交融而成的婚恋文化

上文说的"南薰"，本指南方诗歌，常被史家引申为风土人情，与北方的激情锣鼓大不相同。南朝宋时期裴骃《史记集解》云："王肃曰：'《南风》，育养民之诗也。'其辞曰：'南风之薰兮，可以解吾民之愠兮。'"唐朝司马贞《史记索隐》说："此诗之辞出《尸子》及《家语》。"文献记载，有一次子路鼓琴，孔子听了批评道："甚矣，由之不才也。"然后，孔子解释说："夫南者，生育之乡；北者，杀伐之城。……昔者舜弹五弦之琴，造南风之诗，其诗曰：'南风之薰兮，可以解吾民之愠兮，南风之时兮，可以阜吾民之财兮。'"（《孔子家语》卷八《辩乐解》）诚如孔子所言，南方既然是"生育之乡"，其婚姻文化价值取向自然而然会极力强调性爱和人口的生育繁衍，这是人类自身生存发展的重中之重。天柱建县后，经过历任政府官员强力推行"王化"教育，极力引导少数民族婚俗朝着中原王朝正统"六礼"的方向发展，并且取得了一些实质性的改变，比如，天柱建县后再也没有出现像周边地区那样屡次请示政府出示禁革婚姻陋习的晓谕了。由于侗族和兄弟民族之间的经济和文化交流，尤其是与汉族的文化交流，汉族文化对侗族文化的强力渗透，从而使侗族婚姻习俗蒙上了一层中原王朝正统礼教的面纱。古代汉族缔结婚姻要经过六道手续，民间叫作"六礼"，即纳采、问名、纳吉、纳徵、请期、亲迎。随着历史的向前发展，当今汉族很大程度上不再沿用"六礼"了，天柱侗族苗族却一直保存、沿袭这种礼俗"文明"至今。这颇有点"礼失而存之于野"的意谓。

直到清朝末年，天柱西溪苗（实为侗族）仍然流行一种在汉人看来非常奇异的婚恋习俗。日本早稻田文库昭和十四年（1939）七月五日收藏的彩绘本《黔省诸苗全图》（集诗文、绘画于一体，约成书于清朝末年）载曰："西溪苗在天柱县治，女人穿裙不过膝，以青布缠腿，未婚男女携馌相聚而戏，爱者约饮于野外，歌舞苟合，生子后以牛过聘焉。"虽然作者完全是以一种猎

奇的眼光来进行描述，但是不可否认，当地人在崇尚自由恋爱的同时也已掺行着古代汉族"六礼"中的"行聘"礼俗。在此则"西溪苗"彩绘中图画的背景是山峦耸翠、小桥流水，青年男女成双成对赤脚站在石拱桥上观赏水中游鱼追逐寻偶的情景，配诗曰：

> 西溪旷野舞歌声，苟合淫奔苗性情。
>
> 男子携笙女提镲，春朝戏耍遍山行。

诗文中的"苟合"实为王朝正统文人的猎奇臆想和附会，在野外以歌觅偶、谈情说爱才是此俗的真相。

二、"玩山""赶坳"觅知音

"玩山""赶坳"是天柱侗族苗族青年独具特色的恋爱方式。青年男女从初次相逢、唱歌借把凭（信物）、约期幽会到结伴私奔这段恋爱过程统称为"玩山"或"赶坳"。玩山，按字面意义即在山上玩耍，在坳上约会，用当地话说就是"在花园里学聪明、学智慧"。因"玩山"地点大都是选择在风光旖旎的山坳水滨，要么峰峦叠翠，古树参天，凉风习习；要么山花烂漫，碧草芬芳，翠竹掩映，流水潺潺，所以又称为"赶坳"或"进花园"。

其活动形式主要是谈心、对歌、逗趣、取乐欢笑，大家的言行都得遵守古规古礼，文明规矩，不许动手动脚，违规非礼。对歌、攀花、讨带、借把凭、读款、念垒、对白话、猜谜、讲故事均为活动形式。男女青年打扮一新，三五成群前往预约地点，以歌代言，以歌传情，以歌为媒，互诉衷肠，表达倾慕之情。通过"玩山"彼此接触了解，加深友谊和信任，并在此基础上再行采聘之礼建立起幸福家庭，婚后夫妻关系都比较恩爱稳定，不易动摇，极少出现离异现象。

青年男女初次相逢，有探听家庭住址、姓名和年龄的《探情歌》《初会歌》，有问候和夸奖对方的《有缘歌》《夸奖歌》，有谦虚让座的《请坐歌》，有求借信物的《借把凭歌》，还有约日期的《约日歌》和送行的《相送歌》。其中《借把凭歌》又可分为《借船歌》、《分花歌》（《攀花歌》）、《借帕歌》、《借带歌》、《借手钏歌》和妙趣横生的《借头发歌》等。若女方没有随身携带物赠给男方作为下次见面的"把凭"，哪怕是头上的青丝也要扯几根相赠。侗家俗话说："头发丝线架得桥。"姑娘们以秀发相赠，足见其对小伙子的深情厚谊。一般情况下，她们往往推脱："武官出门不带印，文官出门不带兵。把凭在家不在手，下回再借行不行？"从中考验男方的口才和文采。遇上那些被称作"老麻雀"的情场高手,他们马上就会接口唱道:"文官出门带有印,武官出门带有兵。姐的身上带得有,莫拿假话来哄人。"

青年男女第二次见面,"玩山歌"的主题又是一番花样,多是感谢对方不嫌、相互勉励不要三心二意、要"耐烦料理花成林"(喻结为夫妻)之语,如《承蒙不嫌歌》《初来连》《新的伴》等。此外还有双方陪伴者唱的《陪伴歌》《十字缘歌》,恳请已经结成知心朋友的各位哥哥姐姐"抬爱""提拔"自己,给自己介绍朋友,以免受到孤单冷落。

青年男女进入深交阶段,"玩山歌"的种类更多,调式和韵律也更加活泼自由,有别具一格的《老久伴》《送鞋歌》《送衣歌》《送伞歌》;也有表达炽热之情的《相思歌》《苦情歌》《相咨歌》。"咨"者,侗语即跑,"相咨"即私奔。这个阶段"玩山歌"的主要特征是深沉含蓄、缠绵悱恻、激越跌宕。男女青年演唱时,或缓缓道来、千回百转、亲昵无比、恩爱万千,或如泣如诉、直抒肺腑、吐尽心曲、令人肝肠寸断。

青年人"玩山"过程中所对的情歌和垒词,往往是一歌一垒,交叉进行,多为即兴之作,句式不拘,亦不避俗言俚语,信手拈来、轻快明丽、自然流畅、娓娓动人,具有无穷的艺术魅力。一首首情歌,一段段垒词,情切切、意绵绵,将青年人的爱情推上高潮的同时,也使"玩山歌"和垒词得到了传播和发展,并形成了各具风格和韵味的"玩山歌"曲调,如"约师调""沙嗓调""略略调""哩哩调""高山腔"和"河边腔"。其中,"略略调"音域较广、音量较高,唱起来声震林木、山鸣谷应、隽永优雅,哪怕相距数里,亦朗朗相闻。

三、程序化的婚俗表演仪式

当代天柱侗族、苗族婚姻,是在男女平等的基础上实行的一夫一妻制。其婚姻礼俗至今仍然保留着"六礼"中的某些关键程序,只不过文化内涵已经被改革得面目全非,完全适应了当今社会的新人新事新风尚。直到20世纪末21世纪初,婚礼的整个过程还必须履行一套传统的令人啼笑皆非的礼俗。举行结婚典礼的头一天,男方得请迎亲队伍(侗语叫"关亲客")到女方寨子去迎接新娘,当关亲客到达女方寨门外时,新娘的娘伴们早就"严阵以待",她们在路上设置障碍物,将纺车、鸡笼、粪桶、木柴、树枝、刺条拦塞路口,有的拉着布带或者藤条横在路中,有的手拉着手,组成一道道人墙,唱着《拦路歌》盘问关亲客,不准他们通过。关亲们把歌对上以后,娘伴们才把障碍物搬开，否则休想进寨。如果关亲客硬往里"冲"，则会出现娘伴们与他们互相厮打、推拉、呐喊笑闹的"斗争"场面。到了女方大门边，娘伴们把大门关严，用两根板凳将关亲们拦住，凳子上面放一盆水，娘伴们唱起《拦门歌》盘问关亲客"你们关亲关哪个？""你们关亲关哪人？""关亲人马来几百？"等问题。关亲们即使进了屋，娘伴们仍不放过他们，将其团团围住，进行种种难以防御的"袭击"，有的把事先准备好的锅灰拌上桐油调成涂料悄悄地抹在关亲客的脸上或耳朵上，有的掐关亲客的耳朵，常掐得出血。说是这样做以后丈夫才听话。关亲客站着、坐着、吃饭、睡觉都要遭到各种袭击和"虐待"，但不能还击，也不能生气。

吃了饭后，娘伴们使用种种手段"折磨"关亲客拿出"高章肉"来"吃高章"。双方在激烈争夺"高章肉"的同时，新娘则号啕大哭，名曰"哭嫁"。到了发亲的时辰，新娘穿着"露水衣"（旧衣服），由自己的亲兄弟或堂兄弟从闺房背出，背到十字路口才放下新娘。然后再在"皇客"（送亲队伍）的陪同下，一路吹吹打打前往婆家。新娘一行来到婆家寨门外，婆家的老少成员都得跑到邻居家中或位置居高临下的地方躲藏起来，相传是"躲热脸"。待新娘进了屋，他们才可以回来和新娘见面，同盆洗"和气脸"，同桌吃"和气饭"。与此同时，男方请人在路上将"皇客"拦住，只放新娘一人通过。巫师还在离家不远的地方举行"回喜神"仪式，把一张桌子摆在路中，手持尖刀，口中念念有词："日吉时良，天地开昌。新人到此，车马回乡。娘家车马请回转，婆家车马出来迎……"念毕，当即杀一只大公鸡宴煞，然后搬开桌子，让"房客"通过。当地人认为这样做，可以驱走随行的神煞，婚事才大吉大利。结婚典礼举行三天。三天中，新娘不出洞房吃饭，饮食一应由专人负责。20世纪50年代以前，还有新娘"三天不吃婆家饭"的习俗，新娘只能吃娘伴们从娘家带来的熟食。说是吃早了婆家的饭，今后夫妻要怄气。婚礼结束那天，"皇客"要给主人举行"酿海""调向""安龙神"等仪式，唱着《上马歌》"斩将夺关"而去，新娘则由新郎陪同回娘家"转脚"，男方的小伙子们出来拦门唱歌留客，假装不让新娘和娘伴们离去。至此，婚礼基本结束。

一夫一妻制下的上述这些婚姻礼俗，其形式与现实的生活内容似乎不相协调，有很多程序令人迷惑不解。人们出于好奇心，把它作为奇风异俗加以记录和介绍，但是对它们的来龙去脉却根本不去做深入细致的分析研究。秦秀强在其发表的《论侗族婚姻礼俗中的原生文化内涵》一文中，运用马克思主义民俗学的"文化残余分析法"原则，根据现存的民俗志材料来进行逆向考察，对侗族婚姻礼俗中的各个特质进行分析，然后将各个特质联系起来进行综合论述。他指出侗族历史上可能曾经历过"抢婚"习俗，后来抢婚习俗消亡，但却作为婚姻仪式元素保留下来，像档案一样将抢婚习俗的演变过程记录在案。原先是野蛮、残酷地真抢，后来演变成象征性和模拟性地佯抢①。

通过上述探讨，我们认为：婚姻礼俗是一个积淀的文化系统，一方面婚姻礼俗有自己独特的结构形式，由表层意义和深层意义构成，也就是说，它具有表层结构和深层结构；另一方面，表层结构和深层结构的内部转换机制强弱不同，从而决定了表层的形式和深层的内容之间的不相协调。正是由于这两方面的原因，人们对与现代婚姻内容相悖的婚姻礼仪无法理解，不能明白其中的奥妙。

就天柱侗族及部分苗族的传统婚礼而言，表层结构是指婚姻礼仪的行为过程本身，诸如拦关亲、画关亲、打关亲、吃高章、哭嫁、背亲、穿露水衣、躲热脸、酿海、调向、转脚等，它们相当于我们习惯说的形式。表层意义即活动形式的外表意义，如人们通常说的拦关亲、画关亲、打关亲、吃高章、穿露水衣、酿海、调向等是为了比娱乐和智慧，哭嫁是为了财产，背亲是为了娘家吉利和表达兄妹情谊，躲热脸是为了家庭和睦、夫妻合好，转脚为省亲。深层结构是指表层结构下面隐藏着的那个系统。它由无数个社会生活原形符号化而来。深层意义指的是表层意义下面隐藏着的、局外人看不出来的社会文化意义，这个意义就是与"形式"相对应的内容。如侗族拦关亲、画关亲、打关亲、吃高章习俗反映了阻拦抢婚和与抢婚者搏斗的过程，"背亲"反映的是男方抢亲者将女子架走时的情景，穿"露水衣"反映了抢婚时的惨状，"哭嫁"则是女子对抢婚的恐惧，"转脚"是女子的逃婚形式，"躲热脸"是夫方亲属避免和女方发生冲突；"酿海""调向"象征着女方承认和接受抢婚的事实。实际上，这些礼俗反映的是一连串的抢婚过程。作为婚姻礼俗深层结构的隐义层面才构成对该婚姻习俗的真正解释。上述婚姻礼俗下面的"抢婚"内容，才是这些婚姻礼俗的原生意义，只有它才能把这些婚姻程序解释清楚。

在这里形式是因变量，相对稳定；而内容则是自变量，它往往变化积极。作为深层结构的婚姻内容，其内部转换机制较强，每经历一个婚姻制度，它的内容就要更新一次。而表层结构的婚姻仪式则不然，其内部转换机制较弱，它在仍然能容纳新内容的情况下，根本未做变动或只做稍稍调整，即能容纳

---

① 秦秀强．论侗族婚姻礼俗中的原生文化内涵 [J]．民族论坛，1988（1）：55-60.

新的内容，于是婚姻民俗的原生内容消失后，而原生的形式却能长期保存下来。侗族的许多婚姻仪式，人们今天无法明白其意义，并且觉得它们与现代的婚姻内容相矛盾，正是婚姻内容不断更新、婚姻形式相对稳定这个原因造成的。抢婚内容传承几百年或几千年后，它的最初意义已经模糊甚至丧失了，而人们还在继续遵行这些风俗，而且不断增加新的内容，补充相反的意义或者用新的意义来替换那种不再能理解的东西。这样，后人也就更加难以理解它们的原生意义了。天柱侗族婚姻习俗在演变过程中，不仅增加了以歌代言、以歌传情、以歌拦门、以歌拦路等内容，还增加了"回喜神""躲热脸"等宗教内容。当抢婚内容消失以后，人们用这些容纳了新内容的风俗去解释它原来那种形式下的意义，那是不确切的附会的解释。正如人类学家列维-布留尔所说："那些继续遵行它们的人当然永远不会忘记按照他们那时的观念和情感来解释它们，正如神话所产生的集体表象随同社会环境一起改变时，这些神话也会包含着与最初意义相反的一层层附会的解说。"①

第三节 天柱文书：文化涵化的文明之果

一、清水江文书的表现形式及其文化价值

天柱文书，属于清水江文书范畴。清水江文书的主要内容是清水江流域地区侗族苗族人民长期从事以农林生产为主的社会实践活动及其生存、发展的社会关系历史面貌的原始记录。清水江文书是我国乃至世界现今保存最完整、最系统、最集中的民间文书之一，是可以与敦煌文书和徽州文书相媲美的又一重要民间文书系统，不仅具有明清时期契约文书的一般特点，还具有西南少数民族的地域特点和民族特色，通过专题性和比较性研究，可以具体而生动地反映中华民族多元一体的特征。清水江文书种类繁多，内容丰富，藏量巨大。其种类包括明代至民国时期产生的各种契约、税单、账簿、图册、乡规民约、诉讼文书、政府文告、乡土教材、家规族谱等，内容涉及经济贸易、权利分配、土地山林权属等诸多问题。它是研究经济学、历史学、社会学、民族学、法学、生态学、人类学等诸多学科的重要史料，目前，清水江

① ［法］列维-布留尔. 原始思维［M］. 丁由，译. 北京：商务印书馆，1987：318.

文书研究已成为举世关注的学术热点。清水江文书作为国家重点档案，因其突出的地域特色、民族特色和学术价值而于 2010 年 3 月入选第三批《中国档案文献遗产名录》。

清水江文书是一种远离政治、经济、文化中心的边缘民间文书。刘志伟先生说："所谓民间文书，是民众在日常社会生活中留下的文字，它们写下来，本来就不是为了记录历史，而是为了处理当事人当时要面对的事情和问题。"① 正是因为如此，清水江文书才更接地气，更具地方民族特色和特殊的价值。包括天柱在内的大批清水江流域文书的公布出版，将为历史学、社会学、人类学等众多学科提供大量的第一手材料依据，有助于加强开展诸如法制史、民族史、习俗史、商业史、土地关系史等方面的研究，显然可进一步扩大社会历史文化整体观察的视野，撰写能够反映各种力量复杂互动的多面而整体的全息性社会生活史，帮助我们更好地认知乡土中国、政治中国、文化中国合为一体的完整中国②；同时也有助于我们更深刻、更全面地理解天柱这一方之隅的变迁史，更立体、更微观地揭示地方与国家之间、族群与中华民族共同体之间在多元一体格局下的有机联动和动态关系。

二、汉夷交流：清水江文书的缘起

清水江流域包括天柱县在内的契约文书都是明契少、清契多。究其原因，可能是由于明代尚属初始开发，汉族经济、文化的渗透力度相对微弱，汉文化与侗苗文化的交融互动还需要一定的时间，从排斥、抵制到主动接纳需要有一个磨合的过程，不可能一蹴而就，马上就能被土著居民欢迎并吸纳运用；尤其是汉文的书写与表达方式，非得具备一定的教育基础与文字功底不可。所以，大家都注意到了这一区域学校的修建与普及，以及文化教育的兴起和人才的培养造就问题。随着明代以来的大规模区域经济开发，带动了清水江流域与中原、江南地区的木材贸易活动，以杉树为主的各种林木的种植与采伐，成为清水江两岸村落社会最为重要的生计活动。清水江流域的木材生产

---

① 刘志伟．从"清水江文书"到"锦屏文书"——历史过程和地域文化结构中的县域价值 [J]．原生态民族文化学刊，2021，13（1）：1-7.

② 张新民，朱荫贵，阿风，等．共同推动古文书学与乡土文献学的发展——清水江文书整理与研究四人谈 [J]．贵州大学学报（社会科学版），2012，30（3）：73-79；张新民．清水江流域的内地化开发与民间契约文书的遗存利用——以黔东南天柱县文书为中心 [J]．贵州社会科学，2014（10）：37.

和经营一度十分繁荣，曾有"木排蔽江"与"渡江无须舟楫，踏木即可过河"之说。在木材经营活动中，把有关林木买卖、土地租赁、账目收入、利润分配、边界划分、纠纷调解以及地方社会在某些特殊历史时期所经历的重大事件加以文字记录，并逐渐采用具有法理依据的契约文书等形式固定下来，作为纠纷调解或走司法程序的证据，以防患于未然。这本属于社会经济生活的日常，不料却因此为后人留下了大量契约文书及其他种类繁多、内容庞杂的民间历史文献，如今竟成了学术研究和史鉴挖掘的圭臬之宝。

清水江契约文书的书写格式、内容，虽然不至千篇一律的地步，但是几乎大同小异。清水江契约文书通常包括主题、双方立契人姓名、佃山造林或出卖山林的缘由、林木林地的来源及其所占股份、林木林地的四至界线、林木林地的价格、双方的利益关系、权利义务、中间人、书契人、执契人、立契时间及附加条件和补充说明等。文书上面的地名、人名和文字，有不少是本地方言或夹杂苗、侗语的汉字译音。在不同的契约中，立契人有单个的、有合伙的、有房族的，也有民间社团组织如"桥头会""南岳会""观音会"等团体出现。研究者指出："从这些林林总总、数以万计的林业契约中，我们看到了一幅长长的，由山场、林木，资方、劳方，苗家、侗家，官府、百姓，官军、役夫，富人、穷人，婚丧、嫁娶，生产、流通，敛财、消费等组成的清水江林业的社会历史画卷。"①

这些以汉字为载媒、以契约文书为主核的清水江文书，之所以能在天柱等清水江中下游地方的侗苗社区中大量形成、广泛使用和长期流传，说明当地人群中的识字率或文字读写能力（literacy）已达到了一定的高度，少数民族与汉族之间的文化涵化程度已经较深。换言之，包括"天柱文书"在内的清水江文书，显然是侗苗少数民族与汉族之间长期交往交流交融的文化产物，更是中华民族共同体意识在社会生活实践中的一种具体体现，说它是中华民族共同体多族群之间文化涵化结出的文明之果，当不为过。

鉴于清水江文书在特定历史时期的广泛存在和影响，天柱清水江流域的山地民族——侗族和苗族，完全可以称得上是斯托克（Brian Stock）所说的那种"文本共同体"（textual communities）②。参考英国人类学大师古迪（Jack

---

① 单洪根. 木材时代——清水江林业史话［M］. 北京：中国林业出版社，2008：148.
② STOCK B. Listening for the Text：On the Uses of the Past［M］. Philadelphia：University of Pennsylvania Press，1996：140-158.

Goody）等人对传统社会中"文字的后果"（consequences of literacy）的论述①，我们认为，天柱这两个山地民族的传统社区中这种基于文字使用的文明发展，不仅突破了无文字社会通常都有的"内部自我循环平衡"（homeostatic）、依赖面对面的交流、社会历史记忆迭代周期短且遗忘面过大等局限，而且将过去与现在、近地与远方、熟者与生者都频繁地连接起来。有了这"书同文"的纽带及其广泛应用，无论是村寨与村寨之间、地方社会与国家之间，还是族群与族群之间、各族群与整个中华民族共同体之间，都更加有时间连续性地紧密联系到一起，为中华民族共同体意识在乡土社区层面上的植根生成提供了坚实基础。此外，天柱侗苗民族的清水江文书这一文字文明个案也表明，美国政治学家和人类学家斯科特（James C. Scott）关于东南亚和华南山地的"赞米亚"（zomia）学说中所提的"文明不上山"和山地民族主动弃用文字而远遁于国家文明（state civilization）圈外之说②并不具备普适性，甚至在某种程度上可以说是一种过于简单的概化（generalization）和偏见。

三、"天柱文书"的个性特征

现已征集到的"天柱文书"最早为明代成化二年（1466）的，其次是万历二十四年（1596）的，再次为崇祯十六年（1643）的；分别是田契、诉辞、合同。原件具体时间为：《成化二年八月初口日粟文海、粟文江等人耕种抛荒屯田合同》《万历二十四年六月二十六日覃大贵状告梁盛忠等人断绝灌田塘水诉讼书》《崇祯十六年月初十日覃礼江、蔡礼枝等人分用塘水合同》③。

2011年，中山大学、贵州大学、凯里学院的学术团队分别申报的"清水江文书整理与研究"课题并列获得国家社科基金重大攻关项目立项。随后，由天柱县人民政府和贵州大学等单位共同倡导，由"清水江文书整理与研究"国家社科基金重大攻关项目课题组成员单位及《天柱文书》编辑出版单位联合主办了第一届国际清水江学高峰论坛暨"清水江文书与中国地方社会"国际学术研讨会。相关的研究成果陆续发表，凸显了"天柱文书"的重要地位

---

① GOODY J, WATT T. Consequences of Literacy [J]. Comparative Studies in Society and History, 1963, 5（3）：304-345.

② [美]詹姆士·斯科特. 逃避统治的艺术：东南亚高地的无政府主义历史 [M]. 王晓毅，译. 北京：生活·读书·新知三联书店，2016：279, 501.

③ 贵州省档案馆. 贵州省档案馆馆藏珍品集萃（一）[M]. 贵阳：贵州人民出版社，2010：3-4.

与特色。

　　研究发现，与锦屏的文书林契多而地契少不同，天柱的文书则是地契多而林契少，说明天柱群众多采用混农林生产经营模式，但农业仍在其中占据了主导性的地位。"天柱文书"的"早期则白契多而红契少，愈往后则红契愈多而白契愈少，揆诸当地社会变迁发展的实际，亦与不断内地化的整体历史进程对应一致"①。为此，专家们不仅将土地买卖契约、土地租佃契约、账簿、税单、家产清单、纳粮执照、诉状、判辞、官府告示列入清水江文书中之"天柱文书"，还将同一文化生态中与之相关的算命书、风水书、清白书、分关书、婚书、休书、过继契约、陪嫁资契、保结书、碑铭、日记、教材稿本一并列入，以便进行更加系统全面的分析研究。

　　天柱县清水江文书抢救保护工作始于 2007 年，被列为 2011—2020 年国家古籍整理出版规划项目，到 2013 年年底全县共征集馆藏 26500 件，数字化20000 余件，并将其列入"十三五"国家重点出版物出版规划项目。2014 年由江苏人民出版社出版的《天柱文书》第一辑（22 册）整理了其中的 7000余件。2018 年，贵州省档案馆等编《贵州清水江文书·天柱卷》第一辑由贵州人民出版社出版，共 5 册 29 卷，选录文书 1500 余件。目前，清水江文书征集整理工作仍在继续，从未间断。

　　张新民等学者对《天柱文书》所著录的 7000 余件文书与其他地区的类似文书进行比较分析后认为，尽管彼此之间的共同点甚多，但地区性的特征也颇为突出，"其中最值得注意者即为汉语记苗音、侗音及其相互混用的特殊书写情况。具体概括，又可分为三类：（一）汉字记苗音或侗音；（二）半汉半苗或半汉半侗意译与记音混用；（三）汉语径译苗语或侗语。均反映了当地多元化的语言文化生态现象，折射出侗、苗、汉民族聚居融合的特点"②。很显然，天柱文书的这些特点表明，它乃是多民族文化交融发展和多元一体化到达了特定程度的产物，也是天柱地区的发展已经深度内地化的重要文化表征。

---

① 张新民．清水江流域的内地化开发与民间契约文书的遗存利用——以黔东南天柱县文书为中心［J］．贵州社会科学，2014（10）：36.

② 张新民．清水江流域的内地化开发与民间契约文书的遗存利用——以黔东南天柱县文书为中心［J］．贵州社会科学，2014（10）：37.

第四节 碑刻：镌嵌在石头上的历史记忆

贵州建省只有 600 多年的历史，古碑刻储量相对较少，但清水江下游的天柱、锦屏两县却是贵州古碑刻分布最集中的地区，可以说是弥补了贵州碑刻文献资料的不足。清水江流域尤其以天柱县为中心的下游地区，自古以来就是侗族、苗族的聚居地，其碑刻文献的民族性、区域性、史料性不言而喻，所具的重要价值主要表现在以下几个方面。

一、历史文献价值

纵观天柱历史，古碑刻见证了天柱县世居民族由与外部世界相隔绝的"生界""化外"向"熟界"或"国民"转变的史迹；也展现了天柱这一方之隅由"化外之域"纳入象征或实质意义上地方行政制度建制的"正贡之地"，又从"边地"转化为与中原地区无太大差别的"腹地"的历程。三门塘梁溪口《兴龙桥》碑刊刻于明万历三十九年（1611）孟冬，时属天柱建县初期，据该碑记载，兴龙桥原为谢万银、谢万保二人所有的私桥，为了方便行人，三门塘谢什保和他的妻子刘氏，从二人手中买下此桥并将其改建成石拱桥。碑上载明架桥人的户籍地址为"大明国湖广道靖州天柱县归化二图清水江三门塘"，证实当时贵州与湖南的省际边界行政区划尚未调整，天柱县还属于湖南靖州管辖。《天柱县初建县治碑记》、三门塘《人文蔚起》碑与天柱县北门紫云桥明代"兴化"摩崖、白市镇燕子湾摩崖、凤城镇观音洞清代摩崖等，都是记载王朝势力在当地开展政治、军事、文化活动的珍贵史料，对研究天柱等地"军屯"及老百姓接受中原王朝权威统治的历程、探讨天柱内地化发展的轨迹颇有参考价值。

天柱县现存古碑当中，清碑、民国碑刻占绝大多数，几乎每朝每代都有竖立。仅发现宋代碑文（有碑石）1 通，明代碑文 14 通。唯一的宋碑，即竖立在天柱县远口镇新市村的南宋大理寺丞吴盛夫妇合葬墓碑，碑后款铭"宋景定元年（1260）庚申岁冬月吉日"。据远口《吴氏族谱》记载，吴盛曾任南宋大理寺丞，因抨击时政而被迫害，于宋理宗淳祐年间（1214—1252）举家西迁，避祸于天柱远口，为远口吴姓的开基始祖，湘黔边区早期的开拓者之一。明代的 14 通碑文中，有碑石或拓片的 6 通，其中，明宣德四年

（1429）2 通，即《有明龚宜人沈氏之墓》和《故沈氏宜人墓志铭》；万历 2 通，碑名是《求兴南无阿弥陀佛碑》《兴龙桥碑》，分别刊立于大明万历二十四年（1596）十月十五日和万历三十九年（1611）孟冬月吉旦；有拓片而碑石不知下落的明碑 1 通，碑名为《永兴接龙桥》，立碑地址为"大明国湖广靖州天柱县安乐二图新州白岩塘八角洞"，立于明天启六年（1626）。另有 1 通为崇祯元年（1628 年）的《永兴桥碑记》，立在竹林镇花里村古桥旁边。上述碑刻所载的行政区域和地名，如"大明国湖广靖州会同县远口乡六图九口塘中寨""大明国湖广道靖州天柱县归化二图清水江三门塘梁溪口"等，反映出天柱建县前后的行政隶属关系，内容亦为修桥事迹的记录。

清康熙《天柱县志》记载的明代碑刻 8 通，碑名分别是《天柱县初建县治碑记》《天柱县初建儒学碑记》《展城楼记》《初建宝带桥记》《置学田记》《重建城隍庙碑记》等，均为万历年间所立。其内容包括建县办学、展城扩池、建桥修庙等政治、军事、治安、教育、宗教领域，反映出天柱建县之初，边地边民纳入"王化"系统之后，百废俱兴的空前盛况。除明宣德 2 通墓志碑为方首形之外，明末碑刻多为圆首形。明碑存世极少，其历史文化价值不言而喻。正因为如此，天柱一带的宋明碑刻史料愈尤显得弥足珍贵。

从明朝开始，中央王朝国家组织的汉人军事集团屯戍移民天柱县清水江沿岸地区，一方面是官方积极推动汉文化的大量移入、浸染、扎根和拓殖，另一方面是当地人民主动欢迎接纳汉族移居人口，吸纳汉族经济文化而发展本土的民族文化，体现接受儒家文化价值的史迹在天柱地区传世的文化教育和木材贸易、调解纠纷、家规族谱、乡规民约、政府文告类碑刻里都有所体现。如果说明代官方镌刻的《天柱县初建儒学碑记》《创修凤城书院碑记》是记载王朝推动正统礼制与儒家文化，那么，坌处镇抱塘村《凤鸣馆碑记》《学田碑记》、竹林镇地坌村《起秀斋碑记》和新寨村《文昌会碑》、高酿镇《孔子会碑记》、三门塘《人文蔚起》等碑刻，则表明了明清以来侗族、苗族群众积极建校兴学，主动接受中原文化的思想观念。碑刻中"苗""峒""汉"之间互渗互动的历史事例，一目了然，不胜枚举。

特别是天柱县各个姓氏的宗祠碑刻，无一例外都要将本族姓的来历、落户天柱及其迁徙过程追根溯源一番，这些内容翔实的碑文，是不可多得的人类学、民族史资料。此外，还有大量的寺庙碑，记载了各个古刹庙宇的修建年代、所供神灵，从一个侧面揭示出了汉传佛教在天柱的传播历史以及本土宗教信仰的发展变化。尤其值得一提的是，天柱碑刻从不同的历史角度反映了官方和民间对推广发展正规学校教育的积极态度。一方面是明清地方政府极力创办学校，除了兴建县学、开化书院，还鼓励民间创办社学，推行王朝正统礼教和中原文化，这一点在《天柱县初建儒学碑记》《置学田记》中说得最明白不过了。天柱世居民族主动接受王朝正统"王化"和中原文化，并形成了天柱群众尊师重教、注重培养人才的传统风尚。除了上面已提及的一些相关碑刻之外，还有地冲村的《学堂碑记》、凤城厍藏于天柱民族中学陈列室的另一通《人文蔚起》以及远口镇鸬鹚村的《千古不朽》和邦洞的《亘古于兹》等，都是天柱县老百姓捐资办学的历史见证。由此可见，当今天柱之所以能成为全省闻名的"文化教育大县"，有着深厚的历史渊源。

二、乡规民约碑：明清时期天柱乡村社会管理的"活化石"

天柱的风水禁碑、林木古树禁碑、坟山禁碑、木材放运及渡口管理的江规碑，对加强地方社会治安管理、规范道德行为发挥了积极的作用，不少林木禁碑还填补了地方林业史料的空白，为当代生态建设和可持续发展提供了宝贵的历史借鉴。清水江流域有成百上千的生态保护碑、林业禁碑，既有造林植树的内容，又有封山育林、护林、禁伐"风水"林木以及山林权属界址、维护木材运输等内容。它们是地方林业志资料的有益补充，对于发展林业、保护森林，促进经济社会加快发展具有借鉴价值，值得大力挖掘整理与深入研究。例如，《远口司周示》《遵批立碑万代不朽》以及各地刊刻的数量众多的《永远封禁》或《禁碑》，无不具有"存史、资政、教化"的价值与作用。侗族、苗族人民历来对植树造林、封山禁伐、保护森林十分重视，认识到茂密的森林具有给山川添色增辉、美化环境、涵养水源、调节气候、固江河湖泊、防止水患、利国利民等好处。不论是官方立还是民间立的碑刻都规定了奖罚的条规，惩罚与奖励并重，这是天柱清水江侗、苗碑刻的一大特色。

三、热心公益事业的功德碑

在天柱民间，人们把碑刻称为"万年碑"，意思是做好人好事积功德的人能以碑流芳百世、永垂不朽。在记载侗族和苗族人民踊跃捐资，积极投工投劳参与兴办公益事业的功德碑中，涉及的内容很多：修建渡口渡船的有《渡船碑记》和《修渡碑记》，仅三门塘村修渡就分别于嘉庆二年（1797）、道光二十七年（1847）、咸丰十年（1860）和光绪三年（1877）各举行一次，前后4次立碑；桥梁碑有《复兴桥》《德同川永》《德永千秋》《视履考祥》等

20 余通，且从始修、次修至终修每次都勒碑记载；修路碑有《王道荡平》《王道坦坦》《雁齿横排》《承先启后》等 8 通；亭阁碑有三门塘《乘凉楼》、清浪《亘古不朽》、坌处杨公庙《戏台碑记》；井泉碑有《同井同心》《溥博渊泉》等。它们既是天柱清水江流域各民族群众热心公益事业美好心灵的展现，也体现出他们大公无私、热爱生活、团结互助、向往幸福生活情怀的优良传统，对促进当今的和谐社会和新农村建设具有积极的借鉴和激励作用。

四、见证天柱县宗教信仰发展史的寺庙碑

遗存在天柱县境内的宗教信仰碑有寺观庙宇碑、土地祠碑，反映了佛教、道教及其宗教信仰文化在清水江流域的传播发展轨迹。佛教传入清水江流域大约是在宋元时期。据康熙《天柱县志》记载，宋绍兴年间（1131—1162）开始出现观音寺、玉皇庵。明代有城隍庙、文昌宫、邦洞金凤山寺、蓝田三合凤阳山宝刹、远口新市回龙庵等。清初统计，天柱共有竹林龙凤山宝庵、织云关帝庙等各种社坛庙观计 34 处。到光绪年间（1875—1908），全县寺庙宫观增加到 49 处，而且统计罗列时可能寺庙遗漏不少。天柱县城的文庙、城隍庙和高酿镇的三圣宫，除了供奉如来佛、观世音等佛像，还敬奉孔子、太上老君、王灵官等儒家和道教神祇。素有"古南岳"之称的金凤山在清代鼎盛时期，共有大小 48 座庵殿。在建设这些古刹寺观的过程中立有许多碑刻，碑刻既是对修建宗教活动场所的记载，同时碑刻本身也是这些宗教建筑的环境要素之一。三门塘三圣宫遗址嘉庆二年（1797）的《修庵碑记》和道光二十年（1840）的《重修碑记》记载了佛教传入当地的大致时间以及该处寺庙由兴隆庵演变成三圣宫的过程。值得一提的是，天柱群众十分盛行土地神崇拜习俗，立于坌处会仙桥头的雍正七年（1729 年）土地碑，是迄今为止在清水江流域发现的最早的有铭文记载的土地碑。此外，我们还通过坌处杨公庙的《重修碑记》，了解到清水江沿岸群众还信仰地方性的神祇杨公——清水江木排放运的庇护神。

五、天柱碑刻的文学艺术价值

通过碑刻形体与制作工艺，可以看出天柱传统民族文化与中原文化的差异。明宣德龚宜人沈氏墓碑及墓志铭即是最好的例证。该碑发掘于 20 世纪 80 年代末，碑上虽然只刻有"有明龚宜人沈氏之墓" 9 个篆字，每字 20 厘米，

分3列竖向阳刻在预先划定的方格之内，每列3字，但是书法老到、刻技精湛，字体隽永秀丽，具有较高的书法艺术价值。与此同时，和它一同出土的墓志铭也蕴藏着丰富的历史文化信息，诸如明代王朝对边疆地区的军屯制度、卫所建制、军官职务及军衔等方面的情况。此外，该墓的碑文书写格式在天柱县目前所发现的碑刻史料中也是绝无仅有的。天柱的墓碑镌刻在内容上通常具有四大特点：一是墓主姓名、性别；二是死者的子孙后代及其家属姓名；三是死者生卒年月日时和竖碑时间；四是有墓门夹杆、墓联及碑盖、碑额，个别提到死者身份和墓向。然而此碑只镌刻墓主的身份、性别、姓氏，将其他内容均刻入了墓志铭。这些碑铭内容对研究明代天柱开发史具有相当重要的参考价值。

勒在天柱境内的各种古碑文，几乎都是天柱历代文人工匠撰写镌刻。很多碑序不仅行文流畅，文字简洁优美，而且刻有文人诗词，雕刻工艺精湛，书法上乘，有不少佳作。天柱古碑文有长有短，短者只有三五个字，仅仅表明某一地名或场所，如蓝田镇地锁村的《一村关》、凤城镇一小操场的《讲演台》、瓮洞镇关上村的《黔东第一关》等碑刻，就只有"一村关""讲演台"和"黔东第一关"等寥寥数字。有的却洋洋洒洒达数千言，如坌处镇的《永定章程》《内外三江木材商场条规碑》和注溪乡禾翠亭的《反治锦囊碑》等。竖在今高酿小学校园内的《孔子会碑记》，不仅序言的字数较多，涉及的捐资人员姓名也多，此碑从左到右还同时刊载了"孔子会碑记""本校筹办序""本校乐捐碑记序"3篇序言。又如，远口镇《重修远口吴氏总祠牌楼墙垣碑记》中，以"烟"（几代同堂的大家庭一烟包括若干户——笔者注）为基本统计单位，碑上所载的捐资者上千烟，捐资银圆金额逾万元。亦有碑文内容更庞杂者，如坌处镇圭宜溪碑群，先贤们为了避免重复原名，便由"上应七星""一溪水绿""两岸峰青""人行鳌背""横眠半月""渔竿钓月""功资秦口""仙会虹腰"等9通古碑刻按顺序排列组成，内容环环相扣，前后相互连贯。捐资者从各级官绅、木商帮会，到林农排伕、清水江沿岸天柱锦屏两县群众多达数千人，其捐资金额也一目了然。

一般来说，一块完整的碑由碑座、碑身、碑额（又叫碑盖或碑帽）、夹杆构成。夹杆竖于碑的两侧，并镌刻碑联。较重要的碑文甚至还专门修建碑亭予以保藏，图存久远，如三门塘碑群就专门修建有安放碑石的石亭，挑选较宽大的青石板构成，里面存放2至3通碑刻，使之不到风吹雨打、日晒雨淋。为使碑文布局整齐美观，有的碑额画圆圈，将碑名套在圈内；有的画有字格，将碑文书刻于框格之中，每格一字；有的边框和额头分别雕饰各种图案。这些工艺精湛的图案与书刻老道的碑文有机结合起来，从而显示碑刻的造型美，体现出一种完美的艺术情趣。

天柱侗苗古碑刻图案纹饰大致可分为以下四类。

（1）吉祥物。如麒麟、龙、凤、水牛等，多以"二龙抢宝""双凤朝阳""麒麟献瑞"作为构图形式。

（2）自然界的各种花卉植物。如牡丹、墨竹、嘉禾（草本植物）、莲花、卷草等。其中，最有代表性的是莲花纹和卷草纹。

（3）几何纹。一般采用菱形纹、连弧纹、棋格纹、锯齿纹、波纹等形式。这些纹饰，用作碑文四周、碑侧、碑阴四周以及碑座的装饰图案。

（4）卷云纹。这种雕饰多见于寺庙碑。

至于碑刻的文采，在众多碑序之中，虽然无一例外都是很简短的文言文，但是仍然不乏典雅隽永之作，如石洞镇马道的《古史籀在斯》①铭曰：

先生吾邑之名儒也。于五经诸子百家罔所不胪，士弟遍环区，学馆星乡里。学终不厌，教终不倦。晚岁林泉，乃陶然于杜康，怡然于瓜架豆蓬，先生儒矣。其后嗣贤，家世昌，不具述。为其铭曰：砖曰宜侯，瓦字未央，何来欧美，道其苍茫。

受业门弟子仲璧龙传楦敬铭

此碑全文连落款在内整整100个字，却非常凝练，卓厉风华，情文并茂，体现了当地乡村文人儒士具有极高的文字修养和文学水平。

综上所述，天柱县境内历代留存的石碑石刻，既有地方民族特色的底蕴，更有中华文化体系的深厚根基，不仅是天柱历史和地方文明的缩影，而且深刻反映了中华民族共同体文化一体性和多样性的辩证统一。这些碑刻的内容体现了侗苗人民公益性、民族性、思想性、实用性与艺术性的结合，是先人们用智慧和辛勤为后人留下的时代烙印和历史发展轨迹，具有极高的史料价值和文学艺术研究价值，也是地方可持续发展中可以加以开发利用的一笔极为珍贵的旅游文化资源。

---

① 政协天柱县第十三届委员会. 清水江文书·天柱古碑刻考释（中）[M]. 贵阳：贵州大学出版社，2016：185.

第五节　宗祠："汉姓祖先"情结与中华文化认同

一、天柱姓氏结构与宗祠文化来源

在贵州省境内，宗祠古建筑分布最多的地方首推天柱县，而在天柱县又以清水江下游沿岸分布最为密集，据较新研究统计，全县现存宗祠104座，其中始建于乾隆时期的就有27座①。

长期从事家祠历史文化研究的袁显荣于2009年在《清水江下游宗祠文化探微》一文统计，天柱县共有宗祠150余座，其中杨姓39座，龙姓24座，吴姓12座，王姓12座，刘姓8座，潘姓8座，罗姓5座，周姓3座，胡姓3座，陈姓3座，蒋姓、彭姓、唐姓、朱姓、张姓、姜姓、欧阳各2座，其余的袁、孙、陆、肖、伍、何、黄、郑、梁、粟、徐、江、舒、宋、乐、姚、秦、欧、程、苏、文、许、曹姓各1座②。

由于天柱地区各姓宗族迁徙、繁衍的时间和生活居住的范围有很大差异，他们所建造的宗祠不仅在规模、形制、大小等方面有显著不同，而且宗祠类型也有所不同。天柱宗祠可分为总祠（又称族祠）、支祠（亦称房祠）等。这些宗祠多是建造于清代，少数建于民国时期，个别是改革开放后恢复重建的。

揆诸史籍文献，宗祠源于我国西周时期，不过，古代平民百姓是不准修建宗祠的，只有天子、诸侯、大夫、仕宦等相当级别的方可修建。洪武年间（1368—1398）多次做出祭祖方面的规定，《大明集礼》一方面认同朱熹《家礼》，并对其进行阐述演绎，同时放宽庶民祭祖的各种限制。常建华在《明代宗族祠庙祭祖礼制及其演变》中认为，"明代宗祠的建设与发展，是以《家礼》的普及和士大夫的推动为背景的"③。"议大礼"的推恩令导致的嘉靖十五年（1536）家庙及祭祖制度的改革，特别是允许庶民祭祀始祖，更在客观

---

① 李斌，曾羽，吴才茂，等. 民间记忆与历史传承：贵州天柱宗祠文化述论［M］. 成都：四川大学出版社，2012：37.
② 天柱县政协非物质文化遗产宝库编纂委员会. 天柱县非物质文化遗产宝库［C］. 贵阳：贵州大学出版社，2009：294.
③ 常建华. 明代宗族祠庙祭祖礼制及其演变［J］. 南开学报，2001（3）：60-67.

上为宗祠的普及提供了契机，强化了宗祠的社会功能与价值。

　　明嘉靖十五年（1536），礼部尚书夏言上《请定功臣配享及令臣民得以祭始祖立家庙疏》后，嘉靖皇帝下诏："许民间皆得联宗立庙。"此时已近明朝末期，故天柱未见明代有关宗祠的记载。待民间普遍修建祠庙并向偏僻的侗苗山乡推广时，已经改朝换代，天柱第一座宗祠始建于康熙年间（1662—1722）。一方面是天柱建县相对较晚，明万历二十五年（1597）始设县后，汉族移民及汉文化才大量传入天柱清水江流域，而且筹建宗祠必须具备一定的人丁基数和经济基础，所以直到清代修建的基本条件才逐步成熟。

　　一些研究者认为，天柱众多的宗祠与清水江有着千丝万缕的联系。可以说，没有清水江，就没有当年这里的经济繁荣；没有清水江，就没有当年中原文化、荆楚文化等多元文化的渗透。换言之，没有清水江也就没有当年这里辉煌灿烂的宗祠文化。每一座宗祠都是一座文化艺术宝库。它们是中原文化、侗苗文化、湘楚文化、木材文化、姓氏文化、迁徙文化、祭祀文化、谱牒文化等多种文化的综合产物①。宗祠文化的内涵特点具体表现在牌楼、诗联、雕刻、牌位、祭祀、祠规等方面。多数宗祠择平地而建，少数则依山就势，构筑灵活。

　　每一座宗祠不仅是一部家族的迁徙史、创业史，更是一部家族文化史。宗祠的构思、策划、择地、设计、风格、构造、牌坊、戏楼、神龛、对联以及祭祀活动等，无一不是以文化教育作为基础，最后又以文化形式来体现的。据天柱各个姓氏家谱记载，他们的祖先少数是宋元时期，多数是明清移民到天柱的。按谱牒文献记载，天柱世居民族没有一个姓氏不是汉族移民。宗祠修建最早、分布最密集的地方，也就是教育开发最早的地方。天柱县凤城与社学两地宗祠较多，皆因这两处历来均为天柱的中心区，是全县经济、政治与文化中心。社学街道政府所在地田心寨明末清初曾设过龙塘县衙，且官方在此办过社学，文化教育发展相对较早，读书人多，因此人才辈出。坌处、竹林、远口、白市、瓮洞5个乡镇有宗祠30多座，占全县的三分之一，除了清水江提供的自然条件，经济相对发达外，文化教育起步较早也是一个重要因素。加之与下江木商长期交流往来，受汉文化的影响很深，久而久之便潜移默化、移风易俗，丢掉本民族传统的一些文化元素，通过吸纳汉文化来丰富、重新构建本民族文化，即王朝正统文人所说的"濡染华风"。表现在祭祀

---

　　①　袁显荣. 清水江下游宗祠文化探微［A］. 天柱县政协非物质文化遗产宝库编纂委员会. 天柱县非物质文化遗产宝库［C］. 贵阳：贵州大学出版社，2009：295.

习俗方面，就是约齐宗族共同出钱出力修建宗祠，通过祭祖，增强族群记忆，达到敦宗睦族的目的。

清代乾隆年间（1736—1795），竹林地坌绅士彭勱谟等人创办了地坌学宫——私塾学校，贡生蒋代盛、岁进士唐继寅等人均是出自此私塾的学子，他们为后来修建的彭氏、唐氏宗祠做出了贡献。康熙年间（1662—1722），远口吴万年自捐田产在远口创办延陵书院，得到当时贵州巡抚贺长龄的称赞，并题赠"咏烈颂芳"匾牌，后一直悬挂在吴氏总祠内，激励着远口一代代族人。抗日战争时期，抗日将领吴绍周为了激发吴氏族人同仇敌忾、保家卫国，给远口吴氏总祠赠送匾额"至德克昌"以激励族人。乾隆年间（1736—1795），坌处鲍塘村群众创建的凤鸣学馆，吸引方圆几十公里的农家子弟到此求学，培养了不少优秀人才。其遗址位于鲍塘苗寨古井坎上，有一通2米多高的《凤鸣馆碑记》竖立在一棵古树旁边的碑亭里，与寨内的吴氏宗祠、粟氏宗祠成为古寨"三宝"，成为苗侗群众较早自觉接受中原文化与王朝正统礼教的历史见证。清朝末年，天柱白市北岭开明贤达乐章德，带领群众破寺庙而建学堂的惊天壮举，激励了几代北岭人。破庙建校后，富甲一方的乐章德又不惜斥巨资慷慨解囊，带领族众扩建了北岭乐氏宗祠。

今白市新舟公路沿线耸立着舒氏、吴氏、宋氏三座先祠，迄今已有数百年历史，有新舟古"宗祠群"之称。清代举人杨宜科学而不厌、诲人不倦，在当地设馆施教。天柱所出的贵州首个苗族翰林宋仁溥乃其得意门生，钦赐翰林庶吉士，后任河南卫辉府淇县知县，被称为"宋青天"。《卫辉府志》将其列入一代名宦。其家乡白市新舟宋氏族人为纪念他，修建了宋氏宗祠以供祀奉。可以想象，没有名师杨宜科的注重教育，也许就难以造就出宋仁溥，也许就没有宋氏宗祠。

相对而言，那些远离江河、远离坝区、交通不便、运输困难、远离教育中心的村寨，由于经济落后、收入微薄、度日艰难、教育落后，接触汉文化的机会较少，因此这些村寨极少修建宗祠，即使有建，不仅时间较晚，而且规模较小、形制较简陋。

二、"汉姓祖先"情结与蛮夷族群正统身份的确认

每一座宗祠的牌楼装饰极尽华美，因为它是追根溯源、展示家族历史与文化、悦祈祖先护佑的最佳平台，其上彩绘或雕塑历代功臣、文化名人、道德模范图案。如白市镇白岩塘畔杨氏先祠的牌楼，均以该族"杨洪公平南"

"杨怀玉救主""杨业归宋"等故事彩绘于牌楼墙上。最具代表性的是远口吴氏总祠的牌楼，由左、中、右三间组成，呈八字形展开，图形全是五彩缤纷的立体塑像，人物花鸟，千姿百态，栩栩如生。其图案除有"吴举子拉箭"等吴氏历史故事外，还有天仙配、文王访贤等著名历史故事与传说，三门塘"太原祠"牌楼上的八幅泥胶浮雕，每幅都刻一个王氏名人故事。如王子求仙、王翦勋业、王维作画等。润松八甲的陆氏宗祠则有"陆逊拜将""陆游题诗"等组画。

除浮雕人物及故事彩绘外，不少宗祠牌楼还有一些独特的装饰。如三门塘刘氏宗祠民国时期维修时采用中西合璧的哥特式古建筑工艺技术，其牌楼及其戗脊上的动物、植物浮雕工艺精湛。牌楼上方安装有中国结和两个时钟；尤其是牌楼两侧墙柱及瓜柱上的四组神秘莫测的字母，数百年来无人能解其奥妙。在三门塘王氏宗祠"太原祠"和垒处街头王氏宗祠、石洞高旦欧氏宗祠、锦屏隆里王氏宗祠的牌楼上方，各有五棵巨大的白菜浮雕。其工艺逼真、造型优美自不必说，寓意也别具心裁，昭示该族一清二白、洁净无瑕之风，也可理解为"清白上墙，功名高种（中）"之意。

较大的宗祠内部皆设戏楼，这是天柱群众数百年来通过舞台表演，以戏剧艺术的形式传播、融合汉文化的一种重要途径。重大节日或有宗族内重大喜庆之事，都会请戏班在此为族人表演。戏台成为直接传播王朝正统伦理思想与忠孝礼义之所。第一道天井之后的中厅称享堂，较为宽敞，是祭祖、议事的场所，也是供同宗的族人观戏之处。最后一进为寝厅，又称正殿，为供奉祖先牌位之所。正殿神龛是每座宗祠的核心部位，是整座宗祠的最精华部分。不同的宗祠有单神龛和多神龛的设置之别。

据各自的家谱或祠谱记载，天柱白市杨氏先祠是为了纪念南宋时期平"蛮"有功、授指挥使的杨洪及其长子（袭父职任指挥使）杨万潮而建；三门塘刘氏宗祠是为了纪念明朝初年随朱元璋御驾征战、军功卓著而被诰封为"昭勇将军"的刘旺，刘旺去世后其子刘源承父职袭掌印指挥使，后裔迁三门塘居住；北岭乐氏宗祠为纪念始祖武骑尉忠义郎乐书溪而建；新舟吴氏宗祠为纪念其开基始祖曾任江州知州的吴世富所建；竹林秀田唐氏宗祠为供宋嘉祐年间（1056—1063）出任湖广辰州府守备唐敏所建；天柱水洞高旦的欧氏宗祠为纪念清代诰封的中宪大夫欧正举而修建。

每年的祭祖和晒谱活动都是在周期性的固定时间举行，届时要开展家族历史文化教育及其展演活动，这些活动的开展对某个宗族或姓氏来说，具有十分重要的社会现实意义。我国著名人类学家林耀华建议，研究家族应首先从祠堂入手，这是因为"家族的祠堂，原为家族的宗教机关，家族渐渐发展到宗族，祠堂也渐渐地扩张为社会的、经济的、政治的、教育的机关了"①。天柱侗族苗族的宗祠也同样如此，毫无二致。清水江下游各姓氏固定性的宗祠祭祀活动，一般每年2~3次，常在春夏秋三季进行。特别是祭祖活动，乃是诸多活动中最核心的一环。郑振满通过研究福建家族经验，提出研究家族最重要的应该是宗族组织中的祭祖活动②，这对天柱侗苗个案同样适用。

祠堂作为祭祖的重要场所，显然备受族众的关注。它一般是乡村社会中最大、最引人注目的建筑。重楼深院中供奉一排排神祖牌位、宏伟的柱子和建筑装饰等，神圣地标志着宗族虔诚地敬奉逝去祖先的精神价值。集中祭祀和扫墓，最终目的就是要敦宗睦族。杨庆堃将其核心价值归纳为："在宗族最为发达的中国南方，宗祠的规模、精致程度代表着宗族的财富、影响力和在当地的声誉。祠堂的核心部分是正厅的祖先祭台……祭台上成百上千的神主牌位是宗族长久与延续的标志，明确地提醒族人，不单是活着的人，而且是活着的和死去的人共同构成了宗族的血脉。"③

墙上、屋檐上、柱子上都有木刻牌匾，来展示曾经被朝廷封赏的官阶、科举的品级、公认的荣誉，以及朝廷、地方官员、公共组织授予有成就的宗族成员的嘉奖颂辞等。祠堂里还悬挂刻有祖先留下来的家训和箴言牌匾，以勉励后代子孙，让他们富有上进心和道德修养。当然，通过集体追根溯源，还可在汉族历史文献找到祖先的本源，在认同"汉族祖先"的情结中构建自己的正统身份，同时也由认同"汉族祖先"的情结推及对整个中华民族的认同，从而获得王朝权威和正史的认可。至于如何弘扬祖德，达到光宗耀祖的目的，则是承前启后、继往开来的家族共同事业了。这就需要年复一年地反复讲述祖先的功绩，敦促活着的人珍惜先人创下的家业，大家共同努力奋斗从而获得更大的成就，争取更大的光荣。祠堂的祭奠仪式有助于保持群体对宗族传统和历史的记忆，维持道德信仰，群体的凝聚力借此油然而生。通过所有家族成员参与相关仪式，不断强化自豪、忠诚和团结的家族情感。

在这样的社会历史背景下，天柱民间兴起的"寻根热"和兴建"祠堂""神龛"风潮，在我们看来，并不是简单的"认祖归宗"或"攀附"古人，

---

① 林耀华. 义序的宗族研究 [M]. 北京：生活·读书·新知三联书店，2000：266.

② 郑振满. 乡族与国家：多元视野中的闽台传统社会 [M]. 北京：生活·读书·新知三联书店，2009：103-116.

③ [美] 杨庆堃. 中国社会中的宗教：宗教的现代社会功能与其历史因素之研究 [M]. 范丽珠，等译. 上海：上海人民出版社，2007：52.

而是一种出于"本体安全"（ontological security）之需建构或重构自我身份认同的社会实践。诚如社会学家吉登斯（Anthony Giddens）等人所论及的，人类个体或群体生存中最为重要的所谓"本体安全"，作为一种以时空连续性和有序性为参照目标的自我定位及感受，主要源于自我身份建构和归类涵括认定的经验与实践。吉登斯说："实践意识是本体安全感的认知依托与情感依托，而本体安全感又是所有文化中大部分人类活动的基本特征。本体安全的概念与实践意识不言而喻的特征紧密相连，借用现象学的术语来说，与日常生活中'自然态度'所假设的一种'归类涵括'（bracketings）紧密相连。"①在此时此地，"汉姓祖先"的归类涵括实践与现属侗苗民族的身份认同竟毫不违和地并置在一起，对于习惯于"非此即彼"的一元化思维的人来说，可能会显得非常不可思议，但这却是天柱等清水江流域地区多民族生活世界里司空见惯的现象。这样的"文化并置"（cultural juxtaposition）或"身份并置"（identity juxtaposition），非但没有形成人类学家马尔库斯（George E. Marcus）和费彻尔（M. M. J. Fischer）在讨论"文化并置"的认识论问题时所说的那种"变熟为生"的后果②，其结果恰恰相反——"化生为熟"才是我们在这里得到的答案。中华民族多元一体格局的亲和力和中华民族共同体意识的植根性，于此得到又一次生动的体现。

第六节　"四十八寨歌场"：跨越多重边界的民族文化呈现

湖南、贵州两省边界"四十八寨"民族歌会，久负盛名。究其根源，实肇端于天柱建县后行政隶属关系由湖南拨归贵州、行政中心发生转移而形成的以地缘空间为纽带的多民族交往交流联谊活动。

一、"四十八寨"及其歌会活动

"四十八寨"是指清朝雍正时期（1723—1735）以来在湘黔交界湖南靖

① ［英］吉登斯. 现代性与自我认同：晚期现代中的自我与社会 ［M］. 夏璐，译. 北京：中国人民大学出版社，2016：34.
② ［美］乔治·E. 马尔库斯，米开尔·M. J. 费彻尔. 作为文化批评的人类学：一个人文学科的实验时代 ［M］. 王铭铭，等译. 北京：生活·读书·新知三联书店，1998：191-193.

州、贵州天柱和锦屏三县结合部形成的一个侗族、苗族聚居与杂居之地，这是人们长期生活在这片山水相连的地域而形成的具有密切地缘关系、人脉关系之独特区域，其中靖州县 24 寨，天柱县 18 寨，锦屏县 6 寨，总共 48 寨。天柱的 18 个寨子是明朝万历二十五年（1597）建县时由湖南绥宁县划归天柱的区域，大体上包括现在天柱县竹林镇和坌处镇大部，明属归化乡二图（含天柱 24 寨；锦屏豪寨、云洞、茅坪、乌坡、合冲、令冲 6 寨），清末属天柱县由义里。

当代"四十八寨"歌会文化传承区域共有民族歌场 16 个，其中天柱 13 个，靖州 2 个，锦屏 1 个，歌会活动地点主要分布在天柱县境内，以竹林镇、坌处镇为中心地区。这是当地侗族、苗族同胞集会、唱歌、交友、恋爱的传统文化节日空间，每次歌会，人山人海，观众成千上万。对歌一般以村寨或家族为单位组成"歌堂"，歌堂以"侃古歌"为主，有叙事歌，有抒情歌，还有大量的以汉族历史故事为内容题材的"花歌"。对歌者往往是唱一首或几首歌，接着就吟诵一段白话。四十八寨歌场至今保留了很多优美动听的传统唱腔，如河边调、高坡调、青山调、阿哩调等。在歌场里，人们能同时听到歌手们用侗语、苗语、汉语方言和酸汤话唱出的歌谣，充分展现当地各兄弟民族群众和谐共处、平等团结的精神。2007 年，四十八寨歌节被列入贵州省第二批非物质文化遗产名录；2010 年 5 月 18 日入选第三批国家级非物质文化遗产名录。

二、天柱县行政区划调整及开辟歌场

田野调查中，笔者在竹林镇新寨村收集到民间传唱的歌册《四十八寨会歌》，其中有一段专门介绍歌场（图 12-6-1）起源的《流离歌》。歌词如下：

古留礼，不是今留是古留，
八大歌场留有古，一班留下二班人。
一年四季月四气，四大土王安落一。
（唱白）：
东方青帝，南方赤帝，西方白帝，北方黑帝，中央黄帝。
第一土王陈太君，第二土王犹志新。
第三土王周夏朔，第四土王忠贤明。
当初有个杨武王，武王手内开歌场。

先开茶坪四乡所，后开靖州花古楼。

牯一牯二吃牯脏，三十三溪开茶房。

第一歌场四方岭，第二歌场天华山。

第三歌场布刀岭，第四歌场龙凤山。

（唱白）：

当初钱粮归湖广，武王手内拨钱粮。

雍正一年拨一里，雍正二年拨二分。

雍正三年拨三里，如今拨进贵州城。

上元甲子盘古会，中元甲子古盘由。

四十八寨人会想，后来相继开歌场。

交界之地两头坳，四路插牌赶平芒。

光绪年间留的古，二十四年赶唐皇。

歌场都在贵阳府，靖州又来开岩湾。

五月初五细草坪，龙舟竞渡闹端阳。

三月大戊石榴界，歌场开过清水河。

图 12-6-1　四十八寨歌场之一：阿婆坳歌场

上述这段歌词共计 21 行 296 字，集中反映了五个方面的历史文化信息：第一，阐明了"四十八寨"歌会活动是在履行一项重要的古代礼俗。第二，通过歌会活动向观众和族群传授相关历法及五行知识。第三，在赛歌盛会上大家共同追忆缅怀"四十八寨"歌场的创始人以及早期的歌会地点。第四，指出"四十八寨"歌会活动的开展，与雍正年间（1723—1735）清王朝调整湖南与贵州边界行政区域具有紧密联系。第五，从唤醒族群记忆的愿望出发，厘清了"四十八寨"歌场的发展演变历程。

万历二十五年（1597），天柱县辖区"统而记之，崀乡四里、口乡一里、新增一里、坊厢半里、苗寨三里、天汶二所，合九里一厢二所"（康熙《天柱县志》序）。这里的"苗寨三里"，指的是建县后朱梓招抚编户的归化乡一图、二图和三图，共155寨。其中归化乡二图"在县东南，广三十里，计寨分七十六"（康熙《天柱县志》上卷《坊乡》），内含的天柱24寨包括在今之"四十八寨"当中。清光绪年间（1875—1908），天柱县当局将归化乡二图改名为由义里，新增43寨，计有119寨，主要分布在垒处镇、竹林镇境内及白市镇、渡马镇各一部，康熙县志记载的24寨仍在其中。

天柱建县与其由湖南拨归贵州管辖是两码事，一是时间不同，二是事件不同，《流离歌》将二者混合在一起了。歌云："雍正一年拨一里，雍正二年拨二分。雍正三年拨三里，如今拨进贵州城。"明显的错误是将规划组建天柱县行政辖区的时间明朝万历二十五年（1597）误作雍正年间（1723—1735），或者是有意强调天柱县剥离湖南划归贵州管辖这件事而忽略建县之事。乾隆《直隶靖州志》卷一《乡村》载明："万历二十五年（1597），乃割去远口乡一里、上峒乡一里、下峒乡三里、并苗一里，立天柱县。"同时，又将相邻的靖州绥宁县地盘一部划归天柱，这就是后来组成四十八寨的由义里二十四寨，民国《贵州通志·前事志》引《明史》云："万历二十五年（1597）改县，析绥宁、会同二县地益之。"歌中"当初钱粮归湖广""如今拨进贵州城"之说，倒是基本能够和史籍方志互相印证。光绪《天柱县志》记载，雍正四年（1726）四月十六日，天柱县由湖广行中书省靖州改隶贵州黎平府，雍正十二年（1734）三月二十八日改隶贵州镇远府。金蓉镜纂辑的《靖州乡土志》所载"雍正四年（1726）拨五开、铜鼓二卫隶贵州，十年拨天柱县隶镇远"，省去了天柱先隶贵州黎平府的这段时间，其划归镇远府的时间也与清修天柱县志和会同县志略有出入。光绪《会同县志》卷二《里村》所载较详："万历二十五年（1597）……申详抚院江东之题准割会同县远口乡第七图一里、上下洞乡三里、苗民一里建立天柱县"；该志卷一《沿革》又云"雍正八年（1730）拨天柱附黔省"。

三、地缘和人脉相互依存的歌会文化

"四十八寨"开发的时间较晚，根据史料分析，至少在明万历以前这一带尚属"化外"蛮荒之地，其民为未归"王化"之人。《万历武功录》记载：

"刘堂艮，岔（垒）处诸寨苗也……环四面五百里皆苗寨，苗凡六千有奇，寨凡一百五十有奇"；在朝廷的招抚下，"刘堂艮等六千人，皆衿甲面缚请降，愿归土六百里，待附编氓后输赋"①。在天柱建县之前开辟的四乡所茶房歌场和靖州花鼓楼歌场并不在天柱县辖区，也不在"四十八寨"范围内，后来新开辟的四方岭、天华山、布刀岭、龙凤山歌场才正式属于"四十八寨"歌场，而且全部在天柱县境内。根据考证，明代的靖州四乡所今属靖州新厂镇，靖州花鼓楼遗址位于今靖州县城中心商业街。

行政区划变更后，先是开辟了四方岭、天华山、布刀岭、龙凤山"四大歌场"，随后又新辟"八大歌场"，包括了两头坳、平芒、阿婆坳、石榴界、十八关、岩湾和细草坪等比较著名的歌场。新歌场在强调沿袭继承歌会文化传统的基础上，更加注重歌会活动、歌场设置地点与政治、社会经济文化环境的适应性，所以《流离歌》才会唱说"因嫌龙凤（山）路来远，四路插牌赶平芒"，而选择"交界之地两头坳"开设歌场。布刀岭歌场也因山高路险而转移到竹林镇秀田村阿婆坳举办。清代开设的歌场无一例外都在天柱县境内，歌会活动频繁活跃，人气旺、人脉广，靖州那边则显得冷清，歌会发展不平衡。所以，由于"歌场都在贵阳府"，于是光绪年间（1875—1908），"靖州又来开岩湾"。

四、歌会源头：土王禁忌与社神崇拜

细究起来，"四十八寨"歌会在文化源头上与中华传统文化有着同出一源的密切关系。其起源可追溯至史前时代的自然崇拜，特别是人类早期对土地的崇拜。我国从商周时期的社神崇拜，到明清时期青年男女社交活动的歌会节日，都有一脉相承的共同精神源头——对土地及其孕育或养育之力的崇拜。我们在天柱一带的田野调查昭示，在当地人的认知中，歌会与土王有着直接的关系。如《流离歌》开篇就指出的："一年四季月四气，四大土王安落一"；按当地习俗，"戊日"为"土王"日，不宜动土，是老百姓在家休息、聚会娱乐或外出闲游的日子。农谚也说"一戊禁天地，二戊禁本身，三戊禁牛马，四戊禁阳春"。这些日子，通俗地说就是古代劳动人民的"节假日"，晋人袁宏在《后汉纪·安帝纪》说："盛夏土王，攻山采石，百姓布野，农民废业。"

---

① 瞿九思. 万历武功录：卷二（《湖广》之《垒处刘堂艮、草坪石篡禄列传》）. 顾廷龙，《续修四库全书》编纂委员会. 续修四库全书（第436册）［M］. 上海：上海古籍出版社，2002：192.

在农业社会里，"人非土不立"，上古天子视土地为国家命脉，与百姓共同敬奉以土地为尊神的社神，献牲祭祀。农业发展最终结果是养育人类，繁衍人口，提高生存发展能力。《礼记·郊特牲》中"社祭土。社，所以神地之道也"。《白虎通·社稷》："人非土不立，非谷不食。土地广博，不可遍敬也；五谷众多，不可一一祭也。故封土立社，示有土尊。"祭社活动杀猪宰羊椎牛，仪式相当隆重，统治者把祭社视为"广孝道"的重要施政策略。《尚书》曰："乃社于新邑，羊一、牛一、豕一。"《王制》曰："天子社稷皆大牢，诸侯社稷皆少牢。"羊牛豕三牲俱全为大牢或太牢，只有猪羊缺牛者为少牢。到了春秋战国时期，春社之祭与男女聚会娱戏经常并提，后者似已成为前者的重要内容之一。《周礼》卷四《地官》云："仲春之月，令会男女。于是时也，奔者不禁。若无故而不用会者，罚之。司男女之无夫家者而会之。"盛行于湘黔边界的"四十八寨"歌节及歌会活动，作为当地土王节祭的衍生内容之一，在某种程度上可以说就是春秋战国时期中原地区"令会男女"的跨时空映射。这也可谓是"礼失而存诸于野"的又一实例。

五、歌节演化：从社神祭祀郊禖到现代文化节会

商周时期，从掌管农业的土地神——社神分化出生育神郊禖成为古帝王求子所祭之神。因其祠在郊，故称。《诗经·大雅·生民》曰："克禋克祀，以弗无子"。毛传释曰："弗，去也，去无子，求有子，古者必立郊禖焉。"《吕氏春秋·顺民》云："天大旱，五年不收，汤乃以身祷于桑林。"高诱注云："桑林，乃桑山之林，能兴云作雨也。"桑林乃殷人社神之所在。《春秋》载鲁庄公二十三年（前671）"公如齐观社"，《三传》均讥为"非礼"，以此俗淫乱不足法也。周代有专门祭祀高禖的仪式。《礼记·月令》说："（仲春之月）是月也，玄鸟至。至之日，以大牢祀于高禖。"东汉蔡邕《月令章句》解释说："高禖，祀名也。高犹尊也。禖者，所以祈子孙之祀也。"

古代天柱，位于楚地边陲，受楚文化影响极深，社神和高禖之祀均有残余痕迹。近代以降，民间对待社神和高禖的态度变得若即若离，比较隐晦。清代光绪七年（1881）辛巳科岁进士唐继寅为阿婆坳歌场撰《募修阿婆坳土地灵祠》云："尝谓物莫灵于人，人莫灵于神，神莫灵于好生之仁心。……自郊禖孕灵，崧岳降灵，尼山诞灵……"① 由是可见，阿婆坳歌会与纪念"郊禖孕灵"有渊源关系，只不过文人墨客点到为止、不愿明言而已。如今，距

---

① 原碑石毁坏无存，该文引自清代天柱县贡生唐继寅遗稿（《梅岑杂录》，未出版）。

天柱县城 30 千米、地处湘黔交界的注溪乡侗族同胞仍然流传着古老的"社节"习俗，每年立春之后，从第一个戊日到第五个戊日，都要"忌戊"，即禁忌犁田、动土、挑水、挑粪、舂碓、推磨以及做针线活。民谣说："一戊禁天地，二戊禁本身，三戊禁牛马，四戊禁阳春。"如是则有利于农人身体健康、六畜兴旺、五谷丰登。是日，家家户户把大米、糯米各一半煮至半熟，加入炒好的腊肉丁、大蒜、蒿菜、马葱、生姜调匀后，文火煮成社饭，传说吃了社饭、社粑可以封蚊子口，防其叮咬。男女老少邀伴前来注溪坡背交棍坳赶"社场"，届时，山坳上对歌的、赛鸟的、斗鸡的、唱戏的、看热闹的，人山人海，热闹非凡。可惜注溪只有社场、社节，没有社庙。距"四十八寨"不远的远口镇远洞村土料冲建有一座社庙，却没有社场，社庙是一座木质结构的庙宇，建筑面积约 90 平方米，正殿供奉"社王天子"木雕神像，为附近群众赶庙会和对歌的场所，但人们对自己顶礼膜拜的"社王天子"神职中的育祺功能却一无所知。

"四十八寨"每个歌场都是每年举办一次歌会，集会时间主要集中在农历三月、五月、六月、七月，如三月初一天华山，三月初三石榴界，五月初五细草坪，五月十五两头坳，六月土王赶平芒，六月十五龙凤山，七月初七三门塘，七月十五赶麻阳，七月十五阿婆坳，七月二十赶岩湾，九月土皇十八关。这些歌节正好和古代的"春社""秋社"时间大体吻合，表明"四十八寨"歌会可能是上古社节民俗传承演化至今而遗留下来的地方性的变体，只不过到了明清时期这种古俗和王朝政治、军事、文化活动联姻了而已。万历二十五年（1597）天柱建县、雍正四年（1726）湖南与贵州调整行政区域这两次历史事件，促成了"四十八寨"这一特殊区域的形成和"四十八寨"歌会的蓬勃发展，使天柱成了这一特殊文化场域的主导之地，为天柱的发展增添了历史文化的底蕴和独具特色的民族情韵。

古老的节俗变体之所以能焕发勃勃生机，成为一种区域文化盛事，主要源于行政区划变更带来的困扰和调适。天柱建县使明王朝新增了一个县级政权的同时，使四十八寨所在的湘西黔东地区地缘空间关系发生了巨大的变迁。"四十八寨"处在天柱县至靖州的中途，属湖广管辖之时，百姓前往靖州会同县缴粮纳赋已经形成习惯，现在改赴天柱县输纳，反其道而行之，虽然在区位上没有易地搬迁一村一寨，也没有移民一户一人，终属人地两疏，短期内难以适应。原本同在一个行政辖区或片区之内的、具有血浓于水亲缘关系的人群或具有息息相关地缘关系的区域，被置于不同行政单位治理之下，不仅影响了人口和物资等资源的走向，增强了"各自为政""各为其主"的竞争甚至械斗，也会影响原有的社会和谐心态、关系和共同文化传统的传承。围绕"四十八寨"歌场而巡回定期开展的跨越行政边界的文化交流活动,是对这些潜在危机的积极调适,对于维护这一区域的社会整合和良性合作十分有益。这是清水江流域地方社会"韧性"(resilience)的灵动体现,更是当地侗苗民族爱好和平、和谐共生的共同体心性所使然。

近年来,"四十八寨"歌会的发展呈现出新的形态,以下几个方面的发展动向尤值得一提。一是民族成分构成上的变化:以往的活动主要局限于"四十八寨"的侗族和苗族,以侗为主,苗族次之;而如今,不仅有更多的苗族参加歌会活动,而且热爱山歌的大量汉族人和其他少数民族(如土家族)的一些人士也积极参与其中,显著地扩大了歌会的多民族参与度。二是地域范围上从封闭到开放的转变:歌会的举办和参与者不再局限于"四十八寨"地区,从这个区域之外闻讯而来的参与者不断增多,各种媒体特别是新媒体和自媒体的应用使得歌会的现场互动得到跨地域的更为广泛的传播。三是参与主体的日益多元化:以往主要依靠"四十八寨"内部的乡贤和寨佬们出面组织相关各寨人员来举行,而今除此之外,政府力量、媒体机构、学术部门、商家企业单位等其他各种不同的行动主体都多有不同程度的介入。四是行业边界的跨越和拓展:随着政府力量的指导性介入和商界主体的参与,利用歌会开展政宣工作和商贸活动已渐成惯例,一些歌场也出现了"文化搭台、经济唱戏"的新动向。五是向现代文化经济节会靠拢的迹象:主要体现为随着一些专业艺术人士和文化创意产业中之节庆活动专业操办人士的介入,歌会在组织程序、场景设计、评比定级、裁判制度等方面逐渐走近甚至走进"格式化""规范化""标准化";但关于这种所谓的"规范化"或"标准化"趋向是否会对"四十八寨"歌会的"原生态"特色和当地侗苗歌手"即兴发挥的创造力"(improvisational creativity)或阿尔弗雷德·盖尔(Alfred Gell)所指意义上的"艺术能动性"(artistic agency)① 造成不利的影响,不少专家学者却持有疑虑。总而言之,在当代社会发展和乡村振兴的背景下,"四十八寨"歌会不仅已成为一个跨越多重边界的民族文化呈现场域,而且在一定程度上显现了向现代文化节会转型的某种动向。未来发展究竟将会如何,就且让我们拭目以待吧!

---

① GELL, Alfred. Art and Agency: An Anthropological Theory [M]. Oxford: Oxford University Press, 1998.

结　语

在上述各章的论述中，我们对天柱这个多民族的中华一隅，进行了一番长时段历史的梳理和分析。这场历史之旅，从远古的史前文明遗迹开始，直到新近的发展实践。侗族、苗族和汉族等各民族的先民很早就在这块土地上共居，并在漫长的历史长河中，结成了政治、经济和文化上的各种关系，在特色纷呈、"各美其美"的同时，也形成了相互承认并一致认同归属中华民族大家庭的共同体意识。小小的天柱，与神州"同此凉热"，它从"化外蛮荒"到中国西南腹地的内地化发展历程，其实就是中华民族共同体形成过程的一个局部历史截面和某种程度上的缩影。

中国自古以来就是一个多民族国家，正是各地方民族文化的千姿百态，共同造就了整个中华文化的博大精深和丰富多彩。然而就是这样一个简单的事实，却要等候数千年，直到20世纪50年代初才在中华人民共和国首部宪法中得到了正式的合法性认定。在此之前的漫长历史长河里，帝国权力的空间演化不断重塑着政治和文化的边界，自在自为的"蛮荒"或"化外之地"逐渐被吸纳为边陲；而随着时间的推移，这些边陲又不断地会非边陲化，演变成为腹地。但是，在帝制时代，对于那些被纳入了版籍的边陲族群而言，尽管他们继续存在，可他们的话语连同其族群身份一道，常常会在帝国官儒们精心编制的一元化历史中被淹没或尘封，族群的文化则往往在话语表述中被儒士们斧削成为没有主体意识的地方奇风异俗或地域小传统，否则他们就只有在被帝国及其代理者界定为危险的异己他者或帝国的敌人时，才有机会以一种妖魔化和野蛮化的形象出现在主流话语里。换言之，在皇权帝制时代的历史脉络里，边陲族群文化尽管依然自存自在，却大多被挤压和涵化到了一个由官儒文化话语系统覆盖包裹着的隐性层面上，不仅难为他者所认知，就连局内的土著自己也逐渐麻木了。只有新中国民族平等政策和民族区域自治制度的到来，才扭转了这业已延续千年的历史轨迹，使多民族共生发展的认知成为一种共识，使民族身份的认同表达成为社会常态，让许多偃息在底层的族群文化得以被激活而获得了新生。而我们作为民族史学者，任务就是要去重新"发现"和阐释这宗曾长期被话语遮蔽的民族历史遗产。

本书的个案研究表明，位于中国西南腹地贵州东南部的天柱及其各民族文化，经历了马克思所说"否定之否定"意义上的螺旋式曲折前进的历史嬗变过程。人杰地灵的天柱，不论近世文人们如何攀附远古，事实上在远古时代里都只是一个自为自在的"化外蛮疆"，直到北宋太平兴国年间（976—984）才正式纳版入籍成为帝国内疆的一部分。甚至到大明帝国初年，统治天柱各族人民的帝制国家机器也不过只是靖州卫延伸出来的两个小小的守御千户所。明万历年间（1573—1620）天柱建县之后，官儒之学始兴于兹而行于面，族群文化则退隐而自在于乡间，形成了文化格局上的显隐两层二元结构。所以，无论是在清康熙年间（1662—1722）王复宗修撰的还是光绪年间（1875—1908）续修的各版《天柱县志》中，构成天柱传统根基的侗苗族群及其文化都是集体失语缺位的，空降而来的官儒道学似乎包裹和代表了这里的全部话语。与此同时，长期的民族同化和话语权失衡使得天柱侗苗民族的文化传统逐渐发生了变异，而汉族移民则在与当地原住居民发生融合的土著化过程中，不断给天柱侗苗族群文化的演化注入新的元素，从而使这里的侗文化和苗文化逐渐从其原初的母体中特化出来，形成了一种能够使自己在显性的主流文化话语和隐性的族群认同之间游刃有余的心理特点与文化表征。久而久之，无论是帝国的官人，还是倾心向化的文人墨客们，都似乎淡忘了这里曾经存在过的而且依然自在着的侗族苗族他者。殊不知，事实上，这些土著族群先民和他们的后代才恰是这个区域里极其重要的历史主体人群，他们不仅俨然长在，而且在漫长的时空演化中成为中华民族命运共同体的有机组成部分，族群认同与中华认同、区域认同与国家认同在他们身上并存不悖，早已是相生相持、互构互建的混合体。所幸的是，新中国的民族平等政策解除了来自以往一元化帝国历史的厚重的话语遮蔽，彻底颠覆了由上千年的受歧视压迫经历积压而成的深深的族群疑惧，否则很难想象在天柱现称为"侗族""苗族"的这群"蛮夷"同胞会如此毫不畏缩且十分自豪地将他们那尘封多年的民族身份亮出来，并使之成为自己所属国家公民身份的核心组成部分。

天柱从"化外"到"边疆"到中国西南地区重要腹地的长篇历史，是多种主体力量共同创造的。在时空的结构中不断创造历史和改变历史的能动性，是一种普世性的人类禀赋。正如历史学家和汉学家彭慕兰（Kenneth

Pomeranz）《腹地的构建》（*The Making of Hinterlad: State, Society, and Economy in Inland North China, 1853—1937*. University of California Press, 1993）一书的研究所表明的，腹地不是天然物，它是被创造的，而不是被发现的，在很大程度上是由当地群体与外部力量的方略所造成的。① 与彭慕兰所研究的华北腹地一样，西南腹地的建构也是一个长期的历史过程，需要放在长时段的中国历史进程中、更大的一体化关系格局里来考察和分析。发生在地域之间和民族之间的长期交往、交流和交融关系，以及边陲地区不断加深的内地化发展，都使多元的各种主体之间的共同性不断增多，在中华大地上渐成了多元一体的格局。作为个案，天柱的内地化发展历程在很大程度上反映出了西南腹地建构过程的涌现性（emergentness）、渐变性（gradationality）和向心性（centripetality）等基本特征，说它是中华民族命运共同体形成和演化的一种局部缩影，实不为过。

对于一个大国的发展来说，边疆和腹地有多么重要，历史学家特纳（Frederick J. Turner）的边疆学说（frontier thesis）和区块理论（sections theory）②、彭慕兰的上述腹地建构理论都已论述得比较透彻，无须我们在理论上再多加置喙。具体就我国边疆及其与后方腹地的关系乃至对国家发展的重要性而言，早在 20 世纪 40 年代前后，我国著名学者吴文藻、凌纯声等人在一系列的边政学论述中就已有了十分清醒而深刻的认识，至今仍有重要参考价值。包含天柱在内的西南腹地之形成，是在中国疆域西南板块日益明晰起来的背景下，明清时期中央政权重视对西南地区的治理，西南的内地化开发日益深化、与中原地区的联系不断加强，当地侗族苗族等族群中华民族共同体意识不断增强的必然结果。明清时期是西南诸省内地化不断加深，由边陲向腹地转型的全面启动阶段，其战略纵深上的重要性与独特性逐渐展现出来。随着认同感和归属感的逐渐增强，昔日的边陲开始频繁走入中心，当地各族人民积极投身各项革命活动和建设事业，使西南在近现代成了中国政治变革和社会经济变迁进程中最为活跃的地区之一。

时至今日，在当下我们所处的这样一个复杂多变、多元共生、各种机遇与风险并存的全球化生境中，一个地方或民族要想获得可持续的发展，已经

① ［美］彭慕兰. 腹地的构建：华北内地的国家、社会和经济（1853—1937）［M］. 马俊亚，译. 上海：上海人民出版社，2017.
② ［美］弗里特里克·杰克逊·特纳. 美国边疆论［M］. 董敏，等译. 北京：中国对外翻译出版公司，2012. 杨生茂. 美国历史学家特纳及其学派［M］. 北京：商务印书馆，1984.

再也不能仅仅满足于保持文化自在与认同，必须实现从文化自在到文化自觉的跨越。文化自觉，诚如费孝通先生所指出的，"是指生活在一定社会中的人对其文化有'自知之明'，明白它的来历、形成过程、所具的特色和它发展的趋向……自知之明是为了加强文化转型的自主能力"①。如果说清末天柱苗族举人吴鹤书和吴见举对"公车上书"的积极参与，民国时期天柱苗族名将吴绍周将军的抗日英雄事迹和其弟吴绍文的左翼文学创作，都还只能算是个体自觉的话，那么中华人民共和国成立以来天柱籍作家群、艺术家群的涌现，特别是近年来天柱各族仁人志士们对其传统文化遗产展开的系统挖掘整理，包括2010年年初天柱县苗学研究会、侗学研究会的正式成立，等等，则标志着天柱地方民族文化已在整体上由自在自发迈向自觉自信的新境域。我们衷心期待天柱各族人民本着"各美其美，美人之美，美美与共"的多民族和谐共生原则，继续以其自身特有的历史文化情韵和能动性，共同谱写出天柱的新时代，从而也不断地为多元一体的中华民族这个超级共同体增光添彩。

---

① 费孝通．对文化的历史性和社会性的思考［J］．思想战线，2004，30（2）：6．

参考文献

［1］（西汉）司马迁. 史记［M］. 上海：上海古籍出版社，1986.

［2］（宋）司马光. 资治通鉴［M］. 北京：中华书局，1976.

［3］（宋）范成大. 桂海虞衡志辑佚校注［M］. 胡起望，等校注. 成都：四川民族出版社，1986.

［4］（宋）乐史. 太平寰宇记［M］. 影印本. 上海：上海古籍出版社，1987.

［5］（宋）洪迈. 容斋随笔［M］. 孔凡礼，点校. 北京：中华书局，2005.

［6］（宋）周去非. 岭外代答［M］. 北京：中华书局，1962.

［7］（元）脱脱. 宋史［M］. 北京：中华书局，1977.

［8］（明）唐宗元. 靖州志［M］. 北京：全国图书馆缩微文献复制中心，1992.

［9］（明）赵瓒. 贵州图经新志［M］. 北京：国家图书馆出版社，2009.

［10］（明）李贤. 大明一统志［M］. 北京：国家图书馆出版社，2009.

［11］（明）瞿九思. 万历武功录［M］. 北京：中华书局，1962.

［12］（明）江东之. 瑞阳阿集［M］. 刻本.［出版地不详］：［出版者不详］，1743（清乾隆八年）.

［13］（清）爱必达，罗绕典. 黔南识略·黔南职方纪略［M］. 杜文铎，等点校. 贵阳：贵州人民出版社，1992.

［14］（清）李大蕣. 靖州志［M］. 刻本传抄本.［出版地不详］：［出版者不详］，1684（康熙二十三年）.

［15］（清）俞渭，陈瑜. 黎平府志［M］. 刻本.［出版地不详］：［出版者不详］，1892（光绪十八年）.

［16］（清）郝大成，王师泰. 开泰县志［M］. 刻本.［出版地不详］：［出版者不详］，1752（乾隆十七年）.

［17］（清）张廷玉. 明史［M］. 北京：中华书局，2011.

［18］（清）余泽春，余嵩庆. 古州厅志［M］. 刻本.［出版地不详］：［出

版者不详], 1888（光绪十四年）.

　　[19]（清）魏源. 魏源全集［M］. 长沙：岳麓书社，2004.

　　[20]（清）徐家干. 苗疆闻见录［M］. 吴一文，校注. 贵阳：贵州人民出版社，1997.

　　[21]（清）王复宗. 天柱县志［M］. 刻本.［出版地不详］：［出版者不详］，1683（康熙二十二年）.

　　[22]（清）蔡宗建，龚传坤. 镇远府志［M］. 刻本.［出版地不详］：［出版者不详］，1791（乾隆五十六年）.

　　[23]（清）曾国荃. 湖南通志［M］. 重修刻本.［出版地不详］：［出版者不详］，1885（光绪十一年）.

　　[24]（清）孙炳煜. 会同县志［M］. 刊本.［出版地不详］：［出版者不详］，1876（光绪二年）.

　　[25]（清）龚琰. 沅州府志［M］. 续修本.［出版地不详］：［出版者不详］，1873（同治十二年）.

　　[26]（清）姚文起. 黔阳县志［M］. 刻本.［出版地不详］：［出版者不详］，1789（乾隆五十四年）.

　　[27]（清）魏德畹，觉罗隆恩. 靖州直隶州志［M］. 续修刻本.［出版地不详］：［出版者不详］，1837（道光十七年）.

　　[28]（清）穆彰阿. 大清一统志［M］. 上海：上海古籍出版社，2008.

　　[29]（清）俞渭，陈瑜. 黎平府志［M］. 刻本.［出版地不详］：［出版者不详］，1892（光绪十八年）.

　　[30]（清）金蓉镜. 靖州乡土志［M］. 刊本.［出版地不详］：［出版者不详］，1908（光绪三十四年）.

　　[31]（清）劳铭勋. 靖州直隶州志［M］. 台北：成文出版社，2014.

　　[32]（清）吴起凤. 靖州直隶州志［M］. 长沙：岳麓书社，2012.

　　[33]（清）张开东. 直隶靖州志［M］. 刻抄本.［出版地不详］：［出版者不详］，1761（乾隆二十六年）.

　　[34]（民国）刘显世，等. 贵州通志·前事志［M］. 贵阳：贵州人民出版社，1991.

　　[35]（民国）赵尔巽. 清史稿［M］. 北京：中华书局，1977.

　　[36]（民国）姜玉笙. 三江县志［M］. 铅印本.［出版地不详］：［出版者不详］，1946（民国三十五年）.

　　[37]［德］马克思，恩格斯. 马克思恩格斯选集：第1卷［M］. 中共中央马克思恩格斯列宁斯大林著作编译局，译. 北京：人民出版社，1972.

　　[38]［法］拉法格. 拉法格文论集［M］. 罗大冈，译. 北京：人民文学

出版社，1979.

　　［39］［德］阿克塞尔·霍耐特.为承认而斗争［M］.胡继华，译.上海：
上海人民出版社，2005.

　　［40］［美］韩森.变迁之神：南宋时期的民间信仰［M］.包伟民，译.
杭州：浙江人民出版社，1999.

　　［41］［美］杨庆堃.中国社会中的宗教：宗教的现代社会功能与其历史
因素之研究［M］.范丽珠，等译.上海：上海人民出版社，2006.

　　［42］［美］詹姆斯·C.斯科特.国家的视角：那些试图改善人类状况的
项目是如何失败的［M］.王晓毅，译.北京：社会科学文献出版社，2019.

　　［43］［美］詹姆士·斯科特.逃避统治的艺术：东南亚高地的无政府主
义历史［M］.王晓毅，译.北京：生活·读书·新知三联书店，2016.

　　［44］［美］弗里特里克·杰克逊·特纳.美国边疆论［M］.董敏，胡晓
凯，译.北京：中国对外翻译出版公司，2012.

　　［45］［美］彭慕兰.腹地的构建：华北内地的国家、社会和经济（1853—
1937）［M］.马俊亚，译.上海：上海人民出版社，2017.

　　［46］［英］吉登斯.现代性与自我认同：晚期现代中的自我与社会
［M］.夏璐，译.北京：中国人民大学出版社，2016.

　　［47］［美］乔治·E.马尔库斯，米开尔·M.J.费彻尔.作为文化批评
的人类学：一个人文学科的实验时代［M］.王铭铭，蓝达居，译.北京：生
活·读书·新知三联书店，1998.

　　［48］吴文藻.论社会学中国化［M］.北京：商务印书馆，2010.

　　［49］林耀华.义序的宗族研究［M］.北京：生活·读书·新知三联书
店，2000.

　　［50］龚荫.中国土司制度史［M］.成都：四川人民出版社，2011.

　　［51］郑振满.乡族与国家：多元视野中的闽台传统社会［M］.北京：
生活·读书·新知三联书店，2009.

　　［52］刘志伟.在国家与社会之间：明清广东地区里甲赋役制度与乡村社
会［M］.北京：中国人民大学出版社，2010.

　　［53］王铭铭.逝去的繁荣：一座老城的历史人类学考察［M］.杭州：浙
江人民出版社，1999.

　　［54］王铭铭.刺桐城：滨海中国的地方与世界［M］.北京：生活·读
书·新知三联书店，2018.

　　［55］杨国安.明清两湖地区基层组织与乡村社会研究［M］.武汉：武汉
大学出版社，2004.

　　［56］郑维宽.从制度化到内地化：历代王朝治理广西的时空过程研究

[M]. 桂林：广西师范大学出版社, 2016.

[57] 汪洪亮. 民国时期的边政与边政学（1931—1948）[M]. 北京：人民出版社, 2014.

[58] 徐晓光. 清水江流域传统林业规则的生态人类学解读 [M]. 北京：知识产权出版社, 2014.

[59] 张应强. 木材之流动：清代清水江下游地区的市场、权力与社会 [M]. 北京：生活·读书·新知三联书店, 2006.

[60] 张新民. 探索清水江文明的踪迹——清水江文书与中国地方社会国际学术研讨会论文集 [C]. 成都：巴蜀书社, 2014.

[61] 李斌, 曾羽, 吴才茂. 民间记忆与历史传承：贵州天柱宗祠文化述论 [M]. 成都：四川大学出版社, 2012.

[62] 单洪根. 木材时代——清水江林业史话 [M]. 北京：中国林业出版社, 2008.

[63] 单洪根. 锦屏文书与清水江木商文化 [M] 北京：中国政法大学出版社, 2017.

[64] 陈征平. 近代西南边疆民族地区内地化进程研究 [M]. 北京：人民出版社, 2016 年。

[65] 罗兆均. 人神之间：湘黔桂界邻地区飞山公信仰研究 [M]. 北京：社会科学文献出版社, 2019.

[66] 陈应发, 张英豪. 森林文化黔东南 [M]. 北京：中国林业出版社, 2014.

[67] 邓敏文, 吴浩. 没有国王的王国：侗款研究 [M]. 北京：中国社会科学出版社, 1995.

[68] 黄才贵. 贵州民族文化论丛 [M]. 贵阳：贵州人民出版社, 2009.

[69] 黄保勤, 黄贵武. 镇远通史 [M]. 北京：方志出版社, 2006.

[70] 史继忠. 贵州文化解读 [M]. 贵阳：贵州教育出版社, 2000.

[71] 杨代松. 热血丹心：记共和国英雄龙均爵 [M]. 贵阳：贵州人民出版社, 2020.

[72] 天柱县政协非物质文化遗产宝库编纂委员会. 天柱县非物质文化遗产宝库 [C]. 贵阳：贵州大学出版社, 2009.

[73] 黔东南苗族侗族自治州地方志编纂委员会. 黔东南苗族侗族自治州志·林业志 [M]. 北京：中国林业出版社, 1990.

[74] 锦屏县林业志编纂委员会. 锦屏林业志 [M]. 贵阳：贵州人民出版社, 2002.

[75] 芷江侗族自治县民族事务委员会. 芷江民族志 [M], 北京：新华

出版社，1997.

[76]《侗族简史》编写组. 侗族简史 [M]. 贵阳：贵州民族出版社，1985.

[77]《侗族通史》编委会. 侗族通史 [M]. 贵阳：贵州人民出版社，2013.

[78]《中国少数民族社会历史调查资料丛刊》修订编辑委员会. 侗族社会历史调查 [M]. 修订本. 北京：民族出版社，2009.

[79] 政协天柱县第十三届委员会. 清水江文书·天柱古碑刻考释（上、中、下）[M]. 贵阳：贵州大学出版社，2016.

[80] 天柱县地方史志编纂委员会. 天柱县志（1991—2009）[M]. 北京：方志出版社，2014.

[81] 锦屏县地方志编纂委员会. 锦屏县志（1991—2009）[M]. 北京：方志出版社，2011.

[82] 政协天柱县第十三届委员会. 天柱民族建筑博览 [A]. 贵阳：贵州大学出版社，2015.

[83] 湖南省靖州苗族侗族自治县县志编纂委员会. 靖州县志 [M]. 北京：生活·读书·新知三联书店，1994.

[84] 天柱县志编纂委员会. 天柱县志 [M]. 贵阳：贵州人民出版社，1993.

[85] 政协黔东南州委员会. 黔东南人物：1912—1949 [C]. 昆明：云南民族出版社，2011.

[86] 洪江市志编纂委员会. 洪江市志 [M]. 北京：生活·读书·新知三联书店，1994.

[87]《侗族百年实录》编委会. 侗族百年实录 [C]. 北京：中国文史出版社，2000.

[88] 政协黔东南州委员会. 黔东南人物：1368—1911，明清卷 [C]. 昆明. 云南民族出版社，2013.

[89] 全国政协文史和学习委员会，贵州省政协文史与学习委员会. 苗族百年实录 [C]. 北京：中国文史出版社，2014.

[90] 天柱县地方志编纂委员会. 中国共产党天柱县简史 [M]. 北京：中共党史出版社，2012.

[91] 湖南少数民族古籍办公室主编. 侗款 [M]. 杨锡光，杨锡，吴治德，译释. 长沙：岳麓书社，1988.

[92] 湖南少数民族古籍办公室主编. 侗垒 [M]. 杨锡光，张家桢，注校. 长沙：岳麓书社，1989.

[93] 杨维森. 弘农杨氏族史 [M]. 西安：三秦出版社，2013.

[94]《杨再思氏族通志》编辑部. 杨再思氏族通志：第 4 卷 [M]. 香

港：中国图书文献出版社，2012.

　　[95] 贵州省档案馆. 贵州省档案馆馆藏珍品集萃（一）[M]. 贵阳：贵州人民出版社，2010.

　　[96] 游浩波. 龙飞凤翔——天柱人物录 [C]. 政协天柱县第九届委员会内部编印本，1997.

　　[97] 贵州省档案馆. 红军转战贵州——旧政权档案史料选编 [M]. 贵阳：贵州人民出版社，1984.

　　[98] 政协天柱县文史资料编辑委员会. 天柱文史资料第二辑 [C]. 政协天柱县文史资料编辑委员会内部编印本，1985.

　　[99] 秦秀强. 金山夜话：天柱民间故事选编 [C]. 政协天柱县第十二届委员会内部编印本，2010.

　　[100]《新晃林业志》编纂委员会. 新晃侗族自治县林业志 [M].《新晃林业志》编纂委员会内部编印本，2012.

　　[101] 汪晖，陈燕谷. 文化与公共性 [C]. 北京：生活·读书·新知三联书店，2005.

　　[102] 余英时. 中国思想传统及其现代变迁 [M]. 桂林：广西师范大学出版社，2004.

　　[103] 王振忠. 徽、临商帮与清水江的木材贸易及相关问题——清代佚名商编路程抄本之整理与研究 [C] //清水江文书与中国地方社会国际学术研讨会组委会. 清水江文书与中国地方社会国际学术研讨会论文集. 贵阳：清水江文书与中国地方社会国际学术研讨会组委会，2013.

　　[104] 吴绍周. 第十三军南口抗日纪实 [A]. 昌平县政协文史和学习委员会. 血战南口 [C]. 北京：中国文史出版社，2015.

　　[105] 吴绍周. 韩庄、泥沟、峄县之战 [A].《热血山河丛书》编辑委员会. 将领讲述：中央军抗战 [C]. 北京：中国文史出版社，2017.

　　[106] 吴绍周. 豫西南抗战的回忆 [A]. 全国政协文史和学习委员会. 中原抗战亲历记 [C]. 北京：中国文史出版社，2015.

　　[107] 吴绍周. 在河南内乡、淅川抗击日寇的片断回忆 [A]. 中国人民政治协商会议河南省委员会文史资料研究委员会. 河南文史资料第四辑 [C]. 郑州：中国人民政治协商会议河南省委员会文史资料研究委员会，1987.

　　[108] 廖运周. 西峡口抗战的回忆 [A]. 全国政协文史和学习委员会. 中原抗战亲历记 [C]. 北京：中国文史出版社，2015.

　　[109] 贵州省文物考古研究所，四川大学考古学系. 贵州天柱史前遗址群 [A]. 中国文物报社. 中国考古新发现：年度记录2009 [C]. 北京：中

国文物报社, 2010.

　　[110] 张兴龙. 贵州锦屏阳溪旧石器时代遗址［A］. 中国文物报社. 中国考古新发现：年度记录 2009［C］. 北京：中国文物报社, 2010.

　　[111] 清水江考古队. 贵州清水江流域遗址群［A］. 中国文物报社. 中国考古新发现：年度记录 2010［C］. 北京：中国文物报社, 2011.

　　[112] 谭其骧. 近代湖南人中之蛮族血统［J］. 史学年报, 1939 (5).

　　[113] 芦隐.《南京上新河木业志》"产销志"［J］. 木业界, 1940 (1).

　　[114] 费孝通. 对文化的历史性和社会性的思考［J］. 思想战线, 2004 (2).

　　[115] 马力. 羁縻诚、徽州考［J］. 民族研究, 1991 (6).

　　[116] 王铭铭. 说"边疆"［J］. 西北民族研究, 2016 (2).

　　[117] 张民, 向零, 吴永清. 关于辰、沅、靖州仡伶杨和仡伶吴二姓属问题的浅见［J］. 贵州民族研究, 1985 (1).

　　[118] 周琼. 清代云南内地化后果初探——以水利工程为中心的考察［J］. 江汉论坛, 2008 (3).

　　[119] 刘志伟. 从"清水江文书"到"锦屏文书"——历史过程和地域文化结构中的县域价值［J］. 原生态民族文化学刊, 2021 (1).

　　[120] 常建华. 明代宗族祠庙祭祖礼制及其演变［J］. 南开学报, 2001 (3).

　　[121] 罗兆均. 宗教文化与宋至清末侗苗聚居地区社会治理研究：以湘黔桂界邻侗苗地区为个案［J］. 重庆工商大学学报（社会科学版）, 2017 (4).

　　[122] 张新民, 朱荫贵, 阿风, 等. 共同推动古文书学与乡土文献学的发展［J］. 贵州大学学报（社会科学版）, 2012 (3).

　　[123] 张新民. 清水江流域的内地化开发与民间契约文书的遗存利用——以黔东南天柱县文书为中心［J］. 贵州社会科学, 2014 (10).

　　[124] 贺刚. 高庙文化及其对外传播与影响［J］. 南方文物, 2007 (2).

　　[125] 王宗勋. 试论清水江木商文化［J］. 贵州大学学报（社会科学版）, 2018 (2).

　　[126] 傅安辉. 论清水江木商文化遗产的现代价值［J］. 原生态民族文化学刊, 2009 (2).

　　[127] 龙宇晓. 清水江文书研究的基本思路、研究方法及创新点［J］. 原生态民族文化学刊, 2012 (3).

　　[128] 秦秀强. 论侗族婚姻礼俗中的原生文化内涵［J］. 民族论坛, 1988 (1).

跋

　　作为土生土长的"土著"文化人，我们想为天柱的历史书写做点贡献的愿望由来已久。这个念头的萌芽需要回溯到 20 世纪 80 年代中后期我们都还在中央民族学院（现中央民族大学）读书的时候。因为写毕业论文的需要，当时我们先后查遍了北京各大高校的图书馆和我国最大的公共图书馆——北京图书馆（现名国家图书馆），都没找到几本关于或涉及天柱的历史书籍，仅有清代所修的两部旧县志可供阅览。没想到一个堂堂的贵州知名"文化县"在地方史学的殿堂里居然如此落寞，尚未经历世事之艰的我们在沮丧和失望之余，一方面非常希望能有专家学者出来写一部关于天柱的历史；另一方面觉得未来若有机会，自己也应该在这方面有所作为。然而，在之后的几十年里，生活上的俗务和工作上的事务使我们在日复一日的运转中几乎快要彻底淡忘了自己年轻时曾有过的这份学术期许。

　　直到 2012 年，随着贵州民族学与人类学高等研究院在贵州师范学院的创建，包括《天柱山地民族史》在内的黔湘桂边区山地民族史系列研究被列为研究院规划的中国山地民族历史人类学研究方向中的重点课题，我们才有机会重新系统地思考天柱历史的问题。此时，天柱及周边各县地方史志办公室组织编撰的新县志都已出版，包括"天柱文书"在内的清水江文书的整理与研究也正方兴未艾，相比于 20 世纪 80 年代，有了许多新的史料，这使我们觉得为天柱写一部比较全面系统的历史已是正当其时。我们原计划是要先撰写一部关于天柱的专门史——《天柱民族史》，然后在此基础上编著一部《天柱通史》。但由于各方面的客观原因，一些发展计划延跎甚至搁浅，我们的天柱史研究也受到影响，只好决定暂以目前所掌握的材料先完成一部《天柱史略》。

　　这本书的写作是站在前人奠定的资料基础和理论基础上完成的。我们在写作本书时，重点参考借鉴了清代和民国时期修纂的天柱旧志、当代所修的《天柱县志》，以及天柱周边县的各代方志；同时采纳吸收了相关地方政协部门编辑的文史资料选集以及一些文人文集中提供的史料。为弥补既有史料的不足，我们还运用历史人类学的田野调查方法，在带领师生收集整理清水江中下游契约文书和拓录抢救天柱碑刻文化遗产的过程中积累了一批有助于撰写本书的第一手资料。通过借鉴我国人类学界的"文化边陲（边疆）"概念、历史学界的"内地化"概念、美国中国史学家彭慕兰的"腹地构建"等概念作为分析工具来重新审视天柱从石器时代直至当代的"长时段"（longue durée）历史，我们将地方、民族和国家的多重视角融合起来，力图勾勒这一文化边陲之地在历史长河中以内地化和腹地化为主线的发展变迁轨迹；与此同时，透过天柱这一隅之地里的许多史例，我们对中华民族共同体意识在地方族群中的生成和历时呈现有了一些新的认识，这有助于丰富和深化我们对中华民族共同体意识的历史维度和空间维度的理解。从这个意义上看，本书可说是一项将地方史、民族史和历史人类学相结合的成果。

在本书的研究、修改和出版过程中，我们得到了许多相关单位部门、学界同仁、天柱地方干部与群众的支持和帮助，特在此致以衷心的感谢！其中，特别值得一提的是天柱县地方史志办公室、县政协文史与学习委员会、县民族宗教事务局、县档案馆、县文物局、县非物质文化遗产中心等部门，以及天柱县侗学研究会和苗学研究会等学术团体；它们所给予的大力支持和帮助对于本书研究过程中的史料收集和整理至关重要。还让我们十分感念的是，初稿历时两年完成后承蒙贵州民族学与人类学高等研究院、贵州省高等学校人文社会科学重点研究基地中国山地民族研究中心、中国人类学民族学研究会山地民族研究专业委员会组织相关专家进行审读并提出修改意见，我们按建议进行了两易其稿的大幅度修改，最后经专家推荐而使本书有幸被纳入了光明日报出版社的"光明社科文库"出版计划。没有这样的高层次学术平台提供规划性的依托支持和有组织的咨询指导，本书也许无法达到现有的学术水平，甚至可能不会被提上工作日程。

在《天柱史略——一个文化边陲的内地化发展历程》一书即将付印出版发行之际，必须特别感谢的是，贵州文史研究界的老一辈资深学者顾久先生多年来对我们致力开展的地方文史"田野研究"工作一直关爱有加，给予过多方面的指导、支持和鼓励。2012年，本书第一作者龙宇晓有幸与纳日碧力戈教授一道在贵州师范学院创建贵州民族学与人类学高等研究院，当年11月7日的正式挂牌仪式上，时任贵州省人大常委会副主任的顾久先生，与时任贵州省副省长的谢庆生教授、时任省政协副主席的谢晓尧教授一道莅临现场为高等研究院揭牌；那天的"高光"情景实在令人难忘，我们至今记忆犹新，一直对这份巨大的支持心存感恩。如今，顾先生又在百忙中欣然拨冗为本书赐序，使这部著作增色不少；他的评介、肯定、支持、鼓励和鞭策，使我们感到自己为此书的所有付出都劳有所值，为我们在学术高质量发展的大道上继续前进增添了动力。最后还要特别感谢光明日报出版社学术出版中心编辑团队认真负责的编审校改，在这份研究成果由文稿变成图书的化茧成蝶过程中，他们的细心和耐心、敬业和智识、内行和严谨，为我们提供了质量上的保障，使本书最终呈现出来的品相和效果都超过了我们的预期。

由于我们的学识水平有限，加上一些客观条件的制约，本书肯定存在不少的不尽如人意之处，一些观点的提出也是出于抛砖引玉的考虑。不足、不当之处，谨望学界同仁和关注地方历史的天柱父老乡亲多加批评指正，以帮促我们今后将天柱历史的研究和书写做得更好。愿人杰地灵的天柱在未来的发展中能够秉承悠久历史的气蕴，在中华民族伟大复兴的新时代里发展得越来越好！

龙宇晓　秦秀强

2022 年 12 月 31 日